心本教育

Xinben Jiaoyu

吴发科 编著

暨南大學出版社
JINAN UNIVERSITY PRESS

中国·广州

图书在版编目（CIP）数据

心本教育/吴发科编著．—广州：暨南大学出版社，2011.9（2014.7 重印）
ISBN 978－7－81135－807－0

Ⅰ．①心…　Ⅱ．①吴…　Ⅲ．①中小学—心理健康—健康教育—研究　Ⅳ．①G479

中国版本图书馆 CIP 数据核字(2011)第 064635 号

出版发行：暨南大学出版社

地　址：中国广州暨南大学
电　话：总编室（8620）85221601
　　　　营销部（8620）85225284　85228291　85228292（邮购）
传　真：（8620）85221583（办公室）　85223774（营销部）
邮　编：510630
网　址：http：//www.jnupress.com　http：//press.jnu.edu.cn

排　版：广州市天河星辰文化发展部照排中心
印　刷：湛江日报社印刷厂

开　本：787mm×1092mm　1/16
印　张：17.75
字　数：400 千
版　次：2011 年 9 月第 1 版
印　次：2014 年 7 月第 5 次

定　价：38.00 元

目　录

前　言

十年的实践、十年的探索、十年的思考、十年的结晶。

十年的实践

自2001年广东省教育厅颁布了《关于委托华南师范大学承担中小学心理健康教育业务指导的通知》〔2001〕35号文以来，广东省成立了“中小学心理健康教育指导中心”，从此广东省中小学心理健康教育进入了一个全面推动、全面发展、全面提升的新阶段。

十年来，广东省认真贯彻落实教育部《关于加强中小学心理健康教育的若干意见》和《中小学心理健康教育指导纲要》的精神，把加强中小学心理健康教育作为推进素质教育的重点工作全面展开，全省各市、各中小学（包括中职、中专学校）都在轰轰烈烈地进行着心理教育实践活动，都在开展心理教育的目标、内容、途径、方法的实践活动，都在开展中小学心理教育的管理实践活动。为推动心理教育的发展和提升教育水平，2003年、2006年广东省先后两次在珠海市、佛山市南海区召开全省加强中小学心理健康教育工作现场会，2007年举办了全省中小学心理健康教育活动优质课评选活动，2008年在佛山市顺德区召开了全省中小学心理健康教育示范学校工作经验交流现场会，不断推动全省中小学心理健康教育的“规模发展、规范发展、提升发展”。

十年来，广东省全面开展中小学心理教育师资培训；积极加强心理教育教材建设工作，编写了三套中小学心理教育丛书；先后举办了五届心理教育论文评选活动；先后组织了三届中小学心理教育活动课教案、教学课件和心理辅导“个案分析”征集和评选活动；评选和确定了一批省级中小学心理教育示范学校；审批和立项了中小学心理教育“十五”和“十一五”规划科研课题。

经过十年的努力实践，2009年7月，教育部基础教育一司在广东省召开“全国首届中小学心理健康教育工作交流会”。广东省教育厅在大会上作了“健全机制、创新模式，促进心理健康教育持续发展”的主题发言，总结了广东省中小学心理教育工作经验。

十年的探索

广东省中小学心理教育在教育理论、教育体制、教育机制、教育模式、教育目标、教育针对性和有效性等方面进行了一系列的教育探索。

十年来，广东省积极探索中小学“发展性心理教育的理论”、“积极心理学理论”、“健康心理学理论”和“幸福心理学理论”等，努力寻求中小学心理教育的学理支撑。

十年来，广东省经过不断探索，建立了省、市、县（区）、学校的“四级教育管理体制”，建立了中小学心理教育“规范管理工作体制”；建立了“教育行政主管与专家业务指导”相结合的工作机制，建立了心理教育“预防、预警、干预”的三预工作机制；构建了“以分级达标为管理特征的培训模式”、“以示范带动全面的运作模式”、“以科研引领工作发展的教育模式”和“发展性心理教育广东模式”。

经过十年的实践和探索，广东省中小学心理教育有了明确的教育目标和方向，也经历了“补救性心理教育”—“发展性心理教育”—“心品教育”的发展阶段。经过广大教育工作者十年的共同努力，广东省中小学生心理素质普遍有所提高，自信心增强，抗挫折能力和适应社会的自我调节能力逐渐增强，学生的健全人格得到了发展。

十年的思考

在十年的心理教育活动实践中，我们一方面在不断地进行实践探索、理论探索，另一方面也在不断地思考教育中出现的种种迹象。

十年来，在教育实践中我们不难发现：现在的中小学生个性过分自由、过分自我、过分自私，教育“为人的生存发展”变成“为自己的发展”；学生内心情感十分脆弱，行为表现日趋失范，不正常死亡日趋增加；传统美德、社会公德逐渐丧失，集体观念、团队意识逐渐淡薄，思想道德教育逐渐失效；家长普遍反映孩子难管，教师普遍认为学生难教、班主任难当，甚至作为专职德育的教师也觉得束手无策。为何学生越来越难教？为何教育越来越减效？有人将学生的情感问题、思想问题和行为问题归因于高考制度的压力，归因于家庭教育的失衡，归因于社会转型期的影响，归因于西方思潮的冲击，这些都不无道理。但是，学校教育本身难道就没有责任，教育内部难道就没有原因？那么这原因又是什么？

十年来，我们都在思考这样的问题：心理教育要培养学生的是什么？心理教育在中小学素质教育中的作用是什么？心理教育就是要培养学生的良好心品、良好行为；心理教育就是要培养学生的健全人格、和谐心态、良好的心理素能。十年实践使我们更加坚定地认为：素质教育相当重要，而学生心品素质是道德教育、文化教育、审美教育等的前提，是教育有效性的基本保证，也是学生生存发展的重要保障，心育乃教育之母，育人先育心，教育从“心”开始。

然而，在心理教育实践中不难发现：学校教育存在思想碰撞，传统教育思想、人本教育思想与心理教育的理念不时发生碰撞，某些教育理念与素质教育的主旋律不相协调，某些教育主张对学生的内心世界、行为表现和未来发展造成一定的不良影响。而教育思想之间的碰撞，在一定程度上造成了学生的思想混乱、行为失范。

十年来，我们不得不思考这样的问题：教育是什么？教育的本质是什么？教育如何培养人？教育培养人的什么？这就涉及教育价值观、目的观、人才观和教学观等理论问题，涉及教育观念、主张和思想的问题。

经过十年的实践、探索和思考，我们提出了“教育从心开始”的主张，提出了“以心为本”的教育思想，即心本教育思想。

十年的结晶

心本教育思想是广东省广大心理健康教育工作者的教育实践和教育科研成果的总结，是十多年来广东省中小学心理健康教育的思想结晶。

十年的结晶凝成心本教育理念。我们能够严肃地回答：心本教育是什么，心本教育的思想内涵是什么，心本教育的价值取向是什么，心本教育的意义作用是什么诸多问题。

我们深知，传统教育“以师为本”，造成教育以教师为中心，师道尊严，压制学生个性发展。我们发觉，人本教育“以生为本”，造成教育以学生为中心，促使学生个性张狂、心态浮躁，不利于学生的发展。我们倡导，心本教育“以心为本”，培养广大师生良好的心品个性，将教育者与受教育者的“心”联结在一起，并且回归到教育目标、教育过程中来，使教育显出成效。

十年的实践结晶，阐明了一个事实：如果个体学生的心品好了，学习就好了，行为就好了，学风就好了，教育就顺了，质量也就提升了。相反，如果个体学生的心品、心态混乱了，那么一个“双困生”就出现了。十年的实践结晶，印证了一个道理：实践是认识的源泉，实践是检验真理的唯一标准；认知决定行为，性格决定命运，心品影响前途，学生的心品素质引领其前途；教育要以心为本、从心开始；教育要从师本—人本—心本。

《心本教育》的出版，旨在推动中小学心品教育全面规范地发展；旨在促进学生心理品质的教育和培养，使中小学生具有健全人格、和谐心态和良好的心理素能，有利于学生的未来发展；旨在指导学校教育，改善当前学校教育中一些不尽如人意的地方；旨在推进素质教育的全面发展。

由于笔者的思想水平、理论水平、文学水平的局限，尤其是教育理论的缺乏，加之心本教育方面的资料极少，几乎没有相关的可供参阅的文献，因此，《心本教育》一书，可能有许多观点值得商榷，甚至批判，可能许多论证还不够严密、不合逻辑。但它表达了笔者对教育的思考、观点以及对心品教育重要性的表达。《心本教育》一书，只是抛砖引玉，不妥之处，敬请各位读者批评指正。

心本教育思想从萌芽到构建，得到了华南师范大学教育学、心理学、管理学许多教授和学者的关心和指导；《心本教育》一书的出版，得到了广东省教育厅领导以及广大中小学心理教育工作者的大力支持，在此一并表示感谢！

吴发科

2011 年 3 月于广州

认识论：理论篇

认识引领行为
性格决定命运
心品影响前途
思想筑构未来

第一章 心本教育概述

人的认知决定人的行为，即人的所有行为都基于人的心理认知。而人的心品素质状况会影响人的心理认知，从而影响和决定人的一切行为质量和行为后果，即行为后果的优劣程度。人的心品素质状况，指人格、个性、心态、自信、情感、意志等的优劣程度。人的心品素质状况是人的心理认知的基础，人的心品素质状况影响着人对外界事物、生活态度、工作关系、人际关系等的心理感受和心理认知，从而决定了他/她对外界事物、各种关系所采取的行为和行为质量后果。

人在社会中生存、生活和发展，无非存在着几种社会关系：人与社会的关系（包含人与社会的政治关系、经济关系）、教育与被教育的关系（包含学校教育关系、家庭教育关系）、管理与被管理的关系（包含工作上的管理关系、上下级的管理关系）、学习和工作交往中的人际关系（包含同事、同学、朋友、亲戚、邻里关系）、社会生活关系（包含生活用品交易、娱乐生活关系）和家庭生活的成员关系（包含夫妻、亲子、兄弟姐妹、祖辈关系）。人的生活离不开这些关系，人的所有行为都围绕这些关系而展开。而人的这些关系的密切、和谐与否，都是人的行为和行为所反映出来的后果。而人的心品素质好，其心理认知基础就好，其行为质量结果就好，其各种关系就亲密、和谐，整个社会的各种关系也就协调、和谐，否则只会产生相反的后果。人的心品素质好，在处理和应对这些关系时，其个体自身也就感到心理舒适、心情愉悦，其生活感受和生活质量就好。因此，人的心品素质是人的心理认知和行为的本源，影响着个体生活的素质，也影响着社会各种关系的和谐与否。

教育的对象是人，教育的本质目的是培养人。“教育是以造就人的品质为其目标”①。人的品质包含人的道德品质、文化品质、心理品质和生活能力品质等。应该说，人的这些品质都很重要，都是人的生存、生活和发展过程中不可或缺的基本品质。然而，人的心品素质是人的其他素质的基础，只有人的心品素质良好，才有其他素质可言。这是因为：

首先，人的健全人格、和谐心态、良好心理素能，是良好道德养成的重要前提，只有心品素质好的人才有可能塑造出良好的道德品质，否则道德规范难以内化、道德教育难以见效。

其次，人的个性、情感、意志等心理因素是人的有效学习和有效接受文化教育的关键，若人的个性、情感、意志等心品因素出现问题，就会严重影响文化学习与接受教育的质量；只有心品素质好，个体才能学好文化知识；即便是个别文化知识广博的特殊个体，若心品因素有问题，其文化知识也难以发挥作用，难以为社会作出贡献。

---

① 英国教育家斯宾塞（H. Spencer）的教育名言。

最后，人的个性、人格和心态，是人的生活能力、质量的提高和能力发挥的重要条件，一个性格、人格和心态不正常的人，是没有什么生活能力与质量可言的。

教育不仅要注重造就学生的道德品质、文化品质和生活能力品质，而且更要注重造就学生的心理品质。现代教育的特点之一是教育的知识信息量不断增大，而学校教育只是一个教育时段，无法完成日新月异的知识增容，需要继续教育和人的终身学习；而影响人的终身学习的一个重要因素就是人的心品素质，只有心品素质好的人，才有可能做到终身学习。就现代教育目的而言，教育不仅仅是“传道、解惑”或仅仅是传授知识，而且更重要的是要对学生开展“育心、养性”的教育，培养学生良好的心品素质。

现代社会是竞争的社会，包括经济竞争、信息竞争、科技竞争和人才竞争等。但归根结底是人才的竞争。人才的整体素质决定着竞争的成败，而人的心品素质是人的整体素质的重要组成部分，其重要性体现在心品素质是其他素质的基础。今天的青少年学生，十几年后步入社会并参与竞争。他们靠什么参与社会竞争？靠的是两方面：应用性文化知识和良好的心品素质。这两方面缺一不可，它好比飞机的两扇机翼，无论哪扇机翼出问题，都会从天上掉下来。

如果承认教育的本质目的是教育人、培养人，那么，这就涉及教育的价值观、目的观和人才观的重要问题，即教育究竟培养什么样的人的问题。这就必须阐明一个十分简单的教育道理：心品是心理认知和一切行为的基础；心育是一切教育之母；也必须阐明一个新的教育理念：育人先育心，教育应以心为本，从“心”开始。

因此，无论是学校教育、家庭教育，还是社会教育、继续教育，都要加强对学生（教育对象）的心品教育。

现代教育要倡导心本教育！

第一节　心本教育的含义与概念

我们认为，现代教育要倡导心本教育。那么，心本教育是什么？

一、心本教育的含义

何谓心本教育？心指“心品”，人的心理品质；心本指“以心为本位”、“以心品为本”；心本教育一方面是指对学生进行心品培养，另一方面是指学校教育和管理以心为本、以心为先，从“心”开始的教育思想。

何谓心品？心品是泛指人的心理品质，也特指个体的心理品质。人的心理品质主要包括个体的人格、心态和心理素能等因素，还包括自信、认知、情感、意志等因素。

何谓以心为本？以心为本是指学校教育和管理以学生良好的心品发展为本，强调教育以“心”为核心、以“心”为本位，一切教育要以学生的良好心品的塑造为目标，以学生的良好的心品培养为出发点和归宿点，强调良好的人格、个性、心态、自信、认知、情感、意志等心品素质是人的全面发展、学会做人的基本条件，强调教育过程中师生人格上的平等，在人格平等的基础上尊重和保护学生的人格和自尊。

何谓以心为先？强调人的心品塑造的重要性，强调人的全面发展必须有良好的心品素质，强调个体的心品、心灵状态是个体发展的先决条件，强调对学生的心品教育要放在学校教育的第一位，强调只有学生良好的心品因素，才能保证其他教育的入手和实施。

何谓从“心”开始？一方面强调育人要育心、育人先育心，另一方面强调学校的一切教育包括学科教学，要考虑学生心理接纳的意愿，要从让“学生愿意接纳”开始，教育教学才富有效果。

二、心本教育的概念

总的来说，心本教育的概念包含两个层面：

（一）狭义心本教育

第一层面是心理学意义上的概念——狭义心本教育。什么是狭义心本教育？狭义心本教育可理解为心理健康教育，而心理健康教育的根本目的是对个体进行心品教育。因此，狭义心本教育也可以理解为心品教育。可用下列式子表示。

狭义心本教育＝心理健康教育＝心品教育

然而，“心理健康教育”的命名容易被人们误解：第一，因为个体心理不健康，所以需要进行心理健康教育；第二，心理健康教育工作者容易将其误认为中小学心理健康教育重在对学生开展补救性的心理教育而不是对学生进行发展性的心理素质培养。“心品教育”的命名给人以直观的理解，就是进行心理品质的培养，而心理品质的培养理所当然就要开展发展性的心理素质培养。这更符合和贴近中小学心理教育的实际。基于此，本书基本上以“心品教育”替代“心理健康教育”。为了减少误解，建议学术界和教育界今后更多地使用“心品教育”一词。

广东省中小学心理健康教育十几年来的实践使我们认为，一个人的心品素质主要包含“人格、心态、素能”三方面的心理素质。

那么，心品教育是指对全体学生进行“健全人格、和谐心态、良好素能”三方面的心品素质培养（如图1所示）。这三方面素质的培养就是对中小学心品教育总体目标、任务和内容的概括。

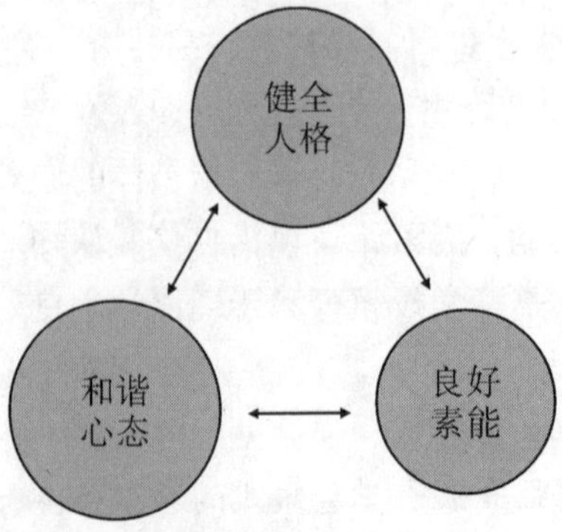

图1　狭义心本教育——心品教育示意图

所谓人格，《现代汉语词典》这样解释，人格是指人的性格、气质、能力的特征的总和。心理学对人格的定义是指个体在一定的遗传素质基础上、在适应环境的过程中所形成的独特行为或内在的行为倾向性，它包括需要、动机、自我意识、气质、性格等多个方面。心理学通常可以将“人格”理解为“个性”。人的个性具有比较稳定的、有一定倾向性的心理特征。显然，人的个性有良好和不良之分。心品教育的一个重要任务就是健全人格的教育，其内容包括自我认识、自我意识、人的需要动机、意志力培养、心理弹性、个性修养等。

所谓心态是指人受外界事物的刺激之后所反映出来的心境状况。由于个体接受心理教育程度和自我心理修养程度的不同，对外界事物所反映出来的心态也就不同，因而人的心态可表现为和谐心态，也可表现为不和谐心态，或有时为和谐心态，有时为不和谐心态。心品教育的又一个重要任务就是和谐心态的教育，其内容包括青春期心理教育、情绪情感教育、道德心理教育、家庭亲子教育、生命教育等。

所谓素能是指人的心理素能，指个体的心理素质及由心理素质所引起的能力状况。个体心理素能是有差异的，心品教育的一个重要任务就是尽可能提升个体的心理素能。心品教育的另一个重要任务是良好心理素能的培养，其内容包括潜力开发、创造力培养、人际交往能力培养、社会适应能力培养、突发事件应对能力培养等。

总之，狭义的心本教育是指包含“健全人格、和谐心态、良好素能”三方面内容的心品教育，狭义心本教育的概念可以简单理解为心品教育。

人的心品有差异，每个个体的心品素质不同，甚至有个别人的心品还存在严重缺陷，如情绪障碍、退缩性行为、攻击性行为和人格偏差等问题。应该说，任何人或多或少都有心理问题，只是程度的轻重不同，出现的时机和频率不同，需要教育和辅导的程度也不同，有的通过教育能自我调适，有的需要咨询辅导，有的甚至需要心理治疗。因而必须对个体开展心品教育。目前，中小学开展心理健康教育，就是要对全体学生开展心品教育，全面提升学生个体的心品素质，而对个别有心理问题的学生进行心理咨询辅导，也是心品教育的一种。

（二）广义心本教育

第二层面是哲学、教育学意义上的概念——广义心本教育。什么是广义心本教育？广义心本教育是一种教育思想理念，也即包括心品教育在内的一种教育思想理念。或者说，它除包含心品教育，还包含教育价值观、教育目的观、教学观、人才观等的教育思想。心本教育思想认为，教育是以人的生存、发展为本的，而人的心理品质是人生存、发展的重要前提条件，只有具备良好的心理品质，才有人的良好的生存、发展可言，因而教育要以“心”为本，从“心”开始。心本教育思想与其他教育思想的不同之处，在于它不仅仅是一种教育思想，而且还有心理教育学科作为依托。广义心本教育可以用以下公式来表示：

广义心本教育＝心品教育＋心本教育思想

心品教育，从教育对象的自身生存、发展的需要出发，侧重对教育对象的个性品质、心品素质的构建和塑造。心本教育思想，是从教育思想方法入手，强调教育以“心品为本”，强调重视学生心理需要和生存、发展需要的一种教育思想理念。心本教育思想既重视人的生存、发展的心品性，又重视人的生存、发展的适应性与优质性。

对于心本教育，有些人可能会误认为，心本教育与人本教育只是一字之差，没有多大区别；或简单地从字面上去理解，认为“人”必有“心”，“心”就是“人”，“人心”不可分离，因而“心本”与“人本”没有什么区别；有些人可能会误认为，“心”是人的大脑思维，“心”比“人”更具体、更深入一点，没有多大区别。其实，作为教育思想观念，二者在教育理念、教育目的观、价值观、教学观、人才观和教育主张上有着质的区别。

具体地说，心本教育作为一种教育思想，应该具有较为深刻的学理逻辑和内涵概念。心本教育由心乃人之灵、心育乃教育之母、“共同愿景”与认知统一性、“两元结构”与关系平等性、“以心为轴”与彼此向心性、“从心开始”与教育基础性、“双重需要”与教育目的观、“并重发展”与新型人才观、“知明行正”与心本感悟观、“道德赋能”与心本道德观、“两极无痛”与心本德育观、“积极心理”与主观幸福感、“阳光心灵”与未来发展观和“赋权增能”与心本教师观等十四个基本观点来作为学理支撑。

下面逐一介绍这些基本观点。

1. 心乃人之灵

教育是人类灵魂的工程。心本教育认为“心乃人之灵”，这是从“心”与“人”关系的高度上来全面重新认识“心”的重要作用，即人的心品对人的学习、生活和发展的重要作用。心是人的行为之因，人的行为是心之果，心动才有行动，行动才有结果。人以心为本，则教育要以心为本，管理也要以心为本。那么，心本教育是影响个性、心态、能力的教育；是影响成长、生活、发展的教育；是影响信念、价值观、生命观的教育；是影响情绪、行为、命运的教育；是影响社会和谐、社会进步的教育。

心是人对外界事物的感应器，心是人的情绪、行为的调节器。

第一，心本思想认为，任何人类的思想、欲望和行为、活动都“由心而起”。所谓人的本能就是人的欲望。人的本能欲望是物欲、性欲、贪欲（第一欲望）；当进入人类社会，人的欲望又有了尊严欲望、自由人权欲望（第二欲望），人类就有了两个层面的欲望。假若自然和社会能够同时满足人类的两个层面的欲望，那是人间仙境，但是地球上的自然资源和社会上的文明资源，远不能满足人类日益膨胀的欲望，尤其是物欲、性欲、贪欲。因此，人类对待欲望有两种方式，一是抑制；二是放纵。西欧文艺复兴以前，以抑制为主，以至于压制了人的物欲、性欲、尊严和自由；而文艺复兴以后，提倡人权、自由和尊重人的尊严，人类的第二欲望得以逐渐实现；与此同时，第一欲望物欲、性欲、贪欲也随之从抑制逐渐转为放纵。物欲、性欲、贪欲的放纵表现为：对自然、人类的过分开发、掠夺资源、影响生态；对社会，过分竞争而出现垄断、剥削、贪污和侵占；对人类自己，性解放、性放纵等。而人本思想如果不加分析地、笼统地提倡“以人为本”，一方面对人的尊严、自由和人权给予了尊重，另一方面使得人性、贪欲、性欲不断扩大、放纵和无节制。这就使人的心理出现矛盾、浮躁，造成人的心态不平和、心灵不和谐。

心本思想认为“心乃人之灵”，只有教育以心为本，使人的心性向善、心态平和、心灵和谐，才能处理好“人权、自由、尊严”与“物欲、性欲、贪欲”之间的矛盾，才能有人的生存、学习、工作和发展。若只片面追求人类的“人权、自由、尊严”的欲望解放，却不对“物欲、性欲、贪欲”予以适当抑制，人类将走向混乱，而不加强“以心为本”的教育，人类将永远无法抑制“物欲、性欲、贪欲”等欲望，将永远不会获得自身心理的和谐以及与自然、社会的和谐。因此，片面地提出“人性化教育”、“人性自由”教育，将使得中小学生思想混乱、心态浮躁；如果不加分析地提出“以人为本”的教育——即“以人的什么为本”的教育，假若“以人的‘第一欲望’为本”的教育，则教育将走进误区，将给人（包括学生）带来不良的引导。十多年来，社会上出现的“物欲、性欲、贪欲”等膨胀的现象，已经到了损害社会风气的地步，这足以说明“以人为本”的教育思想，存在一定的缺陷。

第二，心乃人之灵，心为人之源。如何理解心乃人之灵，心为人之源？这里的“心”是指具体的“心性、心神、心态、心情、心怀、心品”；这里的“人”是指“人的生息、人的学习、人的工作、人的发展”；这里的“灵、源”是指“心性、心神、心态、心情、心怀、心品”等心理状况对“人的生息、人的学习、人的工作、人的发展”的意义和重要作用。心本教育强调，心是人对外界事物的感应器，心品和心态如何，直接影响人对外界事物的感应效果。心本教育强调这一观点，就明确指出了“心”对“人”发展的意义，明确强调了教育的基础和出发点。

心本教育认为“心乃人之灵”，这不只是认识问题，还是现实问题。俗话说，“忍是福”、“和为贵”、“和气生财”、“知足常乐”，都是以“心态、心怀、心情”为前提，只有强调“心”和谐了，才有“福、贵、财、乐”可言。“心”是内部世界与现实世界的认识调节器。现实生活中的人，只有“心”和谐了、常态了，才活得潇洒，才有幸福感。人本主义思想主张教育为人的生存、发展服务，而又片面地强调“人性化教育、个性发展、自我实现”，表面上看是为了“人”，实际上是使人的“心”过分自我、过分自私、过分个性化和人性放任，实际上是使人的“心”处于焦急、浮躁、放纵等状态，实际上是使人缺乏幸福感（这一问题，将在后面章节中作专门论述）。这就是“心本”与“人本”的质的区别。

第三，心乃人之灵，心正人不阿。必须明确的是，心对人的情绪、行为有调节作用。首先心态正常了，心情正常了，心灵阳光了，心病就少了，烦恼就没了，情绪就乐观了，生活就幸福了。其次，心志正直了，为人正气了，办事诚信了，则人际关系就好了，威信就高了，魅力就强了，事业就有了，前途就好了。最后，心品正常了，人格健全了，则处事就正当了，人就走正道了，为人就正义了，对权力、金钱就看淡了，人生就自在、幸福了。一些人却只顾张扬自己的“个性发展”，不理会他人的感受和需要，只赏识自己的“个性发展”，不顾及集体规则和法则；一些人为了追求“自我实现”，已经自我膨胀，不择手段地任意侵占，想方设法地“往上爬”，以达到所谓的“自我实现”。这是“‘心’决定人的意念和行为”的观点，也就是心本教育思想区别于人本教育思想之处。

2. 心育乃教育之母

心本教育认为“教育最终要进心”，认为“心育乃教育之母”，这是从心育的实质上来认识心育的重要性。“心育乃教育之母”包含着多重意思：

第一，认清心育的特性。心本教育认为，心育具有教育的基础性、根本性和本源性特点，也就是说，心育对教育具有基础作用、根本作用和本源作用、孕育作用，若心育出现问题，任何教育均无法实施和实现教育目标。心本教育认为，教育是培养人的心力、智力和行动力，因为一个人事业的成功，靠心力、智力和行动力三个因素，三者缺一不可，并且顺序不能颠倒①。可以用这样的公式来表达：

成功＝心力×（智力＋行动力）

从公式可以看出三个因素之间的关系，心力与其他两个因素不是简单的相加，而是相乘关系，即“心力”的一点变化，就会引起成功系数的大变，假设心力为“0”，则“智力和行动力”没有意义，也不可能有意义。心力对成功的其他因素，具有决定性作用和“放大效应”。

第二，强调教育的“心启程”、“心动力”。心本教育强调教育以心为本，从“心”开始，实际上就是树立“心育乃教育之母”的概念，强调教育的“心启程”、“心动力”的作用。有的教育学家认为，德育、智育、体育、美育和劳育，以德育为先，这就主张教育要以德育为先。心本教育认为，心育作为德育的“重要的”组成部分，不仅要“为先”而且要“为本”。主要原因有二：其一，对于德育而言，人的心品素质影响和决定人的认知、思维等心理过程及一切道德行为过程，因而必定影响道德形成和行为表现。其二，对于智、体、美、劳诸育而言，学习的需要、学习的动机、学习的心态是其教育成效的决定性因素，而缺乏决定性因素的任何教育都是徒劳的。那么，教育成功可以用上述公式的变式来表示：

教育成功＝心育×（德育＋智育＋体育＋美育＋劳育）

上面的变式，直观地表达出“心育是教育之母”的道理，揭示了心育与其他各育之间的逻辑关系。这就是说，心育不仅只是为了培养学生的心理素质，而且还为了培养学生的整体素质，为了教育质量的全面提升。因此，心育的重要性就在于此。

第三，发挥心育的效能。心本教育认为，一个人的心本状况——心品素质，直接影响到教育效能。例如，如果学习心理品质、品德心理差，则学习成绩差、行为表现差，智育和德育难有多大效果。一个人的心本状况，也直接影响到其人际关系。因为一个人的心理品质是由自我认知、个性、自信、情感、意志等因素所构成的，这些心理因素的优劣，直接影响人的心品素质，直接影响人的学习、工作、行为和人际关系。心本教育认为，认知决定行为，性格决定命运，心品影响前途。只有加强心品教育，发挥心育的效能，提升学生心品素质，才能促进学生全面素质的提高，从而影响个体的命运。

因此，心品教育是根本，教育要以心为本，就是强调教育要以心品教育为本，教育要从“心”开始，就是强调心育乃教育之母。

3.“共同愿景”与认知统一性

“共同愿景”也即“共同愿境”，是指在组织内部经过充分协调，在整合个人理想和

---

① 吴甘霖．心本管理：管理学的第三次革命．北京：机械工业出版社，2006

抱负的基础上，产生出组织的共同理想、信念和价值意向，产生出组织共同的目标、精神（即团队精神、合作精神）、志向、愿望，并在此基础上，成员间愿意为组织共同担当，自觉奉献和自觉行为。从心理学的角度看，共同理想和信念、愿景，是一种心理认同感，是一种团体内部的认知统一性。“共同愿景”建立在组织内部共同价值观之上，因而组织具有凝聚力、向心力、感召力，成员具有认同感、责任感、使命感。

企业管理学将心本管理思想作为管理学的第三次理论革命——企业管理从过去的“物本管理”走向“人本管理”，再走向现代的“心本管理”。20 世纪 50 年代以前，企业管理学提倡“以物为主体”的管理思想；到20 世纪 60 至 70 年代，以马斯洛（Maslow，1908—1970）和罗杰斯（Carl. R. Rogers，1902—1987）等人为代表的美国的人本主义心理学（Humanistic Psychology）思潮的出现①，企业管理学提倡“以人为主体”的管理思想；进入 21 世纪初期，企业管理学提倡“以心为主体”的管理思想，主张管理要“以管心为本”。因此，心本管理思想有一个概念：企业管理围绕着全体职工一致认同的企业发展目标来开展。这样，企业管理过程就形成一个全体职工一致认同的“共同心境”。围绕着“共同心境”的管理是心本管理思想的重要理念之一。

心本教育思想认为，“共同愿景”是指组织内部所共同持有的心理意象和心理意愿，是组织（或单位）所追寻的共同目标，建立共同愿景是凝聚全体员工最有力的措施。“共同愿景”或“共同心境”实际上是人的心理认同感和认知统一性。“共同愿景”不是无根之源，而是建立在共同利益、共同尊重、相互平等的基础上，建立在“物本”或“事本”管理的基础上，而只有在这样的基础上建立起来的共同目标、共同愿景，才有可能实现，才有可能实施管理，这样的管理才具有最佳效能。

对于家庭来说，夫妻之间的关系，父母与孩子之间的关系，靠的是家庭成员的共同愿景——心理认同感，它是爱情的基础、是亲情的基础，也是家庭教育的基础。如果爱情缺乏共同愿景，就缺失了夫妻的心理认同感，就没有共同语言、个性不合，则家庭难以稳定。如果家庭教育缺乏共同愿景、缺失心理认同感和认知统一性，则教育难有效果。因此，“共同愿景”是维护家庭稳定的心理因素。

对于学校教育而言，学校内部如果没有教育者和被教育者之间的“共同愿景”、心理认同感以及认知统一性，那么学校教育是难以施展、难有效果且难以发展的。目前，一些学校班级管理出现了学生“集体观念淡薄、团队意识弱化”的现象；教师普遍认为学生难教、班主任难当，甚至作为专职德育的教师也觉得束手无策；学生家长普遍反映小孩难管。而靠传统教育思想、师道尊严思想是无法建立起共同愿景并达到心理认同的；如果靠人本教育思想、个性发展和自我表现的教育思想，是无法建立起共同愿景并达成认知统一性的。只有靠心育才能建立起教育的“共同愿景”。

4. “两元结构”与关系平等性

心本教育思想认为，人在社会中的许多关系是一个“两元结构”体系，两元之间是平等的关系。

---

① 方展画. 当代西方人本主义教育理论评述. 河北师范大学学报，1999（1）

首先，心本教育思想认为，一切人际交往关系都是“两元结构”关系。无论是教育关系、管理关系还是工作关系、人际关系，都存在着关系的“两元结构”，即施教者与受教者的关系、管理者与被管理者的关系、上级与下级的关系、父母与子女的关系、同事与同事的关系、朋友与朋友的关系，甚至是夫妻关系，都是“两元结构”，其关系是“两元结构关系”。

其次，心本教育思想强调两元之间的关系平等性。心本教育思想强调两元关系之间是平等的，没有以谁为主、以谁为中心之说，也即师生之间、上下级之间、父子（母子）之间、人与人之间都是平等的——这种“平等”主要是指人格上、心际上的平等，没有人格、心际之间的高差，没有人格、心际之间的等级。这种“平等”不是指工作上的平等，如果工作上也过分强调平等，则无法有效地教育、管理、指挥。

关系平等性是一切教育、管理、家庭、人际关系的基础，是维护“两元结构”稳定的根基，非常重要。没有这个基础，“两元结构”就不稳定，就有可能出现破裂。如师生关系紧张，上下级关系不协调，朋友关系出问题，亲子关系闹僵，夫妻关系破裂，都是“关系平等性”不和谐的结果。

心本教育思想提出平等性关系的两个侧面：“人格平等”与“工作职责”。心本教育思想强调，“人格平等”与“工作职责”要和谐统一，不能对立。例如，师生关系：人格上是平等的——表现为尊重学生、关爱学生；而工作上是教与学的不同职责——教师要有“教的职责”，否则无法实施教育；学生要有“学的职责”。不能因为强调“人格平等”、尊重学生，就不敢管教学生，丧失“工作职责”。现在，有许多班主任，怕“不尊重学生人格”，不敢管教学生，让学生任意发展，这是对“平等性”的曲解，也是人本教育思想过分强调“以学生为主体”的结果。因此，如何把握两个侧面的和谐统一，就需要进一步研究，需要在实践中进一步探索。

人本主义主张尊重学生，是从人格尊严的角度上去理解尊重学生、平等地对待学生，是指在教育教学过程中，教师要尊重学生的人格尊严，师生之间的人格和尊严都是平等的。这种主张是心本教育思想的一个重要理念。但是，尊重人格与“教的职责”两者是不同性质，不能相互抵消，其界线要把握好，也即要尊重学生的人格尊严，不能削减教师“教的职责”，如果过分强调学生的人格尊严而导致教师对学生不敢管教、不能严管，或者甚至是忽视教师的人格尊严，这就会造成“两元结构”之间关系的不平等，也就造成教育的一种失职，也就有可能教育出一些“小霸王”、“小混混”来。

因此，一方面要强调“两元结构”的平等性，分清尊重学生人格与教师“教的职责”之间的关系；另一方面要认识到，只有师生人格、心际间的平等，才有心际距离的接近，才有沟通的融洽，才有教育、管理和工作的良好关系及有效的教育、管理和效果。

5.“以心为轴”与彼此向心性

目前，学校同时存在两种以上的教育思想：

一是传统教育思想。传统教育思想主张教育以教师为主体、为中心，则“教与学”之中“教之师”处于主体地位，并由此带来了以教材为中心、以课堂教学为中心的教育模式，则“学之生”成了从属、被动、跟随的地位。教育教学过程中，学生跟着教师转，结果造成片面强调师道尊严，造成制约人性自由和约束学生个性发展，造成学校教育管理有时出现对学生的人格伤害、自尊诋毁和人身体罚等现象。

二是人本教育思想。人本主义思想在强调尊重学生人格尊严的基础上，大力强调学校的教育教学以学生为主体、为中心，认为教育教学要从学生的生存、发展需要出发，要从学生的实际出发，教学过程要围绕学生的需要而展开。结果造成学生个性张狂、心态浮躁、行为失范；思想上“拿着鸡毛当令箭”，教师稍微严教、批评就产生“不尊重我”、“不了解我的需要”和“缺乏人本教育精神”等的想法，行为上又受“个性发展”、“自我实现”的影响而出现我行我素的现象。结果造成了学生“集体观念淡薄、团队意识弱化”的教育现象；造成教师难以施教，不敢严格管理和严肃批评，只能迁就，只能围着“主体、中心”转，根本谈不上引导，甚至对个别学生采取“妥协、看不见”的教育方式，使得班级管理中出现众多“小霸王”、“小捣乱”（家庭教育出现“小皇帝”、“小贵族”），难以教育引导。

心本教育思想认为，以上两种教育思想是导致学校教育内部出现思想混乱和教育失误的原因，这是两种教育思想之间冲突的结果、是教者与学者之间心际隔阂的结果。

心本教育思想认为，教育教学不是以教师为主体、为中心，也不是以学生为主体、为中心，教与学是以心为中心，以心为轴。教与学是一个整体，不可人为地分割。教师的“教”与学生的“学”，就像两个星球相互绕着运转。这种星球运转规律，不是一个星球围绕着另一个星球运转，而是两个星球相互围绕着一个看不见的中心——心轴进行运转，谁都不能偏离运转的心轴。那么两个星球相互运转，为何不被离心力所抛弃？因为它们之间存在着向心力，彼此吸引，假如没有彼此的向心力，则构不成运转系统，两个星球也就会分开。同理，“教”与“学”都在围绕着一个运转中心，一个看不见但又实际存在着的心轴运转，这个心轴就是教育目标，也即心轴始终指向教育目标，师生之间只有有共同向心力、共同目标、共同愿景，“心轴”才能存在，教育目标才能存在，教学才能运转。这就说明了这样的道理：

所谓教学中心、运转心轴、教育目标的建立，靠的是师生之间的向心力和共同愿景，只有师生之间存在向心力，教育目标才有存在的可能；只有依赖师生的向心力，教育目标才有存在的意义。

教育只有以心为中心，以心为轴，教师与学生之间的教育教学关系才能存在，才能正常运转、和谐运行，教育教学才有最佳效果，否则教学关系就无法建立，教学就无法运转。

教育以心为本就是强调教与学之间以心为轴、以心为纽带，联结师生之间教育的心际，保证教学相长，这实际上是强调师生的向心性。家庭教育、社会教育也是如此。因此，教育要从“师本”→“人本”→“心本”。

6.“从心开始”与教育基础性

心本教育认为，教育要“从心开始”。这应该如何理解？

首先，心是人的心理现象的载体。人的自信靠心、情感变化靠心，意志力靠心；而且人的感知靠心、认知靠心、思维靠心、思想靠心、信仰靠心、道德靠心、信念靠心。人格实际上是指人的心品，个性是指人的心性。因此可以说，心是人的心理现象的载体，是否可以说，心理机制是人的心理现象出现、变化的支撑。

其次，心是人的认知的宝库。人的认知靠心，认知实际上是心的认知；一个人对外界事物的看法、认识或态度，实际上是心对事物的认同。这是心理学的基本原理、基本规律。心理咨询中常常采用的认知疗法，就是依据这一基本原理来进行咨询和治疗的。

再次，心是人的一切行为的驱动力。人的认知决定人的行为，而人的认知靠心，因而心是人的一切行为的驱动力。例如，教育靠心、学习靠心、工作靠心、人际关系靠心、生活态度靠心。

最后，心品决定人的心理和行为的质量。人的心品素质直接影响人的心理，故有心态、心象、心际、心机、心容的优劣之分；也直接影响和决定了人的行为的质量，故有行为好坏的结果。因而，“个性决定人的命运，心品决定人品”。

何谓教育基础性，这里的“教育”，特指心品教育，强调心品教育的基础性作用。

第一，学生心品影响学生的知识学习、学科学习的效果，影响教学效果。一个个性、学习动机不良的学生，则学不进脑、无心学业、难有知识积累。

第二，学生心品影响学生的道德修养、行为养成和道德形成，影响德育效果。心性、心态、心情等是道德认知的基础，是道德行为的调节器。一个人的心性、心态、心情状况如何，直接影响他/她的道德判断、道德选择和道德行为。

第三，学生心品影响学校、班级的教育管理，影响学风、校风的建设。实践证明，在学校、班级管理中，常常会遇到个别心性、心态、心情不良的学生，甚至是有心理危机的学生，让校长、班主任和教师的教育管理感到“头痛”、“棘手”。这些学生直接影响学风、校风的建设，甚至影响学校正常的教学秩序。

因此，心本教育主张教育要“从心开始”，充分注重心品教育的基础作用。心育既是教育之母，也是教育的基础；只有基础坚固了，才能在上面建造德育、智育、体育、美育等高楼大厦。

7.“双重需要”与教育目的观

一直以来，人们对教育究竟是为“人的发展需要”服务还是为“社会发展需要”服务而争论不休。争论的实质是教育的目的价值取向问题。心本教育认为，教育既为“人的发展需要”服务，又为“社会的发展需要”服务，即教育的目的是为人和社会发展的“双重需要”服务。

然而，教育究竟能否做到为人和社会发展的“双重需要”服务？心本教育认为：

第一，“人的发展”与“社会的发展”不可分割。进入人类社会之后，人与社会融为一体，人是社会的人，社会是人的社会，二者不可分割。既然不可分割，就有教育发挥作用的可能，关键是教育目的不能偏倚人的发展或者是偏倚社会的发展。

第二，整体认识教育的目的功能。教育为“人的发展需要”服务还是为“社会发展需要”服务的问题，实际上是人对教育的认识问题，也是人为地将它分割开来认识的问题。既然可以将它分割开来认识，同样也就可以将它作为整体来认识。

第三，教育通过对每个个体的心品培养，从而促进人的心品素质的优化。如果每个个体的心品素质优化了，就能调适“自己发展需要”与“社会发展需要”，使之相适应、相吻合；每个个体的心品素质优化了，就能协调“自己发展”与“社会发展”，使之相和谐、相合拍。这好比“大合唱”现象，如果合唱队每位队员的音乐素养、合唱技巧提高了，就有可能演绎出一支和谐的优美歌曲，而一个没有经过任何音乐素养、合唱技巧培训的人，他是无论如何都无法调适自己的音色去与整个合唱队相和谐的。

但是，教育如果过分强调“个性发展”、强调培养“个性自由的人”，那么培养出来的学生会由于个性特征过强而难以与人交往，难以融入团队和集体；反过来，集体也难以容忍这些个性特征过强的人。教育如果是过分强调“自我实现”、“自我表现”，则培养出来的学生，过多考虑自己，甚至过分自私，更少考虑他人感受和社会需要。诚然，教育如果推崇这样的思想，就无法实现“双重需要”的教育目的观。

因此，心本教育认为，教育通过优化人的心品素质，优化人的个性品质，就能够自觉协调人与社会的关系；教育使个体的心品优化了，个体就能够调节自己，适应社会，做到实现“个体发展”的同时也为“社会发展”服务；教育使人的心品优化了，教育就能够实现人与社会的“双重需要”的教育目的观。

8.“并重发展”与新型人才观

所谓“并重发展”是指人的道德素质、文化素质和心品素质等的并重发展。对学校教育来说，是指学校教育必须是德育、心育、智育、体育、美育等的并重发展，不能有所偏重。就目前中小学校的教育状况看，由于升学、高考的导向，教育偏重于智育而轻视德育、心育、体育、美育等的培养。

心本教育的新型人才观，实际上体现了素质教育的人才观。心本教育认为，在人生的旅途中，一个人单靠知识、文化等智力因素是不够的，还要靠勇气、毅力、心态、心品等非智力因素，强调人的道德素质、文化素质和心品素质并重发展，无论是学校教育还是家庭教育，在重视文化教育的同时，必须重视道德教育和心品教育。心本教育认为，随着时代的发展，未来社会的竞争越来越激烈，而未来的竞争不仅仅是文化知识的竞争，更重要的是心品素质的竞争，未来社会对人的心品素质的要求会越来越高。

心本教育的新型人才观强调心品在人才构成中的作用，并主张“心育为先”。吴甘霖在《心本管理：管理学的第三次革命》中有这样一个理念：争天下必先争人，争人必先争心；融财不如融智，融智不如融心。可以肯定地说，性格决定命运——心品制胜。心本教育认为：争天下必先争人，争人必先争心；争天下必先育人，育人必先育心。

那么，如何理解“并重发展”与“心育为先”的关系？“并重发展”不是指德育、体育等在时间上的同步发展，而是指它们在实施上的并重发展。因此，在“并重发展”的同时，心育也要为本、为先。这是因为：

第一，心育是基础。人的心品发展了，有助于人的学习，有助于提升人的文化素质和其他素质。

第二，心育是关键。人的心品是人的道德行为表现的调节器，人的心品发展了，有利于道德行为表现的教育。

教育实践证明，学校的所谓“双困生”、“双差生”，大多是由于青春期心理问题引起的，如由情感认知问题导致学习、行为的转变。由此可见“并重发展”的重要性和心育发展的关键性。

“并重发展”既是现代教育观，又是现代社会新的人才观，也是未来社会对人才的新要求。否则，教育有可能培养出“文化知识深厚、道德素质低下、心理素质脆弱”或者是“道德心理素质良好、文化知识素养薄弱”的个体。教育也就有可能应了这样一句话：一个人的文化素质缺陷是次品，道德品质缺陷是危险品，心品素质缺陷是易碎品，体能素质缺陷是废品，能力素质缺陷是赝品。①

9.“知明行正”与心本感悟观

心是个体认知的载体，认知实际上是心对事物的认识。认知决定行为，反过来说，个体行为受心的认知的支配。

所谓“知明行正”，“知”指人对外界事物的认知；“明”指对外界事物认知的明白、明理、正确；“行”指对外界事物认知后所引起的行为；“正”指其行为正确，符合客观要求。“知明行正”是指人（个体）的认知正确了，行为就正确了，它表达了“人（个体）的认知决定人（个体）的行为”的观点。那么，人的认知懵了、错了，其行为就会出现偏差；人的认识明了、真了，其行为就正确；人的认知悟了、变了，其行为就会改变。

然而人的认知，受客观事物复杂性的影响，同时更主要的是受主观心品、心态的影响。这样，人对外界事物的认知就有了不同程度的、质的区分。

既然人对外界事物的认知有不同程度的、质的区分，也就有对事物的悟道之分：

人对某一事物认知正确，则产生积极心理，人就明理，就有良好的行为——“明悟”；

人对某一事物认知偏差，则产生消极心理，人的心理与行为就会出现问题——“错悟”；

人对某一事物认知不解、不释、不析、不明，则人会产生情绪情感问题——“混悟”；

人对某一事物认知不敏感，没有认知反应，行为糊里糊涂——“沌（钝）悟”；

人对某一事物认知改变，则行为发生改变——“顿悟”。

所谓心本感悟观，是指人的心品优劣影响人对外界事物的认识和感悟的基本观点。人一旦对外界事物改变了认知，其心情、心态、行为就会发生改变。“认知—行为”疗法就是根据这一原理来进行治疗的。由于人的心品、心态影响人的正确认知，则人的心品就显得非常重要，心品教育就具有重要意义。这就是“心本感悟观”。

心本教育认为，通过对学生的心品教育，提高心品素质和心理认知水平，有助于学生对事物的正确感悟和认识，有助于学生保持良好的行为表现。

10.“道德赋能”与心本道德观

“道德赋能”是近年来出现的一个新的教育概念，是人们对教育尤其是德育价值的重新认识。所谓“道德赋能”是指教师利用青少年内在的力量、智慧、关爱、团结等美德去武装孩子，使其逐渐强大并影响他人。道德教育应给人以内在的力量，而不是强加于人。

① 吴发科．中小学心理健康教育实作与管理．广州：广东高等教育出版社，2004

这就是“道德赋能”的意义。[1] 我们通常更多的是把道德看作是建立在相同价值关系上的文化传统、素质与理念，但现在人们同时也将道德看作是人们适应现代社会生活的一种能力。道德是一种人所固有的、潜在的能力，开发人的道德能力，就是“道德赋能”[2]。道德能力是关于是非对错的认知和判断能力，是独立选择价值目标的能力，是社会适应能力，是自己与外部世界进行联系活动的能力。道德能力可以用以下公式来表示：

道德能力 = 道德认知能力 + 道德判断能力 + 道德选择能力 + 道德践行能力

上式表示，道德能力由道德认知能力、道德判断能力、道德选择能力和道德践行能力等要素所构成。道德赋能关注的是个人内在的理智、道德和精神潜力的发展；道德赋能的目标是激发青少年适当的行为动机，以帮助他们发展出自己的精神和智力成长所需要的各种力量，为社会的发展贡献自己的力量。[3] 道德赋能的实质是如何开发人的道德能力，而开发人的道德能力实际上就是开发人的道德认知、判断、选择和践行的能力。那么，道德赋能既是一种新的德育概念——道德不仅是道德理念、道德标准和道德素质，而且是道德行为和道德能力，同时道德赋能又是一种新的德育方式——对青少年给予内在的道德能力的开发。这就对德育工作者提出了新的德育观念转变和德育工作要求——超越传统的德育方式。

开发人的道德能力，对于人的发展有着重要意义。第一，发掘个体的道德能力，能激发个体的道德动机，提升个体的道德水平，促进个体从“他律”到“自律”的过渡。第二，开发个体的道德能力，促使德育过程更关注个体的“权利”与“义务”的平衡，关注“个体价值”与“社会价值”的有机统一，有助于人的自觉行为，有助于培养合格公民。第三，个体道德能力是构建和谐社会的基石，开发道德能力，既有利于个体的全面发展又有利于和谐社会的建设。

所谓“心本道德观”，就是强调道德以良好心品为本的观念。人的道德有是非之分、良莠之分，而人的心品也有优劣之分、良莠之分。人的道德的良莠与人的心品的良莠有着密切关系，良好心品是良好道德的基础，良好心品有利于良好道德的形成。一个人只有以良好心品为本、为基础所形成的道德观，才是最稳定、最坚定、最真实的道德观，才不至于一遇到诱惑就出现道德问题。当前，有许多人在遇到金钱、美女、利益的诱惑时，人的物欲、性欲、贪欲等第一欲望就会暴露出来，就会出现道德复原。这些人大多对道德原则、标准非常熟悉，为何还会出现道德复原？其原因就是心品素质基础存在问题，因为人的行为靠道德自律，而道德自律靠的主要是心品素质。因此，心本道德观的精髓在于：良好的心品对道德的形成相当重要，加强对青少年良好的心品教育有助于良好道德的形成。

11. “两极无痛”与心本德育观

第一，要弄清楚德育是什么。即要认识德育的本质是什么。德育的本质就是教育人、改造人、塑造人。人的社会化，很大程度就是人的道德的社会化，而人的道德的社会化，

① 谢春风. 从道德赋能视角分析班主任的道德使命. 北京德育参考，2010（2）

② 秦延国. 道德赋能与人的发展. 北京德育参考，2010（2）

③ 杨忠健. 生涯教育中的道德赋能. 北京德育参考，2010（2）

是指人的道德行为规范的社会化，人的道德行为要符合社会的规范要求。那么，德育的本质就是教育人、改造人、塑造人的行为，使之符合社会的道德规范要求。如果德育没有教育人、改造人、塑造人的本质，那它就不是德育。

第二，德育的衡量标准是什么？德育的本质决定德育的衡量标准。那么，德育的本质要求人的行为符合社会道德规范，则德育的衡量标准当然是以社会道德规范为标准。它就是社会道德准绳，以社会共同需要来制定准绳，要求每个个体行为符合这些准绳。如果德育不是以社会共同需要来制定准绳，而是以个体需要来制定准绳，那德育就没有存在的必要。

第三，德育的过程是什么？德育的过程是一个教育人、改造人、塑造人，甚至是约束人自由的过程。因为人性是顽固的，因而德育过程是艰辛的。因为人是有意识的，因而德育的过程，被教育、被改造、被约束的人是难受的，甚至是痛苦的。

那么，所谓“两极”：“一极”是指未被改造的人性——“原本人性”；“另一极”是指德育的最高目标——“社本人性”。从理论上说，处于这“两极”的人是没有痛苦的，只有处于“两极”之间的社会化的德育过程中的人，才会产生心理痛苦的感觉。这就是“两极无痛”原理（这将在后面的章节中进行专门论述）。

第四，德育的理论前提是什么？诚然，德育的理论前提是人性需要社会化、需要改造。然而，人本德育观主张个性化德育、人性化德育，这实在难以理解。如果人性是善的，不需要社会化、被改造，那么何需德育，何来人性化德育；如果人性是恶的，那么“人性化德育”如何育法，是否德育要体谅和迁就人性恶的需要和存在，那么就不需要德育了。因此，个性化德育、人性化德育的提法就是不科学的。

第五，心本德育观是什么？心本德育观认为，第一，承认人性是顽固的，德育过程是艰辛的，承认德育的必要性，承认德育的过程被改造是痛苦的；第二，人是有意识的，德育过程会产生情绪、情感和行为等心理问题；第三，通过心品教育，提高个体心理素质，使之自觉地调节德育过程中出现的心理问题，更好地适应社会化改造。因而心本德育有利于人的社会化，有助于德育效果。

12.“积极心理”与主观幸福感

心品教育包含“健全人格、和谐心态、良好素能”三方面的主要内容。而“健全人格、和谐心态、良好素能”三方面内容的教育目的，就是要培养个体的积极心理。所谓积极心理就是要培养学生具有责任感、使命感、幸福感、情谊感的积极的人生观和价值观，具有阳光、向上、乐观、乐群等积极的个性特征和心理品质。这就是心品教育与积极心理的关系。

人的积极心理有助于人对世界本质、人生本质、生命本质、生活本质和学习本质的深刻理解和全面把握。培养人（学生）的积极心理和积极品质，有利于减少青少年的负面情绪和心理问题，有利于学生形成和谐心态和构筑健全人格，有利于学生对人生形成积极的态度和产生生活的幸福感，有利于学生的全面发展和未来发展（这才能真正体现“人本”），有利于社会稳定与和谐社会的建设。开展积极心理教育能促进学生的进步：第一，促进学习效果。研究表明，积极情绪能使人产生更广泛的注意、兴趣和爱好以及更多的创造性思维，而消极情绪则使人产生狭窄的注意和思维。第二，提升心理韧性。积极情绪能使人更加自信、乐观，更能应对困难、挫折，更有解决问题的心理韧性。第三，促进社交能力。积极情绪使人更乐于与他人接触、交往，乐于参加社交活动，更能正确地处理人际关系、保持良好人际氛围，从而促进社交能力的提升。总之，开展积极心理的教育，培养学生的积极心品，引导学生面对生活的态度和寻求生活的幸福感，有利于学生一生的发展。

所谓主观幸福感（Subjective Well-being，SWB）主要是指人们对其生活质量所作的关于情感性和认知性的整体评价。从这个意义上说，决定人们是否幸福的并不是实际发生了什么，关键是人们对所发生的事情在情绪上作出何种解释，在认知上进行怎样的加工。SWB是一种主观的、整体的概念，同时也是一个相对稳定的值，它能够评估相当长一段时期的情感反应和生活满意度。SWB由两部分构成：情感平衡和生活满意度。情感平衡是指与不愉快的情感体验相比较，占相对优势的愉快体验，是个体对生活的一个总体、概括的评价。情感平衡包含积极情感和消极情感两个维度，但这两个维度并不具有必然的相关性，是两个相对独立的变量。生活满意度是个体对生活的综合判断，作为认知因素，它独立于积极情感和消极情感，是衡量SWB更有效的指标。①

剑桥大学的苏德中和Felicia Huppert曾调查欧盟23个国家中有多少成年人具有“幸福感”，研究结果表明，有“幸福感”的人只占15%左右。积极心理学也曾研究世界成年人口中“有心理疾病”、“亚健康”、“中间状态”和“幸福感”的比例状况（如图2所示），结果发现，具有“幸福感”的人口比例很少。积极心理学的宗旨，就是努力促进人们的“幸福感”，努力提高“幸福感”的社会人口比例。

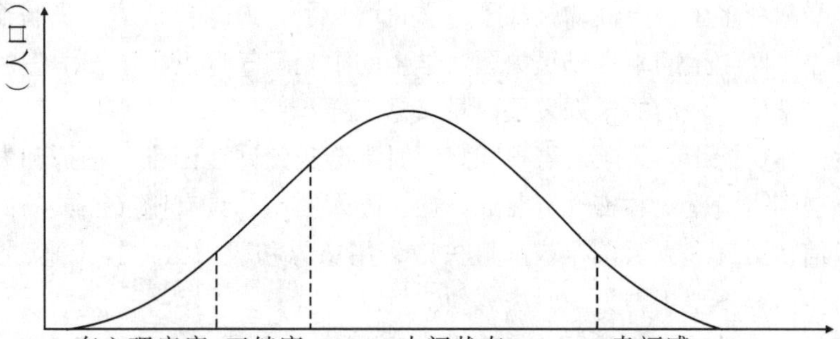

图2　具有“幸福感”人口比例示意图

积极的主观幸福感的意义：第一，它能引导学生对人生、对生活中的问题产生积极认识和感悟，使学生快乐地生活、幸福地生活。第二，学生有了积极的主观幸福感，一方面能更好地发挥潜能和创造力，有助于自己的发展和成就；另一方面能减少学生内心的抑郁，对他人和社会有积极意义。第三，积极的主观幸福感是学生一生的福祉。可以说，倡

① 张艳红，胡修银．主观幸福感研究综述．长春师范学院学报（人文社会科学版），2009（1）

导心本教育，开展心品教育，能促进学生的积极的主观幸福感。

现代社会的一个突出特点是物质生活优裕，但工作压力大、生活节奏快、竞争激烈，而现代社会人的一个突出特点是欲望日益强烈，甚至是无节制的，无抑制的“物欲、性欲、贪欲”放纵，以至于生活极度奢靡。面对现代社会，主观幸福感如何，全凭内心对生活的感悟。不同心态的人对人生有着不同的感悟。有的人认为生命中最宝贵的东西是财富与金钱，而心理积极的人则认为生命中最宝贵的东西不是财富与金钱，而是快乐、幸福。正如一个千万富翁，其生活幸福指数不一定高，主观幸福感也不一定良好。又如“富二代”和“啃老族”的某些心理与行为现象，就说明其积极心理存在某些不足。因此，加强心品教育就是培育人的良好心品素质，促进人的积极心理，从而使人具有“健全人格、和谐心态、良好素能”，能够正确认识生活、对待人生、适应社会，提升主观幸福感。“积极心理”与主观幸福感是心本教育思想的精义。

13.“阳光心灵”与未来发展观

心本教育就是要通过对个体的心品教育，培养个体的“阳光心灵”。所谓“阳光心灵”是指人的个性、气质、心态，包括自信、认知、情感、意志等方面的因素达到正常、良好的状态，具有积极、健康的心理和行为表现。“阳光”一词原本是指太阳光，“阳”相对于“阴”，寓意阳光灿烂；在心理教育中，借用“阳光”一词，并出现了“阳光心灵工程”、“阳光心灵教育”等术语，则赋予其文学色彩，“阳光心灵”形容人的心理乐观、和谐、积极、健康、向上。心品教育的最终目的就是要使人走向健康，热爱生活、享受生活，让生活和生命充满乐观、充满阳光。

在一些学校里，有些学生小小年纪就感到郁闷、孤独、无助、压抑；生活富裕了，心灵却枯竭了；物欲满足了，精神却空虚了；书本背多了，兴趣却消失了；知识增长了，性格却孤僻了；受教育多了，个性却张狂了；文化增长了，人却自私了。我们不禁要问：学生的童真哪里去了？学生的幸福哪里去了？学生的阳光朝气哪里去了？学生的良好心品哪里去了？这样的学生，他们的未来发展前景又是怎样？

人的一生，不可能一帆风顺、事事如意，时常会碰到许多困难、挫折和失败。心品素质差的人，一遇到逆境就灰心丧气、萎靡不振、陷入僵局；具有阳光心灵的人，一遇到逆境，能够用自信、勇气去克服困难、战胜失败，用意志和毅力去迎接未来，哪怕是失败，也要乐观面对生活，不至于因为一时失意便潦倒一生。

这实际就是心理品质在起作用：“没有自我”心理品质的人是没有个性、没有主意，无法主宰自己命运的人，这样的人习惯什么事都听他人的，就连影响自己命运的事情也由他人主宰；“实现自我”心理品质的人，他们个性特强、坚韧执著、恃倚自我、过于自我，难与人相处，过分自私，故影响未来发展；“超越自我”心理品质的人，他们人格健全、心灵阳光，能够突破自我、跨越境界，能筑大业、成大器。“没有自我”、“实现自我”和“超越自我”是人生观的三种不同境界。心本教育的理念之一，是人“有了心灵境界，才有审视事物的境界，才有人生观的境界”，这就意味着要通过对人的心品教育，构筑人的阳光心灵新境界，从而促进人朝着更高的境界发展。

心本教育认为，“阳光心灵”有助于积极人生观的形成，有利于未来的发展。心灵是种子，决定人或者成为参天大树，或者成为嫩弱小草。人的“阳光心灵”对人的未来发展，尤其是青少年的未来发展具有重要意义。

第一，“阳光心灵”是人的精神面貌。“阳光心灵”是健全人格、和谐心态的外在表现，“阳光心灵”是人精神面貌的支撑，一个具有“阳光心灵”的人，精神面貌就良好，举手投足、行为处事就积极、乐观。

第二，“阳光心灵”是人对生活的动力。一个具有“阳光心灵”的人，感觉生活、人生充满阳光，对未来生活充满信心、寄予希望，就有生活、工作和发展的动力，就有美好的发展前景。

第三，“阳光心灵”是生活质量的“保障”。一个心灵阳光的人比起一个整天暮气沉沉、愁云笼罩的人，其生活质量和幸福指数完全不同。

第四，“阳光心灵”是人发展的前提条件。现代社会生活节奏快，竞争激烈，压力大，“阳光心灵”的人更能适应现代生活和工作，更有发展的空间和美好的未来。

因此，心本教育强调对学生“阳光心灵”的培养，培养“阳光心灵”既是新型的教育人才观，又是人才的未来发展观。

14. “赋权增能”与心本教师观

以上所述主要是阐述教育、教育对象与心本教育之间的问题，“赋权增能”与心本教师观则主要陈述教育者与心本教育的问题。20 世纪 80 年代中期以来，美国霍姆斯小组和卡内基专业工作小组相继提出《国家为 21 世纪的教师准备》和《明天的教师》两份报告，掀起了美国教育改革的“第二次浪潮”①。这两份报告强调要对教师“赋权增能”，成为教育改革新的热点问题。

教师“赋权增能”的含义：①在政治上教师享有教育决策权——教师应有学校愿景决策权、学校事务参与权、专业发展权、教育改革自主权等，实现学校权力的共享；②在社会上提升教师地位和影响力——通过对教师赋予权力、提升待遇，改革学校管理体制，通过形成教师专业共同体等模式来提升教师的地位和影响力；③在心理上增强教师的自我效能感——提升教师的内在动机、积极心理、自我价值感、工作满足感和自我权能感，从而达到增强教师全面的良好的心理素能。②

教师“赋权增能”的意义：促进僵化的教育行政模式的改革；重新营造和优化学校的内部环境；赋予教师权益和提升教师在学校教育中的主体地位；促进师生和谐关系并提高教师在学生中的影响力；保障教师专业发展的自主权和增进教师的专业素质能力；重构教师的积极心理和增强教师的全面素能；更新教师教育的目标、内容与方法；保证学校教育质量和推进学校教育事业的发展。

教师“赋权增能”是在人本教育思想下和现行教育体制框架下形成的新的呼声；是对当前学校教育中出现的诸多问题的反思，尤其是对学生中出现的道德、心理和行为问题的反思；是对教师在教育中应有的地位和主导力的召唤。“赋权增能”之所以得到迅速的响

① 汪晓明. 赋权增能：教师专业自主权实现的保障. 教育探索，2009（6）

② 曾文婕，黄甫全. 美国教师“赋权增能”的动因、含义、策略及启示. 课程·教材·教法，2006（12）

应而兴起，有其必然的动因，因为“赋权增能”体现了心本教师观。

所谓“心本教师观”是指以心为本、以心品为本位的教师观。它既包含教师的健全人格、和谐心态、良好心理素能——积极心理、自信心理、自我效能感等内容，又包含教师的地位、权益、影响力和教育自主权、教学主导权、专业发展自由权等内容。衢州学院教育系的汪晓明认为，“我国学者强调教师作为主体对教育教学活动拥有自由、自主的权利，表现在行为上就是：教师摆脱环境、利用环境的外在自主和教师达到对自己内心世界支配的内在自主。……教师的专业性是在教育教学活动中体现出来的，只有在和谐的师生关系中，才能有真正的自主性。……这种自主性意味着对教师价值的实现，意味着对教师尊严的维护。所以，强调教师教育学生，绝不排除学生应尊重教师。师生交往的需要是客观存在的。……学生因博取教师的喜爱，获取与教师交往的满足而努力完成学习任务，教师也会因学生对他的爱戴、尊敬而更加倾心于教育工作①”。

这就是强调，师生和谐关系在教育中的重要性，而师生的和谐关系绝不排除学生应尊重教师，绝不是学生在教学中是主体地位，教师是附属地位。因此，师生和谐关系要分清人格关系和教学关系的区别：在人格关系上，教师与学生相互平等、相互尊重，不能鄙视、侮辱谁；而在教学关系上，教师对学生应有一定地位和影响力，应保持较高的知识势能，才能将知识输导给学生。

教师作为“人类灵魂的工程师”，除应该具有良好的心品素质、丰富的知识、优秀的教育教学能力，还应该具有地位、教育影响力和管理主导力；除在人格上与学生保持平等关系外，还应在教育上赋予一定的权力，否则“工程师”难以改造人类灵魂。人本教育思想将学生提高到教育教学中的主体地位，导致学生不受教师管理的约束，导致教师地位低下，不利于教育的有效开展；而心本教育思想将教师的人格地位放在与学生平等的位置，赋予教师应有的对学生教育的权力，对教师“赋权增能”，重拾教师工作尊严，同时要求教师具有职业能力和职业道德。这就是心本教师观的体现。

概括起来，上述十四个心本教育思想的支撑观点，旨在阐述和表达这样三句话：

第一，良好心品对人生质量具有极大影响。

任何一个个体，若心品出现问题（如有心理疾病、行为问题等)，则人生不幸；任何一个个体，若心品素质良好，就能在遇到人生挫折时自我调节，积极面对困难，对生活感到幸福；任何一个个体，若心品素质良好，就能正确处理自己与他人、与社会的关系，能积极对待工作和生活，使人生更有质量、更有意义。

第二，良好心品对社会发展具有积极意义。

任何一个社会，要使社会发展，人的因素是最重要的。人的因素包括信仰、道德、文化、知识、技能和能力等诸多方面，而人的心品因素是最基础的，它既影响其他因素的作用，又影响社会的发展。人的良好心品对社会发展具有积极意义，这主要表现在：它通过人的行为表现直接对社会秩序和社会安定产生影响；它通过人的能力表现直接对社会进步、社会发展产生影响。

---

① 汪晓明．赋权增能：教师专业自主权实现的保障．教育探索，2009（6）

第三，学校教育要树立心本教育思想。

任何一个政府，管理社会最要关注的有三件事：一是国家经济是否发展；二是社会状态是否稳定；三是人民生活是否幸福。任何一个学校，教育学生最关注的有三件事：一是文化知识是否习得；二是精神境界是否提升；三是素质能力是否提高。然而，经济是否发展、社会是否稳定、生活是否幸福和文化是否习得、精神是否提升、能力是否提高，都要靠学校教育，靠个体的因素，尤其是个体的心品因素。那么，学校教育要提升个体的因素，就必须树立心本教育思想。

三、心本教育的理论前提

心本教育思想的形成，有以下五个理论前提：

（一）人是有意识的

讨论心本教育和心本教育思想，必然涉及教育对象——人。人是什么？与动物有何区别？人是有自然属性，同时也是有社会属性的；人是人体（身体、肉体）加意识（认知、思维）的生命组织体。有了身体、肉体是动物，有了意识的人体才称之为“人”。这是人与动物的本质区别。心本教育思想认为，人有意识，才具有社会属性；人也因有意识，会感知，会认知，才会产生情绪，才会出现心理问题。人的心理问题，实质上是人的意识、感知和认知的产物；[①] 人有意识，才会有心理问题，才会有教育的存在，这也是人可教育的依据——它既是心本教育思想的理论依据，也是人本主义教育思想的理论依据。

然而，人的意识受两重牵制：一是受本能的牵制，因而有某些欲望的意识；二是受教育的牵制，因而有抑制某些欲望的意识。从这一意义上说，教育有牵制、改变人的意识的功能和作用。问题是，我们应用什么样的教育思想，去牵制、改变人的欲望的意识？

心本教育认为，人有意识、有心理问题，这是教育存在的前提。心本教育不是教育人去追求人性化、个性化。心本教育认为人的人性化、个性化与社会化之间存在一定的意识差距，并因此产生心理问题。或者说，人的人性化、个性化过程与人的社会化过程不是趋向于同一水平线，它们之间存在一定的矛盾，受人的意识的驱动，因而会产生心理问题。心本教育就是在调节人的心态、解决人的心病。

（二）人性是两个层面的

人性有本能欲望层面，即有物欲、性欲、贪欲的“第一欲望”层面；当进入人类社会，人性又有精神欲望层面，即有尊严欲望、自由欲望、人权欲望的“第二欲望”层面。所以人类社会的人性有两个层面。“第一欲望”与“第二欲望”的性质是不同的，不能混淆的，不能因为要解放“第二欲望”的人性，就连“第一欲望”的人性也一起解放，不能因为要抑制“第一欲望”的人性，就连“第二欲望”的人性也一起抑制。因此，不能笼统地提出人性化，更不能笼统地提出人性解放、人性自由。

教育是一个大概念，包括家庭、学校、社会、未成年人、成年人等的教育。学校教育面对的是青少年的教育，而青少年对“第一欲望”与“第二欲望”的性质不是很理解，

---

① 吴舒蔓，吴发科. 心理问题起因与“两极无痛”原理的探讨. 中小学心理健康教育，2008（4）

笼统地提出“教育人性化”是不妥的。人本主义教育思想的缺陷，就是在理论上混淆了“第一欲望”与“第二欲望”的性质，片面地提倡人性化教育，片面地提倡“以人为本”的教育——究竟是以人的哪个欲望为本的教育。

（三）人性是相对稳定的

这里所指的人性，是特指人所具有的自然本性，它是人的本能的体现。所谓人性是相对稳定的，是指人性的稳定性和顽固性，即人性不容易改造和改变。[①] 人性之所以稳定和顽固，是由人的本能和欲望所驱动的，具体表现为物欲、性欲、贪欲是很顽固的、难以教育改造的——它难以彻底改变，且容易反复，一旦放松教育改造，物欲、性欲、贪欲就会重新出现。“人性相对稳定”是说人性不是一成不变，而是可以通过教育使其逐渐改良的。问题仍然是，究竟用什么思想方法去改造人性。如果用“人性解放、个性发展、自我表现”等思想理念去教育人，那就迎合了人的某些欲望。某一特定时期、某些特定的“人”很认同这些思想理念，但从人类发展的长远来看，社会将可能出现倒退，最终人类也难以发展。现今人类提倡保护自然生态环境、提倡低碳生活，这佐证了人类的贪婪掠夺，佐证了人性的相对稳定性，也佐证了人类要重新思考教育的思想方法。

心本教育思想认为，人的社会化过程是“改造人”的过程，是人性的自然属性向社会属性的过渡过程；或者说，在社会化过程中，教育者按照社会需要和规范教育人、改造人，而人在社会化过程中被教育、被改造。但必须承认这一客观事实，由于人性是相对稳定的，“改造人”的过程是十分艰难的；由于人性的顽固性，在个体“被改造”的过程中，其内心深处是不情愿的、难受的，甚至是人性的本能在自觉不自觉地抵制改造，由此会产生各种心理问题。正因存在这一客观事实，教育必须以心为先，教育应从“心”开始，才能见效。

（四）人不可能是绝对心理健康的

人本教育思想有一个理论前提，即假设接受教育的人都是心理健康的人。而心本教育思想的理论前提是，人不可能是绝对心理健康的。

人的本能和欲望如果不加以很好的教育引导，任其自由发展，则社会是无法承受的，这就构成人类本能、欲望与自然资源、社会秩序之间的矛盾，就使人的本能、欲望得不到满足而产生心理问题。而心理问题的根源是由矛盾的一方——人的本能、欲望所带来的。

人是有意识的，人生活在人际社会之中，受环境、生活、教育等因素的影响，会产生心理问题。再加上人性的某些弱点，人很容易在需要、动机、情感、意志等方面出现人格和心态上的心理障碍。人的心理健康是相对的，不可能是绝对健康的，有时心情、心态好一些，有时心情、心态差一些，这都是正常的。人只有接受心品教育，才会有良好的心理素质，才有可能实现自身的发展并适应社会的发展。

（五）人的心品是可塑的

人的良好心理品质不是与生俱来的，需要后天的教育和塑造。心本教育思想承认人性是相对稳定的，甚至是顽固的，教育改造过程是艰难的，被教育改造是难受的这一客观事

① 吴舒蔓，吴发科．心理问题起因与“两极无痛”原理的探讨．中小学心理健康教育，2008（4）

实。承认这一客观事实，其目的不是要解放人性、放纵物欲、性欲、贪欲（实际上人性欲望是人的本能，不需要解放、放纵，而是天生就有的），而是强调要注意如何教育、如何改造——教育以心为本、从“心”开始。心本教育在承认这一客观事实的同时，认为人的心品是可以教育和塑造的，并且强调心品的教育和塑造，也要以心为本，培养健康、阳光的心灵。

人的心品是可塑的，这是一个相对的概念，所谓“心品可以塑造”是有前提条件的。首先，个体生理正常。其次，心理学研究认为，青少年时期是人的个性形成、心品养成的关键期，也就是说，中小学阶段是人格形成、心品养成的最佳时期，过了这一关键期，人格和心品就相对稳定，也就难以塑造和改变了。

因此，心本教育认为：第一，人的心品是可塑的，但其可塑期在中小学阶段，尤其是小学和初中阶段，必须加强青少年学生的心品教育；第二，学校要倡导心本教育思想。

第二节 心本教育的实质、功能特点与基本原则

一、心本教育的实质

认识心本教育的实质，可以从以下三个方面予以理解：

（一）心本教育是心品教育

这是狭义的心本教育，是指学校以培养学生良好心品为目标，以认知心理学、幸福心理学、健康心理学和积极心理学等理论为指导，以心理健康教育内容和形式为主体，以心理教育和辅导方法为主要途径的心品教育。狭义的心本教育，可以理解为心品教育，即为当前中小学广泛开展的针对学生的心理健康教育，它是以“健全人格、和谐心态、良好心理素能”为本的心品教育。

狭义的心本教育不仅仅是指学校的心理健康教育，同时也是指家庭的心品教育，即家长对子女开展的良好的心品教育。

（二）心本教育是教育思想

这是广义的心本教育，是指以“心品为本位”的教育思想。心本教育思想的本质是“心品本位”教育观，它强调教育以心为本，从“心”开始，强调教育要“入心见效”。心本教育思想认为，育人先育心，只有人的“心品”好，才能最有效地接受教育，才拥有人的知识、文化、能力等素质，也才有“人的生存和发展”的可能。

如果说“人性”是人的最本源、最本能、最本性的东西，是相对稳定、比较顽固的东西，而“德性”是人的社会化目标、社会规范和标准所要求的东西，是人性“被痛苦改造”后的东西；那么，“心性”是人在“人性”与“德性”之间的心理适应、心理调适的东西。片面强调“人性”的需要，“德性”将难以教育和存在；而片面强调“德性”，“人性”将产生内心痛苦、潜意识将会抵制，同时也影响“德性”的形成；只有强调“心性”和发挥“心性”的作用，人才会在“人性”与“德性”之间找到心理平衡。从这个意义上说，“心性”教育本身就体现了“心品本位”教育观。而只有倡导“心品本位”教育，

才是最好的尊重和体现人性，才能最有效地达到“德性”要求，并形成良好的“德性”。由此可见，“心品本位”是心本教育思想的价值取向。

打靶要射心，教育要入心。心本教育思想是在对人本教育思想的深入反思和批判的基础上，继承和发展了人本教育思想。心本教育思想是对人本教育思想的深化，也是对人本教育思想的超越（这方面内容将在本书第三章第二节中作专门论述）。心本教育思想的出现，充分体现了教育的科学发展观。同时，作为一种教育思想，心本教育对其他学科的教育有着统领作用和指导意义；对学校教育、家庭教育和社会教育有着重要的指导作用。

（三）心本教育是实践活动

心本教育既是学科教育思想，也是一种教育实践活动。自20世纪90年代以来，我国心理教育已成为一种广泛的实践活动。其广泛性见诸三个方面：

1．在心理教育方面

1999年和2002年，教育部相继颁布了《关于加强中小学心理健康教育的若干意见》和《中小学心理健康教育指导纲要》等文件。2004年，《中共中央国务院关于进一步加强和改进未成年人思想道德建设的若干意见》中提出“要加强心理健康教育，培养学生良好的心理品质”。从此，全国各地的中小学和大学将心理教育作为德育的主要组成部分，作为教育和管理学生的重要内容，作为教育学生的有效途径，轰轰烈烈地开展形式多样的心理健康教育实践活动和教育科研活动，取得了良好的教育效果和成绩。例如，十几年来，广东省在中小学广泛开展心理健康教育实践活动，主要工作有教师培训、课程设置与设计、教育内容方法设计、教育管理与指导、教育科研探索和教育评估与督导等；还开展了课堂教育教学、课外辅导活动、团体辅导、个别咨询、专题讲座等形式的教育活动。经过十多年的教育实践活动，广东省中小学心理健康教育取得了显著的教育效果。2009年7月，教育部基础教育司在广东省佛山市南海区召开了全国首届中小学心理健康教育工作现场会，充分肯定了广东省中小学心理健康教育的做法、经验和成绩。经过十多年的教育实践活动，广东省中小学的心育工作不仅构建了心理健康教育的广东模式，而且提炼了“心本教育思想”。

2．在管理心理方面

20世纪60年代以来，人本主义思想对企业管理思想影响极大，企业管理推崇人本管理思想，促进了企业管理的人性化。实事求是地说，人本主义思想无论对企业管理、学校管理还是管理学理论的提升来说，无疑都是一场革命和进步。但是，自20世纪90年代以来，人们发现人本主义思想在企业管理实践中出现了不少问题：例如，管理目标难以使员工齐心协力，管理制度约束不了一些人，管理机制调动不了某些人，团队精神难以建立；管理人性化助长了某些人的偷懒习性，管理人性化成了一部分人抵制管理和违反工作纪律的盾牌。管理学研究认为，出现这些问题是因为管理没有以心为本，没有实行心本教育管理，管理理念未能深入人心的结果。因此，企业管理提出“心本管理”理念，并开始从物本管理→人本管理→心本管理的管理过渡，[①] 将心本管理思想作为管理学的第三次理论革命，将心本思想作为

① 吴甘霖．心本管理：管理学的第三次革命．北京：机械工业出版社，2006

管理实践活动的指导思想。

人本主义教育思想在学校教育和管理中也存在不少问题。由于人本教育思想强调教育人性化、管理人性化，因此，在中小学教育管理过程中，时常会出现在道德教育、纪律教育和班级管理时强调“社会公德”、“公民道德”、“行为规范”和“管理约束”，而到了人本思想教育时又强调“以生为本”、“人的需要”、“个性发展”和“人性化管理”的撞车现象，造成教师在教育上无所适从，学生在思想上一头雾水。教育人性化思想和教育不一致性的撞车现象，使班级难以管理，学生难以教育，是促成“小顽皮”、“小霸王”学生出现的思想根源。由此，近年来，一些学校开始推行心本教育、心本管理的实践活动。

3. 在社会心理方面

随着我国社会经济文化的发展，随着文明社区、文明街道、文明新农村的建设，随着和谐社会的逐步推进和建设，心品教育（心理教育）已逐步进入社区、企事业单位和学校，已逐步成为“和谐心理、和谐环境与和谐社区”建设的一种实践活动，成为社区文明建设的重要内容，产生了一定的社会心理方面的影响。

关于心品教育的最早提法是“心理辅导”或“心理教育”，2002 年，《中小学心理健康教育指导纲要》颁布后，全国几乎都将其改称为“心理健康教育”。经过一段时间的实践，笔者认为称为“心品教育”更加准确；心本教育最早从学校教育开始，而后逐步扩大进入社区教育和企事业单位的继续教育；心本教育从最初的以补救性心品教育为主，逐渐转向以发展性心品教育为主。在这一发展过程中，逐步形成了心本教育思想。心本教育思想对人的教育，对和谐社会、文明社区的建设将产生深刻影响。

二、心本教育的功能特点

心本教育具有自身的功能特点。

（一）教育性功能特点

心本教育具有教育性功能特点。教育性功能特点是指心本教育具有一般性的教育功能特点。心本教育作为应用心理学科在中小学中的应用，作为对中小学生的心理健康教育、心品教育，必须具备教育的一般功能特点，不能超越教育性特点。

学科教育分为两类：一类是以传授知识技能和能力培养为主的学科；另一类是以认知、思维、意识、思想、精神、观念的教育和能力培养为主的学科。发展性心本教育属于后者。补救性心本教育虽然带有技能性的方法，但对中小学来说，主要不是传授技能，而是利用技能来矫正心灵，就像医生看病一样主要不是传授医学知识技能，而是利用知识技能进行治病，故也属于后者。心本教育属于心灵的塑造、心品的培养，不能采用传授知识技能的教育方式，也不能用强制、灌输某一意识、精神、观念的方法来陶冶、调节和塑造心灵，只能是采用细致入微、慢火炖汤的育心方式才能见效。这是心本教育独特的教育功能特点。

（二）有限性功能特点

心本教育具有有限性功能特点。所谓心本教育的有限性功能特点是指心本教育的功能是有限度的而不是万能的。心本教育功能的大小，取决于三个方面：一是心本教育自身的整体的教育质量、能力和水平，包括教育辅导能力和矫治技能水平，以及心理教师个体的专业能力水平；二是受教育者的文化、心理状况和心理问题的严重程度；三是相近学科、技术的发展和进步的水平，如脑科学、认知神经科学、临床心理学以及相关的仪器设备技术的进步。概括而言，心本教育的功能不是万能的，而是有限度的，这是心本教育的有限性功能特点。

（三）感悟性功能特点

心本教育的学科性质，属于认知、思维、意识、思想、精神、观念等层面为主的教育学科。这一类学科的教育教学，如果只是一味地说教、灌输教育内容，则教育既枯燥无味，又没有效果。心本教育认为，这一类学科的教学是否有效果在于受教育者对教育内容的感悟和内化，因而它具有感悟性功能特点。心本教育主张教学过程要创设活动情境和教学情境，让学生在教学活动中得到体验，获得感悟。这就需要教育者在教学设计中注意创设情境，充分发挥其感悟性功能特点。

（四）迟效性功能特点

心本教育具有迟效性功能特点，这是因为心本教育具有教育属性，而教育本身具有社会功能的迟效性。教育的社会功能迟效性是指教育的社会功能一般要经过较长的人才培养周期之后才能得以显现。心本教育是培养人才，心品素质培养也要经过较长的培养周期之后才能得以见效。“十年树木，百年树人”，中小学心本教育不能急功近利，不能追求立竿见影的教育效果，尤其是心品培养。因此，学校的心本教育，对学生的心品培养，要坚持教育培养的连续性、渐进性，不能搞突击性、间断性、运动性的暴风骤雨式的教育。

（五）长效性功能特点

心本教育具有长效性功能特点。所谓心本教育的长效性功能特点是指心本教育的功能具有长期效应作用的特征。学生的健全人格、良好心品一旦形成，则有利于其终身的生存、发展，可谓一朝见效，终身受用。有心理学家认为，“性格决定命运”，这话千真万确。未来社会，人才济济，竞争激烈。现在的学生再过十几年就面临着人才竞争、生存竞争和发展竞争，当他步入社会时，需要的不仅仅是知识和技术，更重要的是性格、心品和人际协作能力。因此可以说依靠“知识与技术”以及“性格与心品”去竞争，去决定自己的命运。这就好比是一架飞机的两扇机翼，缺一不可，无论哪扇机翼出现问题，都会一头栽下来。这就是心品教育的重要性和长效性。

然而，当下的中小学心品教育却难以一朝见效，它带有明显的潜在性和隐含性。学生的心理品质一时不易被人们所发现，也不被人们所重视，一旦学生走出校门，心品素质显示差别，人生的事业、前途和幸福就明显不同。许多学生家长，甚至是学校校长和教师，只重视子女、学生的“知识与技术”，忽视对他们的“性格与心品”的培养，意识不到心本教育的长效性功能特点，意识不到心品培养会给子女、学生带来终身的幸福，使其终身受益。

三、心本教育的基本原则

学校心本教育原则既与学校一般教育原则相关，又有自身的基本原则；它作为教育理念，既引领一般教育原则，又需遵循一般教育原则。

（一）基础性原则

从人的发展和终身教育的角度看，各级各类学校的教育，尤其是中小学教育都是基础性教育，都在不同层面上为人的终身发展、为一生的“做人”打基础。心本教育作为心理学的应用、作为学校德育的一个组成部分，在学校教育中为学生的“学会学习、学会做人、学会发展”打好基础。

从学科作用和心理学性质的角度看，狭义的心本教育是心理学范畴，旨在学校教育中培养学生的自信、健全人格、良好情绪、学习动机等心品素质，更是为其他学科的教学打下良好的心理基础，为学生学会生存、全面发展、终身发展打好心理基础。从这个意义上说，心本教育在学校教育中要做到“五全”：面向全体学生、全员参与、全面渗透、全程跟进、全体受益。①

（二）发展性原则

发展性原则是相对于补救性原则而言的。学校心品教育要以发展性心品教育为原则，要以学生的心理素质的教育发展为原则，学校的一切心理教育活动都要围绕学生身心健康和心品素质的塑造来展开，而不是围绕个别有心理问题和心理障碍的学生的心理补救来开展辅导活动。因此，学校心本教育提倡：以发展性教育为主，补救性辅导为辅；以心品素质培养为主，心理咨询治疗为辅。这样才能够做到面向全体学生并使全体学生受益。

发展性原则是学校心理健康教育的特点，与社会上的心理咨询机构以咨询治疗为主有根本性的区别。因此，发展性原则是学校心理健康教育的方向性原则，也是学校心理教育工作的重心和体现。

（三）系统性原则

对人的培养是一个相当复杂的系统工程，学校对学生的心本教育也是一个非常复杂的系统工程，要求学校心本教育无论是教育理念、教育内容、教育过程，还是教育途径、教育方式方法等都必须要有较强的系统性。这就要求做到：教育内容要有计划、有选择，并形成学校自己独特的内容体系，保证教育内容的落实、保证教育效果的取得；教育过程要有组织，要有教育机构和专业人员，保证教育工作有条有序的开展；教育内容过程要有协调性，主要是做好教育内容和目标的协调、与其他科目的协调、教学人员之间的协调、教育时空上的协调，等等。学校心本教育要做到系统性、规范性、长期性和有效性，要防止随意性、自发性、偶然性和无目的性，要做到全员参与、全面渗透、全程跟进，保证教育的效果。

（四）阶段性原则

学校心本教育既要坚持系统性原则，又要有阶段性原则。因为心本教育受学生的发展阶段性的影响。所谓学生发展的阶段性是指学生的身心发展所具有的不同年龄阶段所有的不同的发展任务、发展重点和发展特征。小学生、初中生和高中生的心理特点不同，具有明显的身心发展阶段特征——指学生在发展的不同阶段中所呈现出来的一般的、典型的、本质的心理特征。例如，小学阶段是学生个性发展形成的初始阶段，是自我认知、自信、

① 教育部. 中小学心理健康教育指导纲要. 2002

情感、学习动机、交往心理等心理因素培养的合适期；初中生处于青春期，常常出现逆反心理、青春期心理和情绪躁动，因而初中阶段是学生个性发展形成的关键期，要加强青春期性心理、自卑心理、情绪心理、自闭心理等的教育；高中阶段是学生个性发展形成的不稳定期，时常出现学习压力、情感意志、人生发展、交友交往、社会适应等心理问题，因而要加强这些方面的教育。

学生身心发展的阶段性要求心本教育的内容、方法要从学生的心理特点出发，要遵循学生不同年龄阶段的不同身心发展特征，有区别、有侧重、有重点的制定不同的教育发展目标，采用不同的教育内容和教育方法，保证教育的针对性和实效性。如果不顾及学生的不同年龄阶段的身心特点，不注意阶段性教育原则，生搬硬套心理教育的内容和方式，必定造成不良的教育效果。

（五）差异性原则

差异性原则也叫“个别差异性原则”，这是相对于整体性原则而言的。应该说，教育要“面对全体学生”是坚持整体性原则，但在具体的教育当中，要强调教育的差异性原则。所谓个别差异性是指学生身心发展过程中个体之间的个性心理特征的不相似性。严格意义上说，人的个性心理特征千差万别，几乎不存在个性心理特征相同的个体。个别差异性主要表现在：第一，是个性心理发展的速度、水平上的差异，即早晚、高低的差异；第二，是个性心理发展的方向、质量上的差异，即心品、心态、性格、气质和兴趣、爱好等方面的差异。

教育心理学家皮亚杰认为，新旧教育的不同，就在于是否考虑到儿童本身的特征，是否尊重和遵循关于个人心理结构的规律及个人发展的规律，是否尊重儿童的主动性。① 由于学生中存在个性心理特征上的个别差异性，因而心本教育必须坚持教育的差异性原则，要加强个别的心理教育辅导和注重小团体心理辅导等的教育工作。

（六）针对性原则

心本教育认为，只有教育的针对性，才有教育的效果性。针对性原则是在承认和坚持阶段性原则、个别差异性原则的基础上，采取有重点的、对症下药的、教育方式方法的原则。坚持教育针对性原则就是坚持体现心本教育的专业性。它十分强调：第一，对全体学生心理特点的分析要具有科学性，所采取的教育内容要符合学生身心的发展特点；第二，对个别学生出现的心理问题的诊断要具有准确性，做到确诊确断，把准个案问题发生的心理原因；第三，对学生心理辅导的方法要具有可行性、可操作性，做到方法得当，药到病除；第四，强调教育辅导的实效性，整个心理教育或咨询辅导过程要坚持专业性，未接受过严格的专业训练、考核的教师，不能参与学生的补救性心理咨询和心理治疗工作。

（七）实效性原则②

实效性是指学校心本教育、学生心品培养的有效程度。学校心本教育必须坚持实效性原则，它是学校心本教育的目标原则和本质体现，否则心本教育就流于形式，失去意义。

---

① 皮亚杰．教育科学与儿童心理学．北京：文化教育出版社，1981

② 教育部．中小学心理健康教育指导纲要．2002

教育实效性与教育的专业性和针对性有关，甚至受其制约。要使学校心本教育具有实效性，必须做到心理教育的专业性和针对性，要建立一套行之有效的，包括教育目标、内容、途径、方式、管理在内的教育体系，形成相对稳定的长期教育模式，要消除“打一枪换一个地方”和“时热时冷”的教育方式。同时，要建立教育实效性的科学的衡量标准和评价体系，要确立健康心理、不健康心理、品质个性、主观幸福感等心理标准和评价指数，科学地做好个体和集体的心理测试。总之，中小学的心本教育必须注重和坚持教育的实效性原则。

第三节　心本教育思想提出的背景

心本教育思想不是凭空想出来的，而是在我国处于社会转型期的大背景下提出来的，是在全国上下都在开展和谐社会建设的大环境下提出来的，也是在全国中小学心理健康教育轰轰烈烈地推动、普及和发展的大背景下产生的，是广东省经过十多年的中小学心理健康教育实践探索总结、提炼出来的。因此，它是实践的结果，是实践的思想结晶。

一、社会转型期的大背景

我国社会转型期从 20 世纪 70 年代末开始。社会转型期间，我国社会的各个领域，尤其是经济领域发生了翻天覆地的大变革。这场社会转型的大变革有着鲜明的标志。

（一）我国社会转型期的主要标志

1. 以“经济建设为中心的现代化建设”的标志

党的十一届三中全会以来，我国坚持走中国特色社会主义道路，以经济建设为中心，开展现代化建设。这里包含三层意思：社会转型的前提是走中国特色的社会主义道路而非资本主义道路；社会转型的核心内容是以经济建设为中心而非以“阶级斗争为纲”；社会建设从传统的农业化社会向以工业化、信息化、城市化为标志的现代化社会转变。

2. 以“市场经济为特征的多元化经济体制”为标志

所谓以“市场经济为特征的多元化经济体制”为标志，是指我国社会经济体制从传统计划经济体制向现代市场经济体制的转轨，是以建立社会主义市场经济体制为目标的转型。实行计划经济体制，社会经济领域发生根本性变化，如经济制度、经济结构（所有制、分配方式）、经济成分与性质和经济运行模式都发生了深刻的变化。实行计划经济体制，彻底推翻“大一统”的计划经济体制和模式，建立起以公有制为主体的多元化经济体制，使所有制经济结构出现了根本性变革。

3. 以“改革开放为前提的社会全面变革”为标志

改革开放带来了社会的全面变革。改革开放包含两重意思：一是对内实行全面的改革，主要是社会经济体制领域、社会公共管理领域等的体制、机制的改革；二是对外推行全面的开放，从封闭的社会状态走向全面开放、与世界接轨的社会状态，主要表现在引进外资、技术、信息、管理，参与国际经济竞争，参与国际事务等方面。改革开放给我国社会带来了全面变化，如价值取向、生活方式、行为方式等的变化。

关于“社会转型”的含义，在我国社会学学者的论述中，主要有三方面的理解：一是指体制转型，即从计划经济体制向市场经济体制的转变。二是指社会结构变动，持这一观点的学者认为：“社会转型的主体是社会结构，它是指一种整体的和全面的结构状态过渡，而不仅仅是某些单项发展指标的实现。社会转型的具体内容是结构转换、机制转轨、利益调整和观念转变。在社会转型时期，人们的行为方式、生活方式、价值体系都会发生明显的变化。”三是指社会形态变迁，即“指中国社会从传统社会向现代社会、从农业社会向工业社会、从封闭性社会向开放性社会的社会变迁和发展”。

（二）社会转型期的社会环境特征

李航在《我国转型期弱势群体社会风险管理探析》一文中这样表述：当前，社会生活、经济领域各个层面已经发生了深刻变化，改革开放将越来越多地触及传统体制遗留的实质性难题，处于转型期的我国正面临着三个方面的巨大转变：第一是由传统社会向以工业化、城市化为标志的现代化转变；第二是从以计划经济为特征的总体性社会向以市场经济为特征的多元化社会转变；第三是经济社会从封闭状态向全面开放状态的转化。他对社会转型期存在的社会问题是这样表述的：一方面，改革多年来累积的矛盾，大量深层次的问题都亟待解决；另一方面还没有建立起较为完善的应对经济社会问题的机制和手段，没有建成有效调控经济的完备体系。传统的与现代的、民族的与外来的、先进的与落后的、政治体制的完善与经济体制的改革等多种因素并存、交织在一起，情况错综复杂，各种社会矛盾、社会问题容易产生并激化，蕴含着极大的社会风险。与此同时，各种自然灾害和人为事件亦不时地给我们的生命、财产和正常生活带来威胁。①

社会转型期的社会环境特征是一个相当复杂的社会学问题。客观地说，转型期的社会环境有许多引人奋发向上的、促进社会进步和发展的正面的和积极的社会环境特征。这是主流的社会环境特征。但同时也有引发社会矛盾和有问题的、不稳定的、负面的社会环境特征。这是不可忽视的社会环境特征。

这里要分析的是影响青少年儿童心理健康的社会环境特征。

1.“激烈社会竞争”的社会环境特征

市场经济的最大特点，一是激烈竞争，二是经济效益。社会市场经济的程度越高，相互竞争就越激烈。激烈竞争的结果会给人们带来工作和生活变化多（单位变动、工作变化、居所变迁、生活水平多变等），节奏快（工作忙碌、生活奔波、生活节奏加快等），压力大（工作竞争压力、经济生活水平压力、各种社会压力等）等一系列问题。

社会和家庭的压力，必定对青少年造成许多影响：第一，家长的工作变化和生活压力给孩子带来经济压力（如上学交费问题等）和精神压力（如家长在压力下常常将不良情绪迁移给孩子）。第二，家长在工作和生活压力下，无暇顾及孩子的教育，造成“留守儿童教育”、“隔代教育”和“富二代教育”等亲情缺失、家庭教育缺失等问题。例如，“富二代”的教育缺失问题，往往是家长忙于事业、生意而四处奔波，留下充足金钱给孩子自行生活和花费而造成的，而长期缺失教育的结果是使孩子走上邪路、迷失学习的方向。家

① 李航．我国转型期弱势群体社会风险管理探析．成都：西南财经大学出版社，2007

庭的温馨、亲情是他人无法替代和给予的，儿童期的亲情缺失、家庭教育缺失是难以再弥补回来的，也是学校教育难以替代和修复的。第三，在竞争压力下，社会普遍认为“学而优则仕”，家长对孩子的学习期望越来越高，再加上应试教育的推波助澜，给孩子带来极大的学习压力。

2.“严重权力腐败”的社会环境特征

改革开放以来，西方各种思想、思潮、观念通过现代媒体、网络迅速传播，受西方价值观念的影响和生活观念、生活方式的冲击，许多人道德观、价值观发生变化，产生不劳而获、贪图富贵、追求享乐的思想，社会上出现了权钱交易和权色交易的“权力腐败”现象。

严重的“权力腐败”，势必使社会出现“走后门、拉关系”的现象。这些现象冲击了学校和家庭教育、冲破了传统道德教育，使学校道德教育显得苍白无力。这样的社会环境给青少年学生的思想、道德和心理上造成极大的深层影响。

3.“贫富差距扩大”的社会环境特征

改革开放30多年来，虽然全国人民的整体生活水平有了明显的提高，但一部分“先富起来的人”占有大量的财富，由此出现了越来越严重的“城乡差距、贫富差距”的社会现象，出现了富者高楼别墅、花天酒地，穷者房屋简陋、度日艰难甚至孩子上学交不起学费的极大贫富差距。

由于贫富差距的不断扩大，社会上出现转型期的弱势群体，产生经济上的“胜者为王、败者为寇”的社会意识，甚至产生不稳定的社会舆论和某些偏激行为的因素。这些社会意识和不稳定因素是当前社会环境的不良元素，必定对处在社会化过程之中、刚涉足社会的青少年的心灵层面上产生负面影响。

4.“多元价值存在”的社会环境特征

随着我国开放程度的不断扩大，随着西方价值观的不断侵人，我国社会的价值取向逐渐趋向多元化。有学者把我国社会转型时期的价值观总的概括为“多元并存，新旧交替”。这是对当前社会价值存在的真实写照，也是对当前社会环境特征的精辟论断。

“多元并存，新旧交替”的价值存在必然产生各式各样的社会风气。“多元价值存在”和各式各样的社会风气交织在一起的社会环境特征，必定影响人们价值观念的再度定位和传统观念的改变。例如，“包二奶、当二奶、当情人、做第三者、离婚率高、单亲家庭多”等社会现象的出现都是传统价值观念变化的反映。这些社会现象对学生幼小心灵的影响难以估量。这样的社会环境必定使青少年学生产生各种各样的心理问题。

5.“不良社会风气”的社会环境特征

社会转型期由于价值观的改变，带来了社会风气、道德风气的改变。应当客观地承认，目前，开放程度越大的地区、经济越发达的地区，不良社会风气的成分也越高。社会转型期的经济发达地区，“吃喝嫖赌抽”的不良社会现象和风气屡屡出现：有的人崇拜金钱，患上了“金钱综合征”；有的人追求美色，患上了“美女综合征”；有的人羡慕黑势力，当上了“黑社会头目”。例如，赌博吸毒的人屡抓不减。又如，2010年4月6日，凤凰卫视台报道的南京某大学原副教授马某的“换妻门”事件；2010年4月上旬，广州台报道的安徽省安庆市某事业单位科室负责人王某先后与500多名女性发生过性关系。再如，2009年底，重庆市重拳打击黑社会的报道等。

“不良社会风气”对青少年学生的成长，影响极大，其影响力和渗透力是无孔不入、无处不在的。如2010年3月在广东省东莞市某职校发生的“学生淫乱性欲视频”事件就说明：其一，成人社会的不良风气，已经影响到了青少年学生；其二，“性淫乱视频”一出现，当地许多学生都争相观看和议论，传播之快、影响之大是往常所难以想象的。故有人将社会转型期的不良社会风气的产生原因，归结为“三缺失”，即社会价值教育的缺失、社会道德教育的缺失、心品教育的缺失。

（三）社会转型期的社会心理特点

转型期的社会环境特征对人的心理产生影响。就个体心理而言，主要有心理压力、情绪心理、人际关系心理等方面的问题。从社会心理角度看，有如下的社会心理特点：

1. 竞争心理与无奈心理同在

市场经济的竞争性，使人们在承受着压力的同时，也存在着强烈的竞争心理，表现为刻苦、奋发、竞争、坚持不懈的心品和心态。但是竞争不可能都是“双赢”局面，许多人在竞争中失败，因而会产生失落感、自卑感、挫败感和无奈心理、弱势心理。当今社会无论是个体还是群体，胜者还是败者，都或多或少地同时存在竞争心理与无奈心理。

对于竞争失败者的失落心理，如果不能及时地自我调适或得到有效的心理援助，就会有损其生活质量，严重的会走向极端：一是产生报复心理、反社会心理；二是产生压抑、自闭或自暴自弃、破罐破摔、萎靡不振的心态。青少年敢于冒险、勇于求变、好胜心强、竞争意识强，但社会历练少、磨炼少，心理承受力和耐挫力差，容易在竞争失败中产生自卑、失落和厌弃的心理和行为表现。

2. 攀比心理与浮躁心理交织

社会竞争或经济竞争的直接后果是社会地位和经济实力的不同，并出现社会贫富差距现象。社会贫富差距现象是客观存在的。由于这一现象的存在，就必然产生攀比心理。同时，由于社会转型期的某些体制尚不完善，有些人一夜之间成名，一夜之间暴富，再加上“一步慢，步步慢”的无情竞争性后果的驱动，使得许多人产生浮躁心理，恨不得马上成名、成家、成富豪，梦想一步登天，成为“乘龙快婿”。这样，攀比心理与浮躁心理交织在一起，就成为转型期的社会心理特点。

尤其是青少年的虚荣心更容易促使其形成攀比心理。如谁的家长是局长、老板、富翁，谁的家里有名车、洋楼、别墅等。尤其是青少年的心理特点更容易产生浮躁心理。如青少年追崇明星、追求名牌、追求服饰的标新立异等，这实际上就是攀比心理与浮躁心理交织在一起之后的表现。

3. 崇富心理与仇富心理并存

崇富心理与仇富心理并存是转型期的社会心理特征。社会转型期，人们普遍怀有崇富心理，这是社会价值观的内心驱动的结果。所谓崇富心理是一种钦佩、向往、羡慕富贵的心理现象。崇富心理有一定的积极意义，没有崇富心理也就没有攀比心理，没有攀比心理和崇富心理也就没有竞争的意识和动力。

仇富心理是社会转型期一种独特的心理现象。所谓仇富心理是相对于崇富心理而言的，它是一种鄙视、仇视富贵的心理现象。造成仇富心理的原因是复杂的。社会机遇不公，竞争条件不公，致富原因不公，社会分配不公，贫富差距太大，竞争失败等都是产生仇富心理的重要因素。严重的仇富心理是一种反社会心理，倘若不及时消除“不公现象”，它就会是一种可怕而又巨大的社会不稳定的内在动力因素。

以上对社会转型期的社会环境特征和社会心理特点的分析，不能说是完全正确和全面的，但在某种程度上揭示了当前社会的一些消极的存在，对青少年的心本教育具有一定意义。

2010年3月底，广东省教育厅在东莞市召开“广东省社会转型期加强学校心理健康教育工作研讨会”，与会者有省内部分高校专家、各市教育局主管德育的副局长、德育科长、部分学校领导和心理教师共450人。研讨会开辟了“社会转型期学校心理健康教育焦点问题论坛”，此次研讨会有四个焦点论题：①压力应对与学校管理；②青春期成长困扰与教育引导；③亲子关系与家庭关爱；④社会舆论引导与青少年健康成长。会议主旨是探讨社会转型期学生心理特点、心理问题产生的社会环境原因和教育应对策略与方法。会议达成了如下共识：

（1）学生青春期对心理健康问题起着诱发作用。

学生心理问题的产生是青春期发展阶段的必然现象。学生由于青春期身体发育的特点决定了青少年学生的“两需要”（即性需要、独立性需要），带来的“两矛盾”（即性需要与社会角色和社会规范的矛盾、独立性需要与社会地位和社会管束的矛盾），容易引发青春期心理危机，加之性教育的滞后和一些学校心理教育的不到位，使得处于该阶段的青少年学生心理产生不适应，进而产生心理与行为问题。

（2）社会转型期对学生心理问题起着推动作用。

社会转型时期，社会急剧变化、竞争压力剧增、社会宽松度增加以及生活需求层次提高，加剧了“两诱惑”（物质诱惑、精神诱惑），“两缺失”（家庭教育缺失、艰苦磨炼缺失）和“三压力”（青春期压力、学习和升学压力、社会期望压力）情况的出现，激发了学生的浮躁心态，诱发了部分学生的不良心性，引发了部分学生的心理不适应，导致了部分学生的心理危机等一系列心理与行为问题。

（3）家庭教育对学生健康成长起着决定作用。

家庭是孩子成长的第一个学校，家长是孩子的第一任老师，家庭教育对学生的健康成长起着奠基和决定作用。然而，家庭教育失准和不当，是学生出现心理问题的重要原因。目前，家庭教育失准和不当集中表现在“两失准”（家长正面榜样失准、家庭教育方式失准）和“三相碰”（学生叛逆期与家长更年期相碰、学生的教育关键期与家长的管教缺位期相碰、学生的高压力与家长的高期望相碰），因而容易出现“富二代儿童”、“精神留守儿童”、“外来工子女”、“单亲家庭子女”等“四种家庭子女”的教育、心理问题，这便是家庭教育缺失和不当的直接表现。由于家庭教育缺失和不当，容易导致学生自信心不足、学生与家长相互不理解、学生缺乏爱心等问题，最终引发学生的心理问题。

（4）学校教育对学生心理健康起着主导作用。

在家庭教育严重缺失或不当的情况下，学校心品教育对学生心理健康起着主导作用。

学校积极的心品教育由此显得至关重要，学校心理健康若辅导得当，就能有效舒缓学生的不良心态，矫正不适当甚至过激行为。家长学校的建立和功能完善必将有利于提高家庭教育质量，改善家庭的亲子关系、同学之间的人际关系，有益于青少年身心健康的成长。然而，作为主导作用的学校和教师却存在“两缺乏”（缺乏心品教育能力、缺乏管理学生勇气）和“两惧怕”（主导者惧怕主体者——学生、教育者惧怕监护者——家长）。随着学生过度的自主和过分的自我，片面地追求个性发展和自我实现，许多教师觉得班主任难当，畏惧当班主任，畏惧严管学生。教师的畏难情绪削弱了教师的教育主导作用。

（5）社会舆论对学生心理健康起着导向作用。

社会舆论，包括书籍杂志、广播电视、网络媒介等，是青少年成长的重要影响因素，起着家庭和学校以外的教育作用。社会舆论导向直接影响学生的心态，对青少年学生的健康成长有着深远的影响。社会媒体理应维护新闻的真实性和客观性，理应维护社会舆论的导向性，理应担负起教育和正确引导青少年健康发展的社会责任。学校在做好校内舆论引导的同时，也更应主动与社会媒体交流，善待媒体，善用媒体，共同营造有益于青少年身心健康成长的社会氛围。

（6）心理健康教育对学校教育起着保障作用。

心理健康教育对学校教育起着保障性的积极作用。首先，校长要更新观念、树立心理教育意识，学校教育要发挥心理健康教育工作的积极作用。其次，学校心理健康教育必须注重内涵发展，不断提高教育专业水平，增强心理健康教育的科学性、针对性和有效性。最后，学校要着力推进校园文化建设，营造良好的心育氛围；构建家庭、社区和学校教育三结合的有效网络；建立学校心理健康教育“三预”工作机制，开展深入持久、行之有效的心理健康教育。

二、和谐社会建设的大背景

胡锦涛主席指出：我们所要建设的社会主义和谐社会，应该是民主法治、公平正义、诚信友爱、充满活力、安定有序、人与自然和谐相处的社会。[①] 这是对社会主义和谐社会的实质内涵、应然形态和构成要素的高度概括，同时也对人、社会、自然的关系和人的作用提出了全新理念。

改革开放30多年以来，尤其是后15年，我国以经济建设为中心，社会经济快速发展，特别是在完成了从计划经济向市场经济的转型以后，社会经济更加迅猛发展，工业、农业、科技、教育、交通、通信、第三产业等各行各业的发展突飞猛进，城乡建设面貌焕然一新，人民生活水平指数不断提高。但同时也出现了地区差别、城乡差别、贫富差别的社会矛盾，出现了人的物质文化需求与社会发展水平的矛盾，出现了人与自然、环境、资源的生态矛盾，出现了竞争中人与人的矛盾。虽然这些矛盾是社会经济发展过程中出现的各种问题，但如何妥善处理这些问题，做到人、社会、自然三方面的整体协调发展，刻不容缓。因而，党中央提出和谐社会建设，是很有必要。

---

① 胡锦涛．中共中央关于加强党的执政能力建设的决定．在党的十六届四中全会上的报告，2004

（一）和谐社会的实质内涵

和谐社会的实质内涵包括：一是人自身的和谐。和谐社会以“始终把广大人民的根本利益作为党和国家工作的根本出发点和落脚点，不断满足人民群众日益增长的物质文化需要”和“人的全面发展”以及“人与人和谐相处”为前提。二是人与社会的协调。社会主义和谐社会应该有适应人休养生息的社会环境，应该有民主法治、公平正义、安定有序的社会氛围，也即以人与社会的协调发展为关键。三是人与自然的和谐。和谐社会应该是人与自然形成了和谐的生态环境，人与自然和谐相融。四是人、社会、自然三方面的整体协调发展。

（二）和谐社会的应然形态

我们建设的和谐社会应该是什么样的形态？和谐社会的应然形态，可概括为“五方面和谐”：社会个体的生存、生活、身心发展等方面的生息和谐；社会各阶层之间的人与人的融洽和谐；社会政治、社会经济、社会民生之间的关系和谐；人、社会与自然三者之间发展的协调和谐；国家与世界各国之间的国际和谐。同时，“五方面和谐”又融为一体，形成整体社会和谐，“五方面和谐”构成了和谐社会的应然形态。

（三）和谐社会的构成要素

和谐社会的构成要素包括政治、经济、文化、自然、人等基本要素，简称“五要素”：

1. 政治要素

政治要素包括社会政体、政治体制、社会法治、社会风气、社会安定、社会自由以及民主和民权等子要素。政治要素在和谐社会建设中起着上层建筑的统领作用。

2. 经济要素

经济要素包括社会经济体制、经济结构体系、经济发达程度、经济分配制度、公平合理程度以及民计和民生等子要素。经济要素在和谐社会建设中起着经济基础的载体作用。

3. 文化要素

文化要素包括社会文化的底蕴与继承、文化的理解与适用、文化的接纳与包容以及先进文化含量与程度、文化科技创新与能力等子要素。文化要素在和谐社会建设中既起着载体作用、溶剂作用，又起着引领作用。

4. 自然要素

自然要素包括环境条件优越程度、自然资源的分布、资源开发利用与保护等子要素。自然要素在和谐社会建设中起着客观条件的保障作用。

5. 人的要素

人的要素包括人的文化素质、人的文明程度、人的社会责任、人的行为表现、人的能力素质、人的道德素质、人的身心素质等子要素。人本要素在和谐社会建设中起着关键性的核心作用。

“五要素”是和谐社会的构成要素，也是构建和谐社会的必备条件，而其中“人的要素”是最活跃、最关键的起着决定性的要素，因而激活、发挥和提升“人的要素”是和谐社会建设不可忽视的问题。构建和谐社会，“人的要素”相当重要。

然而，和谐社会的“人的要素”应该如何理解？“人的全面发展”应该如何解读？它不仅仅是强调“满足人的发展的需求”，还强调人的文化、文明、能力、道德、心品素质和社会责任、社会行为的表现。“人的要素”，不是强调人人都要“自我奋斗”、“自我表现”，或强调“个性发展”——你强调你的个性，我要有我的个性；也不是人为了“生存和发展的需要”，就可以忽视自然资源的存在，甚至抢夺、浪费和糟蹋自然资源；更不是强调“人性”权利就可以自我放纵，想干什么就干什么，无视社会文化风气、社会法规法则、社会公共生活秩序和社会稳定安定。因此，人本思想的某些构成成分，对和谐社会的建设和推进是格格不入的，甚至是不相协调、无法相容的，过分宣扬人本思想的某些构成成分，是不利于和谐社会人与人之间的和谐关系、人与社会的协调关系和人与自然的和谐相处，不利于和谐社会的全面建设的。

既然“人的要素”是构成和谐社会的重要的要素，那么究竟对“人的要素”的要求是什么？或者说，构建和谐社会“人的要素”的最根本、最关键的体现是什么？

“人的素质”是“人的要素”的最根本、最关键的体现。“人的素质”包括政治素质、文化素质、道德素质和心理素质等，而人的心理素质是所有其他素质的基础。所谓人的心理素质是指人的心品素质（包括人格、性格和心态）的优劣程度。可以说，人的心品素质是人的心理素质的反映和最根本的素质，也是人的政治素质、文化素质、道德素质等其他素质的载体。因此，人的心品素质相当重要，是构建和谐社会不可或缺的成分。人的心品素质决定人自身的生存和发展，决定“人与人和谐相处”的关系，决定“人与社会协调发展”的关系，决定“人与自然和谐相处”的关系。

因此，“心品”是“人的要素”的集中表现，要使“人的要素”在和谐社会建设中发挥积极作用，不能忽视人的“心品”作用。这就说明，“以心为本”的心品教育是和谐社会建设的重要内容和途径，也是和谐社会建设的重要保障。

三、学校教育发展的大环境

我国社会进入20世纪80年代中期以来，随着社会经济、文化、科技的迅速发展，随着世界经济、文化、科技的一体化，随着西方经济、文化、思想、意识形态对我国的渗透，随着社会竞争的越来越激烈，学校教育在迅速发展的同时，也面临着诸多冲击：其一是学校的思想政治教育、道德教育、纪律教育和管理教育面临着极大的挑战。其二是学校受社会压力、高考制度冲击，只重视智育和升学率。对学生而言，“中小学生正处在身心发展的重要时期，随着生理、心理的发育和发展，社会阅历的扩展以及思维方式的变化，特别是面对社会竞争的压力，他们在学习、生活、人际交往、升学就业和自我意识等方面，会遇到各种各样的心理困惑或问题。因此，在中小学开展心理健康教育，是学生健康成长的需要，是推进素质教育的必然要求”[①]。正是学校教育发展的大环境，促进心理健康教育进入中小学教育，且越来越受到重视。

（一）中小学心理健康教育发展到一个新的阶段

回顾中小学心理健康教育的路程，可以说是从无到有，从不重视到比较重视，再发展

① 教育部．中小学心理健康教育指导纲要．2002

到现在的初具规模、初见成效。

2009年7月，教育部基础教育司在广东省佛山市南海区召开“全国中小学心理健康教育研讨会”之际，《中小学心理健康教育》杂志社记者采访了教育部中小学心理健康教育专家指导委员会副主任、华南师范大学副校长、著名心理学家莫雷教授，请他谈谈我国中小学心理健康教育的发展过程和特点。莫雷教授从全国层面，将中小学心理健康教育发展分为三个不同发展水平与特点的阶段，他认为①：

我国中小学心理健康教育发展大致分为三个阶段。目前，全国各地发展不平衡，有的地方已经处于第三个阶段，有的地方处于第二个阶段，有的地方还处于第一个阶段。

第一个阶段是更新中小学心理健康教育理念。专家、专业人员研究推进，并组织、宣传、发动和研究中小学心理健康教育工作。

第二个阶段是发展比较快的地方，政府部门结合专家队伍，采用一定的方式进行合作，共建中小学心理健康教育工作平台。在我国，行政力量推动工作的功能很强大，在这方面，广东省做得比较好。在这个阶段，部分省市有规划、有组织，从总体上形成了政府行政部门、教育部门和专家联合合作，共同推进中小学心理健康教育实践的局面。这种联合无论从规模、广度来说都大大推进了这项工作，构建了心理健康教育的工作平台。合作比较好一些的是全省进行，有的地方是市、区、县进行合作。有政府部门推动，才能广泛地推动合作，有专家参与合作，则保证了心理健康教育的专业性和科学性。总之，第二个阶段是政府部门与专家合作共同构建了教育工作平台。

第三个阶段，中小学心理健康教育工作平台建立之后，接下来就是要解决如何进一步深化，怎样提升研究合作的科学性和有效性的问题。

有的地方还处于第一个阶段，即还是高校专家推动中小学心理健康教育工作。客观来说，专家对从事中小学心理健康教育的专业人员的推动作用是有效的，通过专家到中小学举办各种培训班的方式来推动这项工作。例如，广东省建立了专家委员会，各地各县建立各级委员会，建立这样一个专门机构，工作就能非常有序地、步调统一地开展。总体来说，第二个阶段是目前全国大部分省市区所处的阶段，是最重要的阶段，是从组织上、规模上构建心理健康教育工作平台的阶段。形成了工作平台，如何发挥它的实效性，真正达到培养和提高青少年心理素质的教育目标，培养青少年的健全人格，还需第三个阶段的作用，还需我们进一步的努力。

莫雷教授还根据当前全国中小学心理健康教育的发展现状，提出了我国中小学心理健康教育未来发展的意见和看法。他着重强调：

从目前大部分地区，包括2009年教育部组织的“全国中小学心理健康教育研讨会”来看，介绍的都是着重构建工作平台，统一规划，统一领导，通过什么有效的机制把中小学组织发动起来等。有的效果好一点，有的效果差一点，已经有了经验的交流，一旦这个平台建立起来，大家就可以互相学习，共同提高了。下一步是如何发挥它的实效性的问题，是如何提高中小学生心理素质，怎样解决学生的心理问题。心理健康教育的实效性，

① 莫雷．创造良好的学生心理环境，真正提高中小学心理健康教育的实效性．中小学心理健康教育，2009（11）

还需要认真研究。在他看来，心理健康教育的效果还是有的，整个社会逐渐形成了关注心理健康教育的局面，大家对心理健康教育问题也有了新的认识和观念。

第三个阶段莫雷教授觉得需要开展一些研究，需要深入进行一些不同的学校，不同的专长专项式的研究，目标是如何更好地监控学生的情绪情感变化。目前，中小学校的情况是心理教师坐在心理咨询室，学生可以过来咨询，这是个进步，但是还不够。作为心理健康教育的机构，需要监控整个学校、监控学生的心理变化，甚至每个人的心态变化，及时给予疏导。广东省在预警方面的工作和研究做得比较有特色。

莫雷认为，首先应该解决的是心理健康教育教师的编制问题。中小学心理健康教育发展的第一个阶段之所以推动工作的力量有限，是因为它没有办法改变心理健康教育教师的队伍素质。而心理健康教育发展的第二个阶段由于行政力量的介入与合作，才有力量解决教师编制这个问题，才有可能更有效地推动心理健康教育工作。如果每个学校都有专职心理健康教育教师，通过他们来组织各种活动，很多事情就好办了。因此，他觉得目前最迫切的是解决心理健康教育教师的编制问题。有了专职的心理健康教育教师之后，才能落实很多事情，先要有人来做这件事，有了人之后，工作效率才能得到提高，队伍才更加稳定，更加专业化，才有进一步的职称评定问题、工作量问题、待遇问题、培训提高问题等。这一点，国外有现存的经验，即规定每个学校培训多少个专职人员。对心理健康教育教师的编制问题广东省已经解决了。目前，其他省市有的地方也解决了，但不是全省解决。第二个阶段的工作还要做，还有一定的重叠性。第二个阶段平台的建构是比较艰巨的。

莫雷教授的访谈，实际上是针对我国中小学心理健康教育发展的背景、状况和特点，谈了三个问题。

一是心理健康教育的发展阶段。他将我国中小学心理健康教育发展划分为三个阶段：第一个阶段是 1999 年《中小学心理健康教育若干意见》颁布以前；第二个阶段是从 1999 年至 2005 年左右；第三个阶段是从 2005 年左右开始，并且延续到今后一段时间。

二是各个阶段的发展状况特点。首先，我国中小学心理健康教育发展总体特点是：迅速发展，但各地发展不平衡。其次，各个阶段的发展状况特点是：第一个阶段是 1999 年以前，这一个阶段状况特点是专家、专业人员更新教育观念，心理健康教育开始进入学校。第二个阶段是从《中小学心理健康教育若干意见》颁布以后，政府教育行政力量的介入，与专家合作，共建教育工作平台，推动了中小学心理健康教育的发展，但各省发展极不平衡。第三个阶段是从 2005 年开始，经济发达的沿海各省已建立起平台，进入深化、提升中小学心理健康教育的科学性、专业性和有效性的阶段。

三是心理健康教育的发展前景。发挥心理健康教育的有效性，真正达到培养青少年的健全人格和提高中小学生的心理素质的教育目标。

（二）中小学心理健康教育需要一个新的提升

经过三个阶段十多年的心理健康教育实践探索，经过对十多年教育经验的不断总结，经过对中小学心理健康教育的全面认识和深入思考，广大心理教育专家和第一线的工作者认为：中小学心理健康教育对于学校教育来说，对于学校的育人目标、功能来说，的确需要一个新的提升，尤其是哲学层面上的教育理论的提升，的确需要一个符合教育本质和规律、适合学校教育目标实现的理论和理念来指导，需要一种教育思想来予以统领。

广东省心理健康教育专家和部分工作者认为，全国各地中小学校普遍开展了心理健康教育，且取得了丰富的经验和成果，但都普遍停留在践行的层面、停留在心理学专业的心理健康教育和心理辅导的层面，未从学校教育的育人的实质目标上予以认真的理性思考，未从教育本质与规律入手进行深入的理性探讨，都未将它提到“心本教育思想”的高度来认识。

笔者自2008年以来，通过对教育本质与规律的再认知，通过对学校育人的根本性质和根本目标的再思考，通过对人本主义教育思想等教育思想的再审视，通过对学校教育实践过程中出现的种种问题的深入反思和释疑，通过对十几年中小学心理健康教育所形成的各种教育理念的认真梳理和凝练，提出从“人本”走向“心本”的主张，提出了“心本教育思想”。

笔者在提出“心本教育思想”的同时，必须严肃的回答以下几个根本问题：心本教育是什么？心本教育与心理健康教育有何关系？人本教育思想存在什么局限与表现？为何要倡导心本教育？心本教育对学校教育的意义和作用是什么？学校如何践行心本教育？等等。

笔者撰写这本专著，就试图从理性和实践的角度来回答和探讨这些问题。

（三）人本教育思想在学校教育实践中遇到的新的挑战

人本教育思想自提出到现在已经有几十年了。的确，人本主义思想批判了科学主义教育思想，迎合了社会和教育的某些需要；的确，它独树一帜，充分尊重人性，充分考虑人的生存、发展的需要；的确，它以全新的思想观念，推翻了以往种种压制人性的教育模式，推动了整个教育的全面改革，掀起了一场惊天动地的思想革命和教育革命，使教育思想和教育实践都得以有了一定程度的进步。尤其是“教育要尊重和关爱学生”、“教育为了人（学生）的生存和发展”的教育思想，更值得赞同和推崇。无疑，人本教育思想对社会和教育的进步是一个新的贡献。

然而，几十年的教育实践也表明，人本教育思想存在一些局限，[①] 在学校教育实践中遇到一些困局和挑战，主要表现在：教育与“人性化教育”、教育与“个性发展”、教育与“自我表现”等方面的教育思想，正面临着挑战，使学校教育步入一个尴尬的局面。

在教育实践中，人们不难发现，在人本教育思想的指导下，学生的个性品质过分傲慢、自负；心态过分浮躁、急躁；学习生活过分自我、自私；行为表现过分“以我为中心”、“人性化”。学生的这些心品素质与素质教育的本意是背道而驰的。

在教育实践中，人们不难发现，在人本教育思想的指导下，一些人将“尊重人性”扩大化，把尊重人权、生存权、发展权、自由权膨胀到绝对化，使个别学生的“人性”放纵到了超越社会可承受的限度。

在教育实践中，人们不难发现，人本教育思想的某些主张，与现代社会提倡的团队精神、合作精神格格不入，甚至是分道扬镳，凌驾于团体法则、社会规则之上；使学生缺乏社

① 方展画. 当代西方人本主义教育理论评述. 河北教育学院学报，1999（1）

会意识、集体意识，造成个性上的我行我素。

在教育实践中，人们不难发现，人本教育思想的某些主张，影响个体的和谐心理、人与人之间的和谐关系；“个性发展”和“自我实现”已严重影响群体、集体内部的和谐，严重影响和谐社会的建设。

在教育实践中，人们不难发现，人本教育思想的某些主张，使子女不服家长的管教，学生不听老师的教诲，学生的过激行为学校不敢处理。最后，家长只能放纵孩子，教师只能“不想当班主任”，学校只能这样解释——“时代不同了，教育人本化”。

学校教育的困境，有社会、家庭的原因，但人本主义作为一种教育思想，某些主张无疑起到了推波助澜的引导作用，对教育起着消极的作用。

关于人本教育思想存在某些局限和使学校教育遇到的困境，本书的第三章第一节将作专门的分析和论述。在此仅仅提出来，将其作为心本教育思想产生过程的依据。

由于和谐社会建设中“人的要素”需要人的和谐心理、人的心品素质；由于素质教育更重视人的心品素质；由于人本教育思想在学校教育实践中出现的局限和遇到的挑战；也由于在十几年来中小学心理健康教育的实践中，发现教育需要“以心为本”、应重视人的心品素质。因此可以说，心本教育思想是在这样的大背景、大环境下产生的。

第二章　心本教育认识论

第一节　心本教育价值观

一、价值、教育价值与教育价值观

教育价值问题是一个复杂而又富有活力的问题。教育价值观一直都是哲学家、教育家争论的热点问题。之所以成为争论的热点，一是教育自身的复杂化（包括教育功能、教育目的的复杂化）以及教育与时俱进所带来的自身复杂化。二是由于不同时代、社会对教育所能承受、支撑的经济、物质基础，即社会经济基础决定教育上层建筑，导致对教育认识上的偏差。三是由于时代的局限，哲学家、教育家们对教育本质、属性的理解上的差异。四是受教育者受时代经济、文化的影响而对教育的认识和态度的变化。

讨论教育价值问题，首先必须弄清楚以下四个概念。

（一）概念的界定

1. 什么是价值

价值，是一个经济哲学概念，即反映价值关系实质的哲学概念，也是哲学界长期讨论的一个热点和学术领域。对于“价值”的表述，《现代汉语词典》是这样解释的，价值是体现在商品里的社会必要劳动。价值量的大小决定于生产这一商品所需的社会必要劳动时间的多少。不经过人类劳动加工的东西，如空气，即使对人们有使用价值，也不具有价值。有学者认为，价值是“在主客体相互关系中，客体是否满足主体需要，是否对主体的发展具有肯定作用，这种作用或关系的表现就是价值，它是客观的”①。

2. 什么是教育价值

教育价值是价值论在教育领域中的延伸和演绎。在教育史上，最早提出教育价值问题的是19世纪英国教育家斯宾塞（H. Spencer），他提出了“什么知识最有价值”的问题。之后，美国实用主义教育家杜威（John Dewey）把价值分为“内在的价值”（intrinsic values）和“工具性的价值”（instrumental values）。内在的价值由自己的态度来衡量，工具性的价值则必须同其他事物作比较才能得出结论。②

优秀的文化能孕育出优秀的教育，优秀的教育又可以创造出优秀的文化。优秀的文化能孕育出优秀的人才，优秀的人才又可以创造优秀的文化。那么，教育是传播文化、改造

---

① 谷桂华．教育价值观的理性思考．黑龙江教育学院学报，2009（4）

② 赵兵．教育价值及教育价值观的探析．中国科教创新导刊，2009（9）

文化、创新文化的重要手段，是培养人的重要手段，也是使文化与人才之间相互转化、螺旋式发展的重要手段。教育既然能够传播文化、改造文化、创新文化和培养人以及使文化与人才不断发展，就具有教育价值。

王全宾的解释是，教育价值是指作为客体的教育现象与作为社会实践主体的人的需要之间的一种特定的关系。它所体现的是一种关系范畴，即主体的需要与客体的属性二者之间的关系。①

3. 什么是教育价值观

教育价值观实际上是一种思想观念，是人们对教育价值在思想观念中的一种认识和看法。它反映的不仅仅是教育本身，而且是教育与“人的主体”之间的价值关系。

潘懋元先生在《新世纪高等教育思想的转变》一文中定义道：教育价值观是指人们对教育与主体（人、群体）的价值关系的认识，并在认识的基础上，确定教育行为的价值取向。

谷桂华在《教育价值观的理性思考》一文中指出，教育价值观就是指教育对人的生存与发展、对社会存在与发展的意义和作用的一种评价的思想体系。它具有强烈的主观性，是对教育的信仰、体验、领悟在行为上的表现，反映了一定的价值取向和教育理想，是教育行为选择的主观依据。②

刘兴国在《论高等教育价值观》一文中认为，教育价值观是教育价值在人意识中的反映。它反映的不是教育本身的属性，而是这种属性与人的社会需要之间的价值关系，不同历史时期、不同社会制度、不同文化环境会导致不同的教育价值观。③

赵兵在《教育价值及教育价值观的探析》一书中的教育价值观：一种主体性的选择。所谓教育价值观，就是教育价值主体对教育价值的一种看法或观点，它是一种主体性的选择，属于主观的范畴。在分析教育价值时，我们对其作了层次上的划分，明白了教育价值主体的多样性，所以，教育价值观也是分层次的。从宏观上讨论教育价值观时，其主体通常是国家或社会，它常常通过政治工具使其统治者的教育价值观向大众传播，从而形成了特定时期的主流教育价值观。④

项慧芳的解释是，教育价值观是人们对教育价值的看法，即对教育价值的认识、态度、评价等的总称。它是人类价值观在教育方面的具体化，是人们对教育感知、认识的重要内容，是指导、支配和评价教育行为和功效的核心观念。⑤

综上所述，教育价值观是人们对教育的认识和理解所形成的观念，是人们的主观性选择，也是人们在一定社会特定历史时期不同的教育价值追求的反映；教育价值观受时代和社会诸多因素的影响，教育价值观不断变化和演进；教育价值观的选择取向受人的发展需要、社会发展需要等因素的影响。

---

① 王全宾. 教育功能、教育价值、教育目的论. 山东师范大学学报，2001（5）
② 谷桂华. 教育价值观的理性思考. 黑龙江教育学院学报，2009（4）
③ 王根顺，郝路军. 关于两种教育价值观的代价探讨. 教育导刊，2006（7）
④ 赵兵. 教育价值及教育价值观的探析. 中国科教创新导刊，2009（9）
⑤ 项慧芳. 论校长如何引领学校教育价值观的转变. 新课程研究，2009（8）

4. 什么是心本教育价值观

心本教育价值观是对教育本质、属性、功能、作用的全面理解和认识上形成的观念，并在认识基础上确定教育行为的价值取向。它的核心价值是“以心品为本位”的价值取向，即主张“以心为本”的教育价值取向。因此，它是教育与人（包括人所组成的社会）的价值关系在意识上的反映，是对人的发展需要、社会发展需要等因素进行综合考虑之后对教育价值的主观性选择。

（二）教育价值与教育功能、教育目的之间的关系

功能是指事物所具有的一种能力、力量和影响、作用，它体现着“是什么”、“能发挥什么作用”。教育功能是指教育之所能为，教育所能发挥的有利的效能作用，或者说，教育这一事物本身所具有的作用和影响。明显地，教育的主要功能是具有传承文化（知识和技能）、培养人的作用。

由于教育功能是由教育的结构所决定的，从而使得教育功能具有以下特性。①客观性：任何存在的事物必然存在一定的结构，有结构就有功能。教育功能是客观存在于教育之中的，是教育的客观属性。②多样性：教育功能是指教育对人及社会所具有的作用，教育的结构是复杂的，同时人与社会也是多层次、多方面的，所以教育的功能也是多种多样的。③整合性：教育自身是一个完整的系统，是作为整体作用于个体和社会的，教育的各种功能是相互密切联系、相互依存的。④方向性：教育功能是指向一定方向的，它有着正负之分。教育的正功能是指教育的积极作用，而负功能则是指教育在发挥积极作用的同时对社会和个体发展所产生的消极作用。①

教育目的是指教育所要达到的目标、任务的设想和规定。教育目的具有前瞻性，不仅要体现教育的现实价值，而且应体现出教育的未来价值；不仅要考虑当前社会或个体发展的需要，而且要反映未来社会和个体的需要。……教育最直接的目的是要满足个体自身生存发展的需要。②

教育功能、教育价值、教育目的三者之间的关系：教育功能是教育对于个体和社会所具有的能力和作用，它是教育所固有的，是客观存在的；教育功能是由教育的结构和属性决定的，教育功能又影响教育的价值。教育价值是不同主体对教育功能的一种选择，教育功能对于不同主体的意义就是教育价值。教育价值选择制约着教育目的的建构；制约着教育内容和方法的选择；制约着师生关系的性质；制约着教育评价的实施。因而人们在建构教育目的时，总会受到一定教育价值取向的支配与制约。教育价值的选择决定了教育目的的制定，教育目的体现了一定的教育价值观，同时教育目的的实现影响教育价值的实现和教育功能的作用。

（三）教育价值观的发展趋势

随着社会的发展，教育价值观在不断的演变。长期以来，教育价值观是预设的。“以往，在逻辑实证主义的影响下，教育价值观是预设的，而20世纪中叶以后，教育价值观

---

① 王全宾．教育功能、教育价值、教育目的论．山东师范大学学报，2001（5）

② 王全宾．教育功能、教育价值、教育目的论．山东师范大学学报，2001（5）

开始由‘预设论’转向‘建构论’，教育的实践性特征越发明显，这是教育价值观的发展方向”①。

纵观我国目前的学校教育，在教育价值取向上存在一些问题。概括起来主要有：

1．教育的原初意义加速衰退

生命中最宝贵的东西是什么？人生中最珍贵的东西是什么？教育的真谛是什么？教育的最高境界是什么？这些都是教育要解决的问题，都是教育的原初本义。然而，在经济社会的强烈冲击下，教育原初的文化价值（真）、道德价值（善）、审美价值（美）的意义加速衰退，学校教育难以体现真善美，教育品质逐步下降，学生心品严重缺失，绝大多数学生在个人发展与社会发展中因无从选择、平衡而导致心理迷失。

2．学校教育的育人价值无法体现

一方面，学校教育被教育方针、教育政策法规、教育经济管理等宏观决策统得过死，学校教育的自主性受到压制、教育性遇到困境；另一方面，学生被教学课程计划、教学目标任务、教学管理规范、学校纪律管理等约束得没有个性自由，没有情怀抒发，没有阳光心灵，往往造成学生童真的缺失、心性的急躁、心态的失衡，学校教育应有的育人价值无法体现。

3．教育的功利性目的日益膨胀

在激烈竞争的市场经济大潮中，今天的基础教育和高等教育，无论受教育者的兴趣、爱好、适应性和感受如何，全都必须屈服于“升学”和“考试”的指挥棒，都必须蒙受“知识”与“技能”的阴影笼罩，都无一例外地必须投入到“文凭”、“择业”和“应用学科”的怪圈之中。在这样的教育体制背景下，教育的功利性目的日益膨胀，教育的人文精神的性质成分日益萎缩；在这样的教育体制背景下，学生学习压力大、情绪紧张、心灵压抑、天真缺失，只能一味追求高考，屈服于就业、知识应用，只能放弃人文精神修养。

综上所述，基于我国目前教育的实际情况，教育价值观的发展趋势，或者说教育价值取向已朝着关注实际生活的价值取向转变，原初意义的教育价值正面临着衰退，育人价值难以体现，因此，必须提倡心本教育的价值观。

二、多元教育价值观及其学术争议

（一）多元教育价值观

自改革开放以来，人们逐步摆脱了学术思想的束缚，摆脱了思维的桎梏，对许多学术问题的思考更为全面，认识更加深化，看法也趋向多角度，并引发百家争鸣的局面。随着教育改革的发展，随着教育问题的争辩，随着教育思想的碰撞，对教育价值观的理论研究和实践探索不断深入，新的价值观纷纷呈现，出现了教育价值观的多维度、多元化的发展态势。

目前，由于对教育认识、理解的不同，由于看待问题的角度不同，在我国的教育界、学术界中，同时存在着多种教育价值观。诸如，传统教育价值观、本体教育价值观、社会

① 刘旭东．预设与建构——教育价值观演进的思考．教育理论与实践，2007（11）

教育价值观、以人为本教育价值观、科教兴国教育价值观、素质教育价值观、和谐教育价值观，还有心本教育价值观、生态教育价值观、精英教育价值观、大众教育价值观、终身教育价值观、功利主义教育价值观、实用主义教育价值观等。尽管提法不同，探索角度不同，研究深度不同，甚至学术观点也不同，但都反映了学术上的自由争鸣，也客观反映了当前我国教育界的确同时存在着多元化的教育价值观的发展态势。综合研究和看待我国教育的现状，目前在教育价值取向上，许多观点仍存在明显的不足。

（二）多元教育价值观之间的争议

多元教育价值观之间的争议既长期又复杂。作为开展教育活动时思想和行为的根据、尺度与标准，教育价值观反映的是人们复杂多样的发展需要和试图对变化莫测的教育功能予以全面把握的愿望。同时，它也具有方法论的意义，即它既是看待人的发展与教育之间关系的理论与方法，又是评价人的发展及其与教育之间关系的理论与方法。①

多元教育价值观之争的焦点，集中在教育的个人本位论和社会本位论上。在教育史上，形形色色的教育价值取向可以分成两大类：一是以人为核心的个人发展本位论，认为教育的本质是促进人的发展，把促进个性发展、追求人生幸福、实现个体价值作为教育目的；二是以社会为核心的社会需要本位论，认为教育本质是促进社会发展，使教育社会化，将保证社会生活的稳定与延续作为目的。②

社会本位的教育价值观认为，社会的发展才是根本目的，视个体的发展为实现社会目的的手段。这种价值观意味着在一定程度上要以牺牲一部分个体的价值追求为代价。受教育者处于被动地位，其积极性和主动性被压抑，个体的需要、个性的展现、人格的完善受制于社会的主导价值。

个人本位论教育价值观是从个体需要的角度来设计并实施教育，旨在把受教育者培养成为身心健康、自然和谐发展的人。它主张教育目的应以个人价值为中心，根据个人自身完善和发展的需要来制定教育目的和建构教育活动。它否定社会制度的权威，反对社会对个人的束缚，拒斥现实社会对人的发展的干扰，强调个人的价值高于社会的价值。瑞士教育家裴斯泰洛齐就认为：学生生来就蕴藏有能力和力量的种子，教育就是促使儿童的各种天赋才能的种子得到和谐的发展。

个人本位的价值观注重个体内在发展需要，把个体价值置于社会价值之上，视社会的发展为个体发展的条件。这意味着在一定程度上要以影响社会发展为代价。过分关注个体的价值，其造成的代价表现为：无法揭示出个人与社会的内在关系，将社会的功能和价值简约化，把社会仅看作是个体的简单集合，完全忽视社会需要对教育目的的制约作用，容易出现对个体需要的过分强调，导致自由化的倾向及个人主义的盛行。③

彭泽平、姚琳在《社会使命：教育存在的永恒之基——对一种浪漫主义教育价值观的反思与批判》论文中就明确指出，教育要尊重人的价值和尊严，完整而全面地关照人的发展，但这并不意味着教育可以放弃对于社会和国家的责任和使命。从人与社会发展之间的

① 刘旭东．预设与建构——教育价值观演进的思考．教育理论与实践，2007（11）

② 王心强．我们的教育价值观为什么难以与时俱进．教学与管理，2009（7）

③ 王根顺，郝路军．关于两种教育价值观的代价探讨．教育导刊，2006（7）

关系、当前我国的国情和国际教育改革的趋势来看，满足社会和国家的发展需要仍应是当前我国教育发展的主导价值选择。彭泽平、姚琳对当前泛化的教育“以人为本”的主张提出了质疑。他们认为，近年来，在我国教育界批判中小学学校生活在片面追求升学率之下压抑和遮蔽了人的生命价值和生活意义的过程中，涌现出一股浓郁的“以人为本”的思潮。如有的人认为，“以人为本”就是一切活动都要以人为出发点，以人为动力，以人为目的，它是一个普适性的理念，是一切社会历史活动的指导原则，也是教育活动的理念和指导原则。强调教育必须把增强人的主体意识、提升人的主体地位放在首位，并作为一切教育活动的新原则。要求学校教育或教育者必须转变视角和自身的角色，把尊重、提高、弘扬学生作为人的主体性当作一切教育教学活动的基本原则①。有的学者则指出，教育的根本目的是使“人以一种全面的方式，也就是说，作为一个完整的人，占有自己的全面的本质”。教育的根本所在就是以人为本，顺应人的禀赋，提升人的潜能，完整而全面地关照人的发展。② ……我们认为，这种提法揭示了教育的“应然面目”，另一方面，这些论说同样存在着对教育价值理解过于浪漫的一面，尤其是对教育工具价值的批评以及教育出发点的判断。在我们看来，教育“以人为本”不仅不能否定教育的功利主义（工具理性）取向，不能无视对于社会发展的责任，正好相反，教育对于社会发展的责任正是教育的存在之基。从目前我国的现实来看，教育不可能也无法脱离社会和国家发展的需要而以个体的个性、潜能、自由人格的充分自由发展作为根本出发点和价值尺度。

从以上对人与社会发展关系的分析来看，人的发展既决定于又决定着社会的发展。人的发展与社会的发展是互为关系，均是对方发展的基础。人对于社会发展而言既有目的的意义，但同时又有手段的价值；社会对于人发展而言同样既有手段的意义又一定程度上带有目的的意义。片面强调人的发展而忽视社会发展需要，是割裂了人的发展与社会发展的内在联系，割裂了目的与手段的统一，使目的缺乏手段的支持。在当前仍处于社会主义初级阶段的中国，只有加快社会的发展，推动中华民族的繁荣、富强和复兴，才能破除当前社会不发达的现实对人的发展的禁锢和束缚，为人的发展在更高水平上的实现提供坚实的基础。正因为如此，我国的教育改革和发展必须以社会需要作为主导价值尺度或出发点，实际上这正是更高层次的人的发展之所需。那种离开社会发展虚幻人的“自由”、“全面”、“全能”发展的主张，不仅与历史事实不相符，也与唯物史观相悖。③

三、心本教育价值观

（一）心本教育价值取向

心本教育价值观的核心是“以心品为本位”的价值取向，即主张“以心为本”的教育价值取向。心本教育价值观是在对教育本质、属性、功能、作用的认识和理解的基础上所形成的教育观念，是教育与人（包括人所组成的社会）的价值关系在认识上的反映。它是

① 万作芳．浅谈教育异化．上海教育科研，2001（1）

② ［德］弗洛姆．为自己的人．孙依依译．北京：三联书店，1998

③ 彭泽平，姚琳．社会使命：教育存在的永恒之基——对一种浪漫主义教育价值观的反思与批判．当代教育科学，2008（13）

对人的发展需要、社会发展需要等因素进行综合考虑之后的对教育价值的主观性选择。

1. 心本教育观对教育的认识

第一，心本教育观对教育的认识是：教育的目的功能是培养人、塑造人。以往对教育价值的讨论，大多集中于教育“为人”抑或“为社会”发展服务的问题。心本教育认为，教育的根本问题是，教育培养人成为什么？教育如何塑造人？如果这一根本问题不解决，教育“为人”抑或“为社会”都是空谈。这是对“教育与人”价值关系的整体认识，也是教育价值的根本问题。

那么，教育培养人成为什么？它涉及教育人才观、人才素质结构等问题。心本教育认为，人才素质结构包括“三方面、五个基本素质”。“三方面”是指基础素质、重要素质和关键素质。“五个基本素质”是指心品素质、体能素质、文化素质、精神素质和能力素质（本章第四节将对人才素质结构作专门论述）。

人才素质结构既是人才素质的结构形态，又是人才素质的综合指标。人才素质的五个基本要素的构成是相辅相成，缺一不可的。但必须认识到：心品素质、体能素质是基础，影响着其他素质的生成；文化素质是人才的重要内涵，没有文化知识，则难以提升精神素质、能力素质；精神素质引导文化素质发挥的方向，没有良好的精神素质，文化素质可能会产生负面作用；能力素质是体能素质、文化素质和精神素质的综合反映。

因此，心本教育观对教育的认识，就是教育要培养具有全面素质、良好素质的人。

教育如何塑造人？人才素质的塑造，要靠各学科的共同教育。但必须强调：各学科的文化知识教育是要靠“心”来记忆的；无论是“文化知识教育”还是“精神境界和素质能力教育”，都是以“心品”作为基础来支撑的。故教育塑造人要以“心”为本，从“心”开始。还必须强调：教育如何塑造人？其根本问题是究竟用什么教育思想和方法去塑造人。心本教育的价值不仅仅在于培养人的心品素质，更重要的是教育塑造人的理念和基本方法。

第二，心本教育观对教育的另一个认识是：教育为“人的发展需要”和“社会的发展需要”的“双重需要”服务——心本教育价值取向。教育培养人、塑造人与为人的发展需要服务是一个辩证关系。

首先，教育服务的前提是塑造人、培养人，既不是让人任意地需要和自由地发展，更不是仅考虑个体本位需要和个性发展需要的人性化的教育。

其次，如果教育只是传授知识而没有“育人”功能，如果教育只有为“人的发展需要”服务的价值取向而没有为“社会发展需要”服务的塑造人、培养人的价值取向，教育也就失去了其自身的意义。“塑造人、培养人”的教育目的是更好地为“人的发展需要”服务；无论如何，“人的发展”离不开“社会发展”的可能和承受，“人的发展需要”也不能超越“社会发展需要”，因而教育的宗旨是既要为“人的发展需要”服务，又要为“社会发展需要”服务。一句话，教育既为“人的发展需要”又为“社会发展需要”的“双重需要”服务，这才是真正意义上的教育。

而教育要做到为“双重需要”服务，靠的是人，靠的是人的整体素质，尤其是人的心品素质。因为，教育是“人为”的，是“人教育人”的过程，人是教育中最活跃的因素：

一方面，“施教的人”对教育价值的认识主宰着教育的价值取向。那么，施教者完全有可能通过教育价值取向的调节，来促使教育为“双重需要”服务；另一方面，“受教育的人”能够在“双重需要”中左右逢源、自如适应，即受教育者在生存中完全能够通过个体的调节来实现“为个人发展”和“为社会发展”的目的。问题的关键是人的认识和人的素质。心本教育思想拓展了人的认识——对教育的认识；心品教育提升了人的素质——使人具有良好的心品素质，能够自觉地调节人与社会的关系，从而使教育达到为“双重需要”服务的目的。这是心本教育观对教育的认识和基本观点：教育为人和社会的“双重需要”服务，其中一个要则是人的心品素质的作用。而人良好的心品素质的形成靠的是心本教育——“以心为本”的教育。

心本教育观对教育的认识，可能在许多人看来，似乎是一种荒谬、一种梦想。因为在许多人看来，教育的“人的发展需要”与“社会发展需要”的争论是不可调和的，两者的教育价值取向在学术界已争论了多年。但人们不能忘记这样一个事实，尽管教育为谁服务争论得不可调和，然而在此争论之前，教育与人与社会和谐共存，照样已经发展了近千年。这说明了什么？这说明了教育理论上的不可调和争论，在教育实践发展中存在可以协调的机制。

2．心本教育价值取向

心本教育价值取向是：主张“以心为本”的教育价值取向，强调教育既重视“人的发展需要”，又重视“社会发展需要”，强调教育为“双重需要”服务。也就是说，心本教育价值观重视为“双重需要”服务。心本教育价值观为何认为教育能够实现“双重需要”的服务，换个角度说，心本教育价值观为何认为教育能够协调人与社会的“双重需要”。这是因为：

第一，无论是人的发展需要还是社会的发展需要，这两个“需要”实际上是个体对它们的心理感知和认知。人的心理感知和认知是可以调节、协调的，而心理调节靠的是人的心品素质。因而，只要人具有良好的心品素质，就能够调节人与社会发展需要的关系。心本教育观的核心价值是“以心品为本位”的价值取向，强调教育要发挥塑造人、培养人的功能，强调“以心为本”教育的重要性，强调教育从“培养学生的心品素质”开始，其最终目的是培养人的心品素质。因而心本教育就能实现为学生的发展需要和社会发展需要服务，或者说，心品教育能够协调人与社会发展的“双重需要”。

第二，人的心品素质是“人的发展需要”的前提。只有人的心品素质提高了，才有人的文化知识和道德素质等的教育可言，而只有人的知识、文化、道德等素质的提高也才有“人的全面发展需要”可言，即人的心品素质影响人的整体素质，从而影响“人的全面发展需要”。因此，人的心品素质是“人的全面发展需要”的前提条件，如果没有“心品素质”的前提条件，就没有“人的发展和需要”的可能。

第三，人的心品素质是“社会发展需要”的保证。社会规范发展和社会发展需要的实现，依赖人的全面素质，尤其是人的心品素质，否则就没有“社会发展需要”可言。教育要为“社会发展需要”服务，必须使受教育者适应、服从于“社会发展需要”，否则也就没有“社会发展需要”可言。而受教育者的适应、服从，很大程度取决于人的心品素质，即积极的心品素质有利于适应、服从，并促进“社会更好的发展”，消极的心品素质不利于适应、服从，并会削弱“社会的发展需要”。

第四，人本教育观认为“人的发展需要”与“社会发展需要”之所以不可调和，是因为两者之间存在矛盾：假若教育为“人的发展需要”服务，必定会影响社会规范与公共法则，削弱“社会发展需要”，如人本教育强调了人性解放和个性发展，就必定使个体凌驾于社会法则之上，制约社会需要；假若教育为“社会发展需要”服务，必定制约“人的自由发展和个体需要”，如道德教育，就是要改造人性，使个体的自由发展和需要服从于“社会发展需要”，制约了个体自由。人本教育观将人与社会放在对立的层面上来认识教育。然而，心本教育观认为，只有人的良好心品素质这个前提，才能缓解两者之间的矛盾，才能协调两者之间的关系。例如，一个具有良好心品素质的人，不仅能满足自己“全面发展”的需要，而且还能自觉地调适自己的心态、把握自己的行为去适应和满足“社会发展”需要，最终实现“双重需要”。心本教育观认为，教育完全能够做到使人具有良好的心品素质，做到为“双重需要”服务。心本教育观将人与社会放在能够调和的层面上来认识教育——这才是教育的意义和真谛所在。

因此，心本教育价值观就是心品教育价值取向。它是在对教育全面认识的基础上形成的教育价值观。

（二）心本教育价值取向的理性思考

1. 人的价值取向的理性思考

在教育价值取向上，传统教育、人本教育和心本教育都有“人的发展需要”的共同一面，但在价值取向的矢量上存在明显差异，也即在“育人”的价值取向要求上有着质的区别。

从整体上看，传统教育是社会本位的价值取向，尤其体现在传统道德教育的价值取向方面。传统道德教育的价值取向是“德治”，要求人要符合社会规范，要“仁义礼智信”、“三从四德”等。传统教育也有极小部分的个体本位价值取向，如“修身、齐家、治国、平天下”，“学而优则仕”等都属于“个体本位发展”。但传统教育的个体本位价值取向无论从空间上、份额上，还是实质上均处于极其薄弱的地位，人的价值体现只能在“社会本位价值”的笼罩下予以实现。可以说，传统教育个体价值取向是极有限的价值取向，个体难以实现自我价值，个性难以体现，难以满足。

人本教育价值取向是“人的全面发展”。教育完全为人的存在和发展而设计，完全追求人的“个性自由、自我发展、自我实现”，几乎不考虑教育的社会本位价值，属于极端的“个体本位发展”。可以说，人本教育个体价值取向是极端的价值取向，个体完全追求自我价值，个性极端自我膨胀、极端自我满足。

心本教育价值取向是“以心为本”的价值取向，也即以人的心品为本位。应该说，以人的心品为本位也是“人的发展需要”，如“健全人格、良好个性、和谐心态”等都属于“个体本位发展”。但是，第一，心本教育价值取向是心品自我完善的价值取向，从而使个体在实现自我价值时，既能自我体现，又不会像人本教育那样，出现极端自我膨胀。第二，心品自我完善的教育价值取向，使个体能够更好地实现自我价值，不会像传统道德教育那样使得个体难以自我体现。第三，心品自我完善的教育价值取向，使个体在实现自我价值时，能够自我调节，更好适应“社会本位发展需要”，不会削弱“社会本位发展”，相反更维护“社会本位发展”。

马克思说过：“世界不会满足人，人决心以自己的行动改变世界。”[①] 这就充分说明，教育不仅是要改变人、塑造人，而且是要使人适应外部世界；教育不应该只为人的内部世界服务而不为外部世界服务。或者相反。这也充分说明，人要改变世界，首先要有良好的心品素质，然后才能有良好的行为去改变世界，否则不是适应不了外部世界，就是会损害外部世界。

2. 社会价值取向的理性思考

人本主义教育思想与科学主义教育思想之争，其焦点是教育“个体本位”与“社会本位”之争。人本教育价值取向与传统教育价值取向之不同点，也是教育“个体本位”与“社会本位”，即教育是为个体发展服务还是为社会发展服务。传统教育和科学主义教育的价值取向是“社会本位”，忽视了教育的“个体本位”，而人本教育价值取向恰好相反。

人本教育价值取向与心本教育价值取向的差别是教育“个体本位”上的差异。前者极端强调人的自由发展、个体本位发展，无视社会价值需要；倘若社会每个个体都极端自我，不仅使人与人之间的关系无法协调，而且使人与社会“两个发展需要”的关系不可调和。后者强调心品自我完善，不仅有利于个体本位发展，而且有利于社会本位发展；倘若社会每个个体都心品完善，不仅使人与人之间的关系融洽，而且使人与社会“两个发展需要”得以调和，这符合和谐社会的需要。

从某种角度看，人的价值与社会价值之间往往存在矛盾：个体本位需求（人的生物本能需要）与社会本位需求（社会规范要求）往往发生对立。从心品教育的角度看，人的价值与社会价值之间是可以调和的。教育如果能使人的价值与社会价值相统一，教育就能体现价值存在，就有真正的意义。人本主义教育价值取向，表面看似乎有利于人的发展、人的需要，但由于极端自我，反而使人感到不满足、不幸福。例如，有些人为了“实现自我价值”，不择手段，敛财贪污，堕落腐化，危害社会，全不顾社会本位发展需要；有些人未能“实现自我价值”而感到内心失落和痛苦。

教育的价值取向，应该使受教育者在“实现自我价值”同时，构建和实现社会价值，即实现“双重价值”；教育的价值取向应该使受教育者在人生道路上感到欣慰、幸福。教育的价值取向不应该使受教育者为了“实现自我价值”而不择手段地实现社会价值，或是使受教育者在人生道路上感到失落和痛苦。

综上所述，心本教育的价值体现在：给予人的“心品自我完善”，使受教育者化解“被教育、被改造”的痛苦，使施教者与受教育者均心理健康，使教与学之间协调和谐，使人与人之间关系融洽和谐，使个体本位发展与社会本位发展统一和谐。因而，倡导心本教育能够协调人与社会的“双重需要”；心本教育价值取向能够比较全面地体现和反映教

① ［苏］列宁. 哲学笔记. 北京：人民出版社，1974

育的真谛。

（三）心本教育价值取向的意义

1. 心本教育价值取向的意义之一

心本教育价值观将个体本位发展与社会本位发展和谐统一于教育，也即寄望、依赖于教育。这是对教育属性、教育功能、教育真谛的深刻认识，是对教育应然的本质价值的再现、彰显、信任和期望。

如果说，心本教育价值取向是培养人的心品素质，也是为了个体本位发展，那么，心本教育价值取向是通过培养人的心品素质，使个体本位更好地发展，从而达到促进社会本位的发展。

2. 心本教育价值取向的意义之二

心本教育价值观将教育的“人的发展价值”与“社会发展价值”统一于心品教育，也即寄望、依赖于人的心品自我完善。心本教育价值观认为，人格是事业的资本，心志是办事的资本，诚信是成功的资本，心品是人生的资本。人的价值实现不是无根之草，也不是说说“自我奋斗”、“自我实现”就能体现；人的价值实现是要有条件基础的，人的心品素质是人的价值实现的坚固的基础。

通过心品教育促进人的心品素质，从而促使人与社会“双重价值”的体现集结在一起，从而满足人与社会的“双重需要”。心本教育价值取向将“人的发展价值”与“社会发展价值”这两个看似矛盾、却相互独立又相互联系的因素调和于心品教育。这是对教育价值取向的一种要求，也是一种选择，具有现实意义。

3. 心本教育价值取向的意义之三

心本教育价值观将传统道德教育与人本主义教育的局限化解于心品教育之中，也即心品教育能化解它们的局限。传统道德教育造成人“被改造、不自由”的内心痛苦；[①] 人本教育的自我实现、个性自由，造成人的关系紧张和“未能自我实现”的内心痛苦。加强心本教育，不仅能使个体的心理素质提升，保持心理和谐，而且能化解传统道德教育和人本教育的某些局限。

在对教育价值的理解上，心本教育价值观是通过心品素质，去建立起“超越自我”的人生观；人本教育价值观是通过人性解放、个性发展，去建立起“实现自我”的人生观。两者的教育途径不同、最终目标也存在差距。

4. 心本教育价值取向的意义之四

心本教育价值观将文化教育价值与道德教育价值等的素质教育汇集于心品教育之中，也即心品教育是文化、道德、审美等素质教育的基础。文化教育价值与道德教育价值的实现，很大程度上依赖于人的心品素质，也即依赖于心品教育的基础。因此，心本教育是素质教育的基础。

心本教育价值观认为，教育是双向的，教与学的和谐相当重要，它靠的是师生之间的心灵沟通；文化教育价值与道德教育价值的体现不仅在于教什么、教多少，而且更重要的

---

① 吴舒蔓，吴发科. 心理问题起因与“两极无痛”原理的探索. 中小学心理健康教育，2008（8）

是学什么、学多少。但是，文化教育价值与道德教育价值能否在个体上实现，很大程度上取决于学者的心理品质，取决于对学者进行心品塑造。这就是心本教育价值取向的意义所在。

5．心本教育价值取向的意义之五

心本教育作为一种教育观念，将对学校教育起着一定的影响（教育观念、教育宗旨等的影响），将使整个教育内容过程（包括教育目标计划、课程内容设置、教学方式方法等）发生重要变化。新课改后的教育目标，要求各单元要有教育“情感目标”，这是心本教育的初步体现，但仍然未能达到心本教育的价值境界。

同时，心本教育作为一种教育观念，其价值不仅影响着学校教育，而且影响着家庭教育、社区教育、社会教育；不仅影响着教育学科的研究，甚至将影响到社会学、管理学、经济学等学科领域的研究。

第二节　心本教育目的观

一、关于教育目的观

（一）教育目的与教育目的观

“教育是有意识的以影响人的身心发展为直接目的的社会活动”、“学校教育是由专职人员和专门机构承担的有目的、有系统、有组织的，以影响入学者的身心发展为直接目标的社会活动。”① 所谓目的是指想要达到的境界或得到的结果。教育目的是指教育要达到的境界或得到的结果。

教育目的不只是传授文化知识给学生，当然也不仅仅是培养学生的心品素质，教育目的是培养学生的全面素质、让学生学会做人。但问题是，如何才能达到这一目的。

1．教育目的

由于看问题的角度及对教育理解上的不同，对教育目的的表述有很多。

社会对教育所要造就的社会个体的质量规格的总设想或规定就是教育目的，教育目的既是教育活动的出发点又是归宿。②

教育目的是指教育所要培养的人的质量和规格的总要求，即解决把受教育者培养成什么样的人的问题。

广义的教育目的是指人们对受教育者的期望，即人们希望受教育者通过教育在身心诸方面发生什么样的变化，或者产生怎样的结果。国家和社会、学生、家长和亲友、教师等对教育寄予的期望，这些期望都可以理解为广义的教育目的。狭义的教育目的是国家对把受教育者培养成为什么样人才的总的要求。各级各类学校无论具体培养什么领域和什么层次的人才，都必须努力使所有学生都符合国家提出的总要求。按照《中华人民共和国义务教育法》的规定，我国现阶段的教育目的是“培养德、智、体等方面全面发展的社会主义

① 叶澜．教育概论．北京：人民教育出版社，1991

② 王全宾．教育功能、教育价值、教育目的论．山东师范大学学报，2001（5）

事业的建设者和接班人”。

“教育目的对一切教育工作具有指导意义，教育制度的制定、教育内容的确定、教育与教学方法的运用，无一不受教育目的的制约。教育目的是教育工作的方向，是一切教育工作的出发点和归宿”①。

2．教育目的观

教育目的观是一种认识观念，是人们对教育目的的根本认识，也即教育目的在人的意识中的反映。

张洪高从另一角度认识教育目的观，他认为“教育思想中以追求教育过程本身为目的的理论可称为‘教育过程论’，以追求教育结果为目的的理论可称为‘教育目的论’”②。

教育目的观是指将受教育者培养成为一定社会需要的人的总要求的观点。教育目的观是根据一定社会的政治、经济、生产、文化科学技术发展的要求和受教育者身心发展的状况确定的。它反映了一定社会对受教育者的要求，是教育工作的出发点和最终目标，也是确定教育内容、选择教育方法、检查和评价教育效果的根据。

教育目的是教育目的观的认识载体，是教育目的观的具体体现。由于教育价值的选择决定了教育目的的制定，教育目的体现一定的教育价值；教育目的的实现又影响教育价值的实现，因此，从某一角度看，教育价值观影响教育目的观，教育目的观反映教育价值观。

教育目的具有前瞻性，不仅要体现教育的现实价值，而且应体现出教育的未来价值，因此，教育目的观既体现教育的现实价值又体现教育的未来价值。由此，也存在两种相应的教育目的观，一种叫应然的教育目的观，这是理想状态的教育目的观；另一种叫实然的教育目的观，这是现实状态的教育目的观。

（二）教育目的观的特点

1．教育目的观的前瞻性

教育目的是确定培养人才的一种理想的规格，是教育工作所追求的最终统一目标。然而，无论作为一种理想的规格，还是作为最终统一目标，都说明教育目的和教育目的观具有前瞻性，而教育目的观的前瞻性是一种预期。

2．教育目的观的层次性

教育目的具有层次性：社会（国家或政党）的教育目的，学校的教育目的（培养目标，校长的思想），学生（包括家长）的教育目的，教师的教育目的。各层次间既有联系又有区别，都受到社会或国家的教育目的的指导和制约。因而教育目的观一方面具有层次性，另一方面它难以离开社会或国家的教育目的的指导和制约。

3．教育目的观的差异性

古今中外有许多教育目的观，且都具有差异性，即都具有自身的个性：有的侧重于培养人，即个体本位的教育目的观。有的侧重于社会发展，即社会本位的教育目的观。有的则兼而有之。

---

① 袁振国．当代教育学．北京：教育科学出版社，1999

② 张洪高．终极与存在之矛盾——谈教育过程论与教育目的论．当代教育论坛，2006（12）

4. 教育目的观的共存性

从理论上看，有的教育目的观之间难以调和、兼并和共存，所谓“一山难容二虎”，如个体本位的教育目的观与社会本位的教育目的观。但从实际上来看，不可否认学校教育同时存在着几种教育目的观，如同时存在着传统教育目的观、个体本位的教育目的观、社会本位的教育目的观、应试教育目的观、素质教育目的观等。这是实际存在，是事实。

教育目的观的特点可以说明：

第一，教育目的观的前瞻性只是一种对教育的预期目的观，有时会偏离教育实际，或者实际运行上游离了教育目的观。

第二，教育目的观的层次性、共存性可以说明，教育目的观虽不可调和，但在教育实际中可共存，即在实际操作中，对教育目的的具体选择不是单一的。那些企图用单一的教育目的观独占学校教育，只是主观上、理论上的一种意愿。

（三）教育目的观的逻辑起点

教育目的观的逻辑起点，或者说选择、制定教育目的观的逻辑起点是什么？有学者认为教育目的观的逻辑起点是对人性本质的基本认识；有学者认为教育目的观的逻辑起点是教育所面临的基本矛盾。就教育目的来说，笔者更认可后者。

那么，教育所面临的基本矛盾，是人的需要与社会需要的矛盾。这个矛盾，已经成为教育内部最大、也是最基本的矛盾，即教育社会目的要求与受教育者发展之间的矛盾。有人从这种理解出发，将教育所面临的基本矛盾，直接、简单地转化为两个教育目的观：社会本位教育目的观和个体本位教育目的观。所谓“直接、简单地转化”，就是说持这些观点的人，认为矛盾双方之间不可调和，完全未考虑矛盾双方是一个对立统一体，可以相互转化。也有人从这种理解出发，将教育所面临的基本矛盾另表述为：教育要求受教育者应当如此与受教育者实际如此之间的矛盾，也就是教育目的分为两大类，一类是教育应该如此，即应然的教育目的观；另一类是教育实际如此，即实然的教育目的观。

（四）影响我国的教育目的观

杜威和卢梭的教育目的观具有一定代表性，长期影响着我国的教育目的观。

1. 杜威的教育目的观

在杜威看来，“目的”有其独特的意义。它是一种可预见的目标，是自然过程的结果。杜威把教育的价值区分为“内在价值”和“工具价值”，内在价值是就某一事物自身的意义而言的；工具价值即外在价值，是就某一事物能达到的外在的目的而言的。

杜威主张教育即生长，生长的目的是为了更多的生长；强调“教育过程以外无目的，教育目的寓于教育过程、教育活动之中”。在民主制度下，由于不同的个体拥有各自特定的教育目的，教育才能训练每个人养成有秩序地促进社会变迁的反省习惯。因此，我们对教育目的应从现实与未来两方面进行认识；教育目的的制定必须考虑青少年心理的适应性和社会需求的适应性，教育目的不应仅仅保持与传递现有的社会理想、价值观，或再现过去的社会状态，还必须具有对流行的社会价值观进行评析和批判的职能。①

① 姜俊和. 杜威的教育目的论及其启示. 外国教育研究，2005（2）

杜威的“教育无目的”论是：“教育过程在它自身以外无目的，它是它自己的目的。”“教育本身无目的，只是人，即家长和教师等才有目的”、“所谓的目的，就是我们在特定情景下有所行动，能预见不同行动所产生的不同结果，并利用预料的事情指导观察与实验”。① 从而鲜明地提出了“教育无目的理论”，即教育目的只存在于“教育过程以内”不存在“教育过程以外”的目的。

杜威的教育目的标准：

第一，必须注意特定儿童的固有活动和需要成人的成就可以作为尺度来观察儿童的活动，但不能把成人的成就定为固定的目的，而不顾受教育者的具体活动；

第二，必须能转化为与受教育者的活动进行合作的方法；

第三，教育者必须警惕所谓一般的和终极的目的。②

杜威的教育目的论是建立在对传统教育目的的批判继承基础上的。……在杜威看来，儿童的本能、冲动、兴趣所决定的具体教育过程就是教育目的。……事实上，杜威并非否认教育以外的目的，只是反对外部的违背儿童自然规律的强加于他们的目的，他认为外在的社会条件与儿童的教育过程相一致的社会——民主主义社会，是最适合“生长”的条件。杜威并不真正认为“教育无目的”，他一方面是将“生长”的心理学意义与“民主”的社会学意义紧密地结合在一起；另一方面，他在论述教育的终极目的时也寓意了教育的“改变社会性质”的目的。

杜威的教育目的论的启示：

（1）对教育目的应从现实与未来两方面进行认识；

（2）教育目的的制定必须考虑青少年心理的适应性和社会需求的适应性；

（3）教育目的不应仅仅保存与传递现有的社会理想价值观，或再现过去的社会状态，还必须具有对流行的社会价值观进行评析和批判的职能。③

杜威教育目的论的两重性：第一重性，教育有目的论说——对教育的引导；第二重性，教育无目的论说——对教育的解放。……杜威一直在强调教育的社会性，强调教育要适应儿童和适应社会，教育要培养社会所需要的人才，而且希望通过教育来改造社会。……杜威的教育无目的论说是在具体的教育教学活动中，教育没有外在的目的，教育的目的就在教育教学的活动中。活动本身就是目的，教育教学活动无外在目的，在具体的活动之外寻找目的常常会导致活动本身意义的沦丧。④

2. 卢梭的教育目的观

一般认为，在教育目的的价值取向上，卢梭是典型的个人本位论者，但也有学者认为卢梭具有双重教育目的。卢梭的双重教育目的论包括两个方面：一是培养自然人，二是培养公民。卢梭首先关心的是培养自然人的教育目的。卢梭认为，好的教育由三部分构成：自然的教育、事物的教育和人的教育，只有当这三部分配合一致时，才是好的教育。当这

---

① ［美］约翰·杜威．民主主义与教育．北京：人民教育出版社，1990

② 姜俊和．杜威的教育目的论及其启示．外国教育研究，2005（2）

③ 姜俊和．杜威的教育目的论及其启示．外国教育研究，2005（2）

④ 席春玲．杜威教育目的论的二重性辨析．陕西教育，2009（5）

三种教育彼此冲突的时候，就不能既培养公民又培养人，而必须在两者之间选择其一。①“当三种教育彼此冲突的时候，当我们培养一个人，不是为他自己，而是为了别人的时候，又怎么办呢？这样，要配合一致，就不可能了。由于不得不同自然或社会制度进行斗争，所以必须在教育成一个人还是教育成一个公民之间加以选择。因为我们不能同时教育成这两种人。”② ……如果仅看到上述这些表述，必然认为卢梭的教育目的就是培养自然人，在教育目的的价值取向上，卢梭是个人本位论者。但是，卢梭从来没有放弃教育的社会目标，培养热爱祖国的道德公民是他一贯坚持的社会目标，这是卢梭双重教育目的论的另一个方面。……卢梭在主张率性发展、培养自然人的同时，也坚持了培养热爱祖国的公民的社会目的，这两方面共同构成了他的双重教育目的论。卢梭的双重教育目的论在价值上并不是并列和对等的，他首先坚持的是培养自然人的教育目的论，针对封建社会抑制人的自然本性，使人不成其为人的社会现实，卢梭提出尊重人的美好天性，要培养顺性发展的自然人。在培养顺性发展的自然人的同时，自然而然地培养出合乎理想社会的道德公民。③

人的天性发展需要与社会发展需要既是一致的，又是矛盾的。卢梭试图寻求解决这一矛盾的办法，提出了双重教育目的论。虽然这一理论不是很完善，但引发了人们的教育探索。所以，这一教育目的论的提出，在教育史上起到了巨大的不可磨灭的作用。“教育史学家说，在儿童和社会之间架起一道桥梁是近世教育家们的杰作，卢梭是架设桥梁的巨匠；卢梭和在他之后的裴斯泰洛齐、赫尔巴特、福禄倍尔、乌申斯基、杜威等，构成了一条绵延不绝的长河，才使资产阶级教育出现新的面貌”④。

卢梭的双重教育目的论对我们的启示：首先，将培养人的教育目的与适应社会发展需要的教育目的分别作为我国社会主义教育目的中两个既相互独立又相互联系的因素，它们统一于我国的教育目的之中。其次，应重视人自身发展的需要，要通过教育来培养学生的个性。最后，尊重、热爱和信任学生，始终把培养人的目的放在教育首位。⑤

二、不同流派的教育目的观

（一）教育目的观三大流派

自20世纪以来，以西方为首，世界上出现了科学主义、人文主义和科学人文主义三种文化思潮，并对教育产生影响，形成了“科学主义教育目的观、人文主义教育目的观和科学人文主义教育目的观”三大流派。它们有各自不同的哲学基础和基本特征，并在不同时期对教育起着巨大推动作用。

1. 科学主义教育目的观

科学主义教育目的观是以社会性需要为教育出发点和归宿，以科学为中心的功利性教育目的观，主要有实用主义教育和学科结构主义教育。科学主义教育目的观认为教育的终

---

① 马俊霞．卢梭的双重教育目的论及其启示．辽宁教育学院学报，2003（1）
② ［法］卢梭．爱弥儿（上卷）．北京：商务印书馆，1978
③ 马俊霞．卢梭的双重教育目的论及其启示．辽宁教育学院学报，2003（1）
④ 腾大春．卢梭教育思想述评．北京：人民教育出版社，1984
⑤ 腾大春．卢梭教育思想述评．北京：人民教育出版社，1984

极目的是社会性需要，个体要服从社会性需要。

科学主义教育目的观的哲学基础是实用主义，强调实在是变化的而不是永恒的，也不是独立于人之外的，所以人性是可塑的，随着社会的发展变化，教育目的和方法必然灵活变化；强调衡量事物的唯一标准是有用性，学校教育应符合社会实际，设置有用课程，使学生适应社会和职业发展需要。

科学主义教育目的观的基本特征是重视科学教育和教育的有用性；重视教育目的的社会功利性和教育目的的社会适应性。

2. 人文主义教育目的观

人文主义教育目的观是以人为中心和以人自身的完善与发展为出发点和归宿的教育目的观，其核心是强调个人价值，认为个人价值高于社会价值，其最高层次是个人的自我完善和自我实现，是形成完善的人性和获得美好精神生活，而不是获得个人谋生的手段和求得物质生活的满足。它认为人类的任何一项活动，在于是否有利于增进个人的价值，因而在目的价值上重个人轻社会、重内在轻外在、重精神轻物质。

人文主义教育目的观的哲学基础是存在主义和永恒主义，认为有限性是人的境遇中最重要的特点，主张教育的基本原则是永恒的。因为人性是不变的，所以教育的本质、价值和目的也是永恒不变的。

哲学基础决定基本特征，人文主义教育目的观的基本特征：第一，追求永恒化的教育目的。教育目的决定于人性，人性是永恒不变的，教育目的也是永恒不变的。第二，理想化的教育目的。它认为精神高于物质，认为教育要轻视现实的功利目的，要重视超越现实的非功利性的理想目的。第三，追求人性化的教育目的。认为教育不能将人变成机械和工具，而是要体现人的存在的教育价值目的。

3. 科学人文主义教育目的观

科学人文主义教育目的观是以科学精神为教育基础手段，以人文精神为教育价值导向的教育目的观。它既信奉科学基础手段，又崇尚人道价值，将科学教育和人文教育进行协调、补充和融合，旨在促进人和社会在物质与精神两个方面的和谐发展，从而实现人自身的解放。

科学人文主义教育目的观的基本特征：科学精神和人文精神的相互融合，使科学教育与人文教育的价值目的趋向一致。无论是从社会发展和人的发展角度来看，还是从教育目的自身发展的角度来看，教育均离不开科学教育的基础和人文教育的导向，教育不能偏倚任何一边。

（二）教育目的观的两种倾向

个人本位教育目的观与社会本位教育目的观是18世纪中叶以来影响较大的教育目的观的两种倾向。

1. 个人本位教育目的观

个人本位教育目的观盛行于是18世纪中叶至19世纪上半叶，以卢梭、洛克、裴斯泰洛齐、福禄倍尔等人为代表。个人本位教育目的观主张教育目的应根据个人的本性和个体发展的需要来确定教育目的。它认为人生来就具有健全的本能，教育目的是由人的本能、本性的需要决定的，因而教育的根本目的就在于使人的本能和本性得到自由和全面的发展。认为个人价值远高于社会价值，评价教育价值也应当以其对个人发展所起的作用为标准来衡量。它强调人的自然本性，提倡尊重人的价值，倡导个性解放、个性发展、自我实现，强调教育应按照人的本性办事，轻视教育的社会需要，甚至否认和排斥教育的社会需要的价值目的。

2. 社会本位教育目的观

社会本位教育目的观是在 19 世纪下半叶产生的，代表人物有孔德、涂尔干、赫尔巴特等。其基本观点：主张教育目的应根据社会需要来确定。它认为个人的发展依赖于社会的发展，个体需要应服从于社会需要；教育结果也只能以其社会功能予以评价和衡量；教育结果的好坏，主要看它对社会贡献了什么，贡献的程度如何。因此，教育除了社会目的之外，没有其他的目的，教育的一切活动都应服从和服务于社会需要，完全否认教育的个体需要和轻视教育的个体价值目的。

三、心本教育目的观的阐述

（一）心本教育目的观

1. 心本教育目的

心本教育目的包含多重意思。

第一，心本教育的首要目的是培养学生个体的心品素质。第二，它既体现“个体需要”的教育目的，又体现“社会需要”的教育目的。第三，它既有宏观教育目的，又有微观教育目的；既有长远的教育目的、目标，又有具体的教育目的、任务。第四，它既是教育价值的体现，又有实实在在的课程内容。

2. 心本教育目的观

心本教育目的观是以心为本的教育目的观。心本教育目的观认为，教育的最根本目的是培养学生的全面素质、学会做人。而心品素质教育是全面素质教育的组成部分——属于教育目的。但同时，教育要达到提升学生全面素质的目的，必须以心为本，从心开始才是最有效的手段。因此，心本教育既是目的，又是手段——这是心本教育目的观的基本内涵。

概括地说，心本教育目的观的实质是通过培养个体的心理素质、塑造个体的良好心品，从而促进个体的学习、生活的进步和行为的规范，达到提升学生全面素质的目的，达到促进个体发展和社会发展“双重需要”的目的。

具体地说，教育目的的最基础层面是培养学生个体的“健全人格、良好个性、和谐心态”的心品素质，达到心理健康、心灵阳光的目的；教育目的的更高层面是在具有良好心品的前提下，达到促进个体学生的学习、生活的进步以及各方面行为正常的全面素质的目的；教育目的的最高层面是使学生有一个未来发展的良好的全面素质的基本条件，达到有利于个体发展和社会发展“双重需要”的目的。这是社会需要的教育目的与个体需要的教育目的的统整融合，也是长远的教育目的、目标与具体的教育目的、任务的有机结合。目的在于转化、缓和个体本位教育目的观与社会本位教育目的观之间的矛盾。

心本教育目的观非常重视学生个体的心品素质的教育，包括个体的人格、个性、心态等因素和自信、认知、情感、意志等因素的培养。学生个体心品素质教育的内容包括发展性心品教育内容和补救性心品教育内容两大范畴，而重点是发展性心品教育内容。

心本教育目的观与人本教育目的观的不同：

第一，在个体需要上，心本教育目的观强调健全人格、良好个性、和谐心态，侧重内在的心品培养；人本教育目的观主张自我发展、个性解放、个性自由等，侧重外在的个性表现。

第二，心本教育目的观在关注个体发展的同时，重视社会发展需要；人本教育目的观只注重个体发展，忽视社会发展需要。

（二）心本教育目的观的特点

心本教育目的观的特点，归纳起来主要是：

1．育人基础性特点

这就是追寻教育目的和教育目的观究竟“以什么为本”和“从哪里开始”的问题。心本教育目的观认为，教育目的是以学生的“心为本位”，“从心开始”，认为心品教育是育人的基础，是素质教育的基础，一切教育都应入心。心本教育目的观具有育人基础性特点。

2．学科工具性特点

心本教育以心理学科为依托，但教育过程又不是以传授心理学知识为目的，[①] 而是重在用心理学的某些原理和方法去培养学生的个性、心态和心品，将心理学知识作为育人手段和工具。因而心本教育目的观具有学科工具性特点。

3．目的双重性特点

与传统教育目的观和人本教育目的观不同，心本教育目的观不仅为了个体本位发展需要，而且为了社会本位发展需要，即教育目的兼顾个体和社会“双重需要”，具有教育目的双重性特点。

（三）心本教育目的观的意义

首先，心本教育目的之一是将“自然人”培养成为良好“公民”。心本教育目的观的首要意义，在于将“自然人”培养成社会发展需要的良好心品素质的“公民”。对“自然人”的理解是特指未开始接受教育（包括学前家庭教育）的人。对“公民”的理解是：狭义的公民指每个社会个体，广义的公民指符合社会发展需要的人。那么心本教育目的就是将“自然人”培养成具有良好心品素质的社会个体，并成为社会发展需要的人，具体来说就是设置有用的心品教育课程，培养学生，使学生将来能够适应社会和职业发展需要。学生是“准公民”，培养良好的“准公民”是新的“人才观”。这是心本教育目的观的根本意义所在。

心本教育目的与卢梭双重教育目的有类似之处，即教育目的都与“自然人”和“公民”有关。但是，两者的教育目的具有明显差异：第一，对教育构成的理解不同，前者认

① 教育部．中小学心理健康教育指导纲要．2002

为教育三部分构成是心品教育、知识教育和精神教育；后者认为教育三部分构成是自然的教育、事物的教育和人的教育。第二，教育目的选择上有所不同，前者认为心品教育、知识教育和精神教育三部分是线性关系，教育具有递进性；后者认为自然的教育、事物的教育和人的教育三部分是并列关系，当三种教育彼此冲突时教育目的有选择性。

其次，心本教育目的之一是调适人的和谐心态，调整人的心品。心本教育观认为，目前的学校教育中，实际上不可能只有单一的教育目的观，而是传统教育目的观、人本教育目的观、科学教育目的观等同时共存。同时认为，由于这些目的观均存在某些局限和缺陷，或多或少造成学生心态上的不协调，因此，心本教育目的就是要调理、调适心态，促进学生作为良好“公民”的全面素质的发展。这是心本教育目的观的调和意义。

最后，心本教育目的之一是在学生和社会之间架起一道桥梁。如果说按传统教育以社会为本位，其教育目的观是为社会的发展需要，那么它在实际教育操作过程中就会压抑学生的个体发展，使学生与社会之间存在一道鸿沟；如果说按人本教育以学生为本位，其教育目的观是为学生的发展需要，那么它在实际教育操作过程中倡导的“个性自由、个性发展和自我表现”就会在学生与社会之间留下一道鸿沟。心本教育目的就是在学生和社会之间的鸿沟上架起一道桥梁。而架设这座桥梁的材料是学生的心品素质，架设的方法是心本教育。

因此，心本教育目的观是对“学生观”、“人才观”的新的认识，培养适应社会需要的心品素质良好的人才，是心本教育目的观最大的意义。

第三节　心本教育教学观

一、教学观的认识

教学和教学观是两个联系非常密切的概念。讨论教学必然涉及教学观，论述教学观必然联系到教学，两者密切联系的程度以致人们在论述时，还会将它们的概念相互混淆。

（一）关于教学[1]

1. 关于教学的含义

由于时代的变化，也由于对教学的理解、认识的不同，人们对教学含义的表述可谓五花八门，既有狭义的，也有广义的。狭义的教学含义：指学校有计划、有组织、有教师引导的学生学习教材，掌握知识、技能，发展智能，增强体质，形成科学世界观和良好个性的教育教学活动。广义的教学含义：是指由学校的教与学共同组成的，旨在使受教育者德、智、体、美、劳全面发展的一切教育活动。

2. 关于教学的概念

由于着眼角度不同，对教学概念的界定也是各种各样，概括起来有三种基本的解释：

一是基于教师为教学主体而对教学概念的解释，把教学看成是教师给学生传授知识和技能的过程活动。

① 钦州学院．“公共教育学”网页

二是基于学生为教学主体而对教学概念的解释，把教学看成是学生在教师辅助下，习得一定经验、文化并引起认知、行为变化的过程和活动。

三是基于教师与学生的互动作用而对教学概念的解释，把教学看成是由教师的教与学生的学所组成的一种共同的双边活动。①

3. 关于教学任务

教学任务是教育目的、培养目标和课程目标的具体反映，并体现在课程与教学内容之中。教学任务的完成情况是教师和学生之间教与学的结果，也是学校教学质量的主要评价、衡量的标准。

教学任务有每节课的教学任务，每个单元的教学任务，每一门课程的教学任务，甚至有每个学科课程的教学任务。

4. 关于教学与课程

教学与课程的关系相当密切。由于各种原因，目前，各国对教学和课程的关系，孰轻孰重，持不同观点，有“大教学小课程”的观点（如俄罗斯等），也有“大课程小教学”的观点（如北美国家等）。

教学与课程既相互关联，是一个事情的两个方面，但又有所区别，有所侧重。教学侧重教师对学生的引导行为（教授、对话、引导）；课程侧重学习的范围（知识、活动、经验）。因此，两者的关系属于目的与手段、内容与形式的关系。

5. 关于教学过程

有人认为，教学过程是教学活动的演绎、展示、实践的顺序。有人认为，教学过程是指有目的、计划、内容、方式、手段等教学活动的过程；教学过程的本质是一个认识过程、发展过程和交往过程。

教学过程的基本要素，人们最早认为有“三要素”，即教学过程由“教师、学生、教材”三个要素构成。随着时代和教育自身的发展，教学过程的基本要素不断增加，目前，认为有“七要素”，即教学过程由“教师、学生、教材、手段、教学气氛、教学策略和学习环境”七个要素构成。

教学过程具有演示性、双边性、互动性、体验性、认知性、发展性、实践性、教育性等特点。

6. 关于教学作用

对教学作用的认识，也是不断变化和深刻的。目前，形成共识的教学作用，大致有这些表述：教学是学校实施德育、智育、体育、美育和劳动技术教育，实现教育目的，促进学生全面发展的基本途径，对学生的身心发展起着全面深刻的影响。教学是传递人类社会长期积累起来的知识、技能和人类文化遗产最有效的手段。教学始终是学校的中心工作，发挥着核心作用。学校有文化科技活动、班会活动、团队活动和各种比赛活动，以及参加社会实践等。这些教育活动对学生的全面发展同样是不可或缺的。但是，这些活动和教学活动相比，处于从属地位。

---

① 高旭珂．课程与教学论教学大纲．百度 http：//www. yktvu. net/tvufq/ftpsvr/. . . /jxl. doc 2004 - 11 - 25

（二）关于教学观

1．教学观的认识

教育价值观和教育目的观影响和决定了课程观和教学观。反过来，课程观和教学观体现了教育价值观和教育目的观。而在某种程度上，教学观又影响了课程内容设计、教学过程设计、教与学的方式方法。

2．教学观的概念

教学观是对教学的根本认识，是指对教学的基本观点、基本态度和基本形式，即教学观由教学的基本观点、基本态度和基本形式所构成。那么，“基本观点、基本态度和基本形式”是教学观的基本结构。教学观强调教学的出发点和归宿。

目前，在学校教育中同时存在几种教学观，如行为主义教学观、人本主义教学观、构建主义教学观等，并由此派生出情境教学观、渗透教学观、同步教学观、二元教学观等。

教学观的表述方式，大体上都是采用“某某主义理论＋基本结构”的表述方式。教学观无论如何定义和表述，它都包含以某某主义的理论依据、主张什么、认为怎样、强调什么等内容方式，以此来表达对教学的认识。

3．教学观的作用

教学观的出现往往是伴随着某一教育思想的出现而出现的，不同的教育思想有不同的教学观，教学观是教育思想在教学上的体现。但是教学观不完全被动地反映教育思想，它反作用于教育思想，影响和丰富了教育思想的内涵。

教学观的作用，总的来说是推动教育教学改革。具体来说，主要是两方面的作用。首先，它推动了课程与教材的改革。每逢新的教育思想和教学观产生，教育的价值取向、目的目标就发生深刻变化，学校教育和育人的内容与标准也就随之变化，从而导致课程内容目标和教材内容结构的改革。其次，它影响教学过程方式、方法的改革。在教学观的指导下，在新课程和教材改革的推动下，课堂教学的方式、方法必然发生深刻变化。

例如，我国新课改前后，课程和教材内容就发生了变化，教学方法也发生了变化。在新课改之前，教学的目的是为考试服务，讲述法成为众多教师常用的、也被认为是很有效的教学方法。新课改之后，强调教学中学生的学习自主建构，完全采用讲述法就与建构主义教学法相矛盾。因而教师要依据不同的教学内容，确定不同的教学目的，选择适当的教学方法，恰当运用各种教学辅助手段，保证建构主义教学观的教学效度。

（三）影响我国教育的主要教学观

1．行为主义教学观

行为主义教学观是传统的教学观。行为主义主张研究学习的外部条件，对学生进行知识的灌输，强调以教为主。[①] 行为主义教学观十分重视教师在教学中的作用，重视教师对知识的传授，注重教学课程设计、教学过程和教学程序步骤，注重对学生的知识灌输及学生对知识获得的速度。

行为主义教学观比较强调外因的作用，认为人的行为是外界刺激引起的，学习者是对

① 邓小英．建构主义教学观与外语教学．科技信息，2009（32）

外部刺激作出被动的反应。[①] 因此，强调课堂教学中教师的主导作用，强调教师传授知识的过程方法，强调以教师为主体的课堂教学模式。

2. 建构主义教学观

建构主义（constructivism）又译作结构主义，其最早提出者可追溯至瑞士著名心理学家皮亚杰（J. Piaget）。20 世纪七八十年代，俄国心理学家维果茨基（Vy-gotsky）为当代建构主义的形成奠定了基础。皮亚杰在研究儿童的认知发展领域时，始终坚持唯物辩证法，从内因和外因相互作用的观点来研究。他认为儿童是在与周围环境相互作用的过程中逐步建构起关于外部的认识，从而使自身认知结构得到发展。由于个体的认知发展与学习过程密切相关，因此，利用建构主义可以较好地说明人类学习过程的认知规律。

建构主义教学观“主张教师不是以传统的集体传授的方式进行教学，而应该让学生在特定的情境中进行实际操作，以社会互动的方式主动参与知识和意义的建构，教师在教学中应起到中介作用，帮助学生使用工具来解决问题和达到目标。研究显示，建构主义对于教学和课程设计有重要的实践意义”[②]。

建构主义的教学观包含三重意思：①知识观。强调知识并不是对现实的准确表征，它只是一种解释、一种假设，它并不是问题的最终答案。相反，它会随着人类的进步而不断地扬弃和出现新的假设，而且，知识并不能精确地概括世界的法则，在具体问题中，我们并不是拿来便用，一用就灵，而是需要针对具体情境进行再创造。②学习观。认为学习不是知识由教师向学生的传递，不是行为主义所描述的 S－R 过程，而是学习者主动选择、加工和吸收外部信息，是学生建构自己的知识的过程。③师生观。强调学习者并不是空着脑袋走进教室的，而是都有自己丰富的经验、看法和主张，有想象、理解、认识能力和逻辑推断的能力。因此，教师不能无视学生的这些经验和能力，不应是知识的呈现者，而应是因势利导者，帮助学生理解知识，建构意义。

建构主义教学观让学生在知识的海洋中遨游，自主发现问题、解决问题，充满了对知识的渴望，从而培养了学生的主动学习能力。这就要求在教学过程中，学生首先要成为教学活动的主人；其次要思维转换，适应建构性的学习。而教师要有深厚的知识根底，既要熟悉课程内容体系，又要拥有广泛而深厚的背景知识；再次要进行角色转换，即由主体变为主导、由传授知识变为启发、引导学习；最后要有教学艺术，善于创设学习情境，善于把握和引导整个教学过程，善于控制教学活动节奏，善于调整建构学习的方向。

二、心本教育教学观

心本教育的教学观，简称“心本教学观”。

（一）心本教学观的内涵

1. 心本教学观形成的前提

心本教学观反映了心本教育价值观和心本教育目的观。从某一角度看，心本教学观是

---

① 申鹏. 建构主义理论指导下的 CAI 设计. 南方医学教育，2006（1）

② 邓小英. 建构主义教学观与外语教学. 科技信息，2009（32）

在心本教育价值观和心本教育目的观的基础上形成的。但从整体上看，心本教育价值观、心本教育目的观和心本教学观是一脉相承的，它们之间有着内在的思想观念上的联系。

受现代学习观的影响。现代学习观强调学习者在学习过程中的主体作用，强调学习动机对学习效果的作用，并注重激发学习者的需要动机，注重了解学习者的学习过程的心理机制，努力使学习者自主控制学习行为。

受现代学生观的影响。现代学生观对教学中学习者的认识有着根本性变化，现代学生观包含三个方面：学生发展的主体观，学生发展的整体观，师生之间的平等观。

2. 心本教学观的内涵

心本教学观是指以构筑学生良好心品素质、良好学习动机为前提条件的，施教者和受教育者共同实现有效学习的教学基本观点、基本态度和基本方式。心本教学观强调教学的出发点和归宿。

这一教学观的内涵包括三重意思：

一是强调教学（学习）的前提条件是学生有良好心品素质、良好学习动机，强调教育教学要从心开始。

二是明确强调教学是师生的共同任务，强调有效学习，因此，在教学中，师生没有主次、等级之分。

三是强调教学观由教学的“基本观点、基本态度和基本方式”三个方面所构成。而“基本观点、基本态度和基本方式”是所有教学观的有机构成和精髓。

心本教学观认为，无论是现代学习观强调学生在学习过程中的主体作用，还是建构主义教学观主张让学生自主发现问题、解决问题，自己构建知识，主动学习；无论是创设情境教学模式、随机访问教学模式和支架式教学模式，还是体验式教学方式、启发式教学方式、情境式教学方式，都必须建立在学生良好心品素质、良好学习动机之上，否则再好的教学方式都会因学生的个性、自信、情感、动机等心理因素而无法实现教育目的，无法取得良好的学习效果。

心本教学观认为，教学不能片面强调学生为主体，或教师为主体。教与学是一个整体，没有主体和附体之分，教与学是“两元结构”的平等关系，即施教者与受教育者是“两元结构”、平等关系，没有谁主谁附的等级之分。教学过程是师生围绕着一个中轴，彼此吸引、相互运转的过程，而这个中轴指向，就是教学目标和教学任务，就是“实现教学目标和完成教学任务”，而师生的心品素质是彼此吸引、相互运转得以维持的力量。

3. 心本教学观的意义

首先，心本教学观没有诋毁和抵制行为主义、人本主义和建构主义等教学观，而是对它们的积极的、有效的教学因素予以吸纳和引用，是批判性的继承。但是，心本教学观明确强调教学的前提条件，强调学习者内部心理因素的重要性，强调无论任何一种教学观、教学模式，最终目的都是为了“有效学习”，“有效学习”是心本教学观的精义。它有别于“自主学习”和“主动学习”。“有效学习”的实现，不仅仅取决于自称良好的“教学模式”，更重要的是取决于受教育者的学习心理品质和积极的学习动机。

其次，心本教学观对教学过程中的“主体”有着全新的认识。心本教学观将教与学看成是一个“整体”，无法分割。如果教与学之间有“主体说”，则不可能有师生教与学的“平等说”，因为“主体”始终占着重要地位，因而“主体说”与“平等说”是“矛”和“盾”。事实上，无论任何一个好的教学模式，都不可能做到师生在教学之中的绝对平等。因此，要平衡教与学之间的等级、化解师生教与学之间的心际高差，仅靠改变“学生观”是不足的，还要靠师生之间的和谐心态及“共同愿景”。

最后，心本教学观、心本教育价值观和心本教育目的观三者融合在一起，即心本教育价值观强调的“双重需要”、心本教育目的观强调的“人才观”和心本教学观强调的“有效学习”三方面统一于心品教育之中。心本教学观的意义在于强调教学不仅仅是传授知识，而是使受教育者学会“学习”，学会“做人”，尤其是强调心品教育对学生“学习”和“做人”的重要作用。

（二）心本教学观的特点

目前，中小学的教学观受当代哲学流派的课程、教学观的影响很深。当代哲学流派的课程、教学观主要有：

实用主义课程和教学观强调，以儿童为中心、以“做”为中心、以“问题”为中心，课程组织应该考虑到儿童心理发展的次序。

分析哲学课程和教学观对一些教育概念的重新界定，可以让人们重新审视这些教育问题，起到清理思路的作用。

存在主义课程和教学观认为，教学是师生主体之间自由交往的过程，教育中师生都是自由的个体和主体，只有通过师生主体之间精神的交流和心灵的沟通，才能理解他人和历史，理解自己和现实，而不会成为他人意志的工具。

应该说，心本教学观在受到当代哲学流派的课程、教学观的影响后，吸取了它们的有益成分，形成了自身的特点。

1．注重教学的有效性

心本教学观不仅吸纳了实用主义课程、教学观的以儿童为中心、以“做”为中心、以“问题”为中心的主张，而且主张课程组织应该考虑到儿童心理发展的次序，要注重教学的“有效学习”。心本教学观不仅认为教学要考虑到儿童心理发展的规律，而且认为儿童的学习动机、心品素质是教学有效性的重要保证。如果没有儿童良好的学习动机、心品素质作保证，任何“以儿童为中心、以‘做’为中心、以‘问题’为中心”和“考虑儿童心理发展的规律”的教学都难以奏效。

2．强调学习的感悟性

心本教学观不仅吸纳存在主义课程、教学观，强调教学过程中师生之间的自由交往、精神交流、心灵沟通和不成为他人意志的工具，而且更强调学习的感悟性。心本教学观很重视教学过程中学生学习的感悟作用，认为学习过程是学生的感悟过程，只有学生有了感悟，教学内容才能转变为学生学到的东西，知识才能在积累中上升为文化，道德教育才能升华为精神修养，纪律和法规的条文才能在感悟中转化为自觉行为。而学习中感悟的多少、感悟的优劣，很大程度上取决于学生的心品作用，取决于师生之间教与学的“共同愿景”。

3. 重视教学的体验性

心本教学观很重视教学过程的体验性作用。心本教学观不否认教学以儿童为中心、以“做”为中心、以“问题”为中心，也不否认教学中师生之间精神的交流、心灵的沟通和学习理解。但心本教学观更主张教学过程中学生的自身体验。因为体验到的东西更深刻、更牢固、更难忘。心本教学观认为，教学的体验性是学习感悟性和教学有效性的前提和保证，没有亲身体验就没有深刻感悟，也就没有教学效果可言。因而心本教学观很重视教学的体验性，强调教学过程要想方设法使学生得到体验，创设情境，或设立问题，或参与活动，或动手实验等都是教学体验的较好方式。

4. 强调教学的发展性

心本教学观不仅认为学生心品素质是教学的有效性的重要保证，而且强调教学的发展性，尤其强调学生在教学过程中的发展性。学生在教学过程中的发展性有着极其广泛的内涵：包含学习认知发展性、文化精神的发展性、个性品格的发展性、思想品质的发展性、情感修养的发展性、综合能力的发展性、行为表现的发展性、全面素质的发展性等。这就是说，学生经过几年的学校教育，通过教学活动，德、智、体、美、劳等综合素质有了明显的发展。

（三）心本教育的教学与课程

狭义的心本教育是学生的心品教育，也即是现行的中小学心理健康教育。狭义的心本教育是一门课程的教学。从教学的角度看，中小学心品教育具有学科教学的某些特点。因此，它的教学与课程必然受当今心理学流派的影响。心理学流派主要有：

行为主义流派。代表人物是美国心理学家华生、斯金纳等。该理论强调课程设计、教学过程遵循一定的顺序与步骤，一定程度上提高了知识获得的速度。

认知心理学流派。代表人物是美国心理学家布鲁纳。该理论强调人的学习、心理的发展就是认知结构不断丰富、建构、提高、发展的过程。

建构主义流派。该理论认为知识不是简单地由教师自然传递给学生，而是需要学习者主动地建构到自己的脑海里，学生不是“得到”想法，而是“产生”想法。

人本主义流派。代表人物是美国心理学家罗杰斯。该理论高度重视学习中的情感因素，充分尊重学生个体，有利于学生的学习风格和个性的发展，建立融洽的师生关系，强调学生的主动精神。①

然而，作为心品教育，它与其他学科的教学相比，无论是教学目的、教学任务，还是课程内容和教学形式，均有很大的不同。

1. 心品教育的教学

就目前我国中小学心品教育的普遍情况来看，教学与课程具有自己的特色。

（1）与其他学科的教学相比，心品教育的教学目的和教学工作重心是培养广大学生良好的心品素质（包括个别学生的心理问题的个别辅导），而不是向学生传授心理学知识和培养学生的学科能力（当然有时会教给学生一些有实用意义的简单方法，如情绪自我放松

---

① 高旭珂. 课程与教学论教学大纲. 百度 http：//www. yktvu. net/tvufq/ftpsvr/. . . /jxl. doc 2004 - 11 - 25

法等)。因此，心品教育不是课程化的教学。

(2) 心品教育的教学内容以面对90%以上学生的发展性心品培养的教育内容为主(如自信心培养、情感调节、压力放松等)，以面对个别学生的心理问题、心理疾病的矫正性辅导内容为辅,[①] 即以心品教育为主，心理辅导为辅。

(3) 心品教育的课程内容的针对性、灵活性较强，教师根据学生心理发展需要，根据学生心理与行为的实际状况，有目的性、有针对性地选择教学主题，并进行课程设计：包括教学目的目标设计、教学主题内容设计、教学方式方法设计、教学活动过程环节设计、教学效果预计等，然后开展教学活动。

(4) 心品教育的教学过程，以教学活动或教学游戏活动为主要形式，让学生在教学主体活动过程中自我体验和自我感悟，达到自我教育和素质提升的目的。因而按《中小学心理健康教育指导纲要》的规定，心品教育课不得考试。

(5) 心品教育的教学活动形式多种多样，有专题讲座课、教学活动课、活动体验课、主题班会课、团体辅导课，还有学科教学渗透、团队活动渗透等。教学活动的主要形式是"教学—辅导活动"。

2. 心品教育的课程与设计

(1) 心品教育的课程结构。

所谓课程结构是指学科教学课程内容的构成。学科课程结构一般可分为：①课程纵向结构——指小学、初中、高中的纵向课程结构，它实质上反映了课程纵向难度变化的指数。一般说来，随着年级增高，学科课程难度必然逐渐增大。它又分为直线型课程和螺旋型课程。直线型课程是指课程内容由浅入深、由易到难，环环相扣，没有重复的直线的组织和排列方式。螺旋型课程是指课程内容采取螺旋的组织和排列方式。②课程横向结构——指每学年教学的横向课程结构，它实质上反映了学年课程门类变化的指数，即课程结构内部各门各类课程所占的比例及其相互关系。如知识类、工具类、技艺类学科的比例关系问题，或必修课、选修课、活动课与社会实践活动之间的关系问题。[②]

目前，全国各地的中小学心品教育的课程内容大同小异。广东省中小学心品教育课程内容大体分为两大类十多个方面(见后面有关章节的论述)。心品教育作为学校教育中的一门特殊的学科，在课程结构上有其特点。心品教育的课程纵向结构，从小学、初中到高中，课程内容由浅入深、由易到难地组织和排列，但不同学年阶段，单元内容教学有所选择、有所侧重。例如，小学阶段侧重自我认识、自信心理等；初中阶段侧重青春期心理、情绪心理等；高中阶段侧重潜力挖掘、创造力开发、心理弹性培养等。心品教育的课程横向结构，与其他学科课程相比，心品教育课平均每周1~2节，比例较少；同时，某些课程内容与其他学科内容有所交叉共融。如亲子心理教育与家庭教育在课程内容上有所交叉，青春期心理教育与青春期性教育在课程内容上也有所交叉。

---

① 吴发科. 中小学心理健康教育实作与管理. 广州：广东高等教育出版社，2004

② 吴舒蔓，吴发科. "叛逆期现象"剖析及其教育对策. 现代教育论丛，2009 (11)

（2）心品教育的课程设计。

课程设计是指拟订一门课程的教学组织形式和组织结构。它大体包含两个层次上的问题：一是目的层面上的课程设计；二是具体教学层面上的课程设计。有时，课程设计也等同于教学过程设计。所谓教学过程是指有目的、计划、内容、方式、手段等的教学活动过程。教学过程的本质是一个认识过程、积累过程、发展过程、交往过程和体验过程。一般说来，教学过程要具有探索知识、形成技能、培养智能、发展情感与态度四个功能。教学过程具有双边性、认知性、实践性和体验性的特点。

心品教育的目的是培养学生健全人格、和谐心态和良好的心理素能，促进学生的心理健康，而不是传授心理学知识和教育方法。因此，其课程设计的基本要求，要做到：

第一，教学针对性设计：依据学生年龄心理特点和出现的心理与行为问题，选择适当的教育教学内容。

第二，主题设计：根据选择的教学内容进行教学的主题设计。例如，自信心理的教育，小学生教学主题可以是“我行、我能行”，初中生可以是“自信就能赢”，高中生可以是“认识自信、树立自信”。

第三，教学形式、方法设计：根据教学主题，依据学生的年龄心理特点，设计教学过程、教学形式。可以依据教学需要，选择游戏活动、创设情境、心理剧、角色扮演、训练等教学形式和方法，目的是让学生在教学过程中得到体验或训练。

第四，教学程序、手段设计：它是在教学形式、方法的基础上，更进一步细化的设计。主要是教学过程的步骤、手段、教具等的设计。

心品教育的课程教学可用这样的范式程序予以概括：目的设计—选择内容—构设主题—体验、感悟过程—认知与发展。

关于心品教育的课程与教学，后面的章节将作详细介绍。这里作简单介绍，目的在于进一步阐明心本教育观的主张和观点。总之，心本教育观的课程教学取向：体验、感悟、认知与发展的取向。它强调学生如何学会学习和学会做人的教学过程，强调师生之间建立共同愿景的教学过程，强调师生平等互动的教学过程，强调以学生体验、感悟和认知与发展的教学过程。

（四）心本教学模式

所谓教学模式，是指在一定的教学思想、理论的引导下，为实现预定的教学目标和完成教学任务而设计的相对稳定的教学样式。大凡教学模式，都包含教学的思想、目标、内容、形式、程序或步骤等基本要素。

目前，我国中小学校都在探索教学模式，因而教学模式五花八门。主要有：传递—接受教学模式、自学—指导教学模式、引导—发现教学模式、情境—陶冶教学模式、示范—模仿教学模式等。第二次世界大战以后，在其他国家的教育领域里出现了诸多教学模式，程序教学模式、概念获得教学模式、掌握学习教学模式、“非指导性”教学模式、“合作教育”教学模式等为其主要代表。[①]

① 钦州学院.“公共教育学”网页

所谓心本教学模式，它是指在心本教育思想指导下，以心品教育作为基础、纽带和介质，为实现预定的教学目标和完成教学任务而设计的相对稳定的认知教学样式。这一教学模式不仅在心品教育学科的教学中广泛开展，而且在其他学科的教学中也开始萌发和尝试。

例如，在我国现行的新课改教材中，教学目标就明确要求必须有三大目标：知识目标、能力目标、情感目标。新课改教材的教学目标在一定意义上体现了心本教育的理念和心本教学观。目前，广东省一些中小学校在心本教育思想的影响下，也开展新的教学模式的探索。心本教学模式在原有的教学模式的基础上，批判、继承和创建新的教学模式。概括起来，心本教学模式主要有：情境—体验教学模式、渗透—引导教学模式、暗示—启发教学模式、范例—认知教学模式、自学—指导教学模式等。

（五）心本教学的原则

这里所陈述的心本教学的原则，是指心本教学理念下的一般学科的心本教学的基本原则，并非心品教育学科的教学原则。心本教学的原则是：

1．渗透性原则

渗透性原则是指在教学过程中要对学生进行品质、修养、精神、信仰、能力等方面的渗透教育的原则。如数学教学可渗透严谨、细心、刻苦等品质和钻研、思维、创造等能力的培养；体育教学可渗透自信、勇敢、吃苦、协作等心理品质和团队精神的培养。所谓渗透，就是细致入微地逐渐渗入。渗透性原则强调渗透教育过程要是有机地、逐渐地、细微地、有效地进行融合，不能生搬硬套，要使渗透作用入心入脑，影响透彻。

2．体验性原则

体验性原则是指在教学过程中学生亲自参与或动手实际操作，从而得到感知、感受和体会的教学原则。体验性原则强调教学要创设情境或组织活动、实验等让学生得到体验。因此，体验性教学必须关注的问题：如何参与体验，要体验到什么，能否获得体验？

3．认知性原则

认知性原则是指在教学过程中有利于学生的学习认知发展的教学原则。认知性原则强调教学传授知识的过程中，学生不是对知识的死记硬背，而是要释义、达情、明理，能理解知识，并且能够触类旁通，灵活运用，逐步积累，不断发展。

4．感召性原则

感召性原则是指教学活动要教育人、感召人的原则。感召性原则强调，教学过程要能够使学生情绪有所调动、兴趣有所触动、心理有所振动、心灵有所感动，教学才有效果，才能够做到既教书又育人。

（六）心本教学的方法

教学方法是指为了实现一定的教学目标，教师组织和引导学生进行特定内容的学习活动所采用的方式、手段和程序的总和。它包括了教师的教法、学生的学法以及教与学的方法。

教学方法多种多样，大体分为四大类十种，即以语言传递为主的教学方法中有讲授法、谈话法、读书指导法；以直接感知为主的教学方法中有演示法、参观法；以实际训练为主的教学方法中有实验法、实习作业法、练习法；以引导探究为主的教学方法中有讨论法、研究法。①

教学必须注意方法、讲究方法，这是教学者总结出来的经验。在教学实践活动中，前人探索和总结出各种各样的教学方法，而探索教学方法的目的，就是如何使教学的有效性最大化。可以看到，这些教学方法中，不少已反映了心本教学观。

然而，心本教学的方法，更注重教学过程的渗透、体验、认知的作用。因此，它可以说是渗透教学法、体验教学法、认知教学法等，是以直接感知为主的教学方法。

综上所述，心本教学观是对教学的基本认识。心本教学观的精义，一是强调心品教育在教学中的意义和作用；二是主张教学要采用渗入心扉的教学方法。

第四节　心本教育与素质教育

一、素质教育的实施

“素质”一词的最初意义是指“事物的主要成分或质量”、“事物本来的性质”。现代辞书指出，“素”即物质构成的基本成分，如元素、要素、素养等；“质”即事物的根本特点，如性质、本质、资质、品质、质量等。素质，一指事物本来的性质；二指素养、品质、资质。素养即平时修养而成的人的知识、能力、品德等；品质即人的行为、作风上所表现的思想、认识、品性等的本质；资质，即人的智力素质，人的天资、禀赋以及心理学所指的人的神经系统和感觉器官的先天特点。综合来说，素质是在先天生理的基础上，受后天环境、教育的影响，通过个体自身的认识与社会实践，养成的比较稳定的身心发展的基本品质。②

素质是素质教育的前提和出发点，也是素质教育的目的和归宿。素质教育以提高人的素质为目的，是着眼于学生素质形成与发展的教育。它通过科学的、有目的的教育实践活动，全面地、极大地发展和完善人与生俱来的素质，使人的先天潜能和后天个性特征获得最大限度的发展和完善，形成社会所需要的人的不同素质和品格。③

“素质教育”一词，颇具中国特色，因为它的提出既受到中国历史文化深沉的影响，更符合当时的现实需要。因为它的提出对我国基础教育改革有着深刻的影响。

（一）素质教育的缘起

素质教育的提出，至今已有20多年。当初，素质教育的提出，是有一定的缘由的。

1. 素质教育是针对提高国民素质而提出来的

1985年，《中共中央关于教育体制改革的决定》是我国改革开放以来第一个有关教育改革的文件，在这个文件中明确指出，“教育体制改革的根本目的是提高民族素质”。此后，“提高民族素质”一直被当作基础教育的根本目的。④ 素质教育是以提高国民素质为宗旨。我国是一个人口大国，面临着人口快速增长和经济发展的挑战。因为21世纪经济

① 高旭珂. 课程与教学论教学大纲. 百度 http://www.yktvu.net/tvufq/ftpsvr/.../jxl.doc 2004-11-25
② 周丽娜. 素质教育条件下的隐形德育课程开发. 广州大学硕士学位论文，2007
③ 刘晨. 论素质教育推进过程中的两难问题. 青岛大学硕士学位论文，2009
④ 叶澜. 关于“素质教育是什么”的“三思”. 青年教师，2007（5）

的增长并不全依赖于资金、资源的增加，而主要依赖于知识和科技的增加。人是科教兴国之本，是一个国家最宝贵的取之不竭的智力资源，所以推进素质教育就是这一战略的需要，再者，社会主义现代化建设中，对科技人才和管理人才的需求不断增加，这都需要国民素质的提高，还有现今的竞争机制，优胜劣汰，人的素质也需要不断强化与提高。[①] 的确，我国是一个人口大国且人口快速增长，我国改革开放、经济发展和现代化建设面临着人才素质的挑战。在经济全球化、信息全球化和科技迅速发展的今天，社会竞争十分激烈，而社会竞争归根结底是人才的竞争。人才素质问题直接影响中华民族在国际舞台上的竞争力。如何将“沉重的人口负担转化为人力优势”就摆在国民面前。中共中央审时度势，看到了我国改革开放、经济发展和现代化建设的迫切的人才需求，提出了“提高民族素质”的素质教育。因此，素质教育是以提高全民族素质为宗旨的教育，作为培养人才后备力量的基础教育必须推行素质教育。

2. *素质教育是针对应试教育弊端而提出来的*

应试教育的性质是“教学为了应试”，是教育手段对教育目的的异化。[②] 人们对统考分数作为教学的唯一指挥棒不满，不满学生仅仅为了统考分数而学习。人们认为，这种教育埋没了受教育者的个性，阻碍了创新品质和实践能力的培养。这就是素质教育的由来，它产生于教育现实的需要。传统人才选拔制度实际决定了考生只要在统一考试中获得较高分数，就能顺利进入优质学校。这种制度直接导致了统一考试中的高分竞争，维持了应试教育行为，以致素质教育和统一招生考试制度根本上不相容。[③]

应试教育“一切为考试而教，一切为考试而学”。长期以来在我国的基础教育中普遍存在着“英才教育”和“应试教育”的现象。……“英才教育”和“应试教育”的片面强调和追求升学率的做法，必然会牺牲大多数人的利益，从而使基础教育成为面向少数人的教育，有为“精英教育”提供合法性基础的危险。这种教育在教学内容上也轻视了德育、体育、美育和生产劳动教育，只注重知识传授，不注重能力和心理素质的培养，不是追求全面发展，因而也就培养不出真正的“精英”。[④]

应试教育的弊端：一是教育偏离国家的教育方针，教育成了应考的价值取向，升学成了教育目标。二是为了升学率，以知识教学为中心，重视应考科目，轻视学生整体素质的培养。三是教学方式的僵化，教师上课滔滔不绝地说，学生默默无语地听；教师填鸭式教学，学生死记硬背地学习，成了读书的工具。造成应试教育的根本原因是教育资源配置不公平，高一级学校学位的减少以及社会重视学历文凭。正因为应试教育存在着明显的弊端并愈演愈烈，素质教育是针对应试教育而提出来的。

（二）素质教育的推进

素质教育自 1985 年提出以来，有一个推动演进的过程。叶澜对我国素质教育的推进

---

① 蔡定国. 更新观念积极推进素质教育. 教改聚焦，2009（11）

② 别业舫. 创新地理解全面实施素质教育. 财经政法资讯，2007（2）

③ 蔡仁赐. 素质教育的困境和考试评价制度改革的展望. 巴音郭楞职业技术学院学报，2009（2）

④ 王海福，李军强. 素质教育应摆脱“知识中心主义”的羁绊——对《认真对待“轻视知识”的教育思潮》的回应. 湖北恩施职业技术学院学报，2006（3）

作了全面的回顾。

1985年发表的《中共中央关于教育体制改革的决定》是我国改革开放以来第一个有关教育改革的文件，在这个文件中明确指出，“教育体制改革的根本目的是提高民族素质”。此后，提高民族素质一直被当作基础教育的根本目的。

1993年，中共中央、国务院颁布的《中国教育改革和发展纲要》第一次以中央文件的方式提出“中小学要由‘应试教育’转向全面提高国民素质的轨道”。

1997年，原国家教委下达《关于目前积极推进中小学实施素质教育的若干意见》，第一次对素质教育作了规范性的表达，其中的第一句话就是“素质教育是以提高全民族素质为宗旨的教育”。

1999年6月，中共中央、国务院颁布的《关于深化教育改革，全面推进素质教育的决定》，明确提出学校“要以培养学生的创新精神和实践能力作为重点”。素质教育已经扩大为各级各类学校都要推行，涵盖了教育的全部时空和内容。自此以后，素质教育成为一个泛用词运用至今。

2000年12月14日，中共中央办公厅、国务院办公厅《关于适应新形势进一步加强和改进中小学德育工作的意见》，进一步阐明加强和改进中小学德育工作对素质教育的重要性。

2002年，教育部在颁布的《中小学心理健康教育指导纲要》中第一句话就指出，“良好的心理素质是人的全面素质中的重要组成部分”，并强调“在中小学开展心理健康教育，是学生健康成长的需要，是推进素质教育的必然要求”。从此，心理健康教育成为素质教育的重要组成部分，在学校里予以实施。

2006年6月29日，新颁布的《中华人民共和国义务教育法》第一次将“实施素质教育，提高教育质量，使适龄儿童、少年在品德、智力、体质等方面全面发展，为培养有理想、有道德、有文化、有纪律的社会主义建设者和接班人奠定基础”作为义务教育必须贯彻国家的教育方针的要求，以法律形式作出了规定。

同年11月，根据中央领导指示，由教育部等国家有关部门领导、组织开展的长达一年多的素质教育系统调研所形成的一系列研究报告，以《共同的关注》为名结集出版。

（三）素质教育的争论

素质教育推行20多年来，一直伴随着学术争议和讨论，实施过程也存在一些偏颇。归结起来，争议和讨论围绕着以下四个问题：

知识中心说——认为教育要以传授知识为中心，“知识中心说”最为关心的是知识教学及其效果，把让学生学习“知识”视为教育工作的核心。应试教育以知识教学为中心本身并非一个致命错误，但一旦这种倾向演变成“知识中心主义”，其对人的发展的片面影响就必须给予足够重视和加以避免。因为，“知识中心”一旦成为一种“主义”，在教育工作的各个方面就成了某种目标或阈限。①

个性发展说——认为素质教育就是要以人为本，了解学生、尊重学生、关注个性，认

① 项贤明. 论创造性教育的三个阶段. 中国教育学刊，2000（3）

为教育就是让学生个性发展、自我实现，以“个性为中心”，将个性发展等同于素质教育，将个性素质看成人的素质的全部。

特长爱好说——认为素质教育就是发展学生的爱好和特长，让学生说说唱唱、弹弹跳跳、写写画画，学一些文艺、体育方面的专长，用一技之长顶替素质教育，似乎素质教育就可以轻视文化知识的学习。

全面发展说——认为素质教育是人的素质全面发展的教育。素质教育是以提高国民素质为宗旨，培养学生创新精神和实践能力为核心的教育。贯彻素质教育必须抓住素质教育的三个要素，即创新精神和实践能力、全面发展、面向全体，三者缺一不可。“创新精神和实践能力”的培养是教育教学的核心。一个健全的人必须是全面发展的人，这就要求教育工作者全面贯彻党的德、智、体、美等全面发展的教育方针。必须立足学生，面向每一个学生，面向学生的每一个方面，使他们在平等的基点上学会学习，学会生活，全面发展。①

由于诸多原因，基础教育推行和实施素质教育速度缓慢，效果不容乐观。

在基础教育阶段实施素质教育最大的问题是什么？原教育部周济部长在2006年曾说：“应试教育倾向还没有从整体上改变”，“全面推进素质教育从整体上说依然步履维艰、任重道远”。周济还指出了实施素质教育需要解决四大难题：一是推进素质教育的外部环境和条件有待进一步改善，这里主要是指由于我国正处在社会转型期，存在一些制约素质教育推行的体制性障碍问题；二是推进素质教育的体制和机制有待进一步完善，这里主要是指没有形成全社会共同参与的政策体制；三是各级教育行政部门依法行政的力度需进一步加强；四是广大校长、教师推进素质教育的思想和能力还要进一步加强。②

（四）素质教育的现状

客观地说，在中共中央、国务院的大力推动下，在各级教育行政部门的努力下，近10年来，素质教育的推进速度和实施效果比前10年要好得多。但素质教育的现状不尽如人意，仍然存在不少问题。

首先，素质教育形式化、口号化。许多中小学将素质教育形式化、口号化，口头上唱得很响，如招生简章、宣传报道、工作计划、年终总结等大谈素质教育，搞一点标语口号，辟一个素质教育专栏，就算是素质教育。而实际上还是老一套，教学目的、教学目标还是围绕着“升学”转；只重视应考科目，削减非应考科目课时；为升学考试加班加点地复习；照样为升学而大抓“一模、二模、三模”，分析学生知识缺陷，抓紧时间填补缺陷；组织教师揣摩考试重点、猜测考试题型等。学校教育成了地地道道的应试教育。

其次，素质教育活动化、庸俗化。许多学校将“第二课堂”替代素质教育，将团队活动、社团活动、文体活动均冠名素质教育，如将合唱队、小乐队、体操队、篮球队、乒乓球队、游泳队、航模队、美术书法小组、礼仪小组等的“第二课堂”爱好活动，甚至郊游活动、参观展览活动、看电影活动、摄影活动、下乡劳动、植树活动等都作为素质教育，

① 杨喜忠．如何把握素质教育的导向．考试周刊，2009（49）

② 别业舫．创新地理解全面实施素质教育．财经政法资讯，2007（2）

可谓“素质教育是个筐，什么都往里面装”。而第一课堂则还是满堂灌、作业山、晚上复习、周末加课、每周一测验、每月一大考，应试教育抓得相当紧。真是“第二课堂”轰轰烈烈，应试教育扎扎实实。

最后，素质教育条件论。一些学校领导、教师认为学校开展素质教育，条件尚未成熟，认为高考制度存在一天，素质教育就难以实施；认为社会、家长衡量教学质量是升学率，学校若开展素质教育则影响升学率，学校压力大。将素质教育与升学率对立起来。因此，学校照样在推行应试教育。

总之，素质教育的推行出现许多阻力，实施现状不容乐观。问题到底出在哪里？回答也是多方面的。有人认为，产生问题的原因是对素质教育的认识不够全面和准确，以及由此所带来的实施过程的偏差。有人认为，产生阻力的原因，有传统教育观念的，有应试教育根深蒂固的，有对素质教育认识上的。有人认为，教育实践工作者缺乏主动性和创造性，缺乏作为改革主体的意识和能力是一个主要原因。有人认为，对素质教育认识上的误区是“推行难”的教育内部原因，社会上的压力是“推行难”的外部原因，现行考试制度是“推行难”的帮凶，应试教育是这些原因所造成的必然结果。苏君阳在《素质教育认识论的误区及其超越》一文中指出，素质教育认识论的误区：其一，把素质教育理解成为一种取消考试的教育；其二，把素质教育理解成为一种以技能培养取向为主的才艺教育；其三，把素质教育理解成为一种急功近利的工具性教育；其四，把素质教育理解成为一种无约束的自由教育。①

二、对素质教育的认识

（一）对素质教育的再认识

从 2001 年开始实施“新课程改革”计划以来，学校教育现象和素质教育的理想仍然相去甚远。人们一直在思考和辩论。

素质教育是什么？究竟什么是素质教育？

教育学家叶澜在《关于“素质教育是什么”的“三思”》一文中，对素质教育及其认识偏差进行了较为全面的阐述：众所周知，“素质教育是什么”在中国并不是一个新问题，它已经存在了 20 年，人们对它的回答和态度各不相同，至今尚未达成共识；更要指出的是，这些不同的认识和态度，已不是只停留在纸面上的文字存在，而是在教育实践中各不相同的实际存在。如果不对这些不同的实际存在状态作进一步的梳理与辨识，连“当今素质教育究竟要推进什么”的认识都难以清晰，怎么谈得上“全面实施”？因此，在进一步强调实施素质教育的今天，我们完全有必要就“素质教育是什么”这一素质教育问题领域中的第一问题进行再认识。

概括地说，在中小学教育实践中，对“素质教育是什么”的认识误区和主要偏差，可概括为如下三点：

第一，对素质教育的宗旨缺乏深入认识，往往将其当作一种运动式的口号，或是一种

① 苏君阳. 素质教育认识论的误区及其超越. 北京师范大学学报（社会科学版），2008（6）

不同于以往教育模式的新的可以操作的模式去实践。对素质教育是一项长期、艰巨、涉及学校整体和全体师生的深刻变革，缺乏足够的认识。因此，改革的目标流于表面化、肤浅化和短期化，模糊、抽象、一般化是其主要的表现特征。

第二，对学校教育中存在问题的批判简单化、狭窄化。正因为仅把“应试教育”作为素质教育的对立面来看，素质教育能否实施反而成了外部的问题，而不是学校内部的需要。一系列认为学校不能实施素质教育的理由大量出现，诸如：高考不改，学校无法改；社会、家长不可能不要求学校的高升学率，素质教育难以被社会接受；教育行政部门衡量学校办学质量的标准最看得见的是升学率，此项标准不变学校无法改，等等。推进素质教育“条件论”盛行，使实现学校素质教育的主体处于消极、被动的状态。而“条件论”的出现，与将素质教育、应试教育对峙息息相关，把应试教育当作是对以往教育否定的理解也招来对素质教育的反对与抵触。

第三，对素质教育理解的局部化与孤立化，也是影响素质教育推进有效性的重要因素。最初，相当一部分的实践工作者，把素质教育理解为加强学生的课外活动，与改革开放早期教育改革中提出的“第二课堂”、“第二渠道”联系在一起。出现了“素质教育”唱唱跳跳、轰轰烈烈，应试教育（指主课教学）扎扎实实、寸时必争的双重局面。而后，又出现将课程改革，甚至只将社会实践、活动课、综合课、校本课程等新课程体系中的某些课程，看作是实施素质教育的全部，忽视学校教育系统的整体变革。这些点状的思维方式以及由此出发而形成的行为方式，同样影响了素质教育的全面推进和真实效应。[①]

（二）心本教育对素质教育的认识

认识素质教育，不能单从某一学科的角度来认识，这样容易因学科局限而产生片面认识。认识素质教育要站在学校育人的全局、学生未来发展的高度来认识。

1．对素质的理解

素质，就词义而言，它包含元素、要素、素养等基本成分和性质、本质、资质、品质、质量等根本特点。对于人的素质来说，其素质有高有低，这是一个不争的事实。素质不同的人，看待事物、对待事物和处理事情的态度、方式是不同的。一般来说，素质高的人，对待事物有质的变化：表象→本质，情绪化→理性化，感知→思维，知识→智慧，模仿→创造，看法→思想，感性→精神，拥戴→信仰。而在质的变化过程中起促变作用的是文化因素和心品因素。

2．人的素质是一个整体

所谓人的素质是指人的整体素质，即每个个体的多方面的综合素质；同时，人的整体素质是由多方面的素质所构成的，即人的整体素质包含着多方面的素质。强调人的素质的整体性，其意义是全面、客观、完整地看待人、了解人和有利于评价每个个体；而认识人的素质的构成，其意义是深入、具体、准确地分析人、了解人和有利于教育每个个体。

那么，人的整体素质究竟包含哪些主要方面的素质？即包含哪些基本素质？心本教育认为，人的整体素质由“三方面五个基本素质”构成。“三方面”是指基础素质、重要素

---

① 叶澜．关于“素质教育是什么”的“三思”．青年教师，2007（5）

质和关键素质。“五个基本素质”是指心品素质、体能素质、文化素质、精神素质和能力素质（如图3所示）。这些基本素质既相对独立，又部分交叉重叠。如心品素质包含适应能力、潜能、沟通能力与能力素质有所交叉；又如文化素质与精神素质也有相近的含义。

- 人的整体素质（Z）
  - 基础素质
    - 心品素质（X）：人格、个性、心态、心神、心志、心性、心力、心境等
    - 体能素质（T）：体格、体力、体魄、体能、体质等
  - 重要素质
    - 文化素质（W）：知识文化、知识技能、文化修养等
    - 精神素质（J）：世界观、人生观、价值观、文明、修养、信仰、忠诚、诚信、品德、操行等
  - 关键素质—能力素质（N）：创造、应用、合作、组织、管理、协作、实践、适应等

图3　人的整体素质结构图

一个人的整体素质，至少必须包含这“五个基本素质”。但是，人的“五个基本素质”不是简单的相加，而应该是相乘，因为其中任何一个基本要素有缺陷，则人的整体素质就会明显下降。因此人的整体素质可用以下式子表示：

$$Z = X \cdot T \cdot W \cdot J \cdot N$$

3. 素质教育是全人教育

对素质教育要有一个整体的、全面的认识。所谓全人教育是指我们提倡的素质教育，是一个面对全体学生，全面提升整体素质的教育，使人全面发展的教育。因此，素质教育对五个基本素质的培养要全面、协调地发展，不能偏颇，即教育不能偏倚或侧重某个基本素质，要全面教育。

之所以人为地将它分解为基础素质、重要素质和关键素质三个方面，是基于对素质教育认识的需要。

心品素质、体能素质是基础素质，因为它是前提条件，它的优劣直接影响文化素质、精神素质和能力素质的提升。一般来说，一个心品素质、体能素质差的人，很难有良好的其他素质。

文化素质、精神素质是人的整体素质的重要部分，它既是素质教育的重要内容，又是关键素质的基础。一个缺失文化、道德的人，绝没有什么素质可谈，更不可能具有能力素质。因此，素质教育并不反对文化知识素质的培养。

能力素质之所以作为关键素质，是因为素质教育的最高目标是使人具有创造能力、应用能力、应变能力、合作能力、协调能力、沟通能力、组织能力、管理能力、实践能力等。能力素质是建立在心品素质、体能素质、文化素质、精神素质之上的。

心本教育认为，素质教育必须是全人教育，即各个基本素质都必须全面、均匀地发展，要特别防止“短板现象”的出现。这五个基本素质，无论如何也不能出现哪一方面的

“短板”。今天的每个学生，如果只要哪一方面有“短板”现象，步入社会就可能出现问题。因此，不能只重视文化素质教育而忽视精神素质教育、心品素质教育和体能素质培养，也不能只重视知识教育而忽视能力培养。

总之，心本教育推崇素质教育，心本教育对素质教育的认识，体现了心本教育的目的观、价值观、人才观和教学观。

三、心本教育与素质教育

（一）心品素质与其他素质的关系

在人的整体素质的“五个基本素质”中，心品素质与体能素质、文化素质、精神素质和能力素质等其他素质的关系究竟如何？

1．心品素质与体能素质

它们作为人的整体素质的基础，关系非常密切。首先，生理与心理往往互为作用。人的生理若出现问题（体格、体力、体魄、体质出现问题），则容易引起心理疾病；如体格有缺陷容易产生自卑、自闭和抑郁，影响人际交往；如身体有病痛，则精神有负担，容易引起情绪问题，严重的还有可能引起人格障碍或精神病症。反过来，人的心理如若长期处于压力、紧张的状态，或心态经常处于不平和、不和谐的状态，或情感经常出现问题，郁闷烦躁、激动暴躁、多愁善感，则容易引起或加重身体的疾病。青春期的青少年学生生理心理发生变化，容易引起病状，因此必须加强对他们的心品素质的培养。其次，心品素质对体能素质起影响作用。一个个性开朗、心态和谐、坚强自信、无忧无虑的人，往往能够减少生理疾病的发生——心品素质起着预防作用。一个心品素质良好的人，一旦生理上有了疾病，他也能够做到自我调适心情、自我放松压力，能够用自己的毅力去战胜病魔，而这种心态有助于缓解病情和身体的康复。

2．心品素质与文化素质

文化素质是知识积累和知识升华的结晶。从知识学习到文化素质，中间有一个习得、积累、升华的过程。就知识的习得和积累而言，学习过程是一个枯燥乏味而又十分艰苦的过程，首先必须有学习的需要与动机，其次必须有良好的心情、心态，而且还要有信心、恒心、毅力。学习过程的这些因素，都是心品素质的元素。就知识的升华而言，从知识的积累到升华为文化修养，是一个相当复杂的学习心理过程和教育心理过程。可以肯定地说，如果没有良好的心品素质就不可能有良好的文化素养，心品素质是文化素质的前提条件。大量的中小学教育实践和研究证明，学生的良好心品素质是知识学习、文化素质提升的保证。例如，初中学生，由于处在青春叛逆期，生理心理反应比较强烈，心情易于烦躁、情绪易于波动，因而学习毅力发生变化，学习态度出现反常，学习成绩出现波动，严重的还会出现厌学、逃学和成绩滑坡等现象。中小学的“双差生”就是心理表现和学习表现两方面都同时出现问题，而“双差生”大多数出现在小学五六年级至初中阶段，这恰好是青春心理躁动期。“双差生现象”足以说明心品素质与文化素质的关系。

3．心品素质与精神素质

第一，心品素质与精神素质是不同的范畴。心品素质与精神素质具有不同的属性，即一个人的心品素质不同于、也不能归于精神素质的范畴，也不能认为心品素质是精神素质的重要部分。目前，教育行政部门将中小学心理健康教育（即心品教育）纳入学校德育的重要部分，这需要正确的认识：首先，两者之间虽有重叠部分（如品德心理），但大部分内容是独立的，不存在谁包含谁的问题。其次，两者之间有密切关系，将心品素质教育和精神素质教育归入同一教育部门管理，也是可以理解的。

第二，心品素质是精神素质的基础，对精神素质的养成和提升有着积极的影响作用。首先，一个心品素质良好的人必定具有“健全人格、和谐心态、良好素能”等基本要素，而这些基本要素对一个人的精神素质的养成是十分重要的。其次，精神素质包含信仰、忠诚、诚信、公德、操行等要素，这些要素逐步建立、养成和提升就形成了精神素质。而这些要素逐步建立、养成和提升的过程，实质上是人的社会化的改造过程，也是除去人性丑陋一面的脱胎换骨的改造过程。在这个改造过程中，人的内心深处，“人性的顽固”无时不与“精神素质”相抗衡，则人的心中形成了“人性”与“德性”的一对矛盾和内心冲突。而心品素质在这个冲突中起着影响作用，良好的心品素质能够调适心态，使人更好地朝着“精神素质”一边发展，反之则朝着“人性丑陋”一边倾斜。因此，良好心品素质有助于精神素质的形成。

4. 心品素质与能力素质

能力素质是指个体多方面能力的综合素质的高低。能力素质包括适应、应用、应变、协调、合作、组织、创造、实践等多方面的能力。每个个体的各个方面的能力存在差别，有的人可能创造力强一些，有的人可能适应能力强一些，因而个体与个体之间的综合的能力素质也有高低，有的人能力素质高一些，有的人低一些。

能力素质的形成，至少要具备三个条件：第一，文化素质是必备条件，没有文化素质，很难有较高的能力素质。第二，心品素质是能力素质的基础和内在的支撑力。例如，一个有创造能力的人，必须具备如扩散思维和良好意志力的心理品质；又如，一个有管理能力的人，必须有自信心，有良好情绪和放松压力的心态。第三，要有实践和锻炼的机会，否则能力素质难以提高。中小学实施素质教育，最关键就是培养学生的综合能力素质，因而有学者认为，素质教育是以提高国民素质为宗旨，以培养学生创新精神和实践能力为核心的教育。然而，心品素质、体能素质和文化素质、精神素质是十分重要的前提，并且要同步发展，全面开展教育，才有可能培养出能力素质较高的学生。因此，学校教育不能只重视文化素质教育而忽略其他素质的教育，也不能只发展爱好特长的教育而忽视德、智、体的全面教育。

综上分析，心品素质是人的整体素质的重要基础，它对人的整体素质的形成具有不可替代的作用。

（二）心本教育对素质教育的意义

作为狭义心本教育——心品教育，对素质教育具有基础性、根本性作用，同时对人的其他素质教育具有促进作用和催化作用。认识到这一点，将有利于正确理解素质教育，有利于全面实施素质教育。心本教育不是要轻视知识教育，或者是要将心品教育置于文化知识教育之上，只是反对以“知识为中心”的教育倾向，主张德、智、体全面发展、同步发展的教育。理解了这一点，将有助于把握素质教育的方向。

作为广义的心本教育，它对素质教育的推进具有重要意义。

1．明确教育以心为本，从心开始

由于心本教育具有基础性、促进性作用，因而一切教育都要以心为本，从心开始。没有心育作基础和起着催化作用，则德育、智育、体育、美育和劳育就见效缓慢或难以见效。心本教育非常强调育人先育心，强调心育乃教育之母就是这个道理。

诚然，素质教育也要以心为本，从心开始。首先，学校素质教育要以学生的心品为本位，要从学生的心品素质的培养开始，要从学生健全人格、和谐心态、良好素能的培养出发，这样更有利于体能、文化、精神和能力等素质的培养。或者说，素质教育不仅要培养学生的良好心品，而且体能、文化、精神和能力等素质的教育要以心为本，要紧紧抓住学生的心，依赖学生的心品，这样才有教育效果的保证。这符合教育心理学的原理。

其次，素质教育不能简单理解为对心品、体能、文化、精神和能力的全面教育，更重要的是，将这些教育升华为“素质”，成为人的整体素质。这需要心品、体能、文化、精神和能力有一定的积累，还需要有一个悟化、飞跃、升华的过程。而在悟化、飞跃、升华的过程中，人的心品起着重要的作用。

2．有助于理解新型人才观

相对于传统教育、应试教育来说，素质教育就是培养具有全面素质的新型人才，它符合现代社会的人才要求。因此，素质教育本身就是新型的教育观和人才观。心本教育人才观认为，现代人才必须具备全面素质，所谓全面素质是强调现代人才的基本素质结构的平衡，因而主张教育不能顾此失彼、轻重偏颇。心本教育人才观与素质教育人才观相一致，本身没有更多的新意。那么，在教育人才观的理解认识上，心本教育对素质教育的意义只在于帮助理解素质教育的新型人才观。

3．有助于推进素质教育

中共中央、国务院和教育部坚定地推行素质教育，是基于“将人口负担变成人力资源优势”的需要，是基于我国现代化建设的人才需要，也是基于对青少年成长、未来发展的需要。推行素质教育就是培养现代化建设需要的新型人才。因此，实施素质教育是一个重大的教育决策，是宏大的教育思想理念。对这一教育决策和教育理念不能曲解，也不能有附加任何意义的解读。

然而，一些学者却提出了“人本理念下的素质教育”、“素质教育要以人为本注重个性”等命题，这些命题值得商榷，但它似乎给人“人本理念指导素质教育”、“素质教育要培养学生个性”的感觉。

心本教育推崇素质教育。心本教育对素质教育的意义在于：帮助理解和推进素质教育。它对素质教育的意义，丝毫没有“指导”、“引领”的含义。心本教育主张教育以心为本、主张心品教育，主张心本教学观，其目的在于培养学生的阳光心灵、积极心理，使学生具有良好的心品素质和行为表现，从而更好地学习发展。这些主张有利于学生个体的发展，也有利于社会的发展，是人和社会发展的需要。这些主张既符合新型人才观的要求，也符合素质教育的宗旨。因此，心本教育是素质教育的有力推动器。

第三章 心本教育的意义

第一节 心本教育对人本教育的作用

人本主义哲学、人本主义心理学、人本主义教育学与人性化教育、人本教育思想是一脉相承的。

一、人本教育思想提出的历史背景

（一）人本教育思想提出的历史背景

1. 人本主义（humanism）教育思想具有非常悠久的历史

公元前106年—前43年，西塞罗（Marcus Tullius Cicero，古罗马学者）曾用拉丁文中的一个词humanitas来表征这样的教育观：对人进行一种全面的教育，以弘扬纯粹属于人及人性的品质。

欧洲文艺复兴时期，一批思想家、哲人开始产生人文主义教育思想：昆体良（Marcus Fabius Quintilianus，约39年—95年）编写了《论演说家的教育》一书，初步萌芽了“人文主义”教育概念，而后公元1349—1420年，意大利学者弗吉里奥（Pietro Paolo Vergerio）对昆体良《论演说家的教育》一书作了比较详细的注释，并撰写了一篇《论绅士风度的自由学科》的文章。在他的这篇文章中，更进一步全面、完整地阐述了“人文主义教育”的思想与方法，明确提出：要依据学生的爱好与兴趣来开展教学活动，对年轻一代要进行全面的人文主义教育。1808年，在一次以“古代经典在中等教育中的地位”为主题的辩论会上，教育家尼特哈麦（F. J. Niethammer）根据西塞罗humanitas的用法杜撰了一个德文词humanismus。在此之后，足足过了50年，伏伊格特（George Voigt）出版了一部书，书名叫《人文主义的第一个世纪》。在该书中，伏伊格特第一次用humanismus来概括和描述欧洲文艺复兴运动的性质。此后，humanismus又被译成英文humanism（人本主义）。

到了当代，以美国学者马斯洛（Abraham Harald Maslow，1908—1970）和罗杰斯（Carl. R. Rogers，1902—1987）等人为代表的人本主义心理学（Humanistic Psychology）思潮的迅速兴起，且一时间在西方世界迅速传播和被广泛地演绎、推崇，产生了一定的影响。马斯洛、罗杰斯成为当代人本主义教育思想的先驱。①

2. 当代人本主义教育兴起的时代背景

“人本主义心理学是本世纪中叶在西方社会勃然盛行的一种思潮，旋即对西方的教育

---

① 方展画. 当代西方人本主义教育理论评述. 河北教育学院学报，1999（1）

思想、教育观念、教育目的、教育内容、教育方式等产生了极为深刻的影响。”①

第二次世界大战结束以后，全世界尤其西方世界的科学技术进步神速，如电子计算机、精密微电子技术、音响设备、成像技术与设备、高精确度的摄影技术、机器记分系统、统计技术等现代技术，成了心理学研究活动的重要手段，使心理实验的控制、心理研究测试的数据分析和建立心理常模等研究方法有了仪器、技术支撑，使心理学研究在“科学”的名义下走向严格的定量化。由于科学技术的进步对心理学研究提供了手段保障，使定量化的心理学研究得以实施，也使得心理学走进了一个难以自拔的怪圈：把人看成社会机器和工具，看成机械的组成部分，看成一个“纯客观”的现象加以剖析与肢解，极大地忽视了对人的心理本质的研究，忽视了对作为一个有机整体的个体心理现象的研究，忽视了对人之内在的并且是非常丰富多彩的心理活动的研究。可以说定量化研究是人性的缺失、人的能动性的缺失、人的自我的缺失。因此“实证主义”思想开始泛滥，一种被称为“技术主义”的价值观主导着整个西方社会。

19 世纪末至 20 世纪初，美国“实用主义”教育家杜威（John Dewey，1859—1952）举起“实用主义”教育旗帜，与定量化研究相抗衡，反对将人看成机器的教育研究，他呼吁：教育要革命，要废除原先的“教师为中心”为“学生为中心”，主张教育的实用性，并强调学生在学习过程中的主动性和能动性，强调学生的学习兴趣在整个教学活动中的主导作用。杜威对教育的认识取向和思想，对全世界的教育观念、教育理论及其教育实践产生了极其深刻的影响，而且影响力延续到现在。

20 世纪 60 年代的整个西方文化中，反实证科学的认识倾向越来越激烈，尤其是哲学、社会学和教育学，出现了截然不同的认识论主张，并出现“存在主义哲学”、“现象学”思想流派——它们成为人本主义思潮复兴的沃土。在“存在主义哲学”、“现象学”思想流派推动下的人本主义教育思潮，开始了轰轰烈烈的对“人的本质”认识、“人性本质”认识、“人性解放与自由”、“个性发展”和“人性化教育”的讨论。霎时间，人本主义思潮和人本主义教育思想席卷美国、西欧和全世界。正如美国加德纳·墨菲、约瑟夫·柯瓦奇在《近代心理学历史导引》一书中，这样评述，“存在主义与现象学这两种哲学倾向的影响组成了一种针对心理学建设的巨大的‘人本主义主张’。这一主张主要讨论人的本性和人与现实接触的性质。……在（20 世纪）50 年代中期已可清楚地看出，现象学与存在主义之渗入心理学由许多丰富的文化倾向所助长——那是些在文学及艺术中明显的倾向，它们以各种方式反对伴随工业化与技术而产生的形式主义和结构牢固的社会形式。这些倾向的来源是刚在第一次世界大战前的反维多利亚时代的风尚，反古典主义和反形式主义”②。

20 世纪 70 年代以来，人本主义教育思想开始在我国迅速传播，出现了大量的译作和专著，主要有：云南人民出版社出版的《人性能达到的境界》（马斯洛著，1996），华夏出版社 1987 年出版的《动机与人格》（马斯洛著，许金声等译），上海译文出版社 1987 年出版的《第三种思潮：马斯洛心理学》（弗雷克·戈布尔著，吕明等译），人民教育出版

① 方展画．当代西方人本主义教育理论评述．河北教育学院学报，1999（1）

② 燕国材．教育人本论刍议．云梦学刊，1995（2）

社 1981 年出版的《现代心理学史》（杜·舒尔茨著，杨立能等译），文化教育出版社 1984 年出版的《西方当代教育理论》（罗伯特·梅逊著，陆有铨译），等等；也出现了人本主义教育思想学术大讨论活动和实践活动；还出现了大量的人本主义教育思想学术论文。

在人本教育思想和人性化教育思想的笼罩下，学者开始对科学主义教育思想、传统主义教育思想进行反思和批判。顿时，儒家教育思想、传统道德教育思想，以及教学以教师为中心、以课堂为中心、师道尊严，等等，统统被否定和废弃。与此同时，“以生为本”的教育、人的本质及其教育、构建人性化教育体系、人本教育与教育定位、教育要实现人性诉求、人性视阈下的教育之道、人的本质与教育意蕴、发展人性与学校教育、人性形成与发展的教育学思考、教育要回归人本、人本教育价值观、人本教育目的论、人本教育学生观、人本教育人才观等的教育观点、理念、理论乃至思想充满了我国教育的基本原理和理论之中，并由此产生了一系列的课程改革、教学改革和学校教育管理的转变。

人本主义教育思想自 20 世纪 70 年代传入我国以来，至今其影响是深远的、深刻的，其所涉及的影响面是普遍的、广泛的。例如，2009 年 12 月，中国教育学会教育基本理论专业委员会第十二届年会，在广州华南师范大学召开，有 400 多位教育学专家、学者和教育工作者参加了会议，会议主题是人性与教育，与会者提交学术研究论文 140 多篇，出版了《年会论文集（上册、下册)》达 120 多万字。可见人本教育思想在我国教育系统之影响。

（二）人本教育思想的理论前提

纵观人本教育思想的产生、发展，它有三个理论前提：

1. 对“人是什么”的根本认识

人本教育思想的理论前提，首先是对“人是什么”的根本认识。它认为人是人体（身体、肉体）加上意识（认知、思维）、精神（思想、境界）的生命组织体。动物只有身体、肉体，有了意识、精神的人体才称为人。这是人与动物的根本区别，也是人可教育的依据。有了“人是什么”的根本认识前提，因而强调教育为人的生存、发展服务，教育要以人的需要来设计，因而就有人的个性发展需要、自我表现需要、人性自由需要等个体本位需要。

2. 接受教育的人是“健康的人”

人本教育思想的又一个理论前提是，接受教育的人是“健康的人”，尤其是心理方面健康的人。有了人是“健康的人”的理论前提，则个性自由表现、个体自我表现等都是正常的、健康的。在人是“健康的人”的前提下，人本教育思想看不到人性的弱点和消极的一面，也就忽视了人的心品塑造的重要性。

3. 教育具有效能作用

人本教育思想的又一个理论前提，就是教育具有效能作用，能最大限度地转变人、解放人——扩大了教育的功能作用。在人本教育思想看来，教育只要促进个体需要发展和自我表现，（在很少考虑社会需要的前提下）就能产生教育效能作用和最大限度地转变人和解放人，尤其在“解放人”方面更为有效。或者反过来说，教育只要满足“个体需要”、“个性发展”，就能使受教育者“自我实现”、“自我变现”的潜能得到发挥，教育自然就产生教育功能作用。

二、人本教育思想的核心内容与历史作用

（一）人本教育思想的核心内容

人本主义教育思想是脱胎于人本主义心理学思想的一种认识体系。这种认识体系，经过国内外众多追随者的不懈努力，形成了相对来说自成一体的思想内涵。

人本主义心理学的主要观点是①：

（1）心理学的研究对象是“健康的人”；

（2）生存、生长与发展是人的本能；

（3）人具有主动地、创造性地作出选择的权利；

（4）人的本性中情感体验是极为重要的内容。

由于人本主义心理学的这些观点与传统的心理学观点格格不入，所以又被称为心理学的“第三种力量”、“第三思潮”（针对行为主义心理学和精神分析学派而言）。

段莎莎将人本主义教育内涵概括为：从广义上说，人本主义教育思想是“以传统人本主义哲学为基础，并撷取人本主义心理学的观点，重视人的尊严、价值和情绪的发展，相信人能依其自身的努力，不假外力，寻求真理，人是自我实现者，人性是社会化过程中的文化产物”。从狭义上说，人本主义教育指的就是现代人本主义教育，特指20世纪60至70年代，在人本主义心理学的直接影响和作用下形成并盛行于美国的一种教育思潮。她对现代西方人本主义教育思想是这样描述的：现代西方人本主义教育者着眼于人类理智与情感、高级需要与低级需要、本能冲动与理性行为之间的整合与协调，意在培养“自我实现”的人。……从发展整体的和健康的人格出发，主张把人的低级需要和高级需要都作为人的自然属性，培养“自我实现”的人。……主张把学生当作整体的人、未完成的人，对学生的自由、情感、理性和道德都予以充分尊重。②

方展画对人本主义教育的评价：人本主义教育学的基本观点、理论与方法是标新立异的，这种标新立异，为人们认识教育现象，尤其是认识教育现象中的“人”以及在此基础上认识教育的规律，带来了别开生面的视角，形成一股来势凶猛的认识思潮，对传统的学校教育实践以及教育理论研究产生了巨大的冲击波。人本主义倡导者所主张的教育，是一种有别于传统认识的教育，它将人的发展彻彻底底地置于人性的充分养成之上，置于个体内在的（更确切地说是先天的）潜能在后天的充分实现之上。因此，这种教育是以“完整的人”的发展为最基本的价值取向，以培养充满活力、和谐发展的人为最基本的教育目的的。

概括来说，狭义的人本教育思想，特指20世纪60至70年代以马斯洛、罗杰斯等人为代表的盛行于美国的人本主义心理学（Humanistic Psychology）思潮。广义的人本教育思想，泛指“以人为本”的教育及其思想。

人本教育思想的精髓：强调人的生存、发展，自主性与独立性，强调个性的自由充分发挥，强调人的全面发展；强调以“人”为核心、以人为本，发展个性，自我表现，充分

① 方展画．当代西方人本主义教育理论评述．河北教育学院学报，1999（1）

② 段莎莎．论西方人本主义教育思想对我国人性教育的启示．中国教育学会基本理论专业委员会第12届年会论文集，2009（11）

尊重人的存在，充分考虑人的生存需要与发展需要，将“人”的需要、发展放在教育的第一位。即强调教育以学生为中心，强调学生在教育中的主体地位，同时强调尊重每一个学生的独立人格和权利，保护学生的自尊心、维护学生的自我实现，发展学生的个性。总之，“以人性为本位”是人本教育思想的核心。

（二）人本思想的历史作用

人本主义教育理论，作为20世纪中叶以来对美国教育产生过重要影响的一种教育思潮，对整个世界所产生的影响无疑是巨大的，也是深刻的。人本主义不仅对心理学、教育学产生影响，而且对哲学、社会学、管理学也产生极大影响；不仅对学术界、文化界产生影响，而且对社会各界也产生影响；人本主义对学校教育所产生的影响，不仅在美国，而且对全世界很多国家，乃至欧美一些经济发达国家的学校教育都影响甚大。可以说是形成了一阵有力的风暴。从20世纪60年代中叶开始，法国教育理论界就出现了新思想——以“人际关系”为其理论核心的“关系”学派。该学派曾邀请罗杰斯赴巴黎讲学，介绍和传播其人本思想理论。

客观地说，现代人本主义思想，能成为一个理论体系，能在美国乃至世界上许多国家产生如此巨大的影响，能拥有如此众多的追随者、拥护者和如此众多的教育工作者予以教育研究与实践，能引起人们认识和理解教育的视角产生了180度的大旋转，能引起人们对传统教育观念的反思和改革。现代人本主义思想，或人本教育思想，提出了教育“以人为本”、“尊重学生”、“教育为人的生存与发展服务”等思想，是值得肯定和赞同的。无疑，现代人本主义思想具有极大的思想功能和生命力，具有推动教育改革和发展的指导作用。

可以肯定地说，20世纪中叶人本教育思想的出现，是对科学主义教育思潮的一次大挑战，也是对我国传统教育思想的一次强大的冲击。应该看到，人本主义心理学最基本的一些主张一度在教育界得到广泛的共鸣与响应。人本教育思想对传统的教育思想、教育观念、教育目的、教育内容、教育方式等产生了极为深刻的影响，且促进了一系列的教育改革，它是一场宏大的教育革命，具有重大历史意义。

三、人本教育思想的局限与反思

早在1988年，贝斯特（F. Best，法国学者）在其发表的一篇专门分析“教育学”一词演变情况的论文中，曾严肃地指出：“受美国社会心理学思潮（罗杰斯）影响而产生的非指导性教学，被理解成‘教育学’的全部。而实际上它仅仅是教育学的一种理论，也就是说，非指导性教学被提高到一种学说的地位。”①

（一）人本教育思想的局限

1. 理论基础依据上的局限

（1）对“人性认识”根源上的先天不足。

“以人性为本位”是人本主义教育理论的核心所在。或者说，人本主义教育思想具有

① ［法］贝斯特．“教育学”一词的演变．高建慧，沈剑平译．载瞿葆奎主编，瞿葆奎，沈建平选编．教育与教育学．北京：人民教育出版社，1993

自身明显的认识定位，这种认识定位可以将之概括为“以人性为本位”。人本教育思想的本源“基因”——“人性论认识”，即人本教育思想的形成建立在对人性认识的基础之上。

然而，人性是什么？人性的争论至今尚未停止、未有定论，多重理解，各执己见。“人性争论的焦点是人性善和人性恶，……西方人性论争论自古以来的主流是理性和非理性，但也有性善和性恶的争论；……西方思想家的自然人性论是明显的‘纵欲求智’人性论。”①

人性的概念内涵极其丰富，也相当复杂化、多元化，人性问题是一个古老而永恒、论域极大的命题，古今中外，这一永恒命题内容丰富，形成了各学派对其认识和译释不同的争议性解读。例如，马克思对人性的定义：“人的本质并不是单个人所固有的抽象物。在其现实性上，它是一切社会关系的总和。”②

王振存：人性是人之为人的那种属性。人性就是人的本性。人性具有属人性和为人性、自在性与自为性、个别性与关系性、文化性与生命性、矛盾性与相对性。人性是人之为人的那种属性，是自在性与自为性，有限性与无限性，动物性与精神性的矛盾统一体。③

郝文斌：人性是不同于动物的本质属性，既是人的客观属性，又是人的价值追求；即是现实的本质属性，也是潜在和可能的本质属性。事实上，人性有不同层面，人性的不同层面是人性的客观属性，不是因为人从多角度认识人性，人性才有不同层面，而是因为人性在客观上有不同层面，教育才应该从多视角认识和研究人性。④

实际上关于人性问题，既是一个理论问题，又是一个实践问题，究其实质是关于人的本质之源的问题。

站在不同的立场、从不同的角度审视和解读人性，形成的必然是多种多样的人性形态与人性类型的思想，可以说站在不同的立场、从不同的角度解读和揭示人性本质，得出的结论都有一定道理，但都只有一定道理；可以说，对人性的“多样解读”或“主观盲目解读”，由此形成的思想，必然带有一定的局限性。

人本教育思想将未定论的“人性本质”作为思想依据，建立在尚在争论的“人性认识”基础之上，且只注重人性的自然属性，忽略人性的社会属性的必要性，只强调解放人性、强调人性的自在性、动物性，忽略人性的约束、忽视人性的自为性、精神性，甚至可以说还将人性本质、人性自由从理论上吹捧到“只有自己和我群体才能识别的地步”，就此形成的教育思想不免存在片面性和局限性。

（2）人本教育理论形成上的局限。

人本教育理论的哲学基础是存在主义，认识论基础是现象学。存在主义哲学自我标榜

① 郝文斌．多视角人性论对教育促进人发展的意义和要求．中国教育学会基本理论专业委员会第12届年会论文集，2009（11）

② 中共中央马克思恩格斯列宁斯大林著作编译局．马克思恩格斯全集（第3卷）．北京：人民出版社，2002

③ 王振存．论人性内涵、特征及其教育学意蕴．中国教育学会基本理论专业委员会第12届年会论文集，2009（11）

④ 郝文斌．多视角人性论对教育促进人发展的意义和要求．中国教育学会基本理论专业委员会第12届年会论文集，2009（11）

是“人的哲学”，或叫“重视人的哲学”。存在主义哲学的主要观点是“存在先于本质”、“存在就是合理”，也就是说，“人”首先存在然后才成为人。这种首先存在的“人”就是潜能。现象学则格外强调“纯粹意识内”的“存在”，它所谓的“现象”并不是客观现象，而是个体对自身经验的体验，因此它反对因果理论和一切未经考察的假设，主张“现象学还原”的方法，即将所有一切“还原”为意识活动，据此来发现“先验的自我”并对之加以精确的描述。所以，现象学特别强调直观与直觉，认为这才是把握事物原理或事物内部结构的“唯一手段”①。

由于人本主义教育理论在对“人性认识”根源上的先天不足，以及哲学基础是存在主义，认识论基础是现象学，因此在理论依据和研究方法上带有十分明显的主观性和含糊性，甚至是极端性。这就是人本教育基础理论上的自身局限。

2. 教育理论实践上的局限

由于人本教育基础理论上的自身局限，由于东西方文化的差异，由于人本主义中国化过程中理解上和执行上的异化、泛化，导致人本教育思想在我国的教育实践中，出现许多困局，暴露了许多缺陷。主要表现在：

（1）过分信赖“人是健康的人”之假设。

人本教育思想的理论前提之一是接受教育的人是生理心理“健康的人”，因而忽视了对人的心品教育。这一理论假设前提是错误的，不可能所有人都是生理心理“健康的人”，不可能人的一生都会生理心理健康，不出现任何心理问题。

实践证明，现代社会的人在激烈的生存竞争、发展竞争中常常出现诸多心理问题。只有心理素质好的人，才会自我调适，才能使自己从“不健康”转向“心理健康”，自觉地从“心理问题”中走出来，而心品素质低劣的人是难以做到这一点的。

（2）过分相信“教育效能”的极大化。

以存在主义为哲学基础、现象学为认识论基础的人本教育理论在研究方法上带有十分明显的主观性和含糊性，因而在“教育效能”的研究上带有明显的含糊性，在判断上带有主观性。人本教育思想过分相信“教育效能”，盲目吹捧“教育效能”，认为只要“以人为本”就能发挥“教育效能”，认为教育只要“以人为本”就能显示教育成效。

几十年的教育实践已证明，这是不可能的。殊不知：教育的功能是有限的，教育的有效性很大程度上依赖于人的生理和心理素质。殊不知：教育是双向的，受教育者的心品素质是教育成效不可忽视的要素。忽视心品教育的“以人为本”的教育是不可能做到“教育效能”的最大化的。

（3）过分强调“人性自由”的意识。

人本教育思想把“尊重人性”扩大化，过分强调“人性自由”的意识，混淆了“人性自由”意识和“尊重人性”意识，把尊重“人权、生存权、发展权、自由权”膨胀到绝对化、极端化——“人性解放”，将“人性自由”扩张到可以不考虑“社会道德约束”的程度，甚至是“人性放纵”的地步。

---

① 方展画．当代西方人本主义教育理论评述．河北教育学院学报，1999（1）

由于过分强调“人性自由”的意识，必然带来社会道德问题：一些人的“人性”缺乏德性修养，缺乏社会规范约束，达到为所欲为的地步，出现贪污、腐化、占有欲强等社会负面现象；一些人的“人性”放纵，超越了社会可能承受的限度，出现嫖娼、淫乱、养情人等不良社会行为。

学校教育过分强调“人性解放”意识，势必造成不良后果。应该承认，教育是有是非评判标准和行为“约束力”的——哪些可为，哪些不可为。青少年学生还没有完全社会化，社会经历少、是非评判能力低，过分和过早强调“人性解放”的意识，使学生的“人性意识”混乱，使十几岁的青少年过早产生“人性解放”意念，助长学生青春期的欲望冲动，过早出现“独立意识”——离家出走的现象；出现“叛逆意识”——不受教育约束的现象；出现“成人化行为”—— 恋爱、同居的现象；出现“不道德行为”—— 不良网恋、淫乱等现象。

（4）片面宣扬“自我实现”的价值观。

人本教育思想认为个体的“自我”就是整个教育的核心，“自我”成为教育的出发点与归宿。片面宣扬“自我实现”，过分宣扬“个体价值”，在意识上使个体造成“以我为中心”和“自我膨胀”的心态，造成缺乏团队精神和协作意识，造成对社会和他人缺少必要的责任心；在行为上有过分的“自傲、自负、自私”表现，凌驾于团体法则之上，凌驾于社会规则之上，严重影响群体、集体的内部和谐，这与现代社会提倡的团队协作精神背道而驰。

这样一来，人本主义教育要求学校让学生拥有绝对的“个人自由”，要求学校让学生拥有实现“自我价值”的意识基础，要求学校让学生拥有充分“自我实现”的空间，反对对学生的任何约束力。其实个体的自由、个体价值的实现，必定是一个社会生活过程，不存在绝对的个人自由。“只有在集体中，个人才能获得全面发展其才能的手段，也就是说，只有在集体中才可能有个人的自由”① 可言。也就是说，如果没有集体存在，就不可能有“个人自由”，也不可能有“个体价值”的实现。

2010 年 4 月 5 日，广州日报以“近半法国人为青少年一代担忧”为题报道，法国《费加罗报》4 月 1 日援引青年生存状况观察机构的民意调查结果报道，49% 的法国人对青年一代持负面看法，认为他们“过于自我”、“过于自私”、“不懂得容忍”，并且“过于依赖父母”。这是人本教育思想影响下的法国青少年一代。

青少年时期是世界观、人生观、价值观形成的关键时期。这一时期的特点：一是分不清是非；二是容易出现对事物理解上的差错，因此需要教育和引导。什么样的教育思想的引导，就形成什么样的价值观。人本教育思想片面而又过分地宣扬“自我实现”的价值观，由于青少年理解能力、是非观念的薄弱，容易出现“以自我为中心”的不良思想，形成“过于自我”、“过于自私”的价值观念。

（5）片面强调“个性发展”的优先权。

人本教育思想在以“人的什么”为本上，片面强调“人性”而忽略“心性”，过分强

① 中共中央马克思恩格斯列宁斯大林著作编译局．马克思恩格斯全集（第 3 卷）．北京：人民出版社，2002

调“个性发展”的优先权而忽视集体性，将集体意识置于“个性发展”之后，甚至为了个性发展而不顾及他人感受和集体需要，使个体在情绪上过于浮躁，或激动，或消沉，容易造成内心的不和谐、不宽容、不平和，影响学习、工作和生活质量。

一个个体，没有个性就没有特点，甚至没有进步；但是“个性”这个东西，不全都是好东西。一个有良好个性的人，具有自信心、意志力、包容心、幸福感、积极心理、自我约束力；而一个在“个性发展”上过于极端、孤僻、高傲的人，很难融入群体之中，容易形成与他人沟通、交往的障碍，从而影响到人际关系的协调和自身发展，严重的“个性发展”会造成人格障碍。人本教育思想不加分析地片面强调“个性发展”，势必造成思想混乱、道德模糊的现象。尤其是中小学生，处于社会化时期，处于受教育培养时期，处于青春叛逆期，处于个性形成的关键期，片面强调“个性发展”，将影响一部分学生的社会化、受教育的效果，将影响学生良好个性的形成，将使一些学生走向“极端个性化发展”。这些年来，青少年学生的某些极端表现，足以证明片面强调“个性发展”优先权的缺陷。

一个集体、群体的内部，假若人人都“个性发展”，人人都张扬自己的个性，集体则失去“共同意愿”、“共同心境”和“群体目标”、“集体意识”，如果难以有统一思想、协作精神和统一行动，如果集体没有任何约束力，就难以管理与运行，集体也就无法形成凝聚力——这显然不符合现代社会的要求。

因此，不加分析地片面强调“个性发展”，对学生集体意识的培养是一个严重的影响；片面强调“个性发展”，影响人与人之间的和谐相处；片面强调“个性发展”，不适合当今社会所提倡的团队协作精神。

（6）过度强调“个体需要”的人生观。

人本主义教育理论过分关注“个体”及“个体需要”，过分地强调个人的价值和人生观，将个体的需要、个体的表现、个体的自由看成是人生存的全部，看成是教育的全部（教育应该有“利他”的教育内容），从而使个体在心理和行为上作出了错误的判断，认为只要“个体需要”就可以不顾社会、集体的利益和他人的感受而为所欲为。现代社会的人不可能在“真空”中生活和发展，而是在人群、集体、社会中生存和发展，如果个体只是顾及“个体需要”，不懂得“将心比心”和必要的“谦让”，则无法在集体和社会中生存。

人本主义教育理论极大地忽视和抛弃了社会环境对个体在后天发展的重要作用，忽视了学校教育对个体在后天发展过程中的教育影响作用，将教育变成满足“个体需要”人生观的殿堂，将教育庸俗化。过度强调“个体需要”，使学生不但过度自私，不考虑他人感受，不乐意帮助他人，还堂而皇之地将“个体需要”作为“自私”的挡箭牌；过度强调“个体需要”，对学生人生观的形成造成极大的扭曲。

（7）忽视“人的心品”的重要性。

人本教育思想在充分强调人的发展、个性发展和自我实现的同时，却忽视了人的心品培养的重要性，忽视了人的生存、发展的内心世界的构建，忽视了“人的心品”的建设，忽略了对学生进行心品教育。人本教育思想以为只要“人性解放”了，“自我实现”了，“个性发展”了，人的心欲满足了，其心品就一定好了。

人本教育思想一方面提倡“人性解放”、“自我实现”、“发展个性”、“个体需要”；

另一方面忽视学生心品教育，不论是人本教育思想还是人本主义心理学派，只是一味追求人的生存、发展的愿望，却没有阐述实现人的生存、发展的人的必备的内在心理条件，从未提及人的良好心品对个体生存、发展的重要性和对社会发展的意义，从未顾及学生的良好心理素质培养的必要性和重要作用，更未提出具体的心品教育培养的内容和途径。这无疑是片面的、错误的。

表面上看，人本教育思想提倡的东西是尊重、关心、理解与相信每一个学生，发展每一个学生，帮助学生成长，解放学生的教育约束力，有利于学生的全面发展。而实际上是削弱了学生适应社会的应有的心品素质，纵容学生无约束的、任意的自由发展，扭曲了学生的心灵，不利于学生今后的全面发展。实践证明，“人性解放”、“自我实现”、“发展个性”、“个体需要” 等东西，最终影响学生的行为表现、人生发展——实际上是更加不尊重、不关心学生。

（二）对人本教育思想的反思

1. 对人本教育思想的审视

人本教育思想在世界各国教育界轰轰烈烈几十年之后，其强大的生命力终于偃旗息鼓，终于受到不同程度的审视和质疑，人们在教育实践中发现，许多教育现象人本主义教育思想无法解释和回答，在教育实践中，学生出现的许多问题却来源于人本教育思想，学校教育实践的效果不像人本主义教育思想所构想的那样美好，不是引入人本教育思想的教育者所希望的那样。面对新的希望的幻灭，人们在万般无奈之中经过审视和质疑之后，看到人本主义教育思想的某些负面影响、某些缺陷和所能起到的作用。有些学者认为，人本主义教育学者对传统教育理论与科学教育思想采取全盘否定的态度，是十分不可取的。

美国心理史学家舒尔茨早在 1975 年他的《现代心理学史》一书中就对人本教育思想进行了审视，“试图对人本主义心理学作出任何评价，还为时过早。它的影响究竟大到什么程度，尚待以后证明，但它肯定值得我们给予仔细而又审慎的注意”①。

方展画在《当代西方人本主义教育理论评述》一文中对人本教育思想的审视上认为，人本主义教育对人的发展的理想化构想已在西方招致广泛的批评：从整体来看，人本主义心理学家似乎通常对下面这一点考虑得不充分，即个体的心理冲突，以及他的许多短期或长期的目标主要不是由个人的不适应或抱负造成的，而是由和他在一起的其他人的压力造成的。这些压力也可能会使个性变得不与人本主义心理学家所设想的那样一致，甚至具有成熟个性的人每日发生的变化也比人本主义心理学家所说的要大。人本主义教育理论在学校教育背景中碰到的最大问题就是如何处理学校教育与个人发展这样一对关系。这对关系，分解得更具体一些，就是教育管理与学生自由的关系，知识传授与潜能（创造性）开发的关系，认知发展与情感发展的关系，等等。依据现有人本主义教育理论，是无法正确地解决这些关系的。把人的潜能看成是唯一的东西加以顶礼膜拜，把人的个性完全看成是潜能在后天的实现，这使得人本主义教育理论在实践中困难重重。

张晓燕在《论教育人性化——兼谈以人为本教育观与人本主义教育观的区别》一文中

① ［美］杜·舒尔茨. 现代心理学史. 杨立能等译. 北京：人民教育出版社，1981

认为，"在人本主义看来，学校应该是学生个体为所欲为的所在，只有这样，人的优异的'先天潜能'才能够充分地得到实现。……他们眼中的'自我'以及'自我实现'是脱离了社会关系的'个体'和'个体实现'，是完全凌驾于团队法则之上的。因此，这些看法是片面的。人本主义教育观从根本上忽视了社会环境及学校教育对学生发展的重要影响。而且由于过度强调个人的需要，而对社会的需要缺少必要的责任心曾受到批评者的指责"①。

人性化教育理念与人本教育思想一脉相承。在人性化教育理念与人本教育思想的共同作用下，学校德育出现了十分尴尬的局面：

第一，德育地位被压制，似乎德育就是缺乏人本、没有人性。

第二，德育作用被否认，似乎德育可有可无。在人本教育思想的"打压"下，学校德育走进了一个困境。

华南师范大学现代教育研究与开发中心的教育学家、德育专家郑航教授在《走出道德教育的"人性论困局"》中指出：社会转型期，人们对人性的多元化理解，虽然有助于深化对道德教育的认识，却也使道德教育陷入了前所未有的"人性论困局"，并由此导致德育实践的左右为难、无所适从的局面。道德教育的这种"人性论困局"主要表现在：

其一，在道德教育的思想基础上，表现为人性本善与人性本恶的困局。

其二，在德育实践的逻辑起点上，表现为"道德人"与"经济人"的困局。

其三，在道德教育的目标取向上，表现为现实人性与可能人性、有限人性与无限人性的困局。

其四，在德育影响的作用机制上，表现为固有属性与生成属性的困局。

2. 对人本教育思想的质疑

人本教育与人性化教育的核心思想相同。人性化教育延缓了学生社会化的过程。由于是人类社会、由于人具有"自然属性"，人必须经过社会化过程，才能适应社会。因而人的社会化过程是很必须的，也是很重要的。

人的社会化过程是阶段性的。人的社会化过程的最佳时期是青少年时期，在青少年步入社会之前社会化过程就应该完成，这样有利于青少年及早地适应社会，有利于青少年的生存、发展，否则社会化过程放慢，对青少年的成长、发展不利。

人本主义教育思想一方面强调教育为人的生存、发展，另一方面却又大力主张教育人性化，两者之间又没有明显的界线。这样，人本主义教育思想实际上是强调关注人的"自然属性"，而又从根本上否认了、忽视了人的"社会属性"。那么，就只能得出这样的结论，或者至少使人认为：人性化教育是人的生存、发展的必要前提条件，或者人性化教育有助于人的生存、发展。这至少在理论逻辑上是错误的，给人思想上造成混乱。人本主义教育思想主张教育人性化，不利于人的社会化教育。

学校教育是学生社会化的重要过程和手段，主张人性化教育使学校放松了对学生社会化的教育，延缓、耽误了学生社会化的过程，削弱了学生社会化的程度，无疑会对学生今后步

---

① 张晓燕. 论教育人性化——兼谈以人为本教育观与人本主义教育观的区别. 中国教育学会基本理论专业委员会第12届年会论文集，2009（11）

入社会产生影响，不利于学生的生存、发展。

人本教育与人性化教育都主张以人为本，尊重、关心、理解与相信每个学生、发展每个学生，主张从教育内部去考察教育的特点与规律，认为“教育就是发现人的价值”，“教育就是发展人的个性”。但是，一个简单的问题：人性具有自然属性和社会属性，教育的目的就是使学生个体尽快地、较好地从自然属性“社会化”过渡到社会属性。如果学校教育像人本教育思想主张的那样：只关注人性的自然属性，强调人的自由放任、自由发展，而忽视人性的“社会属性”，忽略人的社会化过程。那么，既然人不需要“社会化”过程，就不需要“教育”的存在，还要“学校教育”干什么？若果真这样，也就不需要“人本教育思想”来指导“教育”了。

我国一些人本教育思想的拥戴者，片面地理解马斯洛的“需要层次理论”，不加分析地将马斯洛的“需要层次理论”的最高层次“自我实现需要”作为教育学生的最高境界。其实，马斯洛的“需要层次理论”（如图4所示）的精髓，包括：

第一，人的需要分为五个层次，分别是生理需要、安全需要、社会需要、尊重需要和自我实现需要（自我价值实现需要）。

第二，这五个层次是有层次递进关系的，即五个需要层次是有内在逻辑关系的，也即只有实现了低一级的需要之后，才有可能实现高一级的需要。例如，个体只有温饱问题解决，满足了“生理需要”之后，才有“安全需要”的追求；只有满足了“安全需要”之后，才有“社会需要”的追求；只有“四个低一级的需要”完全满足之后，才有最高的“自我实现需要”的追求；也即只有“初级阶段”的需要实现之后，才有“中级阶段”的需要追求，只有“中级阶段”的需要实现之后，才有“高级阶段”的需要追求。

第三，“自我实现需要”是有前提的，即人只有到了经济、生活、安全、社会地位等得到完全满足和保障的时候，其所追求的境界就不仅仅是温饱、安全和受尊重的东西，而是“自我价值”的体现，以达到“自我实现”的境界。

第四，“需要层次理论”揭示了人的“需要层次”自低至高的现象和追崇需要的规律。

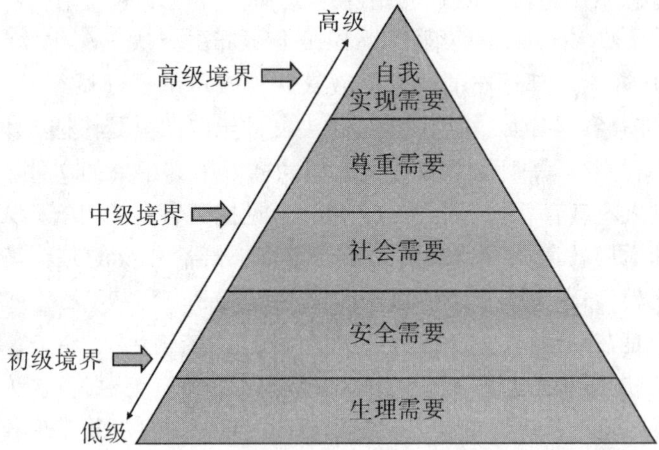

图4　马斯洛的“需要层次理论”

马斯洛的“需要层次理论”表面上看，是“生理——心理——精神”层面上的递进，但实际上隐藏着一个定律：递进关系的核心，就是它是有前提基础的，前一种“需要”是后一种“需要”的基础，不能随意跨越的；前一种“需要”没有达到（没有了基础），就不可能存在、跨越到后一种“需要”。违背这一定律是错误的。总而言之，马斯洛的“需要层次理论”告诉人们：“需要”是有层次的，是递进的，不可跳越的；“需要”是有前提的，没有前提基础的“需要”是虚拟的逾越，是不存在和不可能实现的“需要”。因而，“自我价值实现需要”是有前提的，没有前提“需要”的满足，“自我价值实现需要”是不存在的，“自我价值”是不可能实现的。然而，一些主张人本教育思想的教育者，对没有独立生活能力、没有社会适应经历、没有“四个低一级需要”的满足和体验的中小学生，特别在没有讲清楚“前提条件、递进关系”的情况下，大肆宣扬“个性发展”的尊重需要，大肆教育其“自我实现”的需要。这无疑是“断章取义的跳越式”教育，是违背递进关系定律的教育，是难以“实现价值、精神层面”的教育，是一种曲解和误导，得到的教育效果：不是精神层面上的“自我实现”，而往往是物质上、生活上、名利上的“自我实现”，而物质上、生活上、名利上的“自我实现”与自私自利又有多大的区别呢？在中小学生的眼中，“自我”以及“自我实现”是脱离了社会关系的“个体”和“个体实现”。

因此，将“自我实现”作为人本教育思想的核心内容和精髓，不是马斯洛的意愿，而是后人的任意演绎。这就值得商榷。

人本教育思想的一些拥戴者，片面地鼓吹“愉快教育”，认为只要以人为本，或“愉快教育”，就能使个体达到“成功教育”、“和谐教育”，就能实现教育目标。然而就教育现实来看，学生厌学现象越来越严重，学校教育遇到的问题越来越多。实际上当前的学校教育，恰恰最缺乏的就是约束教育、磨炼教育、挫折教育、意志教育（大多成功人士的经历），使一些学生变得娇气、骄横（如80后、90后受人本教育思想影响的学生），甚至变得野蛮、匪气（如受不良家庭教育的某些“富二代”）。

人本教育思想的一些拥戴者，片面地将人本主义教育作为素质教育的思想源头，片面地将人本主义教育思想作为素质教育的指导思想和教育改革的指南，甚至还将中共中央1993年颁布的《中国教育改革发展纲要》、1999年颁布的《关于深化教育改革　全面推进素质教育》和2001年教育部颁布的《基础教育课程改革纲要（试行）》等文件精神予以自由理解、认识、演绎、解读，并主观地对中央文件予以“处处渗透人本主义教育思想”、“体现人本主义教育思想”等评论，这是失之偏颇的。中共中央的文件不是学校教育的指导思想，却成了被人本教育思想所指导的文件，可见拥戴者是如何吹捧人本主义教育思想的。实际上当前的学校教育，不是缺失人性化教育，恰恰相反的是，其实行的正是片面的、过分的人性化教育。

人本教育思想是在批判科学主义教育思想将教学“结构化”、将人“机械化”的过程中产生的，未免有些“矫枉过正”，使自身“极端化”和“绝对化”。人本教育思想的提出，对教育产生了一定的积极影响，但它受到时代的局限，某些提法和主张已经不能符合现代社会的要求，培养出来的人才不适合现代社会的需要。在讲究团队精神和合作精神的现代信息社会里，人本教育思想指导下所培养出来的人才，个性未免太张狂、太自我、太追求人性化，工作中未免缺乏“他人感受、团队合作”。

四、心本教育是人本教育的深化

（一）“心本”与“人本”的不同

1. 教育思想定位的不同

归根结底，人本主义教育的思想定位是以“人性为本位”，也即“人性本位”；心本教育的思想定位是以“心品为本位”，也即“心品本位”，或叫“心性本位”（心品是内在本质，心性是外部表现）。

人本主义教育思想与传统教育思想、科学主义教育思想之争，其焦点是“人性”与“德性”之争。所谓德性，就是“社会本位”需要的、社会规范所要求的人的道德秉性。“人性”与“德性”是相对立的，而经过心本教育后的人的“心性”，是能够与“德性”相融的。这就是“人性”与“心性”的差异，这就是心本教育思想定位与人本教育思想定位的最根本的差别。

2. 教育目的观的不同

教育的对象是人，教育本质目的是培养人，因此关注教育对象——人，是探讨教育目的的核心问题。人本主义教育思想与传统教育思想、科学主义教育思想之争的焦点，也可以说是教育“个体本位”与“社会本位”之争，即教育究竟是“为个体发展服务”还是“为社会进步服务”的问题。由于“人是一切社会关系的总和”，因此争论的焦点归根结底是人，即教育目的是培养“个体本位”需要的人或是培养“社会本位”需要的人。

心本教育思想与人本教育思想在教育目的观上的不同：教育究竟培养“什么样的人”。人本教育的目的观是培养“自我表现”、“发展个性”的人——难与“社会本位”需要共融，甚至难与他人相处，难以达到“自我实现”；心本教育的目的观是培养“健全人格、良好个性、和谐心态”的人——以良好心品与“社会本位”需要共融，调适心态与他人和谐相处，最终达到“个体发展”与“社会发展”相一致。

心本教育目的明确，它可归结为：心品是个体生存、发展的内在动力和为社会服务的外在表现的魅力，心品影响个体的生存、发展，从而也影响社会发展。因而，“心品本位”决定人的生存、发展，也在一定程度上决定社会的发展；“心品本位”的人影响“社会本位”的发展；反过来说，“社会本位”需要的人是“心品本位”良好的人。

3. 教育价值取向的不同

教育的价值体现究竟是什么？心本教育与人本教育价值取向的差别在于：培养什么心态、心品的人。这是一个很严肃、很重要的问题，如果人的心品不正，提倡什么“个性发展”、“自我实现”就会使学生误入歧途，“以人为本”也就成为一句空话。心本教育的价值取向是“心品本位”价值取向，即“教育是以造就人的品质为其目标”，而人的品质以心品为基础，它决定着人的一切后续的教育和发展。心本教育的价值体现：给予受教育者今后对个体本位发展、对社会本位发展所需要的法宝——心品。心本教育在价值取向上的贡献：架起人与社会之间的桥梁，使人与社会的关系相统一，缓解人与人之间的矛盾。同时，它牵引了教与学之间各种需求的对接，调适了教育者与教育对象之间的和谐。

具体而言，只有心品良好的人才能有效地接受教育，才能更好地生存、发展，才能做到“自我实现”与为社会本位需要服务的一致性。这是心本教育价值取向的具体体现。

无论是教育思想定位、教育价值取向还是教育目的观，心本教育思想都强调“心品本位”的教育，认为人的整体品质以心品为基础，“心品本位”决定着人的一切后续的生存、教育和发展的成败。心本教育是对人本教育思想的一种深化。

（二）心本教育对人本教育的意义

1. 起着弥补作用

人本教育倡导的“人性解放”、“个性发展”、“自我表现”和“个体需要”，容易使受教育者个性张狂、秉性自私，缺乏责任感和团队意识，从某一意义上说也容易使人与集体、人与人之间的关系处于紧张状态，难以和谐。心本教育思想对受教育者的贡献是：给予学生今后的本位发展、适应社会本位发展所需要的法宝——良好心品。心本教育思想对教育的贡献是：填补了人本教育思想忽视“人的心品”构建的空白，修补了人本教育思想的某些局限和缺陷。从某一意义上说使得人与集体、人与人之间的关系更为融洽。这是心本教育对人本教育起到的弥补作用。

2. 起着调适作用

在学校教育中，人本教育思想的“个体本位”与传统教育的“社会本位”是一对难以调和的矛盾；人本教育思想主张的“人性”教育与传统教育的“德性”教育也是一对难以调和的矛盾。那么心本教育思想倡导“心品本位”和“心性”教育则是缓和两对矛盾的调适剂，缓解了“个体本位”与“社会本位”之间的争论，从而使人与社会的关系相统一。因此，它在这两对矛盾中起着调适作用。

3. 起着深化作用

心本教育是学校教育的必然走向。在人本教育思想的指导下，学校不敢严格要求、大胆管理学生，教师和班主任不敢批评违反纪律的学生，致使个别学生放纵自己，学校屡屡出现严重违规事件、群体斗殴事件，出现学生吸烟、吸毒、勒索等违纪违法行为，班级产生了“小霸王”、“小皇帝”。如果学校倡导心本教育、加强学生的心品教育，则有望减少学生的恶性事件和不良行为的出现。

如果说人本教育思想主张的“人性解放”、“个性发展”、“自我表现”和“个体需要”是一种缺陷，那么心本教育思想主张的“心品教育”、“两元结构与关系平等”、“共同愿景与认知统一”、“以心为本”和“从心开始”则是对人本教育思想的一种深化。如果说传统教育是“师道尊严”的“师本”教育思想，则人本教育是“以生为本”的“生本”教育思想，是教育思想的第二次革命，那么心本教育就是“以心为本”的“心本”教育思想，是教育思想的第三次革命。可以用“师本→生本→心本”的公式来表示。

心本教育思想是对人本教育思想的反思、批判和发展、深化，教育必须从“人本”走向“心本”。

第二节　心本教育对道德教育的作用

一、道德教育的实质与社会作用

什么是德育？德育的实质是什么？

（一）德育的实质

1. 德育与人

德育是道德教育，现行的学校德育包括政治思想和道德品质的教育等。德育与人有密切关系，德育是改造人、塑造人、培养人的问题。实际上，人的社会化过程包含德育过程——这就涉及用什么样的道德规范、标准去教育人的问题——德育的目标和任务问题；实际上，德育隐藏着“人是什么？”“人应该是什么？”和“人应该如何生活？”的深层含义问题——德育对人的认识问题、德育的育人力度问题、德育与人的关系问题等。历来，德育就是学校教育（包括社会教育、家庭教育）的重要组成部分，是育人的首要任务。

2. 德育的实质

德育的实质是什么？这就需要理性的分析德育的根本目标和基本任务是什么？也要了解人是什么？

（1）人类的欲望。

人类是有欲望的。人类的欲望有两个层面：其一，人类有本能欲望——物欲、性欲、贪欲（第一欲望），而人的本能欲望从原始社会至今都存在。其二，当进入人类社会，人的欲望又有了尊严欲望、自由人权欲望（第二欲望）。人类的第一欲望，有其丑陋的一面——自私、淫乱、违背社会公德；人类的第二欲望，有其合理的一面——社会要维护人的尊严、自由的欲望。因而，不能笼统地提出“人性解放”，不能片面地鼓吹“人性自由”，更不能不加分析地说“生理需要”（实际上马斯洛的“需要层次理论”，也没有认为“生理需要”可以不受“社会约束”）。否则会给学生造成思想道德混乱，会给教育带来尴尬。

人类的欲望需要德育来规范。德育不是从来就有的，是进入人类社会才产生的，而且存在了几千年。这说明德育存在的合理性，德育不仅是社会需要，而且是人类发展的自身需要。那么，德育存在的意义在于：适当地约束和规范人类的第一欲望——处理人与人的生理需要；合理地维护和规范人类的第二欲望——处理人与人的自尊需要。

（2）德育的实质。

德育的实质是将“原本人性”改造为适应社会的“社本人性”。这个过程，社会学叫“社会化过程”（社会化过程还包含其他内容），道德教育叫“德育过程”。人的“社会化德育过程”是“先人”改造“后人”成为符合社会道德规范所要求的人的过程——将“原本人性”改造成“社本人性”的过程。“原本人性”是指社会化之前的人性，包括人的本源、本能、本性；“社本人性”是指社会化之后的具有社会规范的人性。说到底，社会规范的内容是德育的基本内容——信仰、理想、事业、责任、公德、爱心等（如图5所示）。

原本人性 —社会化德育过程→ 社本人性

↓　　　　　　　　　　↓

本源、本能、本性　　　　信仰、理想、事业、责任、公德、爱心

图5　人的社会化德育过程原理示意图

从理论上说，人的社会化德育过程是要消除人性所谓“丑陋”的一面，达到具有信仰、理想、事业心和有人生目标、责任、爱心的“完美”的一面。但是现实中，人性是极其顽固的，因为它有人的动物本性的一面，所以无论社会化德育程度如何，人仍保留着人性的本质弱点。这就是人性的两面性。因此，人经常会出现“本性反复”的表现，如出现物欲、性欲、贪欲等欲望和行为（包括贪污、淫乱等）。

由于人性是极其顽固的，对社会化德育过程是抵制的，因而社会化德育功能有其局限性；由于人性改造程度存在个别差异，因而个体的社会化后果不存在着同一性。一个人在社会化德育过程中，“原本人性”与“社本人性”的差距越大，心理冲突可能越强。一个人的本性欲望与社会意识的差距越大，出现心理矛盾的可能性越强，产生心理问题的可能性就越大，且可能会越严重；反过来则越小、越轻。例如，在赡养父母的问题上，由于客观能力等原因而未能很好尽到义务责任时，一个道德良好、责任感强、有爱心孝心的人，与一个完全相反的人，精神上的痛苦感受、心理冲突截然不同，出现心理问题的几率也就不同。又如，一个性生理与性道德都十分强烈的人，心理矛盾就大，出现心理问题和行为问题的可能性就大，反之就小。

因而可以这样假定：理想的、完美的“社本人性”与所谓丑陋的“原本人性”是一对难以调和的矛盾，在人的内心、意识和精神上长期冲突，是人产生心理问题的根源。因而可以断定：人被“社会化德育过程”在其本能上是抵制的、不情愿的，甚至是痛苦的（因为德育毕竟是约束人的自由和控制人的行为），或者说，人在“社会化德育过程”中，由于人的本能欲望与道德规范的心理冲突而产生了心理问题。

那么，心本德育就是要引导学生正确认知这些问题，优化学生的心品素质以化解这些问题和帮助学生消除、调节心理问题，使学生以正确、平和的心态对待“被改造、被教育”，使德育更具效果。

必须强调的是：德育的根本任务决定了德育内容、德育方法和评判标准。我国的传统道德中就有许多德育的典范内容，因此，才有“传统美德”之称，故传统道德要批判继承，不能一概废弃。

必须承认这个事实：德育标准就是“行为准则”，而历来“行为准则”的基点是以社会需要、社会规范为前提的，以社会需要、社会规范来要求个体行为的，即个体“不能违反××准则”，“不能有××行为”，也即传统的德育是限制和约束个性自由的。

还必须承认这个事实：人本主义思想是在反对传统思想，尤其是在反对传统道德思想的束缚中产生的，它提倡的人性自由、个性发展和自我实现，迎合了人性的某种需要，因而得到一定的推崇，而它的某些主张与传统道德思想是格格不入的。

（二）德育的社会作用

如何看待德育的社会作用？这就要分析德育的目的功能和社会价值了。

1. 德育的目的功能

德育的目的功能体现了德育的本质。德育无论是作为一种相对独立的社会实践活动还是作为学校教育的教育活动，对社会的进步、个体的发展都具有重要的目的功能性。德育通过有目的、有计划、有措施、有系统的表现形式，对个体和社会施加作用，这是德育的基本功能。德育的基本功能主要有：

（1）社会目的功能。

德育本质决定德育的目的功能，而德育的目的功能体现了德育的本质。

第一，维护社会稳定和促进社会发展。① 一方面，德育通过社会规范、道德准则、道德标准来影响公民的思想与规范公民的行为，以此来塑造合格公民；另一方面，德育通过各种强制措施和手段来传播和倡导社会稳定与发展所需要的政治、思想、意识、观念和舆论。其最终目的是维护社会政治、思想的稳定，促进社会道德、文化和经济的繁荣发展，促进文明社会、和谐社会建设。

第二，起着社会导向作用。德育通过有目的、有计划的传播德育内容、德育规范和德育准则以及培养下一代公民等措施；通过发挥教育作用，直接影响受教育者的发展方向，直接反映时代特点和社会要求，的确对社会发展起着导向作用。

（2）个体目的功能。

德育的个体目的功能，存在着以“社会本位”还是以“个体本位”为前提的问题。

第一，制约个性化发展的方向。这是以“社会本位”为前提的个体目的功能。德育的核心作用就是使青少年习得社会角色和社会规范，形成社会价值观和社会行为，德育将青少年导向社会需要的道德体系之中，从而制约了青少年的个性化的方向。这一德育过程属于人的社会化过程。

第二，满足个体自我完善的需要。这是以“个体本位”为前提的个体目的功能。人有自我完善的需要追求，也有崇善的本性一面，一个自我完善、从善去恶的人是幸福的人。反过来说，一个缺德的人是没有崇善和幸福可言的。德育通过教育人的真、善、美，培养人的德性，使人更加适应社会环境而更好地生存生活，使青少年做一个“有道德”的人。

第三，激发和调节个体的发展。这也是以“个体本位”为前提的个体目的功能。德育通过培养人的世界观、人生观、价值观和信念、观念以及崇尚真、善、美来调节个体的内心和精神世界，从而激发个体奋发精神，促进个体的发展。

然而，“社会本位”的目的功能与“个体本位”的目的功能，有时是难以调和的矛盾，尤其在德育内容与德育过程方面是难以共融和调和的。这是德育自身的局限。

2. 德育的双重价值

德育的双重价值是指德育的社会价值——促进社会发展；以及个体价值——促进个体发展。这也是德育的双重价值。

---

① 扈中平等. 现代教育理论. 北京：高等教育出版社，2000

（1）德育的社会价值。

德育作为传递一定社会的政治、意识、观念、规范、准则的工具，作为培养一定社会所需要的人的重要手段，完全体现了德育的社会价值。哪怕是强调个体的自我“修身”，也是为了“齐家、治国、平天下”而已，归根结底还是体现德育的社会价值。

（2）德育的个体价值。

德育的另一个目的功能在于培养个体的思想品德、精神修养，以此促进个体自身的完善和发展。这体现了德育的个体价值。但这是有前提条件的，即在一定社会条件下实现个体价值。也就是说，在不违背社会价值的前提下实现个体价值。

理论上，德育的双重价值观是存在的、可行的，但在实践中，德育的双重价值有时很难把握，很难完全共融，往往出现重视社会价值而忽视个体价值的现象。中小学的德育实践活动中，这一现象很普遍、很突出。这就反映了一个根本问题——教育思想的问题。

3. 德育的矛盾性

现代教育理论认为，德育过程存在“三个要素”：即教育者、受教育者和德育内容方法“三要素”。

现代教育理论认为，德育过程是促进个体思想道德社会化和社会思想道德个体化的统一过程。[①] 这就暗示，学校德育存在着基本矛盾，也就是：代表着社会需要的教育者所提出的“德育规范要求”与被改造、被塑造的受教育者“思想品德发展现状”之间的矛盾。这对矛盾，在学校德育实践中的确存在。

这一基本矛盾，可分解为：

其一，德育的“社会目的性”与“人性需要”之间的矛盾。“人性需要”是多方面的，复杂的，甚至是自私的。因此，需要德育的“社会目的性”来起作用，需要社会道德、纪律和法律来约束和规范“人性需要”，否则社会必将混乱。也因此说明，德育的“社会目的性”与“人性需要”之间是矛盾的，否则就不需要德育的存在。

其二，学校的“德育过程”与学生的“心理承受力”之间的矛盾。“德育过程”是约束人、限制人、改造人、塑造人的；而德育方式是灌输的。有一些学术文章，提倡德育要采取疏导、诱导的方式，但完全否定德育的灌输方式，这值得商榷。因为，“人性需要”有自私和顽固的一面，如果没有一定的压力和灌输，德育是难以进入头脑并形成行为习惯的。但必须承认，学校“德育过程”与学生的“心理承受力”之间是有一定矛盾的。因为，被约束、被限制、被改造、被塑造，心里总是不舒服的；有压力和灌输，自然就会产生抵制心理。

这两方面的矛盾是德育的深层矛盾。要解决学校德育的无为状况，必须重视和解决深层性的矛盾。

综上所述，德育在维护社会稳定、促进和导向社会发展以及促进个体自我完善和发展等方面发挥了极大作用。毋庸置疑，社会不可以没有道德，个体不可以没有德性，但如何促使德育的社会目的功能性与个体目的功能性统一，如何做到德育的社会价值与个体价值

---

① 扈中平等. 现代教育理论. 北京：高等教育出版社，2000

的高度统一，就值得我们深入研究。

二、道德教育的理论前提依据

有学者认为，道德教育在理论前提的依据上是极其复杂、混乱的。其原因是，德育理论依据的是人性问题，而人性是一个极其复杂，且又争论不休的问题。有研究认为，道德教育的理论前提是以人性论为依据的。

（一）人性本恶的理论前提依据

"所谓人性，顾名思义，也就是人的属性，也即人所具有的属性。"① 人性是人之所以为人的根本，是"什么是人"以及"人是什么"的根据②。人性本善或人性本恶是一个有争议的问题，也困惑了历代无数的思想家、哲学家、政治家和教育家。在我国古代，人性本恶以儒家荀子为代表，他认为"人之性恶，其善者伪也……"可以说，人性本善或人性本恶是一个争吵了几千年的尚未定论的永恒问题。不同的人性论，必然导致不同的教育观，也必然影响到整个教育过程和教育效果。

然而，道德教育是建立在人性本恶的人性假设的理论前提之上的，依据人性本恶假设来主导道德规范和进行道德教育。其理由是，由于人性本恶，故对人性需要塑造、改良，需要道德教育，这样人才能适应社会，而社会才会有规范、秩序，才能运行。这完全是以"社会本位"为基础的道德教育观。人性问题是教育理论的基石、前提，任何教育理论的探讨都绕不开人性问题。但是必须认识到，用尚未定论的"人性"假设来讨论任何教育理论，并将其作为前提依据，是需要谨慎再谨慎的。

（二）人性弱点的理论前提依据

人性的本真是什么？有学者认为，人性的弱点才是人性的真实一面。何谓人性的弱点，冉亚辉在《论人性的弱点与道德教育——对道德教育实践理性的探索》一文中是这样定义的：人性的弱点是指社会个体由于自身或社会所导致的个体与个体之间差异或自身心理与现实的差异等引起的导致个体行为和目标消极阴暗取向的心理。它是在个体层面普遍存在的，并决定个体和社会和谐的重要因素，也是决定个体自身道德水平的重要的心理品质。这就是说，人性弱点是个体行为和目标消极阴暗取向的心理，即人性存在着"个体与他人或社会现实的差异而引起的个体行为和目标消极阴暗取向的心理"的弱点，需要借助道德教育的力量来克服人性的弱点。这个克服人性弱点的过程就是道德教育的过程。道德教育是人之为人的根本，"人只有通过教育才能成为人"③。

由于人性弱点广泛见诸社会中的个体，因此道德教育具有必要性，同时也具有艰巨性。人性的弱点使道德教育具有艰巨性，主要是指道德教育的低效和褪色，自古以来就有不少个体成了"道德侏儒症"，德育一直以来都面临着挑战。因此，由于人性弱点永远存在，道德教育就永久存在。

---

① 王海明．人性论．北京：商务印书馆，2005

② 王琰．人性的内涵、特点等及其教育学思考．中国教育学会基本理论专业委员会第12届年会论文集，2009（11）

③ ［德］康德．论教育学．赵鹏，何兆武译．上海：上海世纪出版集团，2005

（三）人性塑造的理论前提依据

由于道德教育以“人性本恶”和“人性弱点”为理论前提依据，因此，就必然产生“人性塑造”的理论。“人性塑造”理论一直隐蔽在许多教育、德育的论著中。“人性塑造”理论认为，人性必须经过塑造才能“由恶转善”，认为人性完全能够被改良、改善，认为道德教育能够使人性得以改变。“人性塑造”理论夸大了教育和德育的功能，以为道德教育是万能的。

因而，在人性塑造的理论前提依据下，建立起一套相对完整稳定的有利于社会秩序和社会统治者的道德教育内容体系，并通过统治者的权力对人尤其是对青少年进行理所当然的人性塑造。无疑，人性就成了“人性塑造”的对象，成了道德教育的遵从学奴。实践证明，人性是相对稳定的，甚至是顽固的，是难以塑造的，因而道德教育的功能是有限的，德育效果是相对的。

就上面三点“前提依据”而言，心本德育认为：

第一，人性存在恶习、弱点的一面，这是事实和存在，如果人性反过来，那么就没有德育存在的必要。这是讨论问题的前提。

第二，德育的有效性，要靠个体的心品、心性来起作用，如果人的心品、心性有缺陷，德育一定没有效果；如果人的心品、心性未能调节好，被塑造的人就会出现问题，必定抵制德育，从而影响德育的有效性。因此，心育与德育有一定的联系，心育是德育有效性的基础保障。

三、道德教育的局限

（一）德育目标定位上的缺陷

德育目标定位上的缺陷是德育目标社会性。所谓德育目标社会性，是指德育目标服从社会政治需要和意识形态教育需要。德育目标社会性是教育目标的社会制约性的最集中、最突出的反映。德育目标定位上的缺陷主要表现在：

1．德育目标侧重德育“社会本位”，忽视德育“个体本位”

纵观学校德育，无论是德育目标还是德育任务，都以社会需要为本位，都以满足维护社会稳定、促进社会发展的需要为前提，都以实现德育社会价值为前提，说到底是将学生塑造成为社会需要的人。而学生“个体本位”的发展，必须以服从“社会本位”需要为前提。虽然德育也经常强调，要培养具有真、善、美和正确的世界观、人生观、价值观的学生，不断强调彰显“满足个体自我完善的需要”和“激发、调节个体的发展”的德育个体目的功能。但是问题在于，个体的“真、善、美”和“正确的世界观、人生观、价值观”的标准，完全依据“社会本位”的需要来确立，德育的“个体本位”几乎全部淹没在“社会本位”的罩盖之下。整个学校德育很难让学生体会到，学习“德育”很开心、很必要，能促进自身发展，能体现个体价值，相反，德育感受到的仅仅是约束、不自由、不开心。究其原因：教育者是德育目标的制定者，德育目标是教育者主观臆断出来的。

2．对人性的认识不足，对人性改造的难度认识不足

德育是人的社会化工具，是改造人性的——将“人性”变为“德性”。但德育对人性

的认识不足，对人性改造的难度认识也不足。这里的“人性”是指人在社会化之前的人性，也叫“原本人性”，“德性”是指社会化之后的具有一定社会规范的人性，叫“社本人性”①。然而“原本人性”是人最本源、最本能、最本性的相对稳定、比较顽固的东西，改造“原本人性”是极其困难的。原因：

（1）人的本能、本性中贪婪、欲望一面，是难以改变的，是顽固的；

（2）人非动物，有意识，会感知被改造的痛苦和抵制改造。因而“社本人性”的成分往往不纯，往往会出现反复，给改造增加难度。

另外，“社本人性”与“原本人性”是一对难以调和的矛盾，在人的内心、意识和精神上长期冲突，这是人产生心理问题的根源。因此：

（1）德育不得不承认这样一个客观事实：改造人性是困难的，被改造是痛苦的，会出现心理问题和心理抵制。

（2）德育还必须认识到，“人的社会化”是人的心理问题产生的原因之一。学生青春期的心理与行为问题，就是本能、生理的内因与社会道德规范的外因不相容的结果，也是最好的例证。对待这些问题，学校德育要有足够的认识。

还必须承认这一客观存在：人本主义思想之所以能够产生且在学校教育中得以产生长期影响，就是它充分认识到人性需要和需求的一面，理解人性被改造的不舒服的一面，因此它受到广泛的接纳和欢迎。但是人本主义教育思想在理解、解放“人性”的问题上，与德育所要求的“德性”，在道德规范上是难以统一的。这就给学校德育带来某些冲击（在第一章第二节的心本教育的实质中已经作了论述）。

（二）德育策略定位上的问题

1．德育思想上的冲突

长期以来，学校德育基本上忽略了个体发展、个体价值，这是传统德育思想占据学校德育的必然后果。然而近年来，人本主义思想又过分强调发展个性、尊重人性，过分主张德育的个体发展目的性，过分推崇德育的个体价值。

目前，学校里实际上同时存在两种德育思想，它们相互渗透、相互排斥、相互抗衡。作为“未彻底社会化”的学生，非常喜欢人本主义德育观。而作为“以传统道德为主体”的德育，又一时难以体现个体价值，难以做到德育“双向价值取向”。而作为中小学德育的教师和班主任又不知道认同哪种德育思想，必然造成德育思想上的混乱、冲突和无所适从。这不能不说是德育策略定位上的问题。

2．忽视心本教育的调和作用②

如果说，德育是使学生从“人性”→“德性”的过程，那么，“被改造”的痛苦或产生的心理问题，就出现在德育过程之中。

如果说，心本教育的核心是对学生的心品教育，那么，心品教育就是“人性”→“德性”过程中的调和剂，心品教育的目的是调适人的“心性”。

---

① 吴舒蔓，吴发科．心理问题起因与“两极无痛”原理的探索．中小学心理健康教育，2008（8）

② 吴舒蔓，吴发科．心理问题起因与“两极无痛”原理的探索．中小学心理健康教育，2008（8）

如果说，“心品”是“心性”的内在本质，“心性”是“心品”的外在表现，那么，“心品”和“心性”就能够比较有效地调和“人性”→“德性”过程中出现的心理问题。

心本教育的调和作用，主要表现在：

（1）通过心本教育，培养学生的“健全人格、良好个性与和谐心态”，塑造学生的“心品”和“心性”，使学生具备“可塑性心态”，具有坚韧的“心理弹性”，具有适应“被塑造”、“被改造”的心理素质。

（2）通过心本教育，培养学生良好的“心品”，使学生具有自我调节、自我化解基于“人性”→“德性”过程中所出现的各种心理问题的能力。

然而，学校教育和学校德育，却长期以来不重视心本教育，意识不到心本教育的调和作用。许多中小学轻视心本教育活动，根本未开设心本教育课程或专题教育。这不得不说是德育策略定位上的问题。

（三）德育内容定位上的局限

德育内容是实现德育目标的重要条件，是德育目标在学校德育活动中的具体化。学校德育内容定位上的局限，主要表现为：

1. 基础德育极度薄弱

基础德育是指德育内容中最基本而又最必要的内容，包括道德 ABC、日常道德操行和心品教育等。目前，中小学的德育内容中，基础德育的内容较少，尤其是道德行为训练的内容极少，学生对基础道德的认知和素养极度薄弱。

2. 极度的政治化倾向

当前，中小学校德育内容出现极度的政治化倾向，包括政治思想教育、意识形态教育、精神文明教育的内容等。甚至世界观、人生观、价值观的教育和英雄榜样教育也带有明显的思想政治教育色彩。

（四）德育方式方法上的问题

学校德育一贯以来所采取的教育方式方法是单向传递、单纯要求、强制灌输。教师在课堂上是单向传递、单纯要求、强制灌输德育内容和知识，忽略了德育的践行培养。当前学校德育出现两种倾向：

1. 德育成为“学科德育”

学校德育演变成“道德学科教学”，变成课堂教学德育、书本知识德育、考试成绩德育。教师只是按照道德教育大纲、书本内容要求进行道德教育，忽略了“感悟、悟化、践行”的德育本质，忽略了对学生实际道德认识水平和道德行为质量的教育。

2. 德育出现“知行倒挂”

所谓“知行倒挂”，“知”指道德知识，“行”指道德行为，“知行倒挂”就是指学生道德知识与道德行为倒挂。学生德育考试成绩高，而实际行为能力较差。众所周知，学生政治课考试分数高，不代表思想政治觉悟高；学生德育考核成绩好，不等于道德行为表现好。

这是德育方式方法上出现的问题。“心本德育”认为：学生对道德教育的最终习得与获取，不在于“教多少”、“要求多高”，而在于“感多少”、“悟多少”，在于学会分清事物的“好坏、对错、是非”，学会把握自己的道德行为。

四、心本教育对道德教育的作用

（一）基础作用

心本教育旨在培养学生的“健全人格、良好个性、和谐心态”，旨在培养学生“自我认知、情感和意志力”，对学生进行心品塑造。而人格、个性、心态、认知、情感和意志等心品质素，是学生接受德育的内在基础条件。如果学生缺乏这些心品质素条件，再好的德育内容、方式，学生也没有能力接受，更谈不上德育塑造了。因此心本教育本身就是良好的溶剂，是德育发挥作用的基础和前提。

（二）溶解作用

一个心理不健康、心品不良的人，不仅无法接受德育，而且容易出现危害社会和他人的不良行为。对学生进行心品培养、心态调养、行为矫正，一是用良好的心品来化解不良心态和抵制违反社会道德的不良行为，起着心理预防作用；二是对出现不良心态和不良行为的个别学生予以心态调养、行为矫正，起着心理干预作用。因此心本教育是使学生从心灵上接纳德育、对违背社会规范准则的心态和行为予以调节和矫正，发挥溶解作用。

（三）化解作用

上面已论述了这样一个客观事实：改造人性是困难的，被改造是难受和痛苦的，会出现心理问题。心本教育能够化解被改造者内心的“痛苦”，对其起着化解作用。应该强调的是，化解不是要求被改造者逃避社会现实，不是佛教提倡的“遁入空门”，而是使被改造者从内心上正确认知社会规范、道德教育的必要性，正确对待德育带来的内心“痛苦”，正确理解人在从“人性”向“德性”转变过程中应该担当、承受的代价，从而自觉地化解内心“痛苦”，自觉地调整心态（而不仅仅是害怕道德的谴责和道德的约束力），从而乐意接受改造，自觉地把握自己的道德关卡和行为规范。

五、“心本德育”的实质与实践

“心本德育”的实质是什么？学校德育如何进行“心本德育”的实践？对这些问题，有必要加以讨论。

（一）“心本德育”的实质

探讨“心本德育”的实质，有利于学校德育目标任务的定位，有利于进一步开展学校的道德教育，有利于道德教育效果的提升。

1.“心本德育”的定义

什么是“心本德育”？“心”指学生的心，“本”为心本、本体，“心本德育”是指“以心为本”，从心开始的道德教育，是指以学生为教育对象，以教师为主导，以心品培养为基础条件，以注重教育者和受教育者的心灵沟通为形式前提，以道德规范准则为教育内容，以教育方式和后果的有效性为标准的学校德育。心本德育是一种新的德育观和方法论。

2.“心本德育”的实质

心本德育的概念：一是指学校德育理念，德育思想、德育内容和德育方法等均以学生的心为本体、为根本出发点，围绕学生的伦理道德价值取向、主体精神实质特点、行为实际表现而展开和实施。它既是德育理念，又是德育实践，且区别于传统的“社本德育”。二是指德育的内容和方法要适合学生的心理特点，要努力克服德育自身的缺陷，注重德育攻心的针对性和有效性。

如果就大德育观而言，学校德育的范畴，包括政治教育、思想教育、品德教育、心品教育以及法制教育和纪律教育，等等。无论何种内容范畴的教育，都必须从学生的心理实际出发，以学生的心为本体、为根本出发点来实施。这是学校“心本德育”的实质，也叫“心本德育观”。

倡导“心本德育”，就是要正确对待人与社会的“双向价值取向”；强调德育目标任务是启迪学生心灵，开启学生道德悟性和引导学生的道德表现；强调德育以学生心理特点而设计，强调德育内容要服务学生需要，要依据学生的年龄心理特点而循序渐进，其内容不能一味追求社会需要和“高、空、大”，强调教育方式要有利于学生的心品培养，有利于学生的道德意志的建立，有利于学生的道德悟化，有利于学生的道德行为养成，不能采用强制灌输、单纯教学的方式。“心本德育观”认为：

（1）以心为本，尊重学生。

学校德育要以心为本，尊重学生的人格和自尊，围绕开启学生的道德心灵、培养心品而展开。德育过程是一种提供“优质服务”的过程，提倡为学生“道德成长”服务。

（2）以心为本，教学交融。

德育过程是学生与教师心灵沟通、思想交融的过程，是“服务与被服务”的过程，而不是“强教强学”的过程；教与学的关系是一种特殊的工作活动关系，是一个不可分割的整体，一个平等的统一体，没有等级之分；教师与学生的关系是一种心心相融的朋友关系，不是从属关系，也不是“师道尊严”的关系。

（3）以心为本，才有效果。

最近，许多德育文章都提倡以人为本，提倡德育要“理解、尊重和关爱学生”，这没有错。但是，德育只靠“理解、尊重和关爱学生”是不够的，只靠“理解、尊重和关爱学生”是难以有德育效果的。德育要有效果，更重要的是：第一，学生有良好的心理品质作基础；第二，学校德育只有在学生理解、悟化之后，才有良好的德育效果。育人要育心、德育要入心，只有以心为本，才有德育效果可言。心本德育提倡教育者与教育对象的德育目标任务、德育内容过程和德育效果的高度一致性。

3.“心本德育观”的形成

概括起来，“心本德育”是心本教育思想理念下的道德教育。“心本德育观”的形成，是在人本德育“充分尊重和发挥学生的主体作用”的基础上，注重学生自身的“心品素质”的前提下建立起来的。也就是说，第一，主张将学生当作教育对象，努力发挥其教育对象的主观能动作用。第二，强调受教育者的心品素质是教育有效性的关键。“心本德育观”注重“把来自个体外在的感动，转化为个体内在的自觉”，努力使学生自身形成道德感、产生积极的道德养成过程，以促进个体的全面发展。这就是“心本德育”相对于“人本德育”的较大的价值提升。

“以心为本”的德育观不能仅停留在表面或口头上，更要落到实处。心本德育观不仅是道德教育观，而且是教育方法论。“心本德育观”要求教育者在教育过程中，首先，要以“心”为本，要抓住人心，其中最主要的是抓住人的内心最基本的需要，帮助其在道德认知上实现自我渴求感，在道德情感上实现自我满足感，在道德意志上实现自我养成感。这一环节不但强调抓住人心的需要，还强调以个体“心品”为基础。其次，要以“心”为本，要渗透人心，要实施有效的教育策略，帮助学生产生教育感悟，使道德内容入心、悟化，养成道德行为。这一环节强调的是教育如何入心、如何养成。

4.“心本德育”的作用

（1）“心本德育”体现德育特质。

德育与智育不同，智育侧重传授知识，而德育侧重培育精神，这是德育的特质。传授知识，教师“授智于生”，学生一般容易接受，且认真学习，知识就能掌握；培育精神，教师“施德于生”，学生难以接纳，且不认真学习，道德不一定好。衡量知识，可适当考试，衡量精神，则无法考试。精神的培育和接纳关键在于学生对教师人格与精神的认同，对德育内容与规范的认可和感悟——道德认知、道德情感、道德意志的逐步升华和深化。传授和考核德育只是外因——教学起一定作用，认可和感悟德育才是内因——靠学生心灵的作用。

（2）“心本德育”有助实现德育目标。

学校德育的目标和任务，千条万条，归根结底就两条：①传授道德的基本知识——社会道德准则；②教会学生“做人”——校正个体的道德价值取向和行为规范。德育的难点不在于传授知识，而在于教会学生“做人”。故德育用“灌输、考试”的方法是难以达到目标的，“强教强学”的教学方式是无法实现德育目标的。通过考试只能了解学生的德育知识，不能知道学生的“做人”准则与行为。要使学生学会做人，学校德育必须改变德育模式，以心为本，从心开始；学校德育最重要的任务是激发学生强烈的“学会做人”的愿望和动机——内因发挥作用。因此，“心本德育”有助于德育目标的实现。

（二）“心本德育”的实践

认识了“心本教育”的实质之后，学校德育如何实践“心本德育”，就值得我们进一步探讨了。学校实践“心本德育”必须做到：

1.“心本德育”实践的观念前提

（1）以呵护学生心灵为前提。

“心本德育”的本质是以心为本，从心开始，因此，要高度尊重学生的人格，要呵护学生心灵，要培养学生心品，这是“心本德育”实践的重要前提，也是德育针对性、有效性的前提。尊重人格，爱护心灵，培养心品就必须做到：一方面要加强学生的心理健康教育；另一方面要防止对学生的心灵伤害，即无论学生出现任何思想道德行为问题，教师都不能有丝毫毁损学生的自尊、声誉和揭露学生隐私的行为出现，都不能有半点惩罚、侮辱和人身攻击的言行。

(2) 遵循学生的心理特点规律。

“心本德育”主张“以学定教”，学者是德育的“重要资源”，“没有学者就不存在教者”，“没有德育习得就无德育可言”。“心本德育”强调，“学校德育的全部为学者而存在、学校德育的一切从学生的心灵入手”的思想，学校德育必须遵循学生的年龄、心理特点规律，围绕学生的心理实际来设计德育的课程内容和活动形式，要以“双重德育价值”来设置德育课程内容和设计教育方法。

(3) 树立为学者服务的观念。

“心本德育”主张学校德育为学生道德成长服务的思想。“心本德育”要求教师要有正确的角色定位——既是教导者又是服务者。德育过程中，教者必须为学者服务，因而教者既需具备良好的德育业务素质，又需具备优良的职业道德和服务意识，彻底清除“师道尊严”在学生心理上的压迫感和威慑感，保持教与学的平等关系、交融关系。

2. “心本德育”实践的内容形式

(1) “心本德育”实践，提倡德育内容与德育目标和德育功能的高度统一。

首先是德育内容与德育目标相统一。所有学校的德育内容，既必须体现以心为本、因生施教、有利于学生学会“做人”和“道德成长”的目标，又必须符合社会道德规范的目标。这是“心本德育”的出发点和归宿点，也是“心本德育”的价值体现。因此，需要对德育教材内容进行进一步的审视和改革，尤其是增加心品教育的内容。

其次是内容与育人功能相统一。学校德育具有育人功能，德育功能的实效度是学生对德育内容的感悟和化为自觉的行为。德育如不能使人感悟和化为自觉的行为，就失去了育人的功能和意义。要使学生有道德感悟并化为自觉行为：一是德育内容要“浅、近、小”，易于学者内化，易于日常效仿；二是德育内容能激发学生感悟和化为自觉行为的主观愿望和动机。有了动机就有了动力，这相当重要。心理学认为需要就是动机。德育要使学生产生需要动机——我需要道德修养，道德修养能使我得到益处，我能感受到乐趣。传统德育一直以来都忽视学生的动机需要、能否接受，而总是用大政治、空道理、高标准的内容去灌输，把学生当作政治容器；从来不讲“道德修养的好处”，而大讲“良好的道德就是‘要奉献、要无私’，自己得不到半点受益”，把学生当作“圣贤思想回收站”；从来不讲究德育感悟的乐趣，只注重背道义条文、考政治大道理，道德修养过程很苦涩，把学生当作德育“药罐”。因此要改革德育内容，就要尽量做到德育内容与育人功能相统一。

(2) “心本德育”实践，要做到心育与德育形式过程的高度统一。

首先，德育要注重心育，做到德育从心开始。这有两重意识：一是心育是德育的基础，只有重视心品教育，才有德育的效果。二是心育是德育的重要组成部分，但又不能相互代替，强调德育要有效，必须从心开始，做到以心为本的道德教育。

其次，德育形式过程要适合学生的天性，使学生对德育过程“乐学愿学”。“心本德育”主张把政治性、思想性的内容寓化于日常教育、课外活动和校风建设的德育形式之中，把书本中政治思想教育的大道理简化成通俗易懂的小道理，做到“小立课程、大作教育，潜移默化、润心滋性”。

最后，德育要注重校风、班风、教风、学风等的育人氛围建设。学校校风氛围是“心本德育”实践中不可忽视的内容。其包括：一是“和谐心灵、和谐班级、和谐校园”的建设和营造；二是这个氛围不在于提供德育道理的大小，而在于提供德育氛围的好坏、对学生心灵感受的多少、对学生行为影响的程度以及对人品和德性熏陶的深度。

3. “心本德育”的基本原则

“心本德育”要遵循德育的规律和人的心理规律。高凯认为①，在实际实施“心本德育”过程中应该遵循以下四点原则：

（1）了解内心，寻找规律。

在人本德育实践中，我们也要提倡注重学生主体性的调动，但是有时候我们是从教育者的主观角度认为，那样做就是调动了学生的主体性心理。可是，我们缺乏对学生内心的真正了解，这种主体性的发挥就是表面化的。“心本德育”中，我们提倡先要对学生有内心的了解，掌握学生主体性心理特点、规律和学生现在的内心需要，这是我们“心本德育”的重要原则。

（2）真心交往，平等对话。

要了解学生内心，就不能停留在主观臆断或者对部分学生的了解上，就必须把对话沟通作为经常性的工作，对话沟通的覆盖面要广，这样才能了解更多学生的需要，才能总结出适合更多群体的德育策略。这就需要教育者经常和学生交往，而且这种交往是发自内心的，具有人格示范功能的交往，这才是学生真正需要的。

（3）以情感人，情理交融。

做人心的工作，不能离开情感，枯燥地摆事实、讲道理不能满足当代大学生的需要。苏霍姆林斯基说过：“情感是道德信念、原则性及精神力量的核心和血肉，没有情感，道德就会变成枯燥无味的空话，只能培养伪君子。”所以“心本德育”的实施，必须将枯燥的道理讲述融入情感体验中，德育双方都在此过程中感受真实的心理愉悦，这是对教育者的心性修炼，也是检验教育者是否“以人为本”的根本标准。

（4）表里如一，注重细节。

人心是最难揣摩和控制的，人心又是最细致敏感的，所以，教育者在具体的德育过程中，必须时刻注意自身的言行举止，做到表里如一，让学生自始至终感受到人格榜样的力量，让学生发自内心地敬重和信任教育者。切不可嘴上说以学生为根本，但具体做事就出现各种态度问题，对学生的内心造成影响，这是教育者必须注意的。

4. “心本德育”的实施策略

学校“心本德育”在具体的实施过程中，必须十分注意实施策略。对此，大连大学旅游学院的高凯提出：必须着力于从师德、载体、环境、评价等几个方面开展工作，突出“心本德育”的实效性②。

（1）加强师德建设，发挥教师主导作用。

德育工作不是哪个部门、哪个队伍的工作，而是学校中所有教育者、管理者以及服务

---

① 高凯．心本德育：高校人本德育的主体性诉求．文化学刊，2009（4）

② 高凯．心本德育：高校人本德育的主体性诉求．文化学刊，2009（4）

者共同参与的教育过程。因此，必须注重每个教职员工对学生言传身教的影响，在教师准入、评优、评职等多个方面要重点考核德育情况。坚决杜绝教职员工做那些影响教师身份、违背心本规律的事，以保证对学生的影响是积极健康的。

加强德育队伍建设，这是“心本德育”的重要保证。和学生接触最多、最密切的德育队伍，是学生心理成熟、人格完善的重要引路人。这支队伍的质量状况、道德状况以及价值观将直接影响学生群体的道德形成过程，所以，队伍建设是重点。

“心本德育”的过程，要求教育者必须具备较高的人格魅力和榜样作用，能够让学生从内心深处尊重他、信任他，直至产生道德认同和道德追随。用苏霍姆林斯基的话说，就是学生的个性要靠教师的个性直接去影响、去培养。

（2）加强德育载体建设，体现心本理念。

德育载体建设，是实施德育的重要途径。“心本德育”要求我们必须有发挥学生主体性作用的教育载体，引起学生内心的感动，从而提高学生的道德水平。

① 建立师生经常性平等对话机制。要让学生发自内心的产生道德认同，我们必须首先了解学生的道德状况和道德观，这就要求我们必须有经常性的了解沟通渠道。对学生的心理动向、成长需求、道德认知等能够第一时间掌握并通过对话来解决，改变以往掌握速度慢、交流方式粗放、教育地位不平等状况，突出对话的实效性。

② 加强德育课程的情理交融性。“心本德育”要求改变以往德育课程的理论性、枯燥性，应该以心理学、伦理学等诸多科学理论为指导，将情感交流和感动贯穿始终，使德育课不仅是一门课，更是一个丰富精神世界、陶冶性情的过程。

③ 加强学生体验性活动设计。解决学生内心的需要，最根本的是要让学生做自己感兴趣的事，重点是激发和促进学生的主观悟性。因此，我们在设计活动载体的时候，必须考虑到学生的参与面、体验性和积极性，不搞形式主义的活动，多搞体验式的活动。一切教育活动的设计、实施，都要能够调动学生的主动参与，都要让学生获得体验，努力做到每个教案设计都是精品。

④ 注重学生的实践锻炼。通过学生暑期社会实践、认知实习、兼职等锻炼方式，让学生每学期都有机会去锻炼自己，在锻炼的过程中，去把握社会、认识自己、认识他人，从而产生内心的道德自觉。

（3）注重环境建设，培育德育土壤。

校园环境建设要在学校文化建设的指引下，把人的需要放在第一位，把学生内心的需要放在第一位。校园的一切人文环境和物质环境都要体现育人的文化理念。

①在校园人文环境建设上，要注意加强校风、教风、学风建设。学校要按照先进的教育文化理念，积极倡导健康、和谐的人文氛围，有目的、有计划、有步骤地实施“三风”建设工作，促进“心”的和谐。要遵循人的发展规律和现实需求，在制度建设、校歌校训、激励惩罚、文字载体、网络载体等软性建设方面充分尊重人、理解人、培养人，凝聚人心，陶冶情操，促进人的全面发展。

②在校园物质环境建设上，一要充分考虑人的生活规律、舒适程度、方便程度，建立更加便捷的硬件服务，减少因不合理带来的矛盾冲突；二要通过建立博物馆、主题广场、

展览室、图书馆、室外雕塑等物质载体，融入大学精神，渗透德育功能，让学生产生内心上的感动，培养学生正确的道德观。

（4）改变德育评价模式，促进人的发展。

“心本德育”的实施是一个发展性的教育过程，其结果往往是漫长、曲折的，这就要求我们要改变以往传统德育的总结性评价模式，不能将德育效果通过总结会、报告会等单一模式来检验，而抹杀人的心理发展过程。

①要改变以往教育者主观评价为教育者、学生主体、家长、社会等多方面参与的评价主体，这样就能够更客观全面地评价。

②要从学生主体在德育过程中的参与情况、精神状态、满足需要、得到尊重等多维度去检验、考查学生德育过程的主体性作用的发挥情况。

③要从管理伦理角度评价“心本德育”效果，即学校、教师和学生三者间关系协调中的人为性与为人性、他律性与自律性、功利性与道义性、现实性与理想性等方面的处理原则。

④从教育者与受教育者的心理契约角度，考察二者是否建立了长期的、稳定的心理契约，彼此在共同的德育愿景和人格修养上形成了心理目标一致性。这是需要大量的实践、情感沟通才能形成的。

第三节　心本教育对学校管理的作用

一、关于“心本管理”

（一）“心本管理”的概念

“心本管理”的概念是20世纪末管理学家在企业管理实践中提出来的一个新的概念，也引发了管理学的一次新的理论革命。“心本管理”的概念一经提出，就得到企业界、管理界的重视和推崇，且很快就传入我国。

1. 什么是“心本管理”

“心本管理”的定义。所谓“心本管理”就是“以心为本”的管理，就是企业管理要把（员工、顾客）的“心”作为根本来管理，不仅要尊重个体（员工、顾客）的内心感受，而且要善于影响个体（员工、顾客）的心灵，从而由心灵的外在感动转化为管理者与员工心灵内在的交流与行为的自觉。①

如何理解“心本管理”的内涵。我们认为，“人是企业的资源，心是企业的根本”。即人心是企业有待开发的一种资源，“心”开发得好就是企业的力量源泉，开发不好就是企业的最大阻力，因而开发并善于运用与企业相关的人之心，企业就有力量，心才是企业兴旺发展的根本源泉。关于“心本管理”的内涵，龙长青、李琴、徐锋等在《心本管理——管理学前沿的新方向》一文中是这样描述的：

① 吴甘霖. 心本管理：管理学的第三次革命. 北京：机械工业出版社，2006

①以什么人的心为本。心本管理就是以人心为本的管理，从整体的角度出发，认为个体与群体并重，当代人与后代人并重，员工、顾客与利益相关者并重，管理应该以所有的人（人类）为本。

②以什么为本。一是从哲学意义上理解："本"即"本位"、"根本"、"目的"。二是从一般意义上理解"本"即"出发点"、"中心"。人是管理活动的"根本"和"目的"。心本管理的最终目标就是为人的全面发展创造物质条件和自由发展的空间，管理要成为促进人的全面发展的重要手段。人心是管理活动的出发点，通过充分调动员工的主动性、积极性和创造性，提高工作效率，最终实现企业的发展目标。

2. "心本管理"的基本要素

"心本管理"作为一种新的管理理念，有着自身的基本要素。龙长青、李琴、徐锋等在《心本管理——管理学前沿的新方向》一文中提出了"心本管理"的四个基本要素。四个基本要素是：

（1）心理契约①。

谢恩（Schein，1980）认为，"心理契约是在组织中每个成员和不同的管理者以用其他人之间在任何时候都存在的没有明文规定的一整套期望"。卢梭（Robinson and Rousseau，1994）提出了更具体的心理契约定义，认为心理契约"不仅具有期望的性质，也具有对义务的承诺和互惠"。个体行为受人格与行为情境两重影响。根据人格方法来选拔、培训、选配人员在某种环境下能改善和提高组织效率。具体而言，组织中公民的人格应包括：责任意识、服务观念、诚信操守、求实品德、进取精神、平等态度。管理者在长期的管理实践中，注重知行统一，提高人格素养，塑造自己的人格形象。

（2）管理伦理②。

管理伦理是管理活动中形成的各种关系以及协调处理这些关系的道德原则和规范总和，包括管理伦理意识、管理伦理关系和管理伦理活动。管理伦理在处理企业生产经营内部的关系时其道德规范主要指向与顾客、员工和利益攸关者三层关系。管理伦理具有自然性与社会性、人为性与为人性、他律性与自律性、功利性与道义性、现实性与理想性。管理具有伦理功能，伦理具有管理功能，两者结合可以发挥巨大效益。

作为一种特殊的调解规范体系，管理伦理可在经营中处理互相矛盾的事物时发挥作用，表现为现代管理的基本原则。主要是：①功利和人文；②人道和物道；③民主和集权；④权力和权威；⑤公平和效率；⑥竞争和合作；⑦重义和重利。

（3）企业文化。

现代企业文化包括文化观念、价值观念、企业精神、道德规范、行为准则、历史传统、企业制度、文化环境、企业产品等。其构成包括物质文化、制度文化、精神文化等三个层面。其中，价值观是企业文化的核心。企业价值观是企业在追求经营成功的过程中坚持的基本信念及行为准则，即企业的价值取向。在和谐人假设的前提下，企业应追求社会

---

① ［英］波特·马金，凯瑞·库帕，查尔斯·考克斯. 组织和心理契约. 王新超译. 北京：北京大学出版社，2000

② 张应杭. 管理伦理. 杭州：浙江大学出版社，2006

利益的最大化。

(4) 管理环境(E-理论)。

心本管理十分重视和强调管理环境因素。所谓管理环境(environment)是指管理的外部环境各因素,包括工作环境和公共关系环境两大方面。具体说来,管理环境因素包括:①工作场所的宽敞、透气、照明、颜色、噪音和温度等环境条件;②工作的设备、器材、工具的先进和完备程度等工作条件;③岗位轮换、工作内容丰富化和工间休息与工余娱乐等工作缓解条件。总之,管理环境必须体现心本管理理念,必须充分考虑工作者的心理感受。

(5) 共同愿景[①]。

除了龙长青、李琴、徐锋等在《心本管理——管理学前沿的新方向》一文中提出了"心本管理"的四个基本要素之外。笔者认为,还有一个相当重要的基本要素,那就是"共同愿景"。

"共同愿景"体现心本管理的基本理论。何谓共同愿景,"愿景"英文vision可译为愿景、远景、景象,译为"愿景"更贴切。愿景包含着两层意思:其一是"愿望",指有待实现的意愿;其二是"景象",指具体生动的图景。愿景是个体对于自身想要实现目标的具体画景。那么,共同愿景(shared vision)是指组织内部成员在个人理想和抱负的基础上经过充分协调、普遍接受和认同的组织的共同理想、信念和长远目标。组织为何要建立共同愿景?第一,它能唤起成员的希望,特别是内生的共同愿景。第二,它能融洽成员与组织之间的关系。第三,拥有共同愿景的组织能够有效协调发展。"共同愿景"之精义,在于使个别愿景与一个较大的愿景和谐一致。

"共同愿景"的前提是管理者与被管理者的"两元结构"的平等关系,成为工作和管理上的伙伴;在学校教育中师生成为教与学的管理伙伴。"共同愿景"的本质是集合心志、智慧、团队精神、员工力量而形成共同目标前景,共利共生的"命运共同体"。对一个厂矿、企业、机关、单位、学校来说,影响集体发展、团队协作的因素,不仅仅是资金、设备、技术、材料等外部因素,还有心志、心愿、人心等内在因素。得天下者易、得人心者难,有了人心就能创造外部条件,失去人心,就散失了外部条件,再多的资金、再好的设备和技术都无法发挥最佳作用。因此,管理者建立共同愿景的目的,是赢得人心,管好人心,即管理要管心。

组织内部建立"共同愿景"应遵循的基本原则:①成员与组织一致认同的宏伟目标图景。②目标图景能满足成员需求、实现成员的梦想与希望,令人振奋,能激励成员行动。③目标图景清晰、逼真、生动、形象,能起到鼓舞和引导的作用。④目标图景应可操作、可持续发展、可实现。管理学大师彼得·圣吉指出:"一个缺少全体成员衷心共有的目标、价值观和使命的组织,必定难成大器",而"有了衷心渴望实现的目标,大家会努力学习、追求卓越,不是因为他们被要求这样做,而是因为衷心想要如此"。[②]

① 吴甘霖. 心本管理:管理学的第三次革命. 北京:机械工业出版社,2006

② 谷歌互联网

（二）管理学的前沿方向

要对“心本管理”的当代价值作出阐述，就必须了解现代管理学的三个阶段性变革，即三次重大的管理学的理论革命。① 管理学的三个阶段性变革，可以用这样的式子来表示：物本→人本→心本的管理变革。

1．“物本管理”阶段：管理学的第一次理论革命

现代管理学是从西方开始的，“物本管理”是西方管理学的第一个发展阶段——管理学的第一次理论革命。泰勒是现代科学管理学奠基人，也是这一阶段“物本管理”的最具影响的代表人物。所谓“物本管理”，就是“以物为本”的管理，管理的一切“以物为中心”来开展，在实际管理中将员工当机器、工具，或机器中的一个零件来使用，并通过组织化、程序化的严格管理，将以往那种分散的劳动力和工作程序，变得更严密、更紧凑，从而使劳动变得更有价值、更有效率，产生最大化价值。最典型的例子就是工作“流水作业”、“劳作程序化”、“工序定时化”和“计件工资”。泰勒在他的《科学管理》一书中提出：“所有的日常活动中不注意效率的行为都在使整个国家资源遭受巨大损失，而补救低效能的办法不在于寻求某些出众或是非凡的人，而在于科学管理。”

物本管理的缺陷。从某种意义上说，物本管理代表着人性的退化，阻碍了生产力的进一步发展。泰勒提出的所谓科学管理的理论可以概括为一句话：只重视劳动效率，而忽视工人人格。泰勒的科学管理仅仅重在对人的控制上，强调个人是劳动组织过程中的一个环节，是机器中的一个零件，严重增大了劳动强度，从工人的劳动强度中得到生产效益和管理效率。泰勒的“科学管理”一开始就以一种高效率、低成本的思想观念根深蒂固到每一个管理者的内心深处。虽然泰勒在科学管理理论上作出了巨大的贡献，但是，他的科学管理把劳动“效率”始终放在第一位，而忽视了管理中“人性”的因素的做法，已经不适应时代和社会的发展。自20世纪初，泰勒创立了科学管理理论之时起，劳动中的人性因素就被忽略和埋没于管理之中，直接导致近半个世纪的人性在管理学中的缺失。虽然也有一些学者曾对泰勒的管理学说予以赞美：“管理起源于泰勒对工作的发展，在此之前从来就没有任何一个管理者考虑过如何衡量工作本身的问题。”但是，物本管理的最大弊病，就是将活生生的人当玩偶一样加以控制，将人的劳动看作工具，缺失了人性化管理。物本管理终结于缺失人性，因为始终是人在劳动，这就导致了管理学的第二次革命。

2．“人本管理”阶段：现代管理学的第二次理论革命

20世纪60年代，人本主义思想在西方出现，并且迅速影响整个世界，无论是理论界还是实业界均风靡一时。受人本主义思想的影响，企业界出现了“人本管理”理论，开始了现代管理学的第二次理论革命。例如，在日本，世界著名的电器公司——日本松下电器的总裁就提出了“人本管理”的当代企业管理理念，提出了“造物之前先造人”的企业管理经营思想。“人本管理”强调了人的存在和人的价值，把管理的中心和主体放在了人的身上，强调管理要“目中有人”和管理人性化。“人本管理”思想的确超越了“物本管理”的境界，超越了“物本管理”对人性的束缚，重视了劳动者的价值存在。

---

① 吴甘霖．心本管理：管理学的第三次革命．北京：机械工业出版社，2006

人本管理的缺陷。从理论上说，人本管理最大的缺陷是停留于人的表面、没有深入到每个员工的心灵。德鲁克虽在其著名的《卓有成效的管理者》中提到了自我管理，但是他提出的自我管理是从管理好自己的时间开始的。即使人本管理思想体系提到了“人”，强调人，重视人，但也只是重视人的外在感动，并没有激发人的内在心灵。人本管理往往只停留于口号，流于表面，“以人为本”的落实不够扎实和深入。从实践上说，人本管理在实践中也遇到局限和困局：由于人本管理过分主张管理人性化，而不敢大胆地强调劳动纪律，给某些被管理者钻了空子，导致企业出现“懒汉”、“怠工”和“出工不出力”现象；由于人本思想过分主张个性发展，这与现代管理的团队理念、协作精神格格不入，个性发展与团队意识协同艰难，统一乏力，导致了管理的尴尬。人本管理有时到了“管不了、理不清”的地步。

3.“心本管理”阶段：现代管理学的第三次理论革命

人本管理虽然具有现实价值，但就其发展态势来看，存在很多局限性。从现代管理学发展一百多年的历史过程来看，管理学家忽视了管理上的一个最大的问题——“人之心”管理。

人本管理的盲区：一是只重视管人，不重视管心，未能很好地发挥人的主观能动性和积极性，管理未能聚心聚力。二是只重视管理他人，不重视管理和修炼自己的心灵，导致许多管理者自身存在着心理压力和心理障碍。正如著名的企业管理家赫尔曼·西蒙说过：“如果一个人不能管理好自己，他又怎么能够管理别人呢？”要治理好企业，先要治理好自己，尤其是治理好自己的心灵。

随着时代的发展，随着企业管理的进步，随着管理学的发展，“心本管理”理念应运而生，成为现代管理学的第三次理论革命。“心本管理”就是“以心为本位”的管理，其核心是：强调“管理要管心”，“管理先管心”，用通俗的话说，如要管理整个的“人”，就必须管理整个的“心”，只有管好心才能管好人。管理的根本就是管理人的内心和心灵，而要管理人的内心和心灵就是要关心、理解和调动被管理者的心。“以人为本位”的管理到“以心为本位”的管理，是一种管理理念的升华，它的核心价值是由心灵的外在感动转化为管理者与员工之间心灵内在的自觉。“心本管理”与“人本管理”的最大区别是：让“以人为本”管理落到实处，使人心成为企业的最好资源，使人的心灵发挥巨大作用。由此可见，心本管理是管理学的第三次革命。

（三）心本管理的理论假设

心本管理的理论假设是：相对和谐人假设。

所谓“相对和谐人”假设是指作为管理主体的人，其心是相对和谐、相对健康的，也即管理主体的人如果心理不健康，甚至是人格障碍，那是难以开展心本管理的。“相对健康”是与“心理异常”相对而言的。

“相对和谐人”假设不是随意假设的。心本管理认为，“相对和谐人”是指人的心理相对健康，是一个具有正常心理的人，一个有较好人格、个性、心态的人。具体来说，“相对和谐人”的个性、认知、信心、情感、意志、人际、沟通等的心理因素和行为表现相对比较正常，也就是说是一个心理健康的人。心本管理认为，“相对和谐人”是能够实现的，实现的途径就是心品教育、心理健康教育。因此，心本管理主张和强调，无论是企业、机关、单位，还是学校、社区，都要经常开展（狭义的）心本教育，开展知、情、意等的心品教育，时常排除心理压力、消除情绪问题、消除人际沟通障碍，促进人的“和谐心态”，努力使管理者和被管理者成为“相对和谐人”。

“相对和谐人”是心理健康的人。健康是现代人日益关心的问题，而且人们已经不再将健康仅局限于身体健康，而心理健康、现代人生活的幸福感越来越成为健康的核心。对于健康，世界卫生组织有专门描述，认为健康涉及生理、心理和社会等方面。最早的关于健康的权威解释是世界卫生组织（Geneva-based World Health Organization）在20世纪40年代的解释：“健康是一种完全的生理、心理和社会完善状态，而非仅仅是疾病和虚弱的缺乏。”①

关于心本管理的人性假设，有学者结合管理的实际，对“和谐人假设”提出了一些看法，② 其含义是：

1. 天人和谐

追求人与自然生态的和谐。企业坚持走可持续发展之路，执行绿色发展战略，坚持与自然环境、资源的协调，不牺牲下代人和其他人的生存环境，减少或停止经营活动带来的不良影响。

2. 人际和谐

追求人与人、人与社会关系的和谐。人与人的交往维持在一定的秩序内，合理处理人与人之间的矛盾和冲突，维护人际关系的和谐。

3. 身心和谐

追求个体身心的和谐。身心关系指个体精神（包括观念和欲望）的协调、控制关系。身心和谐即身心统一，它表现为个体的肉体与灵魂、情感与理性、外表与内心、认知与行动、义与利、得与失、进与退等各种矛盾达到一致与融合的境界。

4. 人事和谐

个体在出色完成事业的过程中，追求自身价值的最大化。员工对所从事的学习、工作或事业专心致志，全心投入，敢于面对任何困难，发扬开拓创新和吃苦耐劳的精神，强调人对事业的热情，对事业的忠诚。

综上所述，心本管理是综合和总结了当代管理学所取得的最新成果；“心本管理”理念是对“人本管理”理念的升华与超越；心本管理以它的魅力开始进入企业、工厂、机关、单位与学校的管理层，必将产生巨大的影响。

二、学校管理的新理念

（一）“心本管理”是学校管理的新理念

一个有趣的寓言：一把沉重的大铁锁挂在门上，有一个人拿一根粗大的铁锤去敲打

---

① 郑希付．健康心理学．上海：华东师范大学出版社，2003

② 龙长青，李琴，徐锋．心本管理——管理学前沿的新方向．法制与社会，2007（9）

它，不管用多大的力气都打不开。这时，另外一个人拿出一把小小的钥匙，插进锁孔里，轻轻一扭，“咔嚓”一声，锁就自动开了。等人走后，迷惑不解的铁锤问小钥匙：“为何我花了九牛二虎之力，就是打不开锁，你却轻轻一扭就打开了呢？”小钥匙笑着回答：“因为我懂得它的心。”小钥匙的回答多么巧妙，“我懂它的心”说出了解惑的道理。谁都知道“一把钥匙开一把锁”，“对症下药，药到病除”的道理，“心本管理”就是利用“我懂它的心”这个道理。心本管理“懂他的心”的管理比起人本管理“个性发展”的管理有着更高明之处。

的确，心本管理主张管心，心本管理其旨在心，所谓“得人心者得天下”，“争天下必先争人，争人必先争心”，只要抓住心灵这个根本，管理就有效果。反过来说，“你管理不成功，不能使我信服，不能使我发挥作用，因为你不懂我的心”。中国古代军事名著《孙子兵法》云：“攻心为上，攻城次之，攻人为下。”即在战争谋略中，最高水平的是动摇敌人的军心，使敌人军心涣散，从而达到不战而胜的目的；次之是攻陷敌人的城池，取得胜利；最后是杀死敌人，获得胜利。同样，在现代学校管理中也要“攻心为上”，管理者只要获得被管理者的信赖、心理认同，得到被管理者的心，能够使管理形成“共同愿景”，管理也就水到渠成了。这实际上就是“心本管理”。

机关、单位、企业管理都是这个道理，学校管理也是这个道理。因此，学校管理要倡导“心本管理”，它是学校管理的新理念。

学校“心本管理”的核心理念：管理以“心”为本，从“心”开始；心理是行为的动因，行为是心理的结果，心动才有行动，行动才有结果。学校管理从实质上说是对教职工和学生的管理，从根本上说是对人的管理，能够调动人的积极性，因而在学校管理中必须“以心为本”，实施“心本管理”。学校管理的目标在于育人，那么育人怎么育法，不能是一句空话，要落到实处，那就是“学校的一切管理，是为了影响师生的‘心’，为了学生的心品养成，为了学生的成长”。现代学校“心本管理”主张管理育人、服务育人的理念，强调“管人先管心”、“服人先服心”、“育人先育心”、“交友先交心”。

坦率地说，学校教育和学校管理，对学生是有要求的、有约束的、有纪律的、有规矩的，甚至有一些是带有严格的强制性的纪律要求的（如考试纪律、安全纪律等），不能像人本教育的主张那样让学生任意自由行为、随意个性发展、自我表现。否则，培养出来的学生成了“小混混”，到了企业、工厂等适应不了劳动纪律、工作规矩，就无法与人相处，工作无法配合、协作，无法适应现代社会的团队协作，成了“大混混”。因此，学校教育和学校管理的目标是培养有理想、有道德、有文化、有纪律的“四有”人才，也就是说，学校管理是有目标和要求的，不可能是没有约束、没有纪律的。

问题的关键是，长期以来，学校领导者都是在把学校的愿望、管理者的愿望，甚至是管理者个人的愿望，强加给学生，填鸭式地给予学生，要求学生无论理解或不理解、愿意或不愿意都得遵照执行；如果学生稍有违反，管理者就居高临下地不管学生内心接受与否一味地训斥、强压，甚至是采用“点名批评”、“扣分”、“记入档案”等管理手段。这些管理方式，当然是不了解学生的“心”的必然手段。学校管理制度的制定，要“懂得学生的心”，要让学生信服，或理解，或认同，要让它“走进学生的心”，在管理执行上不能“一味地强加”，不能像“铁锤”敲打“锁头”那样，劈头盖脸地一阵锤敲。学校要学会将规章制度变成“小钥匙”，学校管理者要学会用“小钥匙”开启学生的“心锁”。

其实，一个违反学校纪律、行为散漫的问题学生，就好比一个长期无人管理、任其风吹雨打的已生锈了的“锁头”，管理教育的方法如果像“铁锤”那样无情地敲打，那么“锁头”只能是被越敲越坏，学生的心灵只能痛苦呐喊：“别敲了，本来就没人给我一点滋润，心灵已经生锈了，再敲，我只能被敲碎，只能彻底灭亡啦；其实老师，你不懂我的心。”因此，学校心本管理要做好两方面的工作，一是经常给予学生心灵的润滑油——加强学生的心本教育，塑造学生的心品素质，使学生的“心锁”具有抵御风雨侵蚀、防锈的心品素质能力；二是教师要学会用“小钥匙”开启学生“心锁”的方法与能力——教育能力。

教师要想有效地管理学生，使之成为一个符合学校教育理念、适应社会道德规范的群体，只有“俘获”学生的心灵，才能赢得学生思想和行动上的“归顺”。学生是一个个活生生、充满复杂感情、具有七情六欲、与社会具有千丝万缕联系的人。因此，教师的管理工作具有很大的未知性和可变性。教师要让学生完全投入到学习中去，服从班级管理，就必须了解学生的心理。只有这样班级管理工作才能真正做到入细入微、入心入脑。

（二）学校心本管理的目标任务

学校心本管理的目标任务，概括起来有以下五点：

1. 保障学校中心任务的完成

学校的中心任务是育人，中心工作是教学工作，教学工作是传授知识文化、培养精神。因此，学校心本管理的目标任务是为学校的中心工作服务，保障学校中心任务的完成，提高学校的教育教学质量水平，提高学生的全面素质，这是学校心本管理的首要任务。

2. 全面培育学生的阳光心灵

事业和人生成功的秘诀在于“心”。培育学生的阳光心灵是学校教育和管理的任务，现代学校教育倡导要学会学习、学会做人、学会合作，不能停留在口号上，实际上就是以培养学生要具有阳光心灵为前提，心品教育是学校素质教育的基础，因此，学校心本管理的基础就是全面培育学生的阳光心灵。全面培育学生的阳光心灵是学校心本管理的重要目标任务。

如何才能实现全面培育学生的阳光心灵，首先是加强以心理健康为内容的心品教育，做到教育进入课堂，进入学生心灵。其次是教育要做到“面对全体、全面参与、全面渗透、全方位跟进、全体受益”，强化教育的力度，使心品教育进入学生心田。

3. 营造学校育人的和谐环境

环境具有育人作用，和谐环境有利于学生和谐心态的形成与保持。学校心本管理要努力营造“和谐校园、和谐班级、和谐心灵、和谐关系”，因此，营造学校育人的和谐环境是学校心本管理的目标任务。如何营造学校育人的和谐环境，后面章节将作专门论述，在此仅作为目标任务提出来。

4. 疏通心理交往的有效渠道

学校心本管理的目标任务之一是疏通心理交往的有效渠道。心灵沟通很有意义，不能忽视：第一，心灵沟通是促进相互理解、构建和谐人际关系的有效途径；第二，心灵沟通是化解误会矛盾、达成共识、建立“共同愿景”的良好方式；第三，心灵沟通是缓减学生心理危机、极端行为、化解学生高危心理、防止学生自杀、呵护学生生命的有效措施。

因此，学校心本管理必须建立起师生心灵沟通的有效渠道：一是，教师有对学生进行心理疏导、心理辅导的有效渠道。二是，有为危机心理、高危压力的学生创建倾诉渠道、寻求心理援助的渠道。三是，建立全校上下相互沟通的渠道。只有渠道畅通、有效沟通，才能使校园人际关系和谐，才能有效化解个别学生的危机事件的发生。

5. 建立心本管理的工作机制

管理的有效性、长效性，往往在于建立起科学、合理的管理工作机制。倡导学校心本管理，就是要建立起心本管理的工作机制。学校心本管理有许多工作机制，概括起来，主要有：用人的激励机制；教学工作的激励机制；校长、级长、班主任、教师、行政人员的工作责任机制；学生工作的管理机制；教辅后勤工作的机制；危机事件的预防、预警、干预机制，等等。这些工作机制必须体现心本管理的理念，使机制发挥作用。

（三）现代校长要学会“心本管理”[①]

当下中国，学校大多实行校长负责制。校长成了学校的最高管理者和领导者，是学校的神经中枢，也是学校的灵魂。从一定意义上说，一个好的校长就是一所好的学校。校长自身素质、管理理念、工作技能的优劣直接关系到学校管理工程的质量，校长的责任可谓重大。

正如陶行知先生所言：“做一个学校校长，谈何容易！说得小些，他关系千百人的学业前途；说得大些，他关系国家与学术之兴衰。”[②] 因此，为了适应从人本管理向心本管理时代发展的需要，提高校长的管理水平和学校的管理效益，现代校长学会“心本管理”就变得刻不容缓。

“心本管理”就是要管理好下属的心灵，以人心换人心，从而争得他的心，进而赢得他整个人。[③]

“心本管理”的关键是要“关心、宽心、赢心、聚心”。因此，现代校长要学会“心本管理”，就必须着重注意以下四个方面的问题：

1. 关心

所谓关心，就是管理者要关心下属，关心下属的心灵。对下属，管理者要给予其充分的信赖，提供适宜的、及时有效的激励措施，从物质上、精神上为其提供优厚的待遇，为其提供适宜的发展空间。

同时，要像照顾自己的亲人一样关心教工的心灵，想尽一切办法为教工解除烦恼，搬掉他们心灵中的那颗顽石，使广大教工的满足感和归属感增强。那样，他们就会知恩图

---

① 戴孝悌. 现代校长要学会“心本管理”. 科学教育，2006（5）

② 陶行知. 陶行知文集（修订本）. 南京：江苏教育出版社，1997

③ 吴甘霖. 心本管理：管理学的第三次革命. 北京：机械工业出版社，2006

报，以校为家。广大教工就会心无牵挂、义无反顾地去为学校、为社会拼命地工作，去开拓学校事业的新局面。

2．宽心

宽心就是管理者要居上先施，以一颗宽容的心待人。老子《道德经》说："上善若水。水善利万物而不争，处众人之所恶，故几于道。"意思是要学习水的品格，甘愿处于人不喜欢的低处，管理者要做具有水的品格那样的人，不因位高权重而倨傲。一方面，像水那样具有亲和力的领导是很得人心的。另一方面，在一定条件下，领导者对犯有某些错误的人要予以宽恕，不予追究，从而赢得人心。赢得人心也就赢得了下属，赢得了事业。

根据有关调查表明，大多数员工都喜欢有亲和力的领导，喜欢领导宽以待人。金无足赤，人无完人。在今天这个特别提倡创新的年代，校长更应该本着一颗宽容的心，允许教工创新失败和犯错误。只要员工认识到错误之处并愿意改正就应该再给予其机会。这样校长就能与教工打成一片，拧成一股绳，齐心协力，在失败中不断创新，在改正错误中不断前进，最终取得学校事业的新胜利。

3．赢心

赢心就是管理者通过以心换心，从而赢得下属的心，赢得他整个人。中国人为了实现组织的目标，倾向于表现出一种情感互换型的行为方式，即将心比心、人心换人心，我以真心对你、你以真心对我，我心中有你、你心中有我，我尊重你、你尊重我，我替你费心劳神、你帮我排忧解难。作为管理者，如果能将自己的心掏给下属，下属可能会以十倍的热情和真心回报给你。上级给一尺，下级还一丈。当然，尊重和调动员工的积极性和创造性不能只停留在口头上，管理者必须放弃过去那种自己作决定，让别人去执行的"命令—支配型"的管理模式，要充分下放权力，吸引下属参与管理。

"中国人其实很简单，只要你看得起他，他就会拼命去做；你看不起他，他完全不会把事情做好，更不会拼命。"① 作为校长，首先要明白，对知识型的教工来说，相对于生理需要和安全需要，他们更看重的是尊重的需要。

所以，对待知识型教工要树立尊重知识与尊重权威同样重要的思想，要学会充分授权，理解和尊重教工的积极性、创新性。"敬人者人恒敬之"，以心换心，其利断金。通过情感互换将教工的心留住，从而争得他的心，赢得他整个人。这样，广大教工就会拼命地为学校干事、干好事。

4．聚心

聚心就是管理者把下属的心凝聚在一起。《列子汤问》："北山禺公者，年且九十，面山而居。惩山北之塞，出人之迂也，……遂率子孙荷担者三夫，叩石垦壤，箕畚运于北海之尾。"这就是众力移山的故事。众人的协力同心，可将高山移走。《国语·周语下》："故谚曰：'众心成城，众口铄金。'"比如万众一心，团结一致，力量就会无比强大。巴顿将军也有一句名言，"治军首先治心"。一支军队，最关键的问题不是武器是否精良，也不是人数是否足够，更不是军粮是否充足，而是取决于军心，如若军心涣散，失败在所难

① 曾仕强．中国式领导：以人为本的管理艺术．北京：北京大学出版社，2006

免。俗话说得好，“人心齐，泰山移”，不管是对军队领导还是对企业和其他各界领导都是如此。于是，作为一个高明的管理者，高明之处在于怎样凝聚人心，将下属心灵的潜能发挥到极致。

所以，作为校长，管理的首要任务是“聚心”，即怎样把广大教工的心凝聚起来，使大家心往一处想，劲往一处使，众志成城。如果大家能够万众一心，那么就没有克服不了的困难，没有过不去的坎，也就没有办不成的事。

综上所述，作为校长，只要学会“心本管理”，关心教工，关心教工的心灵，以一颗宽容的心对待教工，以人心换人心，从而赢得他的整个心，最终达到凝聚整个学校的人心，就能实现管理好关系千百万人的学业前途和国家与学术之兴衰的学校的目标。

（四）做一个优秀的管理者

心本管理十分注重营造一个互相尊重、彼此团结的学校管理环境，这是学校发展的必要条件。心本管理认为，营造一个民主、平等、团结、尊重的学校氛围，这对教师的主体意识发挥和个人专业成长具有十分重要的意义。

所谓优秀的管理者，在这里是指学校领导者、中层领导（教导主任、德育主任、后勤主任等）和班主任。

一位优秀的管理者，首先是一个优秀的人、心理健康的人。他/她必须具有高尚的人格魅力，良好的心品素质，和谐的人际关系。他/她必须学会尊重教师、学生的人格，尊重师生的工作和学习，尊重师生的合理需求，做到待人有情，容人之短，与师生交朋友，努力寻求人与人之间关系的和谐，使人产生敬佩感，能吸引人，促使人模仿，给学校工作、班级工作带来巨大的影响力。

其次，优秀管理者要身体力行，率先垂范，做到“以爱动其心，以严导其行”，用自身的人格魅力去感染同事和学生，凝聚人心，带领下属和学生努力工作和学习。在学校“心本管理”实践中，管理者关键在于“深入、到位”。所谓“深入”就是“深入人心”、“契合人性”，代表广大教师的根本利益；所谓“到位”，就是激发师生的工作、学习积极性，从而达到心本管理的最高境界。

最后，优秀管理者在管理中要深入群众，关心教工的日常工作问题和生活中的实际问题，切实解决他们的各种困难，关注每一位教师的学习和发展，关心学生的学习和进步，从而最大限度地调动师生的积极性，形成民主、和谐、向上的学校和班级氛围，实现学校的可持续发展。

三、心本管理对学校管理的作用

学校管理从实质上说是对教职工和学生的管理，从根本上说是对人的管理，本质是调动人的积极性。因而在学校管理中必须“以心为本”，实施“心本管理”，从激发教师生存质量、生命价值等一系列的内部需要出发，着眼于培养教师的积极性和主动性，积极而稳妥地做好学校各项管理工作。心本管理对学校管理的意义作用在于：

（一）超越作用

学校管理要实现从“事本→人本→心本”管理的转变。心本管理是对事本管理、人本管理的一种超越。

事本管理就是“以事为本”的管理，管理重心围绕着工作事务来开展。学校事本管理就是管理的重心围绕着教学、后勤等事务来展开。

由于事本管理只重视事务因素而忽视人的存在。事本管理大大压制了师生的人性，越来越多的人发出了“以人为本”的强烈呼声，因而人本管理就跃然而出。学校人本管理就是把“以人为本”作为学校管理的指导思想。“以人为本”的学校管理以全体师生为主体，办学校、办教育依靠全体教职员工的智慧和力量，实行“全员参与管理”，有利于调动每个教职员工的积极性和创造性，保证了学校管理的正确和教育目标的实现。

近年来，管理学出现了一些新的管理理念，这些理念包括情感、价值观、愿景等，都集中到“心灵”这一管理学家基本未曾提及的层次上来。毋庸置疑，关于心灵的作用，古今中外都对其有高度的评价。如果将心灵管理好，那就会带来管理的成果；相反，如果管理不好，就会断送管理成效。现代心理学研究表明：情感在人的心理生活中起着组织作用，它支配和组织着个体的思想和行为。情感力量是一种内在的自律性因素，犹如一只“看不见的手”，深入到人的内心世界，从而有效地规范和引导人的行为。由于学校人本管理只停留在“尊重人”的层面，因此，学校人本管理出现了困局：人心不齐，泰山难移，对持不同意见的小部分人、对不服从管理的一些人、对违反工作纪律的个别人，还得“尊重”，还得“以人为本”，这就给学校管理带来了负面和被动。心本管理超越人本管理之处在于管理更加深层，进入“人心”，通过人的情感、愿景的一致性去管理学校，不仅调动和发挥了管理中的“情感”因素，而且使人在管理中感受到主体作用、体会到幸福感。

（二）引领作用

心本管理到底对学校管理具有怎样的核心价值？如果要用一句话来概括心本管理的核心理念的话，那就是“通过对师生的‘关心’，赢得师生的‘聚心’，使得全校上下对学校教育目标任务‘同心’”。心本管理重视的是人之心，重视的是学校师生员工之心。现代学校管理着眼点已经从对“人”的管理转向对“心”的管理。心本管理与人本管理的核心价值的最大区别就在于：人本管理强调对人外在的尊重，心本管理更强调内在的心灵自觉。因此，心本管理对学校管理具有引领作用。

心本管理对学校管理的引领作用，可以这样理解：

1. 管理思想理念上的引领作用

心本管理理念是管理学的前沿观念，是管理观的根本转变，即强调管理的根本，不仅在于尊重人，而且在于调动人的内在心灵的自觉性，发挥人的“精神层面”上的力量，从而使管理更具效益。

2. 管理工作重心上的引领作用

心本管理观注重“管理人之心”，强调学校管理工作重心的转变和着眼点的转移，即从“尊重人”的表层管理转向开发“心灵”的深层管理，强调关注师生的心（压力感、情感、意志力、幸福感等），开发师生的心（心态、心境、积极心理等），营造学校良好的心理氛围、人际氛围、和谐氛围，从改善管理中人（管理者、被管理者）的心理因素入手，使学校管理具有最佳效能，达到管理的目的效果。

3. 管理方式方法上的引领作用

心本管理观注重“管心之法”，强调管理者学会对人的“润心之法”，学习“小钥匙对锁孔”的“开心之法”，学会“用情感管人、用真心留人”，学会“留人要留心、同事要同心、服人要服心”，学会“了解师生的心绪、心神、心态、心性、心境，倾听师生的心声、心情、心思、心志、心愿”；要善于“降心火、化心坎、感心田、通心路”，要善于“以心换心、以情唤心”；做到“管理者心安理得，被管理者心甘情愿，上下级同心同德、齐心协力”，要做到“管理者心口如一、心胸广阔、心直理正，被管理者心气平和、心情舒畅、心悦诚服”。因此，心本管理不仅是一种全新的管理理念，而且是一种全新的管理方式方法，对学校管理起着引领作用。

第四节 心本教育对家庭教育的作用

一、关于家庭心本教育

（一）何谓家庭心本教育

家庭教育问题是一个既古老又崭新的问题。说它古老，是因为家庭教育问题，在我国已经讨论了几千年；说它崭新，是因为家庭教育问题当今面临着许多新的问题。

目前，很多家长都认为，现在的孩子不听话，孩子难教，教育孩子没有良策、没有办法。因而许多人都说“这是观念上的代沟问题”。

现在，家庭教育面临的许多矛盾，从心理的角度看，可以将其归纳为：家长的“更年期”遇到孩子的“叛逆期”之间的矛盾；家长“工作、生活压力”遇到孩子“学习、升学压力”的矛盾。

现在，家庭教育究竟采用什么教育思想作为指导，值得探讨。诚然，现代社会，用封建传统教育思想来教育孩子是行不通的，而用人本主义思想来教育孩子，则过分强调人性自由和个性发展，使孩子心态过于张扬，个性过于自我。因此，要倡导家庭心本教育。

1. 何谓家庭心本教育

家庭心本教育是心本教育理念指导下的家庭教育，是心本教育理念在家庭教育中的反映和实践。家庭心本教育是指家庭教育“以心为本位”、“以心品为本”，从“心”开始，以孩子的心品培养为主的家庭教育思想方法。

2. 家庭心本教育的目的任务

家庭是社会的细胞，家庭和谐是社会和谐的基础和重要组成。家庭教育（包括学前期的家庭教育和在学期的家庭教育）是学校教育的前期和学校教育的互补，是孩子社会化的第一课堂和早期教育。因此，家长是孩子的第一任老师，是孩子成长、成才的真正的启蒙老师。

家庭心本教育非常重要，家庭心本教育的功能和作用是学校教育无法替代的。

家庭心本教育的目的任务是：

（1）家庭教育要有这样的观念：为家庭培养优质的第二代，为国家、社会培养良好素质的接班人。所谓“优质”，包括体质、心品、道德、文化、行为等方面的品质。

（2）家庭教育是孩子的启蒙教育，首要任务是塑造孩子良好的个性和心品素质，培养孩子的礼貌和良好习惯，为今后的学校教育、正规学习打下良好的心理基础。

（3）家庭教育是孩子社会化、道德教育的基础，是孩子“学会做人”的起步，重要任务是培养孩子良好的生活、行为习惯，使孩子的基础品行符合社会规范的基本要求，符合“为人”的基本准则。

（4）家庭教育要营造良好的家庭气氛、温馨的家庭环境，给孩子大爱，给孩子一个温暖的家，给孩子提供优质的精神食粮。

（5）家庭教育要尊重孩子，尤其要尊重孩子的独立思维和应有的自由、爱好，要创造家庭平等关系的氛围，减少孩子对家长的内心压力，培养孩子具有一颗好学、上进而又积极、阳光、健康、平和的心。

（二）家庭心本教育的策略与方式

家庭教育的内容有很多，包括道德品质、文化知识、个性心理、适应社会、行为习惯等；家庭教育的方式也是多种多样的。家庭教育要收到实效，就要坚持家庭心本教育，就要讲究教育的策略和方式。

1. 家庭心本教育的策略

所谓策略，就是根据实际情况、形势发展而制定的教育方针和方式，讲究教育艺术和方法。家庭心本教育要十分讲究策略①。

（1）从“心”开始与导“德”为首的策略。

家庭心本教育的总体目标是培养孩子的全面素质，而不仅仅是文化知识。家庭教育的内容有很多，根据孩子的年龄特点，开发教育要有先后缓急之分。家庭教育要坚持从“心”开导和导“德”为首的策略：培养孩子全面素质要从心品素质培养开始、以道德品质为首位，而后才是其他素质的教育。良好的心品素质是孩子成长的最基础、最重要的素质。心品素质培养得好，有利于孩子其他方面素质的培养，那些只重视文化技能教育、而忽视心理品德教育的方式，是不符合孩子身心发展特点和教育规律的。因此，心品教育、品德教育是早期家庭教育的首要内容。

（2）早期教育与关键期教育的策略。

家庭心本教育要注重早期教育与关键期教育。家庭心本教育要注重和倡导早期教育，不是将小学、初中的文化知识移到学前阶段、孩童阶段来学习，而是根据孩子身心发育的特点开展教育。早期教育的重点不是知识文化培养，而是“人的社会化”的初级教育——个性、兴趣、智力和品质、行为习惯的培养。早期教育若及时、恰当，有利于孩子今后的学习和生活。青少年时期（特别是小学、初中阶段）是个性心理和道德品质形成的关键期。这一时期，由于孩子生理、心理的迅速变化，容易出现情绪急躁、焦虑、冲动、封闭、脆弱等的心理与行为现象，其学习成绩、性格容易出现波动，甚至是出现极端表现，从而影响学习、生活和个性的形成。关键期过后，到了高中阶段，孩子的个性、性格逐渐

---

① 吴发科．家庭教育的策略与方式．教育导刊，2005（1）

趋向相对稳定，心品素质和道德品质也逐步形成和定型。关键期教育虽然难度大，但是很重要，关系到孩子的个性问题。因此，家庭教育要重视关键期教育。

（3）以正面教育为主与预防教育为先的策略。

心本教育观认为，家庭教育要坚持以正面教育为主与预防教育为先的策略。孩子的心灵就像一卷全新的“菲林”，是对周围事物无时无刻的摄影；孩子的个性是脆弱的，容易受到周围事物的影响，而后形成模仿。家庭教育的目的和任务，就是要时刻提供正面的、良好的、有意义的事物，让孩子去摄影、模仿和评判，从而影响其心灵和个性——这就是“以心为本”的教育。家庭心本教育倡导以预防教育为先（这是相对于矫正教育而言的），是指用正面教育使孩子形成是非、对错判断的观念并形成良好品质与行为习惯来预防不良观念和恶习。只有坚持早期的正面的良好教育，使孩子形成良好的心品素质、个性品德行为，才能减少和抵御不良的个性品德行为的发生和影响，达到以预防为先的目的。

（4）家庭环境熏陶与父母言传身教的策略。

心本教育观认为，家庭教育要十分注意和重视家庭环境熏陶以及父母言传身教的教育作用，也即“环境育人”作用和“榜样力量”作用。所谓家庭环境，在这里不是指家庭经济多富有、地位多显贵，而主要是指家庭的和睦、民主、温馨、良好学习习惯、生活习惯等。家庭环境熏陶就是要提供正面教育的氛围：家庭成员间的和谐、家庭气氛的融洽、家庭生活氛围的温馨，同时要尽量减少家庭的负面影响，如家庭矛盾最好不要让孩子知道，夫妻吵嘴不要在孩子面前。父母是子女的第一位老师，父母要言传身教、身先士卒，要求孩子做到的，父母自身首先要做到；父母要用自身的正面的言行表现、良好样板去感染教育孩子，尤其是在学习和生活方面。例如，带孩子逛商店、上菜馆要适度；不能只要求孩子学习而家庭其他成员却整天打麻将、看电视；家庭要给孩子一定的自由和民主，不能我说你做、我讲你听。总之，要用良好的家庭环境与父母榜样去熏陶孩子。

（5）教育同步性与教育一致性的策略。

所谓教育同步性，是指家庭教育与学校教育要具有同步性；所谓教育一致性是指父母（包括祖辈和其他长辈）对孩子的教育要求与学校对孩子的教育要求要有一致性。包括教育内容、思想观念、学习要求、方式方法、教育力度和教育进度等均要相同步、相一致。家庭父母和长辈之间的教育如不一致、要求如不统一、与学校教育如不同步，则教育效果不佳，不利于对孩子的教育培养。家庭教育往往易出现父母其中一人多管孩子而另一人少管孩子、一人管得严而另一人管得松、父母管得严而祖辈多溺爱的现象，也容易出现学校教育严格、全面，而家庭教育则因父母工作忙或家庭矛盾造成失管的现象。这些现象对孩子的教育和成长都极为不利。因此，家庭成员之间的教育，家庭教育与学校教育要紧密的结合、有效的配合，要坚持教育的同步性和一致性。

（6）适时审度与持之以恒的策略。

家庭教育要坚持适时审度与持之以恒的策略。严格地说，没有哪种教育策略和方式是绝对正确和最优的。心本教育观认为，教育先要尊重孩子，与孩子建立平等的朋友关系；要了解孩子的“心”，了解孩子的想法；要讲究适时、适度和适法，要讲究宽严结合；要讲究教育方式，做到教育“润物细无声”而非狂风骤雨；要讲究孩子的接纳程度，因不同年龄、环境、时期，而采用不同的教育策略、方式和措施，才会收到良好的教育效果。同时，家庭教育要做到一贯坚持、持之以恒，才能显示教育效果。要防止出现“有空就教育，没空就放松”，“平常不管不问，一出问题就风雨交加”和“平时放任自流，考前严格要求”等教育现象。

2. 家庭心本教育的方式

目前，我国在家庭教养观念、教养方式上存在许多问题。例如，中科院心理所王极盛教授对家庭教养方式作了调查，将其分为四类：过分保护型（占30%以上）、过分干涉型（占30%以上）、严厉惩罚型（占7%~10%）和理解民主型（占30%左右）。即不科学的前三种教养方法的比例高达70%。又如，中央教科所对家庭关心孩子素质的调查结果：家长最关心孩子的求知（85.95%），其次是关心孩子的实践（40.86%），再次是关心孩子的创新（39.24%），排在最后的是关心孩子的审美（36.80%）。再如，广州市某青少年研究所的一项调查显示：10年来（1995—2004年），广州青少年对父母教育方式的不满，由23.2%增长到42.8%，不满率呈直线上升趋势。又再如，对共青团云南省委、云南省少工委129个县区的未成年人的家长进行的调查表明：父母最关心孩子的学习成绩，评价孩子的首要标准是学习成绩。[①] 这些调查结果说明，尽管素质教育已推行了很多年，但父母“看重成绩”的教育观念仍然根深蒂固，他们忽视孩子的素质教育。教育理念决定了教育行为，因此家庭教育陷入一个怪圈：家长的教养方式一味地追求所谓的“知识求知”，实际上只追求分数，不重视孩子个性、心品和品行的教育以及创造性能力等素质的培养，不讲究家庭教养方式，不了解孩子的想法，很少与孩子进行心灵沟通，孩子也不愿意与父母进行沟通，家长与孩子心际情感疏远，最终会导致家庭教育的失败。

家庭心本教育要十分讲究教育观念和教育方式，否则，就一定没有好的教育效果。

（1）注重教育方式。

首先，要经常反思教育方式。父母要经常反思自己的教育方式，如教育内容、学习要求、行为要求、方法力度是否合适，是否超越孩子的内心接受程度，孩子内心是否信服，教育效果是否良好，效果不好的原因是否在于父母的教育方式。

其次，要讲究教育方式。孩子一旦出现问题后，父母要采用理性的教育方式，要考虑孩子为什么会出现这些问题，孩子是怎样想的，是年龄原因、经验原因、心理原因，还是道德品质原因，要考虑采用什么方法才能达到教育目的和教育效果。但是，许多父母通常都采用非理性教育方式，简单、直接、不讲究方法地教训、斥责、打骂、惩罚。这就不能从根本上解决孩子的认知问题和行为问题。

最后，要注重根源的教育方式。所谓根源，这里是指孩子对事物的认知本源问题，包括道德认知、情感认知与行为认知等。认知问题是心理内部的根本问题，行为问题是后续表面的现象问题。家庭教育要侧重孩子的认知问题，然后才是行为问题。父母家庭教育往往只注重一般行为的表面问题，而忽略了孩子内心认知、情感世界的教育。其实认知教育才是最重要的，认知本源是孩子的心理认知，只有孩子对某事物的心理认知正确，行为问

① 云南一项调查显示：父母评价孩子首要标准是学习成绩. 中国青年报，2004-08-04

题才能迎刃而解。

有研究认为，不同的家庭有不同的教育方式；不同的教育方式就造成孩子不同的个性品质、心品素质、道德品质和行为表现。概括起来，家庭教育方式主要有：①

①民主型教育方式：这种方式属于“平等型教育方式”，父母与孩子在心理上减少高差、心际上缩短距离，父子（母子）之间是朋友关系，相互理解、沟通、融洽，父母教育孩子不是居高临下的教育方式，而是关心、尊重、鼓励、引导孩子的教育方式。教育既有一定的原则性又有一定的自由度，民主而不放任，让孩子充分发挥个性特征，使孩子心理宽松、自由、无压力，个性和潜能得到充分展示。这种教育方式能使孩子显示出独立的、自信的、爽直的、豪放的、开朗的个性品德特征。

②严谨型教育方式：这种方式属于“古典型教育方式”，父母与孩子在心理上有一些高差，父母保持一定的尊严，孩子见到父母，内心会有一定的压力，有敬畏感；虽然表面看起来家庭关系比较平等、融洽，但实际上父母对孩子的教育要求很严格，带有命令、控制、限制、支配的心理，孩子有服从、顺从习性，缺乏自信、自尊，有压抑感，没有主见和不敢充分表现自己，内心深处时常隐藏着“忍耐的反抗”。这种教育方式容易使孩子形成谨慎的、依赖的、腼腆的、自卑的、顺从而又内心反抗的、对人与事缺乏热情的个性品德特征。

③放任型教育方式：这种方式属于“泛自由型教育方式”，由于工作、生活或情感上的原因，父母心目中忽视孩子的存在，对孩子的生活和学习不热心、少关心、少过问、少管教（有的甚至不理不管），完全放任自流，造成父母与孩子心际间存在一定距离；孩子心理上没有约束，没有压力，自由发展，个性充分表现，行为上独立、放纵、蛮动、粗野，个性明显。这种教育方式容易使孩子出现自立的、任性的、散漫的或者自负的、骄横的个性品德特征。

④粗暴型教育方式：这种方式属于“家长式教育方式”，父母与孩子在心理上明显存有高差，父母个性粗野、暴躁，往往不能自控，经常将自己的不良心情迁移到孩子身上，对孩子的教育方式简单粗暴，动不动就大声辱骂、斥责、教训，将孩子当成“出气筒”，严重的还出现殴打、体罚、虐待和摧残的行为。粗暴型教育方式从不考虑孩子的内心感受，不讲究教育方式，不分青红皂白的教育；孩子心里时常出现恐怖、畏惧感，内心高度紧张，个性容易被压制，情感脆弱而且波动，易出现心情烦躁和消极表现，甚至丧失自信心或形成极端行为。这种教育方式容易使孩子产生自卑的、封闭的、焦虑的或者扭曲的、暴躁的、反叛的、攻击的个性品德特征。

⑤冷漠型教育方式：这种方式属于“扭曲型教育方式”，家长与孩子心际距离甚远，家庭缺乏温暖。由于家长个性或家庭结构等原因，家长与孩子严重缺乏沟通，父母对孩子情感冷漠，甚至冷酷无情，对孩子的缺点不是采取正面、热情、耐心的教育方式，而是采取冷言冷语的挖苦、讽刺、凌辱甚至是心理摧残、内心攻击的教育方式；孩子对家长疏而远之，避而不见，有拒绝接触的心理意识；孩子内心时常出现孤独、冷淡、报复心理，容

① 吴发科．家庭教育的策略与方式．教育导刊，2005（1）

易出现厌学逃学、离家出走、自残自杀等极端行为。这种教育方式使孩子心里产生严重的自卑感，形成极端自负的、忧郁的、冷漠的、怪僻的、变态的个性品德特征。

（2）重视教育方法。

如果说，家庭教育策略是教育谋略，那么家庭教育方法就是具体的教育艺术。教育谋略也好，教育艺术也好，都是强调教育要入心，教育要从心开始。

家庭教育的具体方法是多种多样的，教育要根据孩子的个性特点、年龄特点和问题出现的特定情景，而采取合适的具体方法。家庭教育要强调“疏、缓、转、冷、借、验”的六字方法。

①疏——疏导、疏流、疏通，正面引导。只斥不疏，乃教育之误。疏，讲究疏导、疏流、疏通，正面引导。疏既是教育策略，也是教育艺术。对孩子教育不能只靠教训、斥责、责怪或是打骂，它只是使孩子一时害怕，过后会产生副作用：一是经常受到责训、打骂可能使孩子自信心受挫，产生“我是不可能变好的”想法，产生自卑心理；二是产生“死猪不怕开水烫”、“破罐子破摔”的犟疲心理；三是产生“对着干、顶嘴”的逆反心理。而正确的教育方式是要经常与孩子谈心、听取孩子的想法，让孩子有说理、辩解的权利和机会，不能将父母的认识和想法强加给孩子；对于孩子的想法正确的一面要予以肯定，遇到困惑、畏难的一面要帮助其克服解决，认识行为错误的一面要讲道理、析原因、疏通说服、正面引导。

一旦孩子出现了问题，家长控制不了激动情绪，采取了不恰当、不合适的打骂方法。事后一定要做弥补工作，向孩子检讨教育方式，并跟孩子讲明道理、指出错误的地方和严重性；一定要修补感情间隔、填补孩子的心病、消除亲子关系之间的心理疙瘩，挽回亲情、挽回感情损失。教育不应采取狂风暴雨式的强压方法，而应是和风细雨式的滋润方法。

②缓——缓和、缓冲、缓急，缓兵之计。缓和矛盾，是教育成功的前提。孩子有个性、有时发点牢骚、发点脾气，甚至言行过激一点，不一定都是坏事，说明孩子有思想、有见解、有自信，才会有心里纳闷、心里苦恼，才会有过激行为。有时父母与孩子发生矛盾，不存在谁对谁错的问题，而是认知上的代沟问题以及看问题和思考问题的角度不同而已。有些问题，家长与孩子很难沟通甚至永远也无法统一，如“花钱方式、购物喜好”等问题，这是认知观念上的代沟，很难达成一致统一。对待这些问题，有时要采用缓和、缓冲、缓急、缓兵之计的教育方法。

一旦孩子不接受批评意见，甚至发脾气，言行过激。父母自身首先要缓急、缓躁，不能激动；其次不能非要坚持自己的观点和想法，非要孩子马上改变想法并接受家长的意见，要暂时缓和气氛、缓冲矛盾，暂时“不求甚解”、采取缓兵之计，也是有效的教育策略；最后，利用缓冲期，思考和分析孩子的想法、做法的产生原因以及看问题的角度，反思自己的观点并重新思考教育方法。

③转——转向、转换、转移角度、转化对立。“转”是转变方向、转换位子、转变方法、转移角度、转化对立的教育方法，不直接就事论事的教育方法。父母在教育孩子时，常常会碰到双方观点相左、意见对立，孩子无法接受父母意见，以及父母说服不了孩子的

情况。这时可以先“缓”后“转”，转化对立，等有机会再转移角度、转变方法进行教育。

例如，关于孩子的穿着打扮“超前”、“时髦”问题。父母对孩子的穿着打扮“超前”、“时髦”予以批评教育，孩子往往不予接受。如果继续教育下去，可能产生矛盾，收不到教育效果。可通过转变角度，在适当的时机和孩子讲一讲服装的类型与功能：西装在庆典、庄严的场合穿；工作服在工人上班时穿；运动服、游泳服在运动、游泳时穿；时装、休闲服、衬衣在平常时间或者是休闲时穿；学生服在上学时穿；白大褂在医务人员上班时穿；礼服、结婚礼服在演员庆典、演出、舞会时，或者新娘结婚时穿；睡衣、内衣在家里或者是睡觉时穿；丧服在做丧事时穿。然后问孩子，演员天天穿结婚礼服合不合适，爸爸妈妈天天穿游泳衣上班好不好，你穿睡衣上学行不行，为什么？这说明衣服有不同的类型功能，穿着打扮要讲究身份、场合、工作和活动性质；不同身份的人穿衣打扮要讲究；同一个人在不同场合和进行不同活动时，选择的衣服款式和打扮也要讲究。演员穿着时髦那是“剧情需要”和演出场合不同，演员不能天天穿结婚礼服，那是因为场合和角色已经变换；学生不能穿奇装异服，那是因为学生不是歌手演员，学校环境场合不允许。

又如，有的孩子特别厌食、挑食，父母教育起来也很费心。有的家长采用直接教育的办法，孩子还是厌食、偏食。但有的父母采用转变方向、转换教育角度的方法，例如，经常带孩子一起去参加体育活动，结果孩子就不厌食、挑食了。

④冷——冷静、冷待、冷藏、冷化处理、冷化加工。只热不冷，乃教育无方。对孩子的教育、教训不能只有“热”方法——大声责骂、大力抽揍、雷电交加，而有时要用“冷”方式——冷静、冷待、冷藏、冷化处理、冷化加工。一方面父母要冷静、理智，要采取最有效的方法，不能冲动；另一方面要对孩子“冷待、冷淡和冷藏”起来，让其自身“冷却”，对其采取“冷加工、冷处理”的方法。

一旦孩子“犟”起来，大哭大闹，或躺在地上打滚、摔东西，或将自己关起来。父母要稳得住，要“冷处理、冷加工，不吭声、不刺激他”，要防止问题扩大化，暂时将事态“冷却、冷藏”起来，让事态过后再进行教育。这时如果父母越在乎、劝说、许诺、打骂，孩子就越要脾气、不听劝告、躺在地上不起来等。如迁就和满足孩子的无理要求，今后还会重演、重新躺在地上，重新“犟”到满足为止。这样反而复之，只能培养孩子的犟脾气、坏个性。碰到这样的情景，唯一的方法是用柔性子、软处理、以柔克刚、以“软绳缚苍龙”的方法，不骂、不看、不理、不睬，“横下一条心”，等孩子累了、饿了、妥协了，家长再有条件地给予孩子“关照”和关心。

⑤借——借力、借势、借鉴、借他山之石。“借”是借力、借势、借鉴、借风驶船、借他山之石、借用他人他事的教育方法。“借”法要注意：第一，借用的人物和事例要贴近孩子的生活，要适合孩子的学习，事例不宜太遥远和过于高大，根本难以学到；第二，要看准时机，不能在孩子心情不好时借用，这样孩子会听不进去，反而觉得父母啰唆；第三，要注意顺势、语言表达和语气，从“向他人学习”的角度出发，避免造成“用孩子的短处与他人的长处对比”的方法，以免出现反作用。

“借”可以是借他人教育孩子的机会，借势教育自己的孩子，俗话说“前屋人教仔、后屋孩子乖”。例如，邻居的孩子经常上学迟到，其父母在教育他，家长可以借势提醒孩子每天早上起床后，动作要利索一些，避免迟到。这是借邻居教育之力，使孩子得到借鉴。“借”也可以是借用故事，借他人的榜样力量，借典型人物、先进事例或反面事例，借身边的人和事对孩子进行正面激励教育或“敲山震虎”的教育。例如，父母借用孩子的同学的学习事例进行教育：某某同学，如何合理安排学习时间，如何刻苦学习，学习成绩一直名列年级前茅，今年考上北京大学。这是借典型人物事例、借他山之石教育孩子，以达到“借风使船”的教育方法。

⑥验——体验、考验、亲身感受、无为教育。“验”就是创设条件、情境和机会，让孩子亲身体验、亲身感受，得到考验和自我启示。父母不说教，采取“无为教育”的形式方法。许多家长都有共同的感觉，自己的孩子比较难教，孩子喜欢听老师和其他人的话，不喜欢听父母的教导。这是因为孩子最贴近家长，没有“神秘感”，因为孩子对父母教育“听得多”，觉得没有什么“新鲜感”，反而有“啰唆感”。因此，父母对孩子的教育，要经常有新的观点、新的内容、新的途径、新的方法、新的角度、新的层面等。如果没有新的东西，天天重复说教，的确就给人“天天念经”、“啰唆”的感觉。与其使人觉得啰唆，不如沉默的“无为教育”。

许多父母总是埋怨独生子女懒惰，总是坐在家里教育孩子要吃苦耐劳，不怕苦不怕累，要热爱劳动，不能懒惰。与其说教千万遍，还不如利用假期，想办法让孩子到工厂、农村参加劳动，接受锻炼。如果父母整天将孩子留在身边、闭门学习，无论采用什么样的说教方法，都培养不出孩子的人际交往能力和合作精神。一定要创设情境机会，让孩子有与外界接触交往的机会，让孩子亲身体验交往和合作的必要与乐趣，学会交往和合作的能力与技巧，这样，才能培养孩子的交往能力和合作精神。

心本教育观认为，家庭教育非常重要，家庭是孩子的第一个学堂，家长是孩子的第一任老师，因而家庭教育要以心为本，从心开始，要重视家庭教育的策略与方式，要重视“家源性影响”。

二、心本教育对家庭教育的作用

良好的个性素质是人的整体素质的重要组成部分，历来引起人们的高度重视。一个人的个性品德好坏，直接关系其一生的生活幸福和事业成败。小孩子个性品德优劣，就近期来说，直接影响其学业的成败，成长的质量；就长远来说，影响其今后的前途和一生的幸福。

孩童还未真正步入社会，其心灵恰如一张洁白的图纸，有待家庭、学校和社会对它的描画。对孩童心灵、心品的影响主要来自“家源性影响”、“师源性影响”和“友源性影响”，即家长、教师和朋友三方面的影响，下面介绍的是“家源性影响”与孩童心品形成。

（一）“家源性影响”与孩童心品形成[①]

所谓“家源性影响”是指来自家庭成员的文化素养、心理素质和教育方式等因素，所造成

① 吴发科. “师源性心理影响”与小学生个性品质形成. 中小学心理健康教育，2005（3）

的对孩童的身心健康和个性心品的影响作用。它分为积极的家源性影响——家源性心品得益；消极的家源性影响——家源性心品伤害。

1.“家源性影响”对孩童心品形成的作用

心理学研究表明，2～14岁是每个人的个性、心品形成的关键期，15～20岁心品基本形成和相对稳定。所谓关键期，一方面是指孩童的个性、心品极不稳定，处于模仿体验、实践积累、感悟修养、逐步形成的认知阶段，容易受外界影响而产生波动；另一方面指这一时期是孩童心理品质培养的最佳切入期，环境和教育十分重要，必须有良好的家庭环境、学校环境和正确的教育，最需要“良师益友”。这一时期，遇到的“良师益友”将对其道德、个性、心品的养成至关重要。因此，就家庭教育来说，必须要营造一个适合孩童心品形成的良好教育环境。

（1）孩童个性、心品形成的因子分析。

① 孩童心品形成的主客观原因。一个人心品的形成，有其主客观原因：主观原因指先天性因素影响——遗传因素、身体因素的影响。遗传和身体因素是个性、心品形成的物质基础，遗传基因或出生时体质就存在缺陷，个性、心品就存在先天缺陷。客观原因指后天性因素影响——家庭教育、学校教育、社会教育三个环境因素相互作用。由于孩童的心理年龄特点，社会活动能力受到限制，社会教育主要来自同龄伙伴的影响，故孩童个性、心品形成的后天因素，主要是家庭、学校、伙伴三个因素的相互作用和影响，也即“家源性影响”、“师源性影响”和“友源性影响”。人的个性、心品离不开遗传基因的物质前提，但对人的个性、心品的形成和发展起主导作用的，仍然是后天环境和教育的作用。后天的客观作用，实质上就是个体的成长史和生活环境过程。因而孩童的个性、心品形成，后天的环境和教育作用是不可忽视的。

② 孩童个性、心品形成的各因素分析。先天性因素往往是不可逆转的，后天性因素是可以通过教育而改变的，要重视后天性因素的教育。孩童个性、心品形成的后天性因素，表示为如下公式：

$$R=(J+X+T)\times G$$

R 指个性品德形成的质量指数；J 指家庭教育质量总和；X 指学校教育质量总和；T 指同龄伙伴影响总和；G 指个体对外界因素的接纳程度。

家庭教育可分解成父亲、母亲和其他多位家庭成员的教育因素，$J=F+M+Qn$；学校教育可分解为各位教师、校园环境的教育因素，$X=Ln+H$；同龄伙伴是复数的，$T=Tn$。以上各个影响因素，可能是正因子，也可能是负因子，如每位教师对学生个性品德形成的影响可能是正值的，也可能是负值的，故其中 $n=1$、2、3……即是“教育质量总和”。这样，孩童个性、心品形成的因素公式，可以成以下变式：

$$R=(F+M+Qn+Ln+H+Tn)\times G$$

从上述公式看，它表达如下道理：

a. 各因素正、负值相抵后的总和越大，即（$F+M+Qn+Ln+H+Tn$）的累计总值越

大，对孩童的影响程度就越大，反之影响程度越小。

b. 家庭每一成员、学校每位教师都对孩童（学生）产生影响，教育责任重大，要求他们提供“正值”的影响，以增加“教育质量总和”。

c. 学校环境（*H*）包括教学、文化、校风、校园环境，对孩童（学生）的影响不可忽视。

d. 同龄伙伴的影响要重视，伙伴选择非常重要；学校对同龄伙伴群体（班集体、班风）的培植和引导也是相当重要的。

e. 虽然外部客观条件和教育对孩童心理品德发展起着重要的作用，但是它并不能机械地、简单地“移植”到孩童（学生）的身上，而是通过孩童主体的内部原因来实现，因此要重视孩童（学生）对外界因素的选择、接纳能力（*G*）的培养。这就需要心品教育。

（2）“家源性影响”对孩童个性、心品形成的作用。

①“家源性影响”对孩童个性、心品形成的特殊意义。“家源性影响”的特殊意义在于：第一，由于孩童的先天性因素是难以改变和不可选择的，只能跟随父母。第二，由于孩童的“家源性影响”也是不可选择的，生在什么样的家庭，就受什么样家庭的教育影响（虽然家长可以适当改善教育方式、环境）。第三，父母是孩童的第一任老师，也是教育时间最长的老师。因而，孩童个性、心品形成很大程度上要依赖“家源性影响”。

②“家源性影响”是孩童个性、心品形成的关键。“家源性影响”的关键在于：第一，由于幼儿阶段、小学阶段是孩童个性、心品形成的关键期，家庭教育要负起两个责任：一是“时机性”教育责任，即“关键期”教育责任，正所谓“机不可失，时不再来”；二是父母必须责无旁贷地负起“优质性”教育责任，即“家源性影响”必须理所当然负有优质教育的责任，也即要“优生优育”。二是由于孩童个性、心品形成处于不稳定期，处于可塑期，且接触的社会关系主要是老师和伙伴朋友，故“师源性影响”和“友源性影响”是相当重要，不可以忽视的。“孟母三迁”和“近朱者赤，近墨者黑”都说明了这个道理。

因此，父母要把握孩子教育的关键期，要注意孩子的伙伴朋友的影响。

（二）“家源性影响”的现状及对策

“家源性影响”与孩童个性、心品形成有着密切联系，“师源性影响”对孩童个性、心品养成有着不可替代的重要意义，因此，要重视“家源性影响”的作用。

目前，我国家庭教育的“家源性影响”现状不容乐观。从问题归因的角度看，“家源性影响”概括起来有以下八个主要问题：

（1）家庭教育缺乏科学理论指导。

由于家长文化水平和教育意识等原因，许多家庭教育缺乏科学理论指导，许多父母没有受过有关的培训，缺乏儿童教育学、儿童心理学方面的知识。有调查显示：在6~14岁孩子的家庭教育中，父母一旦发现子女教育有问题时，只有11.84%的父母会去请教教育专家，大部分父母没有意识到要去咨询专家和寻求专家的帮助，也只有3.6%的父母会“看家庭教育方面的电视节目、报刊指导”。更为严重的是，许多家长根本就没有意识到家庭教育存在的问题。

（2）家庭教育把孩子当私有财产。

受传统思想的影响，许多家长认为“孩子是我生的，我要怎么样就怎么样”，将孩子当作私有财产。主要表现：

①把孩子作为发泄对象。家长在外面遇到工作、生意、交往上不顺心的事，回家就打骂、斥责孩子，把孩子作为发泄对象，造成孩子胆怯、懦弱、心理压力、恐惧、不敢进取的性格。

②将孩子当作玩乐工具。家长拿孩子当开心玩具，一高兴就没有节制地上商场买衣服、买玩具和上酒楼吃喝玩乐，造成孩子习性骄横、散漫、野蛮，不懂节约、不知进取的性格。

③用孩子来满足自己的虚荣。许多家长爱面子，从小就逼迫孩子学钢琴、舞蹈、书法、美术等专长，拿孩子来炫耀自己的教育才能，满足自己的虚荣心，给自己脸上贴金。

④ 将孩子当作心理补偿。一些家长由于自己的某种愿望（如当歌唱家、上大学）未能实现，就强制孩子按照自己的愿望学习东西，将孩子作为自己理想的心理补偿的赌注。

⑤将孩子作为养老资源。一些家长“养儿防老”思想十分顽固，因而将儿女留在身边作为养老资源，不肯让孩子去外地、出国，束缚孩子的前途和发展。

（3）家长自身个性引起教育问题。

某些家长由于自己童年生活的遭遇，或是自身人生经历的坎坷，没有受过良好教育，造成自身的个性偏执、情感障碍、自卑心理，因而不仅自身缺乏良好的家庭教育方式，而且将童年遭遇的心理阴影、心理垃圾迁移给孩子，使孩子从小就生长在畸形的家庭氛围之中。家长自身个性引起家庭教育的问题也是常见的。

（4）教育急功近利与盲目攀比。

由于家长存在急功近利、盲目攀比和恨铁不成钢的心态，造成家庭教育的急功近利与盲目攀比。家长的心态是只要孩子学习好，其他无所谓，学习成绩好就是素质高，并以此为标准与周围同学盲目攀比。孩子在家长的权威下，一味追求学习成绩，其他素质极不重视，并由此造成孩子学习上的“恶性竞争”。结果往往是欲速则不达，事与愿违，在学习竞争下，有的学生成绩好，心里自鸣得意，目空一切、自私高傲，其他能力低下；有的学生竞争失败，心里失落、心态失衡、精神压力大、失去自信。

（5）重养轻教与重物质轻精神。

一些家庭教育对子女重养轻教、重物质轻精神、只溺爱轻教育。家长给孩子提供了相当优越的物质生活条件，如宽敞的独立住所、高级衣装、高档电器等，但忽视文化、精神层面的教育和要求。这也是一种溺爱孩子的表现。溺爱往往造成孩子的个性缺陷，使孩子失去了独立生存能力。

（6）家庭教育缺乏应有的责任。

目前，许多家庭教育缺乏应有的责任。家庭教育缺乏责任有两种情况：一种是由于市场经济条件下工作、生活上的压力，家长集中精力在扮演社会角色，为工作和生活奔波而忽略家长角色和教育责任；另一种是受某些观念的影响，家长追求自我愉快、自我享乐或自我体现、自我完善而忽视对孩子的教育培养，铸成了对孩子教育的失职。

（7）教育缺乏正确内容与方法。

许多家长虽然重视家庭教育，但又缺乏良好内容和有效的方法，从而影响了教育效果。家庭教育的内容很丰富，但从某一意义上看，家庭教育是基础性教育，其内容主要是：

①道德品质教育；

②良好心品性格培养；

③良好行为习惯养成；

④科学意识教育；

⑤健康、生命教育；

⑥与人合作、交往能力培养；

⑦劳动意识、实践能力培养；

⑧是非观念、审美能力教育；

⑨智力发展与创新意识的培养等。

正确的家庭教育态度：尊重、民主、平和、耐心、宽容等。积极的家庭教育的方法：引导兴趣、启发思维、正面鼓励、树立榜样、亲子沟通等。

（8）家庭教育缺乏良好的氛围。

在一些家庭中，家长由于生活习惯、情感个性、人生观、教育观等的不同，因而在家庭生活和子女教育等方面意见不一致，经常出现争吵、争斗现象，造成夫妻情感隔阂、矛盾激烈、气氛紧张。家庭教育缺乏良好的氛围，给子女造成精神压力、心灵创伤和个性影响。

从家庭结构、文化、经济的角度看，“家源性影响”比较负面和比较典型的有以下四种状况：

（1）单亲家庭的“家源性影响”。

据有关统计资料显示，随着市场经济的发展，随着社会竞争的加剧，随着意识观念的变化，随着生活节奏的加快，我国离婚率有逐年升高的趋势，特别是在一些大城市，单亲家庭的数目愈来愈多，单亲家庭子女越来越多，尤其是富裕地区的大城市更加突出。有些幼儿园的单亲家庭孩子的比例达到15%～20%。造成单亲家庭的原因主要是家庭出现离异、丧偶和意外伤亡等变故。南方网报道，据调查，单亲家庭中，近90%都是母亲与子女同住，大多数人都以为母子关系会更加密切但事实上只有不到50%的母亲能保持离婚前的母子融洽关系，很多母子关系大都随着时间而愈加恶化。近年来，中小学流传着这样一句话：一个问题学生就有一个问题家庭。这句话有一定道理，也是对问题学生产生原因的概括。的确，单亲家庭的“家源性影响”相当严重，单亲家庭的子女教育存在许多问题。孩子的健康成长，离不开良好的家庭环境，而在家庭环境的诸因素中，家庭结构的完整尤为重要。父母离异、家庭破裂，会恶化儿童的教育条件，影响儿童的心理健康。由于家庭变故，尤其是夫妻离异，缺少了配偶，不少家长把孩子作为自己唯一的精神寄托，常常会把自己所有的感情和爱倾注在孩子身上，一方面对孩子关怀备至、要求严厉，另一方面又将心情恶化、将婚姻不幸的情绪迁移、投射到孩子身上，拿孩子作为情感发泄对象。单亲子女需要承受来自生活、学习环境中的歧视、偏见和嘲弄，承受情感上的折磨，不少单亲子女因此在性格上变得内向、忧郁、懦弱、自卑，甚至孤僻、冷漠、不合群、人际关系紧张。

(2) 留守家庭的“家源性影响”。

所谓留守家庭，是指父母（或父母一方）长期外出打工、务工，家里只留下孩子和祖辈的家庭。留守家庭绝大多数是在经济落后的农村和边远山村，家庭经济也相对比较贫穷。由于父母长期外出务工，使长期留守家庭的孩子失却家庭教育和家庭温暖，出现了许多教育问题，成了特殊的“家源性影响”。据福建平昌教育网报道：目前福建省青少年犯罪中，“留守孩子”所占比例已高达20%，而沙县法院的一组数据显示：5 年来，该院共审结未成年人犯罪案件 96 件，判处未成年被告人 142 人，其中“留守孩子”有 48 人，占 33.8%。“留守孩子”主要犯罪类型是盗窃、抢劫和故意伤害。据贵州教育网报道：某县泥河镇在校小学生 6 003 人，其中“留守孩子”为 2 000 人，占 30%。“留守孩子”已成为农村学校生源的主体，而且存在着上升趋势。98% 的父母半年或半年以上回来一次，29% 的父母两三年回来一次，15% 的父母“3 年未曾回家”。“留守孩子”心理上：自卑、孤僻、任性、暴躁、畏惧；行为上：散漫、逃学、违纪、说谎、打架、盗窃、无心学习、成绩差、花钱大手大脚、沉迷于网络游戏。许多学校教师反映，“留守孩子”很难教、很难管，面临道德危机、行为偏激。“留守孩子”成了“坏孩子”的代名词。

(3) 暴富家庭的“家源性影响”。

所谓暴富家庭在这里特指得益于改革开放而家庭经济一下子变得相当富裕的家庭。暴富家庭的“家源性影响”主要表现在两个方面：一是由于家庭暴富造成家庭结构不稳定，如父母离异、重组家庭、父亲“包二奶”等给予孩子的心灵影响。珠三角地区暴富家庭中，因父亲“包二奶”给孩子造成心灵创伤的现象并不少见。例如，珠三角某市某学校学生廖洁（化名），女，就因为父亲将与“二奶”所生的女儿从外地带回本地，且插班到同一学校就读，感到社会压力和心灵受伤而自杀身亡。二是由于家庭暴富，经济富裕，生活极度挥霍，家庭有高档住宅、名贵轿车，生活花天酒地、赌博成瘾，且父亲整日沉溺于酒色，无心顾及子女教育。有些暴富家庭的子女追求享乐，摆弄阔气、豪气、霸气，每月花费在数万元以上。

暴富家庭的“家源性影响”往往是消极的、负面的。部分暴富家庭子女的个性心态：一方面是成了“富二代”和“高衙内”，极度优越感，极度高傲和自负；另一方面是缺乏个性修养，情感冷漠，性格野蛮，具有“占有欲”心态。

(4) 外来工家庭的“家源性影响”。

我国经济发达的沿海地区，外来工越来越多，“外来工家庭”也越来越多。广东省东莞市的外来工人口与本地人口比例一度达到 3:1。根据广州教研网李伟成在《关注外来工子女义务教育问题》一文中的报道：近年来，广州市的开放和不断发展吸引了大量外来人口来务工、经商。在广州市 1 050 万人口中，非穗户籍常住人口有 320 万，占广州市人口总数的 30.47%。白云、番禺等区的外来人口占了当地人口总数的一半，其中有些村镇外来人口甚至超过了本地居民。外来务工人员携家带眷到广州市工作和生活。据不完全统计，目前，非穗户籍人口适龄儿童近20万，大部分都为外来工子女。

外来工家庭特点：①不少外来工家庭收入偏低，外来务工人员的职业主要是工厂的工人或是建筑工人，自己经营小店（如水果店、小卖部等），收废品等。②外来工家庭子女相对较多。③家庭到哪里务工就在哪里租屋，没有固定住所，有一定流动性。④父母文化偏低，加之忙于打工，教育意识、能力偏低。外来工家庭的“家源性影响”主要是：首先，家庭给这些孩子心目中留下的印象是“漂泊、贫穷、艰辛”。其次，父母社会地位低，受到一定“歧视”，孩子也受到“歧视”。最后，家庭的负面影响多。如父母忙于务工赚钱，忽略孩子教育；父母文化低，教育方式粗野；父母的生活压力、烦躁心情迁怒于孩子；父母酗酒、赌博等不良生活方式影响孩子。因此，由于外来工子女得不到家庭的良好教育和影响，往往导致任性、自私、性格孤僻、厌学逃学、辍学、小偷小摸、打架斗殴、看黄片、成网瘾，甚至违法犯罪等。

（三）心本教育对家庭教育的意义与作用

提倡家庭心本教育，首要问题就是如何理解心本教育理念对家庭教育的意义。心本教育对家庭教育的意义与作用在于：

1. 指导作用

心本教育对家庭教育的意义就是指导作用。主要表现在两个方面：第一是思想观念上的指导。心本教育主要是阐明家庭教育的实质、目的和任务，即什么是家庭教育，为何要重视家庭教育，家庭教育的目的是什么，家庭教育的主要任务是什么，家庭教育过程要注意什么；阐明家庭心本教育的重要性和必要性，为家庭教育导向。第二是内容方式上的指导。心本教育主要是倡导心品教育的内容方法，即家庭教育内容是什么，家庭教育方式是什么，家庭教育的方式方法要强调什么，注意什么；心本教育观主张，家庭教育重视对孩子人格、个性、心品的教育，它是今后孩子接受文化教育、能力教育、特长教育的前提条件，是精神层面、内在动机上的心理基础。

2. 弥补作用

目前，由于诸多原因，家庭教育存在不少缺陷，家庭教育给孩子许多压力和限制，甚至会造成孩子心灵的扭曲。因此，家庭教育存在许多问题，不容乐观。

心本教育对家庭教育的意义，或者说倡导家庭心本教育的意义，就是对家庭教育缺陷的一种弥补作用。许多家庭的父母，由于教育观念、教育内容方式的选择上出现了问题，使孩子在思想上、道德上、心灵上、价值观上、行为取向上或多或少存在着心理问题，倡导家庭心本教育，倡导心品教育，一方面是对家庭教育、家长教育方式的引导，另一方面是对家庭教育所引起的孩子心理缺陷的修复和弥补。就目前家庭教育的状况而言，孩子心理缺陷的修复和弥补的途径有：一是通过媒体，加强对家长和孩子的心理教育。二是通过家长，使家长改变教育观念和教育方式，自觉地、逐步地修复孩子的心灵。三是通过学校教育，学校要倡导心本教育，加强心品教育，做好心理援助工作，逐步修复孩子的心理缺陷和培养孩子的阳光心灵。

第四章 心本教育的目标与内容

第一节 心本教育的学理支撑

一、学理支撑的意义

所谓学理是指科学上的原理或法则。所谓学理支撑，是指以科学上的原理或法则作为学术依据、学术支撑。心本教育的学理支撑是指心本教育要以心理学的原理和方法作为学校心品教育的理论依据和学术支撑。

狭义的心本教育是心品教育。作为心品教育，无论是教育目标内容，还是教育途径形式，或是教育模式，都要有科学的学理支撑。主管中小学心理健康教育工作的广东省教育厅李小鲁副厅长就多次指出，中小学心理健康教育要做到具有针对性、有效性，首先就要有科学性，要有学理依据和学理支撑，广东省的心理健康教育无论倡导什么教育观点，采取什么教育样式，开展什么教育活动，都必须注重教育的科学性、针对性、有效性，注重科学的学理支撑。由此强调了学理支撑的重要性。①

心本教育的学理支撑的意义在于以下三点：

（一）有利于把握心品教育的科学性

作为塑造中小学生心品素质的教育，必须准确把握心品教育的科学性。注重心本教育的学理支撑，有利于把握心品教育的科学性。广东省主张的中小学发展性心理健康教育（即心品教育），提出了预警、预防、干预的“三预”工作机制。② 心品教育主要内容的选择，构建广东教育模式等，都要经过专家的科学论证，都十分注重教育内容和活动过程的科学性和学理依据，努力把握教育活动的科学方向。

（二）有利于心品教育的针对性和有效性

心品教育非常关注教育的针对性和有效性，教育针对性是教育有效性的前提，教育有效性是心本教育的主旨。学理依据是教育针对性和有效性的根本保证。全国学校心理健康教育委员会副主任、华南师范大学心理系莫雷教授在2009年接受中小学心理健康教育杂志社记者采访时和在2010年“广东省社会转型期加强心理健康教育工作研讨会”上的讲话，都着重强调心品教育的科学性和有效性问题。的确，心本教育没有学理支撑也就没有教育的有效性可言。因此，注重心本教育学理支撑，对心品教育的有效性具有重要意义。

---

① 广东省教育厅．李小鲁副厅长在全国首届中小学心理健康教育研讨会（南海会议）上的讲话．2009－07－09

② 广东省教育厅．关于委托华南师范大学承担中小学心理健康教育业务指导任务的函〔2001〕35号文件

（三）有利于学校开展心品教育的规范化

中小学校开展心品教育要注意教育的规范化。规范化是教育有效性的重要条件，所谓教育规范化就是强调教育的标准化。注重心本教育的学理支撑，有利于学校心品教育的规范化和标准化，使学校教育活动不至于走弯路。

二、心本教育的学理支撑

十几年来，广东省在推动中小学心品教育活动中，十分注重学理支撑。下面阐述广东中小学心品教育的主要学理支撑。

（一）积极心理学的学理支撑

1. 积极心理学基本原理

（1）积极心理学的兴起。

有些学者认为，积极心理学（Positive Psychology）的始祖是美国宾夕法尼亚大学心理系担任首席教授的马丁·席利格曼博士。理由是他致力于研究乐观心态、习得性无助和压力等的科学研究，已长达 40 余年。但积极心理学真正作为一个学科兴起才是近 10 年的事。2000 年 1 月，以美国心理学会主席赛里格曼（Seligman）等出版的《积极心理学导论》为积极心理学兴起的标志，并且他首先在宾夕法尼亚大学开设了这门课程。所谓积极心理学是指利用心理学目前已比较完善和有效的实验方法与测量手段，来研究人类的力量和美德等积极方面的一个心理学思潮，它的矛头直指过去近一个世纪中占主导地位的消极心理学模式。所谓消极心理学是指以人类心理问题、心理疾病（如幻觉、焦虑症、抑郁症、强迫症、自闭症等）的诊断和治疗为中心的研究取向。

积极心理学一经出现，就得到许多心理学家的普遍认同并积极投身到该领域的探索研究中，且迅速风靡全球。目前，美国、西欧和亚洲的许多大学都纷纷开设该课程，逐渐形成一场积极心理学运动。

（2）积极心理学的研究领域。

相对于消极心理学而言，积极心理学是美国心理学界正在兴起的一个新的研究领域，也是心理学研究的一种新型模式。积极心理学是心理学史上具有革命意义的学科，其研究对象是平均水平的普通人，即普通人的心理活动，是探索大部分人的心理状况和指导人们如何追求幸福生活的研究，它要求心理学家用一种更加开放的、欣赏性的眼光去看待人类的潜能、动机和能力等。

积极心理学的研究领域分为三个层面：第一，对积极情绪的研究。该研究认为，积极情绪有利于增强人的思想和行为能力；主观幸福感有助于人较满意地对待过去、现在并乐观地面对将来。该研究形成了积极情绪的“扩展—建构”理论。第二，对积极人格特质的研究。赛里格曼用“解释风格”来描述人格，把人格分为“乐观型解释风格”和“悲观型解释风格”。他研究了包括好奇、乐观等在内的 24 种积极人格特质，认为培养个体的积极人格特质有助于增强个体的积极情绪体验。第三，对组织系统内积极心理的研究。它研究如何建立家庭、学校和社会团体等积极的组织系统，如何使人在组织中充分发挥潜能，同时能感受到最充分的幸福。这符合当代社会发展的要求。[①]

(3) 积极心理学的基本原理。

积极心理学认为，人的积极的情绪、力量、善端和美德等因素，有助于人在某种逆境中学会如何求得生存和发展，有助于人在正常境况下学会怎样建立起高质量的个人生活与社会生活。积极心理学主张：心理学不仅是对心理问题、心理疾病和心理缺陷进行修复和弥补的治疗性研究，而且也是对人类自身所拥有的潜能、力量进行发掘及对人类优秀品质进行培养的开发性研究，用开发性的积极心理去预防治疗性的心理疾病；心理学不仅是关乎人的心理疾病的科学，更重要的是关乎人的成长、教育、爱、工作和娱乐的科学。

积极心理学的基本原理：通过对人的积极的情绪、积极的人格特质和积极的公民道德的培养，使个体具有和谐、平和、阳光的积极心态和品质，具有乐观、宽容、勇气、智慧、毅力、潜能、创造等人格特质，具有礼貌、友好、善良、利他、责任感、职业操守等积极公民品质，从而在主观层面上得到积极的体验和感受——对过去感到幸福和满足，对现在感到快乐和幸福，对未来充满希望和乐观，成为一个乐观、幸福、向上的人；在群体层面上得到积极的表现和满足——在家庭、学校、组织、社区中发挥积极作用并得以充分发挥，并且个人得到发展和充满幸福感，成为一个有责任感、有益于社会和他人的人。

(4) 积极心理学的意义作用。

积极心理学的出现，使心理学科的研究和应用任务发生变化，面临三项主要任务：治疗人的精神或心理疾病，帮助普通人获得幸福生活，发掘并培养社会杰出人才。

心理学从关注人类的心理弱点、心理疾病和心理问题的修复、矫正及补救转向关注人类的积极心理情绪、积极人格特质和优秀心理品质的教育、培养，具有积极意义。其意义主要表现在：

第一，关心个体的主观的积极的生活体验，引发个体对待生活的幸福感、满意感、快乐感，构筑个体对现实生活的热爱的态度和对未来生活的乐观主义态度。

第二，关心个体成长的心品素质，培养个体积极、良好的情绪以及人格特征和社会品德，为个体提供积极的适应社会、生活的心理品质。

第三，使个体具有良好的人际关系和职业道德，积极的社会责任感和使命感，成为一个积极的、健康的、幸福的家庭和社会成员。

第四，人类自身存在着可以抵御精神疾病的力量，如勇气、乐观、毅力等，积极心理学对预防心理疾病的发生具有重要意义。

第五，缓解了教育“两难”问题，在教育为“个体发展服务”和“为社会发展服务”的两难问题之间架起一条心理调适的通道。

积极心理学研究表明：具有积极情绪的人比一般人更能忍受痛苦。乐观的人身体更健康，寿命更长。快乐的人不喜欢独处，更喜欢与他人交朋友，人际关系较好。快乐的人愿意主动接触生人，更关心周围的人，更愿意为他人捐钱，更具有利他主义精神，更具社会责任感。悲观的人相信厄运总是会降临自己，认为厄运总是持久环绕在周围，因而萎靡不

---

① 资料来自“亚洲积极心理学会”网站

振。而乐观的人遇到同样的厄运时，会认为现在的失败是暂时的，每个失败都有它的原因，不是自己的错，从而积极地寻求应对方法尽快消除它。乐观的小学生将来很少得抑郁症，走向社会后，在工作成绩和社会地位方面均超过悲观的人。乐观可以通过教育而形成，一个悲观的人通过心理训练可以转化成乐观的人。

2. 心本教育与积极心理学

心本教育之所以将积极心理学作为学理支撑，这是因为：

（1）心本教育与积极心理学在研究学理上相吻合。

长期以来，心理学的主要研究方向是人的心理问题的研究和心理咨询、治疗的趋向。例如，来自《心理学摘要》（*Psychological Abstracts*）电子版的搜索结果表明，从1887年到2000年，关于焦虑（anxiety）的文章有57 800篇，关于抑郁（depression）的有70 856篇，而提及欢乐（joy）的仅有851篇，关于幸福（happiness）的只有2 958篇。搜索结果中关于消极情绪与积极情绪的文章比例大约为14:1。又如，我国高校的心理学系、临床心理学系，在开设的课程中的消极心理学研究内容几乎占80%，尤其是人格、变态、临床、咨询、精神分析、心理危机等课程内容，而自信、意志、毅力、心理弹性、幸福感、创造力、适应力等的心理品质、能力培养方面的内容极少。在大多数心理学者的观念中，研究人格、变态、临床、咨询、治疗才是学问，而研究学生的自信心、意志力、亲和力等的心品培养就不是学问。积极心理学的兴起，不仅促进了心理学研究和应用的转向，而且推进了中小学心理健康教育的发展。

心本教育认为，“健全人格、和谐心态、良好素能”心品教育的价值取向，更有利于人的生存、发展，认为人的阳光心灵是人的幸福生活、优质生活的重要源泉。这与积极心理学的积极情绪、乐观人生和积极人格特质的价值取向基本相同，在研究上、理论上、学理上基本吻合。

（2）心本教育与积极心理学在教育主张上相一致。

心本教育与积极心理学在培养人的什么样的心理品质上，其教育主张是一致的。就个体心理品质教育而言，它们都主张构建良好的、积极的个体心理品质。就一般意义的教育而言，心本教育主张，教育以心为本，育人先育心，心育乃教育之母，教育从心开始，其教育目的和出发点是促进人的良好心品的形成，最终使人更好地发展，并在人生发展中充满成就感、幸福感。这与积极心理学的乐观精神、乐观心态、良好人格特质的教育主张，提供个体主观幸福感的教育主张，在教育目的和出发点上是一致的。

（3）心本教育与积极心理学在社会作用上相接近。

积极心理学研究组织系统内部积极心理的作用，研究如何建立家庭、学校和社会团体等积极的组织系统，如何使人在组织中充分发挥潜能，同时能感受到最充分的幸福。而心本教育强调以学生良好心品素质去适应社会、融入社会，以利于和谐班级、和谐校园建设以及未来工作中的团队精神文明建设。两者都强调人的社会性作用，都认为人的良好心品的积极社会意义，都主张人的社会责任，两者在社会目标上是较接近的，也基本符合当代社会发展对人的要求。

（二）健康心理学的学理支撑

1．健康心理学的基本原理

（1）健康心理学的兴起与影响。

健康心理学形成于20世纪中叶，是一门研究人的健康心理的新兴学科。健康（health）是现代社会的人日益关注的问题，其内涵已经不再局限于身体健康、心理健康，主观幸福感越来越成为健康的核心。健康的概念不断扩展，从生物—医学概念逐步转向生物—心理—社会—医学概念。20世纪中叶，美国从节约医疗保健经费开支与降低发病率的目的出发，率先开始了对健康心理学的研究。1976年，美国心理学会多次讨论了心理学在人类健康中的重要作用。而后成立了一个由心理学家组成的健康研究小组，并在此基础上，于1978年8月正式成立了健康心理学分会，成为美国心理学会的第38个分支，并创办了《健康心理学》和《行为医学杂志》。健康心理学的出现，首先受到预防医学界的重视，并迅速影响医学界、心理学界和全社会，使人们对健康的认识和研究愈来愈全面。

（2）健康心理学的研究对象与范畴。

健康心理学的研究对象是人的全面健康，包括生理、心理、社会等方面的健康。健康心理学是运用心理学知识和技术去探讨和解决有关保持或促进人类健康、预防和治疗躯体疾病的心理学分支。它主要研究心理学在矫正影响人类健康或导致疾病的某些不良行为，尤其是在预防不良行为与各种疾病发生中所应发挥的特殊功能；探求运用心理学知识改进医疗与护理制度，实施合理的保健措施，节省医疗保健费用和减少社会损失的途径，以及对有关的卫生决策提出建议。在一定意义上说，它是心理学与预防医学相结合的产物。①

健康心理学研究的内容越来越全面，主要内容有：对健康的概念、健康的水平、健康的结构和健康的测试等的认识；影响心理健康的主客观原因；现代心理健康的标准；心理健康对学习、生活、工作的意义和对家庭、社会的作用；如何创建心理健康的环境；心理因素与行为习惯对心理健康的作用；如何进行健康心理教育和自我调节。②

健康心理学通过探讨和研究引起人类有关躯体疾病的各种生理心理学和社会心理学问题，诸如压力和挫折与心理健康、睡眠与心理健康、生活与心理健康、职业与心理健康、社会环境与心理健康等问题，通过探讨和研究人的心理、行为与生理疾病的关系，并综合运用了心理学、医学、社会学、教育学以及其他相关学科的理论、知识和技术去促进人的全面的健康，从而形成了生物—心理—社会—医学的健康模式。健康心理学着力于人类健康的预防和维护，强调心理健康因素对疾病的影响，提出了积极预防的措施而不是侧重疾病的治疗。在这一点上，健康心理学同我国传统中医所强调的“不治已病，治未病”和“防患于未然”的主张有相通之处。

（3）健康心理学的意义与作用。

健康心理学使人们对健康有了全面的认识，对健康标准有了全新的看法，并引导人们从日常学习、工作、生活和社会活动等方面去重视健康，积极进行自我心理调节。它着重

---

① 首都医科大学医学心理学教研室．健康心理学．价值中国，2010-06-11

② 郑希付．健康心理学．上海：华东师范大学出版社，2003

探讨心理因素、行为方式所引起疾病的机制，以及从心理学的角度去预防疾病、维护健康、矫正行为、治疗疾病的方法，对人类健康的促进有着相当重要的意义。

实践表明，健康心理学在与相关学科协同合作的过程中，已经并将越来越显示出其造福人类的重要作用。在美国，经过健康心理学家与各界人士的共同努力，青少年吸烟者的比率已明显下降，成人的吸烟率比20年前下降了12%，从而在一定程度上缓解了因吸烟致病致死的这一尖锐社会问题。在中国，健康心理学日益受到医学界、心理学界和教育界的高度重视并付诸实施，且已显示出它的积极作用。例如，提供有关禁烟、戒酒、限制高盐与高脂饮食的咨询建议，提倡采用科学方法进行增强体质的锻炼，主张建立合理的生活制度和养成良好习惯，并强调个人对自己健康的责任心，培养自我保健，等等①。

2. 心品教育与健康心理学

（1）心品教育与健康心理学在目标上的一致性。

狭义的心本教育是心品教育。心品教育的目标任务是人的心理健康教育，主要从人的心理品质如健全人格、和谐心态以及行为方式的角度开展教育，其目的是促进人的心理健康，降低生理心理疾病的发生率。健康心理学的目标任务是使人具有健康心理，主要从对健康的认识，对健康的生活、环境的调控，对健康的心理因素和医疗因素的调节等角度去维护人的健康，尤其是人的健康心理。例如，在对待压力与心理健康的调适方面，它们的教育目的目标、调适方式方法是基本相同的。因此可以说，两者在教育行为目标上是一致的。

（2）心品教育与健康心理学在学理上的一致性。

首先，无论是心品教育还是健康心理学都是心理学的相邻分支，都是以心理学的基本原理、基础理论和基本方法作为本学科研究和应用的支撑，两者的学源是同出一宗的。

其次，健康心理学是在行为医学的基础上发展起来的，它与医学的结合很密切；其学理领域上对健康内涵的理解，从医学意义的健康扩延至心理学意义的健康；其学理研究上是探索人的健康与人的心理的关系；其学理逻辑上认为，人的心理和社会行为因素能够影响人类健康，或者说不良的心理和社会行为因素能导致人的疾患的产生，因此，预防和矫正不良心理行为因素以及帮助人们学会应付心理社会的紧张刺激，对人的疾患的预防、医疗和康复具有医学无法代替的作用。健康心理学的学理主张对心品教育具有重要意义。因此，它是心品教育的学理支撑。

心品教育与健康心理学的关系非常密切，互为作用。健康心理学的原理是心品教育的学理依据，而心品教育吸取积极心理学、健康心理学和教育心理学、认知心理学等学科的理论精华，博取众家所长，形成完整的心品教育理论体系和实践模式，从而又反过来促进健康心理学的研究和发展。

（三）认知心理学的学理支撑

1. 认知心理学的基本原理

（1）认知心理学的兴起。

认知心理学是20世纪50年代以美国为首的西方国家所兴起的一个心理学分支，20世

① 资料来自寄托家园. http：//exam. gter. net，2004－08－22

纪 70 年代以后风靡全球，直至现在，已成为心理学的一个主要研究方向。它研究人的高级心理过程——认识过程，如注意、知觉、表象、记忆、思维和语言等。认知心理学的兴起使心理学发展出现一个巨大突破和变化。

（2）认知心理学的理论原理。

认知心理学与行为主义心理学不同，它主要研究人的不能观察的内部心理机制和过程，如记忆的加工、存储、提取和记忆力的改变。认知心理学认为，人的认知过程有其心理机制，信息加工就是人的认知过程的心理机制特点。这就可以说认知心理学相当于信息加工心理学。它将人看作是一个信息加工的系统，将人的注意、知觉、表象、记忆、思维和语言等的心理过程看作认知过程，认为“认知就是信息加工”，包括信息（如感觉）的摄入、变换、加工、存储、提取和使用的全过程。这样认知过程就可以分解为一系列加工阶段，每个阶段均是一个相对独立的信息加工单元，而信息加工单元又以某种方式相互联系着，并构成信息加工系统。整个信息加工系统就可看成心理认知过程，而整个信息加工的认知过程也就是心理认知机制。

认知心理学认为，信息摄入和信息输出之间发生的内部变化就是心理认知过程。但是人们不能直接观察到人的心理过程，只能通过观察摄入和输出的信息来加以推测。所以，认知心理学家采用各种方法，用观察到的信息现象（数据）去推测和分析人的心理过程，从而得出结论。从信息摄入（如注意、感觉）到加工后的信息输出，可看成是人的心理认知过程的产物。

在研究对象和方法上，行为主义心理学主张研究外显的、可观察的、可实验的行为，而不管人的内部的心理过程；认知心理学则把研究重点转移到人的内部心理过程，研究方法上则既重视实验，也重视主观推测分析。

（3）认知心理学的应用。

认知心理学强调认知在决定行为上的重要作用，认为个体对外界事物有认知过程就必然有心理反应和相应的行为反应。那么，改变个体对外界事物的认知过程，就有可能改变个体的心理与行为。因此，认知心理学认为人对某一事物的心理认知决定人对某一事物所采取的反应和行为。依据这一原理，于是就有了“心理分析疗法”、“认知心理疗法”：患者对某一事物的认知出现偏差（与正常人相比），就产生心理障碍和行为问题（心理不平衡或心理危机的表现），只要对患者进行“认知心理矫正”，就能化解其心理不平衡或心理危机状态，使之保持心理常态，实现行为正常化。“认知心理疗法”是当前心理辅导、咨询、治疗常用的比较有效的方法。

2. 心品教育与认知心理学

当前中小学的心品教育，可以分为发展性心品教育和补救性心品教育。前者主要任务是对全体学生进行良好心品素质的教育，包括个性、心态、自信、情绪、意志、气质等的培养；后者主要任务是对个别学生出现的心理问题如情感障碍、交往障碍、青春期心理行为问题等不良心品进行心理辅导、矫正和弥补。无论是发展性心品教育还是补救性心品教育，都与认知心理学原理有着密切的关系，或者说认知心理学原理对发展性心品教育和补救性心品教育予以极大的帮助。

（1）认知心理学对心品教育在学理上的支撑。

认知心理学的基本原理是中小学心品教育的学理支撑。据上所述，人对外界事物存在着心理认知过程，并且存在着对事物认知的心理反应与表现，这就为心品教育的推测、分析和“诊断”学生心理问题提供了学理支撑；同时，人的心理认知决定了人的心理反应和行为，改变人的认知就能改变人的行为的基本原理，是心品教育的学理支撑；心品教育就是利用这一原理来改变学生的心理行为表现。无论是补救性心品教育还是发展性心品教育，这一基本原理都是适用的，也是比较有效的。例如，学生自信心理的建立和培养，需要分析学生自信建立的心理机制和心理过程，并且要改变学生的自卑的认知过程，从而重构自信心理。

（2）认知心理学对心品教育在方法上的指导。

理论指导实践，现行的心理教育、辅导、咨询实践中有三大理论流派：精神分析流派、行为主义流派和认知心理学派。认知心理学的学理以及探索心理过程的理论方法，对中小学心品教育的实践方法有着指导作用。中小学校无论是发展性心品教育还是补救性心品教育，都可以分为两个阶段：第一个阶段是原因分析或问题诊断，第二个阶段是教育过程或辅导矫正过程。而无论是哪一个阶段，无论是分析、诊断、教育、辅导、矫正，都离不开认知心理学的心理观察、心理分析、心理推测方法的指导。“认知心理疗法”的改变患者心理认知的过程方法就直接应用于中小学的心理辅导之中。

综上所述，中小学校的心品教育应该有心理学的学理作支撑。目前，中小学心品教育除以积极心理学、健康心理学、认知心理学作为学理支撑，还以幸福心理学、教育心理学和发展心理学甚至现代教育学的基本原理作为其学理支撑。

第二节　心本教育的目标任务

目前，社会上出现了一些“怪异现象”：

许多家长，从小为孩子择名校、请名师，高投入、高期望，要求孩子学习背书，追求成绩第一名，寻求自我发展、自我实现，目的是赢得高考、进入名校。到头来，使得某些孩子变成了书呆子，出现了心理危机，结果——跳楼。

许多青少年学生，追求个性发展、个性自由，早早恋爱，早早结婚，婚礼讲究排场。到头来，夫妻吵架，性格不合，感情破裂，结果——离婚。

许多人追求高文凭，追崇学而优则仕，梦求高官厚禄、升官发财、光宗耀祖，追求三妻四妾，攀比洋楼、汽车，追求所谓“人性化生活”以至于野心膨胀，不择手段。到头来，贪污腐化，结果——入狱。

社会上出现的这些“怪异现象”，反映了社会心理的某些侧面，也反映了人们的浮躁心态、不和谐心态。

社会上出现的这些“怪异现象”，其产生的根源是什么？难道是社会转型期的必然产物？难道是经济发展必然带来的副产品？还是社会、学校、家庭的教育出现了问题？

社会上出现的这些“怪异现象”，不能完全归结于教育，但与教育不无关系，与社会教育、学校教育和家庭教育的失误不无关系，与教育效果和教育思想不无关系。在反对科学主义教育思想、传统教育思想的基础上所构建起来的人本主义教育思想，未免过于矫枉过正，未免过于陷入另一极端——从一个极端走向另一个极端：从将人当作“机器”，当作被教育被管理的“奴隶”一端，走向将人变成“不受约束、绝对自由、完全自我”的一端；从人“被压抑的心态”一端，走向“张狂的心态”的一端；从人“缺失自我”的一端，走向“极其自私”的一端。可以说，人本教育思想的某些观点，如“个性发展”、“自我实现”，给人造成了是非不明、思想混乱、道德模糊、心态浮躁的后果。

社会上出现的这些“怪异现象”，靠人本主义思想根本无法解决，甚至可能会越来越严重。社会上出现的这些“怪异现象”，要靠人的道德心理来克服，要靠人的良好心品素质、积极心品来加以调节，而人的良好心品素质、积极心品的形成要靠教育。只有心本教育思想才能够构建人的良好心品素质、积极心品，才能使社会上的这些“怪异现象”逐步减少。

一、心本教育的目标

（一）心本教育基本目标的定位

狭义的心本教育就是心品教育，也就是中小学的心理健康教育。对中小学的心品教育作出正确的目标定位，有利于心品教育工作的开展。

1. 心本教育基本目标的定位

心本教育基本目标的定位是：中小学校心本教育面向全体学生，开展以“健全人格、和谐心态、良好素能”为目标内容的心品教育，培养学生积极、乐观、向上的心理品质，促进学生心理素质的全面提升。

心本教育基本目标的定位体现了教育部颁布的《中小学心理健康教育若干意见》和《中小学心理健康教育指导纲要》的精神。

1999年，教育部颁布的《中小学心理健康教育若干意见》中指出，要加强中小学生的心理健康教育，[①] 促进中小学生健康成长。

2002年，教育部颁布的《中小学心理健康教育指导纲要》（以下简称《指导纲要》）中的第一段话就明确指出：良好的心理素质是人的全面素质中的重要组成部分。心理健康教育是提高中小学生心理素质的教育，是实施素质教育的重要内容。中小学生正处在身心发展的重要时期，随着生理、心理的发育和发展，社会阅历的增加及思维方式的变化，特别是面对社会竞争的压力，他们在学习、生活、人际交往、升学就业和自我意识等方面，会遇到各种各样的心理困惑或问题。因此，在中小学开展心理健康教育，是学生健康成长的需要，是推进素质教育的必然要求。

《指导纲要》第二部分对中小学心理健康教育的目标作了规定：

第一，心理健康的总目标是：提高全体学生的心理素质，充分开发他们的潜能，培养学生乐观、向上的心理品质，促进学生人格的健全发展。

① 教育部. 中小学心理健康教育若干意见. 1999

第二，心理健康教育的具体目标是：使学生不断正确认识自我，增强调控自我、承受挫折、适应环境的能力；培养学生健全的人格和良好的个性心理品质；对少数有心理困扰或心理障碍的学生，给予科学有效的心理咨询和辅导，使他们尽快摆脱障碍，调节自我，提高心理健康水平，增强自我教育能力。

2. 心本教育目标定位的分解

中小学心本教育总体目标定位可以分解为四个层次的目标：

（1）优质性目标。

这是最高层次的目标，培养学生不仅具有良好的心品素质，而且具有创造性素质能力。一个具有创造性素质能力的人，不仅仅是具有良好心品素质就能达到的，还必须有坚实的文化素质和潜能的充分发挥，因此，这一层次的目标的实现，要靠学校多个学科的共同教育培养。

（2）发展性目标。

这一层次的目标是面向大多数学生的教育，目的是培养他们具有良好的心品素质，使他们更好地发展自我和更好地适应社会，从而实现为个体发展和社会发展“双重需要”服务的目标。

（3）矫正性目标。

这一层次的目标是面向少部分有心理不平衡、心理困扰学生的教育，为他们实施心理辅导和矫正，使他们尽快消除心理困扰，然后开展发展性目标的教育，让其更好发展。

（4）补救性目标。

这一层次的目标是面向极少数有心理障碍、心理危机学生进行的心理辅导和治疗，使其消除障碍，具有健全人格，有利于今后的发展。

（二）心本教育目标定位的特点

1. 具有“全体受益”特点

心本教育目标定位体现了面对全体、全员参与、全面渗透、全程跟进的“四全”特点。因此，它具有“全体受益”的特点。

2. 具有“双重需要”特点

心本教育目标定位既考虑学生个体发展需要，又考虑社会发展需要，这在教育课程内容设置上得以体现。因此具有“双重需要”的特点。

3. 具有“立体教育”特点

心本教育在目标定位上既有心品课程教学的渗透，又有学科教学的渗透、班级教育的渗透、学校环境的渗透；同时做到社区教育、学校教育和家庭教育相结合。目前，学校教育与社区教育、家庭教育结合得比较好的教育活动中，心本教育活动做得比较到位和出色。因此，它具有“立体教育”的特点。

（三）心本教育目标定位的意义

1. 心本教育目标定位的依据

心本教育目标定位是由心本教育的目的观、人才观和教育价值取向所决定的。心本教育目的观、人才观和价值取向既重视个体发展需要又关注社会发展需要，是教育“个体本位”和教育“社会本位”的综合汇集。心本教育目标定位体现了这一教育主旨，其教育目标内容既注重个体心品素质的塑造，又注重个体对社会需要的适应能力的培养。因此，在教育目标内容设计上，既有培养个体心品素质的内容如人格、自信、情绪等的教育，又有适合社会需要的内容如人际交往、亲子关系、环境适应、社会适应等能力的培养。

2. 心本教育目标定位的意义

首先，心本教育总体目标定位是对全体学生心品素质的教育，其实质是强调教育侧重心理品质的塑造，而不是对心理问题的矫治。这一目标定位的意义，在于符合素质教育的目标要求，也体现了学校教育的真谛。

其次，心本教育目标定位明确，层次分明，既把握了心本教育的发展方向，又使心本教育能够有的放矢地加以实施，能够依据学生生理心理特点开展有针对性的教育，能够比较有效地促进学生心品素质的提升。

最后，心本教育目标定位的重要意义，在于它兼顾个体发展和社会发展的“双重需要”的目标，符合人和社会共同发展的需要。这一目标定位的意义，还在其与人本主义教育和传统道德教育的目标定位有着根本性的区别。

二、心本教育的任务

（一）心本教育的基本任务

1. 明确心本教育的基本任务①

心本教育的基本任务：

（1）帮助学生减少各种心理困惑，降低和消除已经出现的各类心理、行为问题，维护学生心理健康，呵护学生生命。

（2）加强对全体学生的心品教育，促进学生积极、健康的心品素质的形成和提升，培养学生的创新精神，提高其社会适应能力和实践能力。

（3）全面推进学校素质教育，增强学校德育工作的科学性、针对性和实效性，培养有理想、有道德、有文化、有纪律的一代新人。

2. 理解心本教育的基本任务

（1）心本教育有三个基本任务，且任务明确、层次分明。第一个层次是补救性目标（含矫正性目标）的心品教育任务；第二个层次是发展性目标的心品教育任务；第三个层次是整体目标性的心品教育任务。

（2）三个基本任务既相对独立，又相互具有内在逻辑联系。

首先，第一个层次的教育任务是前提，因为中小学生正处在身心发展的重要时期，随着生理、心理的发育和发展，社会阅历的扩展及思维方式的变化，特别是面对社会竞争的压力，他们在学习、生活、升学、就业和自我意识、情感、人际交往等方面，或多或少均会出现各种各样的心理问题。因此，只有做好第一个层次的教育任务，尤其是矫正性的教

① 广东省中小学心理健康教育指导中心. 广东省中小学心理健康教育教学目标与内容. 2003

育任务，才有第二层次的教育任务可言。

其次，第二个层次的教育任务是重点、关键，因为它面向的学生多，又是心品教育的核心内容。同时，核心内容中有些内容如个性、自信、意志、气质等，目前的研究极少并且各项标准尚未建立。因此其教育培养既重要又有一定的难度。

最后，第一个层次和第二个层次的教育任务是第三个层次的基础，因为心品素质是人的整体素质的重要部分，心品教育是素质教育的重要内容，只有做好第一个层次和第二个层次的任务，才有可能实现素质教育。

（3）心本教育基本任务体现了《指导纲要》提出的心理健康教育的主要任务。《指导纲要》明确指出，心理健康教育的主要任务是全面推进素质教育，增强学校德育工作的针对性、实效性和主动性，帮助学生树立在出现心理行为问题时的求助意识，促进学生形成健康的心理素质，维护学生的心理健康，减少和避免对他们心理健康的各种不利影响；培养身心健康，具有创新精神和实践能力，有理想、有道德、有文化、有纪律的一代新人。从上面心本教育的三个基本任务来看，它符合《指导纲要》提出的任务要求。

（二）心本教育任务的落实

目前，学校开展心本教育遇到一些困难，主要有：第一，心本教育的教育任务繁重，教育工作繁杂；心本教育的见效缓慢，且目前还没有教育效果的评价指标，因而容易被忽视、被其他工作冲淡，或出现讲起来重要而做起来次要的现象，或出现学生有严重心理问题时抓一抓，平时松一松的现象。第二，学校心本教育的专业性、科学性较强，许多校长、教师不敢涉足其中，或不知从何抓起，束手无策。第三，应试教育的压力，使校长、教师的思想观念上只重视应试教育，心本教育成了可有可无的东西。第四，心本教育实施管理上存在问题，主要任务不明确，分工不明确，职责不明确，使教育难有成效。

学校心本教育是一个系统工程，要让其有效地运行起来，必须做到任务明确、分工落实、职责分明。

1. 学校心本教育的任务

既然学校心本教育是学校素质教育的主要内容，也是学校德育的组成部分，那么学校心本教育的任务，首先校长要负起主要职责，其次是德育副校长要负主管责任，最后，德育主任、专职心理教师和班主任要分工负责。

学校心本教育的任务：

依据学生特点，制订学校心本教育规划、年度计划，把握学校心本教育的目标方向。

负责组织全体教师、全面落实学校心本教育工作，提供人力、物力、财力保障。

负责学校心理咨询室的建设、组织全体教师的心本教育培训。

组织全校性心理教育活动，如专题讲座、大型课外教育活动等。

负责学生心理测评，对少部分有心理问题的学生开展个别辅导（专职心理教师负责）。

2. 班级心本教育的任务

班级心本教育的任务由班主任负责。班级心本教育的任务：

负责制订班级年度心本教育计划，落实心本教育工作。

协助心理教师对全班同学开展心理健康测评。

协助心理教师对个别有心理问题的学生开展个别辅导。

依据本班学生心理特点，利用班会课开展心品教育主题班会。

3. 专职心理教师的任务

协助校长，做好学校心本教育的计划，全面落实学校心本教育任务。

负责做好全校学生的心理测评，建立心理档案。

负责咨询室全面工作，对个别有心理问题的学生开展咨询，尤其是有心理危机的学生。

负责全校教师的专业培训，指导班主任开展心品教育主题班会。

开设心品教育课，对全校学生进行有针对性的心品教育。

协助校长，开展心品教育课题研究工作。

协助班主任，对个别有心理问题的学生进行家访。

第三节　心本教育的课程内容

一、心本教育的课程设置

（一）心品教育的课程内容

狭义的心本教育就是心品教育（也即心理健康教育）。广东省中小学心品教育开展了十几年，设计了许多适合中小学的发展性心品教育课程内容。这些课程内容经过多次修改、调整、归类、合并，形成了相对固定的发展性心品教育课程体系，形成了广东省《中小学心品教育活动课程指南》[①]（以下简称《课程指南》）。

1. 发展性心品教育课程

发展性心品教育课程主要面向全体学生，培养学生良好的心品素质。发展性心品教育课程体系大体分为3大部分15个主题的教学内容，各部分内容有所侧重，但教育目标较为统一。

第一部分主要是“健全人格”的培养，有5个主题内容：个性品质、自我认知、自信心理、意志品质、积极心理。

第二部分主要是“和谐心态”的培养，有5个主题内容：情绪心理、青春期心理、品德心理、亲子教育、生命教育。

第三部分主要是“良好心理素能”的培养，有5个主题内容：沟通能力、学习能力、智力开发、升学就业与社会适应能力。

以上3大部分15个主题的教学内容，广东省中小学心理健康教育指导中心已于2007年编写出版了《心理健康主题教学》一书。在此不作详细论述。

各个主题内容，又可根据学生心理年龄特点、根据学生心理状况实际，分解为若干课程教学内容。如自信心理主题内容，可分解为：我能行；我有我风采；我是“白天鹅”；

① 广东省教育厅思想政治教育处. 关于颁发《中小学心理健康教育工作规范（试行）》等四个工作规范文件的通知〔2008〕83号

心灵的春天；了解自信、培养自信；培养自信、实现自我；排除自卑、树立自信等教学内容。

2．补救性心理辅导内容

补救性心理辅导内容主要面对少数出现情绪障碍、退缩性行为、攻击性行为和人格偏差等问题的学生，有针对性地进行心理辅导。补救性心理辅导由专职心理教师负责，在咨询室进行。

补救性心理辅导内容有：自我意识偏差，情绪障碍，人际关系不良，异性交往与恋爱心理问题，个性偏差与人格障碍，学习困难，学习与考试焦虑，学校适应障碍，性心理障碍，问题行为（包括攻击性问题行为和退缩性问题行为），神经症（包括恐惧症、强迫症、焦虑症、抑郁症、神经衰弱等），心理危机干预等。

（二）心品教育课程设置的依据与原则

1．心品教育课程设置的依据

学校心品教育课程设置要注意针对性与科学性。要做到针对性与科学性，必须依据：

第一，依据学生的年龄、心理特点。例如，青春期心理教育，应该在学生青春期阶段进行，主要是面对初中学生。又如，自我认识和亲子教育，更适合小学生、初中生的教育，高中学生就不太合适。

第二，依据学生心理状况的实际。例如，某班级男女生之间不来往或来往过分密切，可选择“异性交往”的内容进行教育。又如，某班学生有厌学情绪或逃学现象，可选择学习心理的内容，重点是学习动机、学习方法和学习行为习惯的教育。

2．心品教育课程设置的原则

（1）发展性原则。

心品教育活动课的目的是对学生进行心理品质的教育，因而课程的内容选择和课时设置要有利于学生心品的教育和发展，要遵循发展性原则。

（2）目标性原则。

学生从小学到高中各个学段的心品教育目标有所不同，因而课程的选择不同。例如，素能培养，初中生可侧重人际交往，高中生可侧重社会适应。

（3）特点性原则。

学生从小学到高中各个年龄阶段的心理特点不同，偏僻山村、小城镇和沿海大都市学生的心理特点也不同，因而课程的设置和教学内容要依据学生心理发展状况进行选择。

（三）不同年级的心品教育课程设置

1．课程设置与课时安排

小学阶段和初中阶段是学生良好个性形成的关键期，尤其是小学生的个性形成要打好基础。因此，小学阶段和初中阶段的心品教育课程设置要有利于心品素质的形成，要增加健全个性、和谐心态方面的内容；教学课时数要略有增加。

小学阶段：每周心品教育课的教学课时需 2 节以上；主题班会每月不少于 2 节。

初中阶段：每周心品教育课的教学课时需 1 ~2 节；主题班会每月 1 ~2 节。

高中阶段：每月心品教育课的教学课时需 2 ~3 节以上；主题班会每月 1 节以上。

2. 教学目标与课程内容

由于不同年级的教学目标不同，因此《课程指南》中同一单元的课程内容设置，不同年级的课程教学内容不同，即教学内容的深度不同。这就需要任课教师在备课时予以把握。例如，品德心理教育，小学生侧重于感恩教育、礼貌教育、遵纪教育；初中生侧重于诚信教育、宽恕教育、尊重教育；高中生则侧重于自尊教育、价值观教育、信仰教育。

二、心品教育的核心内容

（一）什么是心品教育的核心内容

所谓心品教育的核心内容是指心品教育所有内容中起决定性、主导性作用的中心内容。核心内容的确定标准：

第一，它是人的心品素质构成的重要组成部分，是人的心品素质构成的基础，即在心品素质教育中起着决定性作用的主要内容。

第二，它对人的心品素质形成起着主导性作用，也可以说它对其他内容起着主导性作用，核心内容教育好了，其他一般内容就容易教育，即它一旦形成素质则有利于其他一般内容的教育塑造。

经过十几年的心本教育实践，我们认为，心品教育 15 个主题内容中起决定性、主导性作用的核心内容是个性品质、自信心理、情绪心理。

（二）心品教育核心内容的作用

核心内容究竟如何发挥决定性、主导性作用，这要作进一步分析。

1. 个性品质

什么是个性？它是如何构成的？作为世界上最高级的动物——人，其个性是迄今为止人类最感兴趣，同时也是最难以理解的谜团。人的个性具有较大的个体差异，表现出一定的独特性，但个性中必然包含着共性。个性是个体最主要的特征，它在个体生命周期都在变化，了解人的个性有助于我们回答为什么在相同或相似的情景中，不同的人会有不同的反应；有助于我们更深刻地认识自己，从而更好地进行自我调节、自我设计、自我改进。①

心品教育就是要培养学生的健全人格。个体的个性品质状况体现个体的人格健全程度。个体的良好个性品质，有利于个体品德心理的形成，有利于家庭亲子关系的融洽，有利于人际交往与沟通；个性开朗的人，对生活、生命充满乐观，不容易产生心理问题和出现心理危机，不容易产生自杀或危害他人的念头；甚至个体的个性品质会影响其自信心理、情绪心理、学习心理的构建。因此，如果能注重个性品质的教育，那么其他一般内容就容易教育了。

2. 自信心理

自信是个体对自己的积极肯定和确认程度，是对自身能力、价值作出正面认知与评价的一种相对稳定的人格特征。自信就是对自己能力和力量所持的一种肯定态度，也是人们

---

① 吴发科. 心理健康主题教学. 广州：广东省语言音像电子出版社，2008

成长与成才不可缺少的一种重要的心理品质①。自信心或称自信感，是指个体对自身行为能力、价值的认识和充分评估的一种体验②。

自信心理是心品素质的核心。自信既是“健全人格”的组成部分又是“和谐心态”的基础。一个没有自信的人，谈不上人格健全，也不可能有和谐心态。自信对一个人的一生发展相当重要，一个缺乏自信的人，无论做什么事都因缺乏自信而无法做得更好。因此，加强对中小学生自信心的培养，对其未来发展具有重要意义。

（1）自信与学习心理：自信有利于学习，一个自信的人对知识问题有自己的见解和有信心解决学习中遇到的难题；自信的学生勇于思考、分析、交流、回答学习上的问题，得到的学习机会、学习积累多；自信能够克服考试焦虑，有利于保持稳定的学习成绩。

（2）自信与自卑心理：自信与自卑关系密切，有学者认为，自卑与自信是一个对立统一的心理现象，是同一个情感体验的心理现象的互动两端：一个人的心理，自卑程度严重则自信程度缺少、自卑程度减轻则自信程度增强。自卑与自信的关系如图6所示。

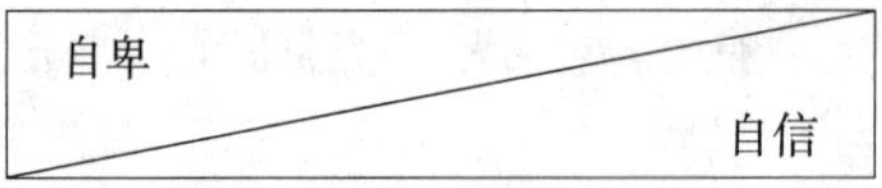

图6　自信与自卑关系示意图

自信与自卑，是人事业成功的分水岭。自信的人比较乐观，在挫折、困难面前勇于想方设法地克服困难，不仅不容易产生自卑心理，而且更能够取得工作成绩；有自卑心理的人，经过自信教育，能够逐步消除自卑、树立自信。因此，加强自信教育有利于排除自卑心理。反过来亦然。

（3）自信与交往心理：自卑的人不敢与他人交往，自信的人敢于、善于和领导、同事、生人进行沟通，有助于改善人际关系。在人际交往中有时不免被误会、中伤或遇到冷落、尴尬的境遇，自信的人比自卑的人更能够化解、适应不良境遇，有利于沟通效果。

生活在现代社会环境中的每一个个体，总要和周围的人发生各种各样的交流和联系，形成各式各样的人际关系。人际交往就是人际关系形成的过程，因此，人际交往是人类生活中最基本的内容之一。人际交往能力是现代人才的重要素质之一，然而人际交往能力的基础是自信心，没有自信心就没有人际交往能力。因此，培养个体的自信，有助于培养个体的人际交往能力。

（4）自信与情绪心理：自信心理与情绪心理都是心品教育的核心内容。它们之间互为作用，关系密切：情绪心理会影响自信心理，自信心理也会影响情绪心理。一个不自信的人容易产生情绪，一个情绪不良的人必定不自信。反过来亦然，容易产生情绪的人往往是不自信的人，自信的人不轻易发生情绪。自信的人遇到委屈、逆境时能够自制，不产生情绪，较理智地面对困境；自信的人用乐观心态对待他人的批评和指责，不容易出现情绪问

① 吴发科．心理健康主题教学．广州：广东省语言音像电子出版社，2008
② 杨丽珠，吴文菊．幼儿社会性发展．大连：辽宁师范大学出版社，2000

题。例如，两个学生同时受到教师的严厉批评，自信的学生情绪往往容易平和，第二天碰到老师，叫一声老师好就没事了，而不自信的学生往往难以控制情绪，第二天碰到老师敬而远之。因此，自信心是情绪的控制力。

（5）自信与意志培养：自信是意志力的基础，只有在自信心建立的基础上才有可能加强意志力培养；一个缺乏自信的人，根本没有意志力、坚韧力可言。

意志是指人们根据一定的立场观点信念，为实现某种目标而进行的各种努力行为的心理状态。作为一种巨大的精神力量，它既调节人的外部行动，又调节人的内在心理，是人们认识、改造客观世界和主观世界，发展自身能力，走向成功不可缺少的心理素质。意志力较强的人，具有较强的持久力、斗争的韧性、不怕困难的精神。然而，持久、坚韧的意志品质的产生靠自信心作支撑，因此培养好自信心有助于意志力的培养。

（6）自信与社会适应："适者生存"是生物进化的普遍规律。任何时代都不是社会去适应人，而是人去适应社会。人的心理活动与外部环境的关系形成心理对环境变化的两类适应能力：一类是应对，即防御性的消极适应；另一类是改变环境使其符合人的需要，即积极适应。

社会适应是一种能力，自信心有助于提高社会适应能力。自卑的人难以适应社会。自信心越强的人越能够适应社会，因为，在社会适应过程中，不免遇到困难，自信的人都能够克服困难，更好更快地适应社会。因而，加强自信教育对社会适应有帮助。

3．情绪心理

情绪是指人对待认知内容的特殊态度，是以个体的愿望和需要为中介的一种心理活动。它包括情绪体验、情绪行为、情绪唤醒和对刺激物的认知等复杂成分。[①] 情绪是人对于客观事物与自己的需要是否相适应而产生的态度体验。[②]

情绪是人的心态的表现，情绪对人的"和谐心态"、心理健康有影响，对人的学习、工作和生活也有影响。一个情绪不稳定的人，其生活质量也不高。情绪是人们常见的、人人都曾出现的一种心理现象，情绪发泄是一个心理现象过程，合理的情绪发泄是一个有益的心理现象过程。

（1）情绪与学习心理：情绪对学生的学习影响很大，会影响到学习动机、学习态度和学习毅力。一个经常出现情绪的学生，学习成绩必定不理想。一个和科任教师有意见、有情绪的学生，往往该科学习成绩不佳。假若某学生平均每周有6个小时的不良情绪而无心听课，每学年就有250个小时情绪不良，小学6年就有1 500个小时情绪不良，这对他的知识积累、学习成绩的影响将无法估量。

目前，中小学生的学习压力相当大，而且压力常引发情绪的出现，故厌学、逃学的现象屡见不鲜。如果单就学习心理给予教育，收效较小；如果从解决压力情绪入手，教育学生学会"压力和不良情绪管理"，有助于学生积极学习心理的形成。因此，调适好学生的情绪和心态，对学生的学习具有重要意义。

---

① 华南师范大学心理系．全国心理咨询师职业技能训练教程（复习资料）．2007

② 吴发科．中学生心理健康教育教案荟萃．广州：广东高等教育出版社，2004

（2）情绪与交往心理：不良情绪影响人与人之间的沟通交往，从而影响和谐的人际关系，因为不良情绪会使人失去理智，从而不尊重他人、不懂得有效交往。一个经常出现不良情绪的学生，在班里的威信一定不是很高，与同学的关系一定不融洽，严重的还有可能被同学所孤立。一个带有烦躁情绪的人去参与某项生意或工程的合作协议洽谈，则有可能“谈不拢”。可见不良情绪不仅影响人际沟通还影响工作和事业，由此可见情绪心理对交往心理的意义。因此，情绪心理教育好了，就有助于交往心理的教育。

（3）情绪与亲子教育：良好情绪、心态是家庭亲子关系的基础。许多家庭就因为父母的情绪不稳定，造成家庭教育失效、亲子关系紧张，甚至造成孩子心灵的扭曲，使孩子从小就留有家庭教育的阴影，从而影响孩子一生的幸福。

所谓亲子教育是指为了调适亲子关系而进行的对父母与孩子的培训与提升，以促进下一代健康成长的教育。亲子教育就是要使家庭气氛和睦、亲子关系和谐，亲子教育能够促进学生与家长的良好沟通，促进积极亲子关系的形成，增进亲情，有助于培养学生健康独立的人格，促进学生身心的健康发展，也有助于家庭的稳定。

但是，如果家庭成员的情绪心理不良，就难以积极沟通，难以增进亲情，难有和睦、和谐的家庭亲子关系。打好情绪心理的基础有利于亲子教育。显然，亲子关系如此，同事关系、朋友关系、夫妻关系也是如此。因此，情绪心理是心品教育的核心内容。

（4）情绪与品德心理：品德心理是中小学生个性品质的重要内容，情绪是个性品质的重要内容的核心，故情绪是品德心理的重要指标。情绪心理是品德心理的前提条件，没有良好的情绪心理就没有积极的品德心理。也就是说，情绪不良的人难以形成积极的品德心理。因此，要培养学生积极的品德心理，首先要调适好学生的情绪心理，采取这样的教育策略才能达到事半功倍的教育效果。

（5）情绪与生命教育：“人最宝贵的是生命。生命对于每个人来说只有一次。”生命的宝贵之处在于它只有一次，且存活时间是很有限的，不能无限延续，生命一旦终结，就不可挽回，不能复返、再生；生命宝贵之处在于每个人活着的意义和价值。因此，我们要关爱生命、珍惜生命、保护生命；要正视人生，正确地对待人生，树立良好的生活态度，提高生存能力，提升生命质量。生命是教育赖以存在的基础，为了帮助中小学生认识生命的意义和价值，端正生命态度、升华生命质素，广东省中小学心品教育专门开设了生命教育专题，其内容包括认识生命、欣赏生命、尊重生命、珍惜生命、关注生命、开发生命潜能、提高生命质量等。

然而，我国正处于社会转型期，由于各种原因，学生自杀事件时有发生。例如，据有关研究统计，2009 年，广东省中小学生不正常死亡超过 650 人，死亡原因主要是交通、溺水和情感问题，且研究认为，因情感原因死亡的人数呈上升趋势。

情绪情感问题是威胁个体生命的重要原因。加强情绪教育，有助于减少学生的不正常死亡人数，也即如果情绪教育问题解决好了，生命教育问题也就容易解决了。因此，情绪心理对生命教育起着决定性的主导作用。

（6）情绪与社会适应：世界卫生组织对健康作出定义，“健康不仅是没有疾病或虚弱，而是身体健康、心理健康和社会适应良好的完满状态”。良好的个性情绪是心理健康和社会适应良好的前提条件。“个性决定命运”，所谓命运，实际上就是社会适应良好状态，情绪是个性的重要组成部分，因而，情绪很大程度上影响着社会适应良好状态，影响着命运。如果说个体的情绪因素会影响人际交往、品德、意志力等因素，那么这些因素最终集结在一起就会影响个体的社会适应。因此，情绪心理起着决定性作用。

综上所述，心品教育的核心内容非常重要，不可忽视。中小学开展心品教育，不可忽略个性品质、自信心理、情绪心理等核心内容的教育。

（三）要处理好核心内容与一般内容的关系

既然心品教育的核心内容非常重要，不可忽视。那么在中小学心品教育实践中，如何处理好核心内容与一般内容的教育关系？这就要做到：

第一，作为教育的核心内容，每个学段、每个年级都要教学，且安排足够的学时，每个学生都要接受核心内容的教育。

第二，核心内容要提前进入教育过程，特别是在小学阶段，小学生首先要进行个性品质、自信心理、情绪心理的教育，这对其个性的形成非常重要。

第三，一般内容，按学生的心理特点和实际心理状况，有针对性地适当安排教学。

实践证明，中小学推行心品教育，处理好核心内容与一般内容的教育关系，能够收到更好的教育效果。

三、心本教育课程内容简介

经过10年的实践，广东省中小学的心品教育已经形成了相对固定的15个主题的课程内容体系。下面简单介绍15个主题的课程内容（这些内容是中小学教师的培训内容）。

（一）“个性品质”的课程内容

什么是个性；个性的基本特征；个性的倾向性；个性的构成；个性心理特征的结构；成熟的个性品质；个性的差异；个性的优化；个性与择业等。

（二）“自我认知”的课程内容

自我以及自我概念的定义；自我概念的功能；影响自我概念的因素；自我知识的组成；自我知识的由来；自我知识系统的优化；自我概念的理论模型；自我调控；动机、文化与自我；自我表达等。

（三）“自信心理”的课程内容

自信心的定义；自信心的概念与特点；自信的主要表现；自信的产生、形成和发展；自信的全面评价；自信心的培养训练等。

（四）“情绪心理”的课程内容

情绪的概念与特点；情绪的产生及影响因素；情绪的基本类型；情绪的表现方式；情绪的评价；情绪的调节等。

（五）“意志品质”的课程内容

意志的含义及特点；意志的生理机制；意志品质及其构成要素；意志品质特征的表现；意志品质的影响因素；意志的过程及其活动规律；意志教育；中小学生意志品质问题及其成因；挫折承受力与意志培养等。

（六）“青春期心理”的课程内容

青春期心理的概念；青春期心理发展的特征；青春期心理发展的性别差异；青春期性心理；青春期的心理调节等。

（七）“学习心理”的课程内容

学习、学习心理的定义；学习过程的一般结构；学习的生理机制；学习的分类；学习动机；学习中的思维与问题解决；学习的类化、辨别和迁移；学习障碍及其应对策略和学习心理辅导等。

（八）“品德心理”的课程内容

品德心理的概念；品德心理研究的历史发展；品德心理研究的主要派别；品德的心理结构；品德形成的特点；品德不良类型与心理探因；不良品德的矫正等。

（九）“交往心理”的课程内容

人际交往心理的概念；人际交往的形式；影响人际交往的因素；人际交往的基本原则；人际交往中的冲突表现；人际交往障碍；如何提高交往能力等。

（十）“积极心理”的课程内容

积极心理的含义；积极心理的意义与作用；积极心理学研究的领域；积极心理的产生、形成与发展；积极心理的表现；积极心理的培养等。

（十一）“亲子教育”的课程内容

亲子教育意义；少年期亲子教育的原则；亲子教育的途径；少年期亲子教育的策略；亲子关系的定义、类型和特点；亲子关系的产生、形成和发展；积极亲子关系的表现；积极亲子关系的培养等。

（十二）“生命教育”的课程内容

生命的起源；生命的内涵；生命的价值；生命的评价；认识生命、欣赏生命；尊重生命、热爱生命；珍惜生命、保护生命；生存能力培养；生命质量提升等。

（十三）“智力开发”的课程内容

智力的定义及智力理论；智力发展与个体差异；影响智力发展的因素；智力的测量；智力的培养与开发；创造力的测量；创造力的培养与训练等。

（十四）“升学就业”的课程内容

升学的心理准备；就业的心理准备；考试焦虑心理调节及团体辅导；影响升学、就业的因素；自我定位、人生规划；职业生涯方略等。

（十五）“社会适应”的课程内容

社会适应的概念；社会适应能力的指标及良好适应的标准；社会适应的内容；社会适应方略等。

方法论：实践篇

实践是认识的源泉

实践是学习的法宝

实践是检验真理的唯一标准

方法是实践的手段

第一节 心本教育广东模式

2001年初，广东省教育厅下发《关于委托有关学校承担中小学心理健康教育业务指导任务的通知》粤教思〔2001〕35号文，委托华南师范大学心理学系对全省中小学心理健康教育进行业务指导和运作管理。华南师范大学心理学系承担了业务指导任务，并成立了广东省中小学心理健康教育指导中心。

十几年来，广东省指导中心着力探索和构建中小学心理健康教育广东模式。这一过程，大体可以分为两个阶段：

第一阶段，从2001年初至2005年底，从教育管理的角度，将中小学的心理健康教育理论与教育实践、教育内容与管理方式有机结合，规划和设计了“广东省中小学心理健康教育运作模式”。这一模式的建立，保证了全省中小学心理健康教育的管理运行，并取得了良好的教育和管理效果。

第二阶段，从2006年初到现在，随着广东省中小学心理健康教育的“规模发展、规范发展和提升发展”，又从教育提升、发展的角度，设计和构建了“发展性心品教育模式”。经过5年的实践探索，从理论和实践上充实和提炼了“发展性心品教育模式”。最近，又将这种模式称为“心本教育广东模式”。

下面分别介绍中小学心理健康教育运作模式和发展性心品教育模式。

一、中小学心理健康教育运作模式

所谓运作模式，是指某一事物或活动的发展过程有着比较规范的内容结构形式和相对稳定的管理运行模式。广东省中小学心理健康教育运作模式探索是心理健康教育理论、教育实践活动与教育管理相结合的模式研究①。通过规范的内容结构形式和有效的运行管理模式，对中小学心理健康教育活动进行全面的控制、干预和指导，以达到最佳目标效果。

（一）指导思想与总体思路

心理健康教育是德育的重要组成部分，是学校德育的有效补充，为学校德育提供了新的途径。中小学心理健康教育“运作模式”的指导思想与总体思路是教育活动开展的总设计，是教育活动成效的关键。

1. 指导思想

心理健康教育运作模式设计的指导思想：以教育部《关于加强中小学心理健康教育的

① 吴发科，叶苑秀．广东中小学心理健康教育运作模式探索．现代教育论丛，2003（1）

若干意见》和《中小学心理健康教育指导纲要》为指南，以科学的态度和正确的方法实施教育，通过各种教育活动，促进学生的身心健康和培养学生的良好心理品质，全面提高学生的总体素质。

心理健康教育运作模式的设计原则：整体性原则——心理教育要做到“四全”，即“面对全体学生、全员参与、全程跟进和全面渗透”；发展性原则——心理健康教育工作的方向重心是发展和提高学生的心理健康和心理素质；教育性原则——符合学生的心理年龄特点和遵循教育规律、尊重学生的人格自尊、促进学生的自我完善；专业性原则——教育活动要符合心理学的理论原理与教育技能方法的原则。

2. 总体思路

根据指导思想和设计原则，提出了广东省中小学心理健康教育的总体思路：一个中心、两条主线、三个环节、四个结合和五种模式。

（1）一个中心。

一个中心以提高学生心理素质为中心，心理健康教育的出发点和归宿是全面提高学生的心理健康水平和整体素质，学校的所有心理教育工作都围绕这个中心进行。

（2）两条主线。

两条主线：一是以“明确教育目标——设计教育方案——开展教育活动——进行教育研究”为主线的心理教育活动过程；二是以“建立领导机构——组建基本队伍——加强管理实施——制定评价标准”为主线的组织管理机制。两条主线相互交叉，形成教育过程与管理机制相统一的运作模式。

（3）三个环节。

中小学心理健康教育的三个重要环节是：师资队伍建设、教育活动内容形式、管理体制与评价机制。

（4）四个结合。

科学性内容与多样性形式相结合、预防性教育与针对性教育相结合、发展性教育与补救性教育相结合、全体性教育与个别性辅导相结合，以形成内容与形式、目的与方法相统一的教育运作模式。

（5）五种模式。

五种模式实际上是“运作模式”的分模式，即“行政+专家”的组织管理模式、“三·三制”师资培训模式、“课内外+校内外”的教育活动模式、“达标+示范”的学校评估模式、“普教+高校”的教师协作科研模式。

（二）运作模式的特色与作用

科学的运作模式是中小学心理健康教育有效性的保证。广东省中小学心理健康教育运作模式的特色，有力地发挥其规范运作和推进发展的作用。

1. 健全“四级”领导机构网络，建立“行政+专家”组织管理模式

（1）运作形式。

在全省建立“省、市、县、校”四级领导机构，每一级机构均采用“行政+专家”的组织管理模式。广东省教育厅成立“广东省中小学心理健康教育委员会”，成员由教育

厅主管厅长、德育处领导和高校专家组成，委员会属下设立“广东省中小学心理健康教育指导中心”（简称“省指导中心”），由华南师大心理系全体教师组成；各地市、县教育局相应成立“中小学心理健康教育委员会”和“中小学心理健康教育指导中心”（简称“市指导中心”和“县指导中心”），分别设立、挂靠在教育局和地方高校（或教师进修学校）；学校成立“校长＋专职教师”领导小组。这样全省建立起“行政＋专家”的四级“心育”领导机构和管理模式，形成中小学心理健康教育工作网络，保证了中小学“心育”工作的有效运作。

（2）意义作用。

这样的组织管理模式的意义，一是充分发挥教育行政部门的领导、决策和管理作用，充分发挥教育部门行政力量的推动作用，促进中小学心理健康教育的全面展开；二是充分发挥教育专家的学术理论优势、专业知识优势和实践指导优势，保证了中小学心理健康教育的科学性、规范性和实效性；三是“行政＋专家”的组织模式使教育行政部门领导与学校专家形成合力，优势互补，解决了以往教育行政与高校教师在中小学心理健康教育工作中存在的“两张皮”和高校专家的“散兵作战”现象；四是对全省心育工作统一部署指挥、统一计划标准、全面贯彻落实、全面检查督促，既推广范围大、速度快，又教育质量高、效果好，有利于心理健康教育工作的开展。

2. 开展“心育”师资培训，实行“三·三制”师资培训模式

中小学心理健康教育是一项专业性很强的工作。师资队伍的建设是心理健康教育工作成败和质量优劣的关键。培训方案是“一剧之本”，是中小学心理健康教育的重要环节。

（1）运作形式。

省指导中心制订了师资培训方案，分层次培训骨干教师，实行“三·三制”培训模式。第一是“三种证书”的培训。培训对象是中小学教师。根据工作需要和要求，中小学心理健康教育师资培训分为 A 证、B 证和 C 证，对教师进行“三种证书”的培训。第二是“三级培训”体制，即 A 证培训由省指导中心组织全省心理学专家授课，B 证培训由华南师范大学心理学系教师负责授课，C 证培训主要由各市心理健康教育指导中心负责，形成了三级培训体制。“三种证书”培训的学员资格不同，培训时间和课程不同，对心理学知识技能的要求不同，培训考核合格后持证不同，所从事的心理健康教育的业务范围与要求不同。同时，各级培训的课程、课时与作业由省指导中心统一确定；授课教师的资格由省指导中心确认；受训后由省指导中心统一考核；合格后由省指导中心颁发证书。自 2001 年以来，全省每年举办“心理健康教育师资培训班”近 20 期，每年师资培训人数在 2 万人左右。

（2）意义作用。

这种培训模式的运作特点，一是调动了全省心理学界的师资力量，解决了培训任务大、授课教师力量不足的矛盾，有效地减轻了授课教师的繁重工作量；二是根据广东省中小学心理健康教育的实际需要，培训了大量的、不同规格层次的教师，为中小学心理健康教育提供了师资保障；三是严格把好质量关，通过省指导中心的统一考核，保证师资培训的质量和效果；四是严格考核、颁证和规定业务范围，持证上岗，使中小学心理健康教育

工作规范化、科学化；五是培训师资，使中小学心理健康教育能够按照教育部“全体教师参与、面对全体学生、全程跟进渗透、全方位展开”的要求开展教育活动。如佛山市南海区有中小学50多所，配备了86名心理学专业毕业的专职教师和12 000多名受过A证、B证和C证培训的兼职教师，有效地推进了学校心理健康教育的开展。

3. 广泛开展“心育”活动，实施“课内外+校内外”的教育活动模式

心理健康教育活动既要从学生出发，又要服务学生；学校的一切心品教育活动，要为学生的心品发展而设计、为学生的身心发展而存在。

（1）运作形式。

自2001年以来，在省指导中心的指导下，广东省中小学心理健康教育活动得以全面开展和广泛推行。心理健康教育采用“一个目的”、“两条渠道”、“三个参与”、“四个配合”、“五个途径”和“多种形式”的活动模式。“一个目的”指学校一切心理健康教育活动归根结底一个目的，就是培养学生良好个性发展，提高学生心理素质；“两条渠道”是以学校心理健康教育为“主渠道”，以家庭社会的心理健康教育为“辅助渠道”；“三个参与”是全体学生、全体教师、学生家长共同参与心理健康教育活动；“四个配合”是政治课、团队活动课、班会课和学科教学课的相互配合教育；“五个途径”是心品教育课堂教学的途径，课外的团队、文体活动的渗透途径，心理辅导的途径，校园文化环境的教育途径和家庭教育的途径；“多种形式”是开展形式多样的教育活动。主要的活动有：对学生开展心理健康状况调查并建立心理档案；在中小学建立心理辅导室，对学生进行心理辅导；利用学校的广播、电话热线、黑板报、校园网、心理信箱等方式开展心理辅导；心理健康教育课堂教学活动；为中小学生和学生家长及老师开设专题讲座；举办大型的学生心理咨询活动和家庭教育咨询活动；举办校际心理健康教育公开课、工作观摩活动、经验交流座谈会、心理健康教育成果评奖，等等。活动形式根据需要采取课内与课外、校内与校外、学生与家长相结合等多种教育活动模式，取得了良好的教育效果。

（2）意义作用。

这种模式的心理健康教育活动，既丰富了活动形式，又起到良好的教育效果，促进了中小学心理健康教育的普遍开展；培养了学生的自信心、意志力、抗挫折能力和人际交往能力，促进了学生的个性发展，塑造了学生良好的心理品质，提高了学生的整体素质；防止和矫正了个别学生的心理障碍和偏激行为，排除了学生的考试焦虑心理，提高了学生的学习积极性和学习成绩；教师与家长转变了教育观念，提高了育人意识，掌握了心理健康教育方法，取得了育人效果。

4. 开展“示范学校”评选活动，采用“达标+示范”的学校评估模式

（1）运作形式。

在广泛开展心理健康教育活动的基础上，进行中小学心育“示范学校”申报和评选活动。省指导中心统一制定了“示范学校”评选的标准，统一评选。“示范学校”评选活动采取中小学校自愿申报、各市指导中心推荐、专家考查评选、省教育厅思想政治教育处行文公布、省指导中心举行授牌仪式的运作模式。“示范学校”评选条件要求高，评选活动采用动态的形式过程，成熟一个批准一个，3年后重新审查，不合格者立即取消。目前，

广东省共评出省级“示范学校”110多所。

（2）意义作用。

“示范学校”评选活动已在广东省中小学中具有广泛的影响，且取得了良好的成效。设立“示范学校”的意图，就是以规范的、标准的目标范式，专业的、科学的育人方式，引导中小学的心理教育活动，使其产生辐射作用，扩大影响力。评选活动过程是一个不断促进和提高的过程，不仅使示范学校自身的心理健康教育工作得到完善和发展，而且发挥了示范指导作用、典型榜样作用，树立了旗帜，带动了其他学校“心育”工作的迅速开展，使“心育”朝着规范和健康的方向发展。“示范学校”的评选活动有力地推动了中小学心理健康教育的发展。

5. 开展“心育”科研活动，实行“普教+高校”的教师协作科研模式

心理健康教育科学研究是“心育”活动的理论升华，是教育活动持续和巩固的保证。联合科研模式促进了普教科研的开展和科研水平的提高。

（1）运作形式。

为了推动广东省中小学心理健康教育工作朝着更高的目标层次发展，不断提高中小学的“心育”科研水平，应在全省广泛开展各种“心育”科研活动。自2001年以来，我们每两年就举办一届“广东省中小学心理健康教育科研论文”评奖活动和“广东省中小学心理教育课程《教案》和《个案分析》评奖活动”；2002年、2006年广东省教育厅思想政治教育处和广东省中小学心理健康教育指导中心联合，分别举办了中小学心理健康教育“十五”、“十一五”规划科研课题申报评审活动，全省中小学心育科研立项两届超过300项。在这些科研活动过程中，省指导中心均派出高校教师专家，指导和协助中小学的科研工作，形成了普教老师与高校专家联合开展心理教育科学研究的局面。

（2）意义作用。

这种协作科研模式，增强了普教与高校之间的科研协作，成为普教老师与高校专家联合科研的纽带，有利于心理学专家对中小学生的心理现象与规律的探索；巩固了中小学心理健康教育的实践，加强了中小学的科研力量，提升了中小学心理健康教育的科研水平，有利于中小学的素质教育和人才培养。

广东省中小学心理健康教育运作模式的特色，可以这样概括：“行政+专家”的组织管理模式是将“政府行为与学术行为”形成矢量合力；“三·三制”师资培训模式是将“队伍建设与业务要求”度量统一；“课内外+校内外”的教育活动模式是将“教育内容与活动形式”有机结合；“达标+示范”的学校评估模式是将“教育普及与质量提高”双轮链动；“普教+高校”的教师协作科研模式是将“教育实践与理论探索”交融结晶。这一运作模式的特色，规范了教育活动的运行操作，保证了教育活动沿着科学化、规范化的方向发展，有力地推动了广东省中小学心理健康教育的深入开展。

二、发展性心品教育模式

（一）“发展性心品教育模式”的建构与意义

自2006年以来，广东省中小学心理健康教育十分注重“发展性心品教育模式”的构

建，它是广东省中小学心品教育的创新特色和主要工作经验。

1. “发展性心品教育模式”的建构

什么是“发展性心品教育模式”？所谓“发展性心品教育模式”就是以中小学生为教育对象，以促进学生心理健康、培养学生良好心理品质为目标内容和方法过程的中小学心理健康教育的相对标准的结构形式和比较稳定的教育运行样式。

“发展性心品教育模式”的结构形式，如图7所示：

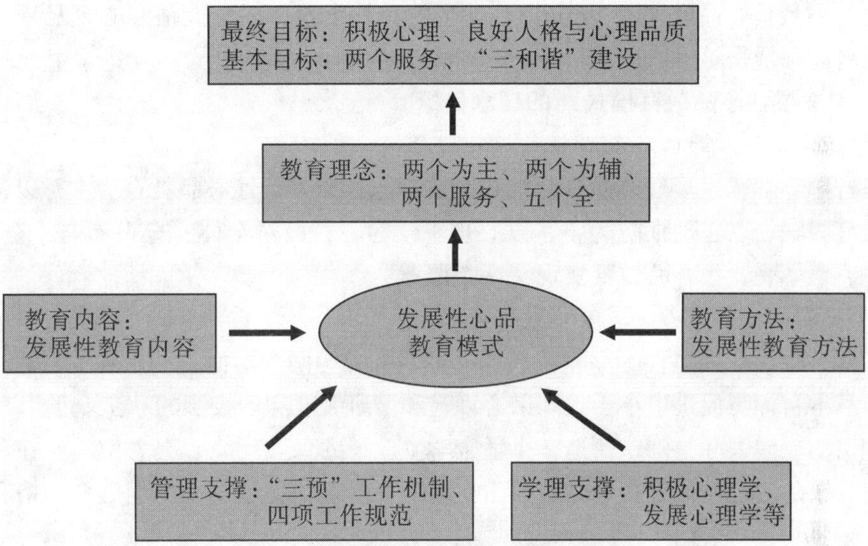

图7 发展性心品教育模式构架图

对该模式的析读：广东省中小学“发展性心品教育模式”是以“发展性心品教育内容”为主要内容，以“发展性心品教育方法”为形式特色，以“积极心理学和发展心理学等学科的理论”为学理支撑，以“三预工作机制和四个规范工作文件”为管理机制，以“两个服务和‘三和谐’建设”为目标理念，以培养学生的“积极心理和良好心理品质”为目的、宗旨的教育模式。

中小学“发展性心品教育模式”是一个整体，既有发展性的教育内容、教育方法，又有学理支撑和管理机制，还有基本目标、最终目标；既有内容、方法的结合，又有发展性目标、教育形式的结合，形成了专业教育和行政管理的合力，形成了相对标准的结构形式和比较稳定的教育运行模式。

2. 构建“发展性心品教育模式”的意义

构建“发展性心品教育模式”的总的意义是：发展性心品教育的内容与方法的有机结合，发挥专业力量与行政力量的合力，使教育原理、内容、方法和管理等要素拧成一股绳，构成一种矢量和样式。具体的意义是：

(1) 促使中小学心品教育的规范发展和提升发展。

构建“发展性心品教育模式”的目的是：规范中小学心品教育的工作方向和工作重

心，促使中小学心品教育沿着“发展性心品教育”的方向规范发展，不断提升中小学心品教育的发展水平。

（2）促使中小学心品教育实现“两个服务”。

构建“发展性心品教育模式”的主要宗旨是：通过开展“发展性心品教育”，促使中小学心品教育实现“两个服务”，即“心品教育为学校中心工作服务；心品教育为学生的成才服务”。

（3）促进中小学生素质全面发展。

通过“发展性心品教育”，培养中小学生的良好个性、健全人格和心理品质，充分开发学生的潜能，增强学生的抗挫折能力，增强学生的社会适应能力，促进学生全面发展。

（二）“发展性心品教育模式”的理念目标

1. 中小学“发展性心品教育模式”的理念

广东省中小学“发展性心品教育模式”的理念：以发展性心品教育为主，以补救性心理咨询治疗为辅；以心理预防为主，以心理干预为辅；面对全体、全员参与、全面渗透、全程跟进、全体受益；心品教育实现“两个服务”。

2. 中小学“发展性心品教育模式”的目标

广东省中小学“发展性心品教育模式”的目标分为两个层面：一是基本目标，二是最终目标。基本目标是促进中小学校和谐心理、和谐班级、和谐校园的“三和谐”建设，营造一个和谐的校园人际氛围，营造一个适合学生成长的育人环境，努力使学生在和谐的氛围里形成和谐的心理；最终目标是培养学生的积极心理，促进中小学生健全人格和心理品质的形成。

（三）“发展性心品教育模式”的内容与方法

1. 发展性心品教育的内容

广东省发展性心品教育内容共分为15个主题，详见第四章第三节。

2. 学科渗透的教育内容

社会学科类课程，渗透的教育内容主要有个性品质修养、社会认知能力、建立自信心、消除自卑感、情绪调节、品德与行为、珍惜生命与热爱生活、亲子关系与感恩情怀、集体精神与团队协作、社会环境适应、人生规划与生涯指导等。

自然学科类课程，渗透的教育内容主要有学习动机与学习品质、学习行为习惯、逻辑思维和扩散思维、创造力和潜力开发、崇尚科学与严谨态度等。

艺术与体育类课程，渗透的教育内容主要有情绪调节、陶冶情操、意志力与耐挫力、合作与协助精神、团队凝聚力和人际交往等。

3. 发展性心品教育的方式

（1）心品教育活动课。

它包括教育活动课、班会课和专题训练课等。这些课程要列入教学计划和课程表中，一般每个班级、每学期8～10节/次。心品教育活动课主要是进行普遍性的心理素质教育。

（2）团体辅导活动。

根据学生出现的心理与行为的实际，有目的地开设专题的团体辅导课。团体辅导课主要是进行针对性的心品教育。

(3) 个别辅导。

这里指的是对有轻微心理问题的学生进行发展性的个别辅导，而非补救性的心理咨询活动。

(4) 学科教学渗透。

通过学科课堂教学进行心品教育渗透，即以学科教学内容为教学主体，有目的有针对性地、适当地、有机地对学生渗透发展性心品教育的教学活动过程。

(5) 全校性大型教育活动。

面对全体学生，通过课外大型活动的形式，开展专题性的发展性心品教育活动。

(6) 专题讲座。

根据学生出现的某一心理问题或心品教育需要而开展的有目的性、有针对性的专题性教育。例如，考前心理压力疏导。

4. 发展性心品教育的校内分工

关于发展性心品教育的校内分工，其主要分式和分工负责人如表1所示。

表1 发展性心品教育的校内分工

主要方式	分工负责
心品教育活动课（列入课程表）	心理教师和班主任等
心品教育班会课（列入教学计划）	班主任
学科教学渗透	学科教师
团体辅导与个别辅导	专职心理教师
全校性大型教育活动	全体教师
专题讲座	专职心理教师或外请专家

（四）“发展性心品教育模式”的学理支撑

无论是发展性心品教育还是补救性心品教育，均要有学理支撑。诚然，构建“发展性心品教育模式”要有学理支撑和理论依据。要加强发展性心品教育，就要针对学生的生理和心理特点，加强对学生的积极心理和良好心理品质方面的教育。广东省中小学“发展性心品教育模式”的学理支撑是积极心理学、健康心理学、认知心理学和教育心理学等（见第四章第一节）。

（五）“发展性心品教育模式”的管理支撑保障机制

“发展性心品教育模式”要比较稳定地教育和运行，除具有相对标准的教育目标、内容、方法和学理支撑的结构形式，还必须有管理支撑作为保障机制，管理支撑主要是建立保障机制。否则其运行过程不稳定，会出现断断续续的现象或中途夭折的局面。广东省中小学“发展性心品教育模式”的保障机制有：

1.“三预”工作保障机制

广东省在构建中小学“发展性心品教育模式”的过程中，建立起学生心理危机的预防、预警、干预的“三预”工作保障机制。

预防——以发展性心品教育的内容方式去培养学生良好的心品素质，预防和减少学生的心理问题和不良行为的发生。即根据学生心理发展的需要，按不同年级学生的心理特点，有针对性地组织团体心理辅导活动，培养学生良好的心品素质，以预防心理问题所引发的不良行为的发生。

预警——以心理测试、心理健康状况分析和心理危机评估方式，实施对学生心理危机行为的预警和防护。学校、县（区）和市定期对学生的心理健康状况进行调查分析，发现突出问题，及时发出警示，做到防患于未然。

干预——以心理咨询辅导、心理危机干预手段应对、消除和干预个别学生出现的心理危机和极端行为。学校一旦发现师生有心理危机，则应积极进行干预，有效地控制和减少师生由于心理失衡而出现过激行为。

2.“规范管理”保障机制

广东省在构建中小学“发展性心品教育模式”过程中，建立起心品教育工作规范的管理机制。省教育厅颁发了《关于印发〈中小学校心理健康教育工作规范〉等四个工作规范文件的通知》粤思教〔2008〕83号文件，简称“四个工作规范”文件：

《广东省中小学校心理健康教育工作规范（试行）》：对全省中小学心理健康教育的工作目标、原则、任务、要求、内容和方法等作了规范性的界定。

《广东省中小学建立起心理危机“三预”工作机制实施方案（试行）》：对中小学心理健康教育“三预”工作的目的意义、工作内容和管理机制作了明确的规定。

《广东省中小学专职心理教师工作职责规范（试行）》：对中小学专职心理教师的工作职责范围、素质技能要求、工作程序规范和工作待遇作了相关的规定。

《广东省中小学心理健康教育活动课指南（试行）》：对全省中小学心理健康教育的各阶段教育教学目标和各年级教学内容课程作了指导性的规定。

3.“科研引领”保障机制

广东省在构建中小学“发展性心品教育模式”的过程中，以科研为引领，加强“发展性心品教育模式”的专项课题研究，包括模式构建的研究、发展性心品教育理论研究、发展性心品教育内容与方法研究、发展性心品教育实验研究等的专题研究。我们依托华南师范大学心理学系教授和中小学教育的第一线专家，分成10个课题组，开展发展性心品教育专题研究，如“中小学生学习心理”专题研究组，保障“发展性心品教育模式”的科学性、专业性和教育过程的针对性和有效性。

4.“实验验证”保障机制

广东省在构建中小学“发展性心品教育模式”过程中，注重教育实验与验证。首先，在全省各市评选和建立起100所中小学心品教育“示范学校”。其次，以示范学校为主要力量，进行发展性心品教育的专项教育实验（实验时间2~3年）。最后，对学生心理素质提升进行验证。通过教育实验，保障中小学心品教育更加规范发展、提升发展；保障“发展性心品教育模式”体现“两个服务”和“三和谐”建设的目标理念；保障达到培养学生“积极心理和良好心理品质”的目的。

第二节　心理教育模式介绍

本节主要介绍目前国内几种中小学心理教育的模式（除了广东省，国内目前还没有提出“心品教育”的概念，故仍然沿用“心理教育”模式）。

一、心理发展教育模式①

心理发展教育模式是中小学心理健康教育的主要方式之一。它是根据学校教育特点和学生成长需要而设立的心理教育模式。为了区别于社会上和医院里的心理咨询，有学者将学校心理教育模式叫做“发展性教育模式”，将社会上和医院里的心理咨询称为“补救性医疗模式”。

应用心理学的分支之一——心理咨询，长期存在着两种咨询理论学派，两种咨询目的、内容、方法途径和性质特点不同的咨询模式：发展性教育模式和补救性医学模式。前者以大专院校的教育系、心理系为主，后者以医学院和医疗系统的心理医学为主。两种学派历来存在着学术争论和模式争执。争论的焦点集中在：一是心理咨询学的主要研究对象和研究领域以及主要理论依据和知识领域；二是谁是心理咨询的学源和主流；三是咨询方法手段的科学性和实效性。

其实，两种学派和咨询模式有许多共同之处，就像一条轨道的两列火车，一列是货车，一列是客车，服务的对象和运载的方式虽有所区别，但始终走的是一条道，没必要去争论谁是学源，谁是主流。但应该明确地指出，两者的服务对象和咨询的目的、任务不同，各有各的特点和区别。作为中小学的心理咨询，要坚持发展性教育模式，故教育部将中小学的心理教育统一称为“心理健康教育”，而不叫“心理咨询”。

（一）心理发展教育模式的意义

所谓心理发展教育模式是以学生为本，教育的目的和重点从矫治学生的心理症状转向促进个体心理全面发展，终极目标是最大限度地使学生获得心理发展。

心理发展教育模式是中小学心理健康教育发展过程中，由于学生成长需要而产生的一种教育方式，也是中小学心理健康教育的发展趋势。现代教育提倡人本教育，强调个体的价值，教育的目的过程是为了提高个体的价值，因而教育是满足个体自身不断发展需要的工具。从这个意义上来说，心理教育不仅仅是矫治学生的心理症状，也不仅仅是为了学生“适应社会”，而是使学生更好地在社会中得以发展和体现价值。这就要求学生必须具备良好的心理素质，只有个体心理全面发展，才能适应社会的竞争，在竞争中寻求发展。这就要求心理教育不仅要矫治学生的心理症状，而且要发展学生的全面素质，培养学生良好的个性素质和学习生活行为。因此，发展性心理教育模式的内涵远远宽于补救性医疗模式的

---

① 吴发科. 中小学心理健康教育实作与管理. 广州：广东高等教育出版社，2004

内涵，其教育理念、目的、目标、任务，教育内容、方法和途径均与补救性医疗模式有很大的区别。

发展性教育模式的最大特点是：重视每一个学生的价值，尊重学生的人格，发展学生的潜能，培养学生的心理品质，发挥学生的主观作用，帮助学生的成长，以达到使学生全面发展的目的；发展性为主、矫治性为辅，预防性为先、矫治性为后；面对每一个学生，面向全体学生，全员参与，全方位渗透，全程跟进。

（二）两种模式的差异

发展性教育模式与补救性医学模式的最大不同和差异是，前者侧重于对学生良好个性的培养，当然也包括对学生一些心理行为问题的辅导。后者侧重于对患者心理行为的矫正和心理疾病的治疗。两者之间有着很大的区别：

1. 辅导对象不同

两种模式的心理辅导对象不同。前者的辅导对象主要是在校学生；后者的辅导对象主要是社会上患有心理问题的求医者（心理疾病患者）、来访者，因此，各种各样的患者都有。

2. 辅导原则不同

两种模式的心理辅导的原则不同。发展性教育模式坚持教育性、发展性的原则，要坚持做到：

——一切为了学生的发展，以了解学生为基本前提，了解学生的需要和问题，以学生的人格发展为第一要务；

——关心学生健全的人格发展，以学生创造发展为最高目标，关心学生的能力发展、适应社会和创造发展。

——坚持“尊重人的尊严、价值和权利”的原则，坚守“人皆有其价值、尊严和权利，人皆是平等和自由”的基本信念，树立“只有学生问题，没有问题学生”的教育观念。

——坚持“预防为主、发展为主”的教育原则，树立“预防重于治疗、发展重于矫正”的思想，全面设防，防微杜渐，防患于未然，“与其修理成人，不如建造儿童”。

补救性医疗模式则主要以医疗性为原则，即以解决患者心理行为问题为基本原则，坚持“救死扶伤”的职业精神，坚持“关心爱护病人、努力使患者尽快康复”的职业道德原则。

3. 目的与任务不同

发展性教育模式心理辅导的根本目的是发展学生的健全人格。发展性教育模式的心理行为辅导，其另一个目的是助人自助，即帮助他人自己解决自己的问题，而不是替他人解决问题。做到“授人以渔，而不是授人以鱼”。

发展性教育模式心理辅导的根本任务首先是加强对学生良好个性的培养和引导，对学生心理行为的塑造和规范，对学生心理问题的预防和教育；其次才是对学生心理问题和行为障碍的辅导和矫正。具体来说有“四大任务”：

（1）发展性任务。

依据心理学的理论原理和方法，对学生的心理素质和行为问题予以培养、教育和帮助，促进学生认知、情感、意志、个性和品质、智力和能力的发展；调动学生的学习动机和态度；培养学生的人际交往能力等。

（2）预防性任务。

依据学生的学习生活环境和心理年龄特点，预测学生易发生和可能发生的心理问题，开展预防教育，实施积极主动的干预，以及提高学生的自身抵抗能力，使学生的心理行为问题化解于萌芽之中。

（3）矫正性任务。

对个别有心理行为中度、轻度异常现象的学生进行诊断，并予以疏导、辅导和矫正。

（4）间接性任务。

主要是通过学校教师、家长和社区的心理教育的途径，去化解学生学习、生活和交友中的心理冲突，提高学生自身心理素质、自我调控能力和应对外界压力的能力，促进其良好人格的形成。

补救性医疗模式的心理咨询的主要目的是补救病人的失衡人格和精神状态。主要任务是矫正患者的心理疾病、心理行为障碍问题，使心理患者早日恢复为正常人，使患者有着正常人的心理行为。

4. 辅导内容不同

发展性教育模式心理辅导的内容比较广泛，主要内容是以心理素质发展为主的辅导，以学习动力和适应为主的辅导，以升学就业为主的辅导，以心理健康维护为主的辅导，以心理行为矫正为主的辅导等。

补救性医疗模式心理咨询的内容比较专向，主要内容是对有心理障碍、心理行为问题的病人，进行矫正性的咨询、医疗性的诊治以及行为治疗和药物治疗等。当然也有一般性的心理问题的辅导。

5. 方法与途径不同

发展性教育模式以“教”为主；补救性医疗模式以“治”为主。前者采用以“沟通、疏导”为主的辅导方法，后者采用“咨询、治疗”为主的辅导方法。

教育模式的辅导方式始终考虑三个维度：第一个维度是学生的良好个性培养与社会的生存、适应和发展；第二个维度是学生的“问题”与“需要”——学生的生理、安全、爱与归属、自尊与自我实现、生活与发展的需要；第三个维度是教育辅导方式，包括个别辅导（个别咨询、晤谈、会商、函件辅导、电话辅导、家庭个访和个案跟踪等），团体辅导（团体咨询、会商、讨论、游戏与训练、讲座辅导和参观访问等）和课程设计（团体辅导课、班会教育课、专项训练课和专题讲座课）等教育方式。

补救性医疗模式以医学、生理卫生学、生理心理学、精神病学的理论和知识为依据，对病人开展心理咨询，并配以药物治疗的辅助手段。以个别咨询为主，甚少团体治疗。

6. 性质与特点不同

依据不同：发展性教育模式依据学生生理心理的特点和身心发展需要、社会适应需要，设计教育内容和教育方法；补救性医疗模式依据患者心理疾病的特点和预计可能发展的后果，采取医疗矫正措施。

性质不同：发展教育模式侧重于学生的发展与预防性目标，其性质属于教育；补救性医疗模式侧重于心理患者的补救与治疗性目标，其性质属于医疗。

两种模式的差异与关系，如图 8 所示。

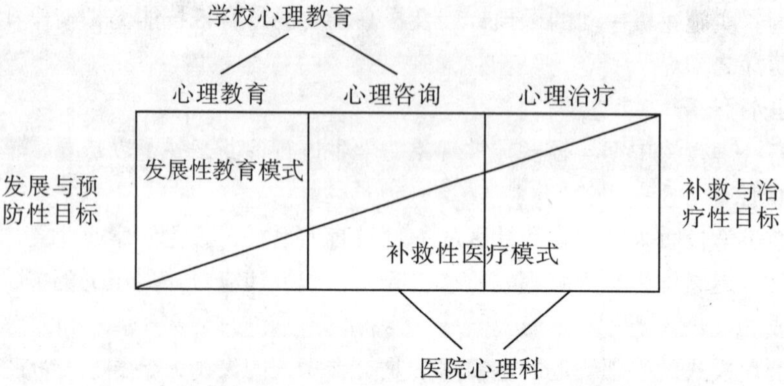

图 8　两种模式的示意图

（三）心理发展教育模式的教育内容

1. 心理教育与心理咨询（辅导）、心理治疗的关系

心理教育也称为“心理健康教育”，是设立在学校的对学生进行心理保健、心理健康的一种教育形式，是以培养和发展学生的健康心理、提高心理素质、预防心理问题为目标的教育方式。心理咨询也称为“心理辅导”，是采取咨询和辅导的方式对有心理障碍、心理偏差的患者（包括个别学生）进行心理指导、心理矫正的一种形式。心理治疗则是采取咨询，并配合药物治疗的方法，对有严重心理疾病和行为的患者进行心理治疗、行为矫正的方式。

心理教育与心理咨询（辅导）、心理治疗之间，既有差别，又有联系。心理教育不同于心理咨询和心理治疗，但它的内涵又包含着心理咨询和心理治疗的某些内容、方法和手段，有自己独立的心理体系、教育内容、教育方法和教育技术，且是一种新的教育观念。心理教育与心理咨询（辅导）、心理治疗之间的关系，如图 9 所示：

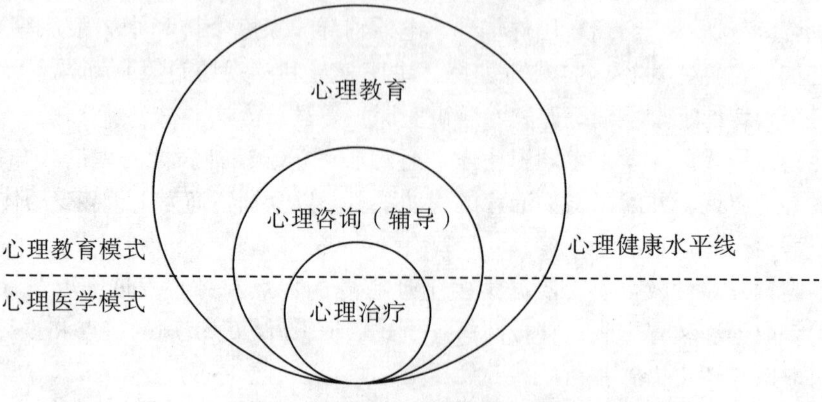

图 9　心理教育、心理咨询（辅导）、心理治疗相关图

2. 心理发展教育的内容

从图9可以看出两种模式的差异与关系，可以看出发展性教育模式的内容主要是心理教育和部分的心理咨询，也可以看出学校心理教育是以发展性教育模式为主。那么，心理发展教育的内容主要是：

（1）认知发展教育辅导：自我认知、自信心、社会环境认知和他人认知等的教育辅导；

（2）个性发展教育辅导：情感意志、气质性格、个性品质和健全人格等个性特征发展的培养与教育；

（3）学习发展教育辅导：学习态度动机、学习情绪动力、学习方式方法、学习能力技能的培养教育和学习困难等的辅导；

（4）生活发展教育辅导：生活情趣、家庭生活情感关系、社交人际的态度能力、生活休闲、生活消费、青春期适应和性问题等的教育辅导；

（5）升学择业教育辅导：升学择业的目的态度、升学择业的社会竞争情况、正确认识自己的各方面能力条件、正确认识竞争和排除心理压力等的教育辅导；

（6）社会适应教育辅导：社会适应能力、应变能力、创造力、组织能力和社会规范行为的培养和教育；

（7）心理危机教育辅导：各种轻度心理危机，如自我认知偏差、自卑感、情绪失控、考试焦虑和人际危机等的教育辅导。

（四）心理发展教育模式的教育方式

从心理教育与心理咨询（辅导）、心理治疗关系示意图可以看出，心理教育包含心理咨询（辅导）、心理治疗，那么其教育方式就应该包含心理咨询（辅导）、心理治疗的方式。但由于学校心理教育的性质任务、学校心理教师的治疗技术水平以及中小学生的严重的心理疾病仅是个别现象。因此，学校心理教育的方式不提倡和不适宜运用心理治疗的方式。心理发展教育模式的教育方式有课内教学教育方式、课外活动教育方式、心理辅导教育方式和全面渗透教育方式，等等。心理辅导教育方式和全面渗透教育方式将作单独论述，下面只重点介绍的是课内教学教育方式和课外活动教育方式：

1. 课内教学教育方式

课内教学教育方式包括心理教育课堂教学、心理教育主题班会课和学科教学渗透三种教育方式。

（1）心理教育课堂教学：以课堂教学的方式对学生进行心理健康教育和良好个性的培养。心理教育课堂教学主要由专职心理教师负责上课。

（2）心理教育主题班会课：以主题班会的方式对学生进行心理健康教育和辅导。心理教育主题班会课主要由班主任负责。

（3）学科教学渗透：学科教学渗透是中小学心理健康教育全面渗透的一个途径，主要是通过各个学科的课堂教学过程，任课教师有目的地、有意识地、有机地开展对学生的心理教育。学科教学渗透由各学科的教师负责。

由于各学科的教师不是专业心理学科出身，学科教学渗透有一定的难度，对教师的基本要求是：

①学科教师要提高对学生开展心理教育的意义和重要性的认识，要有心理教育的意识。心理教育是学校教育的组成部分，是学校育人的需要，是每位教师的职责。开展对学生的心理教育不仅是心理教师的事，也是每一位教师的责任，是分内事，要自觉地参与。

②学科教师要不断学习和努力掌握教育学和心理学的基本理论和知识，要具备心理教育的能力和掌握心理教育的方法技能。

③学科教学渗透侧重于对学生良好学习习惯、良好个性行为、良好品质素质的培养，而不是侧重于对学生心理症状和不良心理行为的矫正和辅导。

④学科教学渗透要讲究渗透方式，心理教育要与学科教学内容相结合，有机地渗透，要将心理教育的原理方法融合在教学的过程之中，达到教育学生、培养学习动机和良好学习习惯、塑造个性的目的。

由于各学科的性质特点不同，心理教育的学科教学渗透的内容方式可以有所不同，因而渗透方式要因学科特点而定。例如，德育课、政治课可以侧重于德育心理、道德品质、道德情操、自信心和操行表现等方面的培养；语文课可以在性情熏陶、文学修养和品质内涵方面给予教育；体育课可以侧重于对学生意志品质、自制力、耐挫力、吃苦精神和团队精神的塑造；音乐课可以侧重于情绪调节、形态仪表和个性修养的培养。

2. 课外活动教育方式

心理教育的课外活动方式可谓多种多样。教育方式是教育内容的表达形式，好的教育内容与好的教育方式相结合，就会产生好的教育效果。因此，一是要注重内容与方式的选择；二是要注意如何结合。心理教育的课外活动方式主要有：

（1）游戏活动式。

将心理教育内容设计成以游戏活动的形式出现，让学生在愉悦的活动中体验到某些情感或理解某些道理，从而受到教育。游戏活动式适合于小学生的教育。

（2）角色扮演式。

为了让学生理解、体验某种角色的心理感受，有意让学生在某时间内担任某种角色的活动的方式。

（3）情境体验式。

为了更好地教育学生，教师设计或创造出学生生活中的某种情景和情境，让学生身临其境，在此情此境中亲身体验、表明态度，从而得到某种认识、启示和教育，进而改变其态度和行为。

（4）专题训练式。

专题训练有注意力训练、意志训练和行为训练等。主要是教师设计训练方法，并对学生进行重复操作训练，让学生在训练过程中得到辅导和锻炼。

（5）讨论互动式。

针对日常学习生活中某个似是而非、有争议的认识问题，分小组让学生充分自由发言，深刻陈述观点，表明态度，并摆事实、讲道理，说服和劝导对方，达到互相交流、讨论辨析的教育目的。这种讨论互动方式，有时比教师的教导更有意义。

(6) 社会调查式。

根据学生存在的某一认识、心理、行为问题，有目的、有组织地带领学生开展社会调查，让调查的事实、社会对某一问题的看法、社会的力量对学生进行教育。如关于学生染头发、戴耳环、上网吧的问题，可以由学生进行社会调查，让社会的看法、评价对其进行实践教育，效果可能比学校制一条规定要好得多。

(7) 实践尝试式。

针对学生的某一问题，如学生怕演讲发言问题，教师就应积极创造小组、全班、全年级、全校的逐级演讲发言的机会和环境并给予发言技巧辅导，且让学生亲身体验，得到锻炼尝试，而后再进行诸如自信心、自卑感方面的教育，其教育效果会更好。

(8) 学习观赏式。

学习观赏可以是在观看完科普知识杂志、图片录像、电影、展览等后组织学生进行观后欣赏、评价或读后感的发言讨论，使学生对某一问题提高认识、得到教育。

……

课外活动教育的方式还有很多，这需要中小学心理教育工作者的不断探索。但不论采用什么方式，都要注意内容与方式的有机结合，让学生乐于接受，这就需要注意各种教育方式的相互渗透、灵活运用、有主有从的结合使用。

二、心理辅导教育模式

心理辅导教育模式是中小学心理健康教育的主要方式之一，心理辅导教育主要由学校心理咨询室承担。心理辅导教育模式与其他教育模式相比，其特点是：第一，它的专业性比较强，属于心理咨询的范畴，咨询辅导过程要运用到心理咨询的理论原理和技术；第二，它是学校心理咨询室的主要职责和教育辅导的主要形式；第三，它主要由受过专业培训的，有一定咨询经验的专职心理教师来承担。

对于不是心理学专业毕业的、没有经过正规的、严格的心理辅导训练的广大中小学教师来说，不宜参与心理辅导教育工作；而对于心理学专业毕业的中小学心理教师来说，则又已经训练过。故在此仅对心理辅导教育模式作简单的介绍。

心理辅导教育模式的常用辅导方式有个别心理辅导、团体心理辅导和心理训练。

（一）个别心理辅导

1. 什么是个别心理辅导

个别心理辅导也称“个别心理咨询”，简称“个别咨询”，是相对于团体心理辅导而言的咨询活动。它是指辅导教师针对那些有着不良心理状态、严重心理行为问题，或学习、身体、情感、态度、家庭和社交等方面有不良适应、心理障碍的学生，而专门设计的、帮助分析问题的成因和关键所在、提出有效解决办法的、使其获得行为改善和心理发展的辅导活动。

个别心理辅导的特点是一对一的、针对性强且实效性好的个案辅导活动。它可以分为发展性辅导——旨在帮助个别学生心理适应、个性发展的辅导活动；预防性辅导——以预防为主的辅导，对有可能出现适应问题、心理问题的个体进行辅导和咨询；治疗性辅导——对已出现严重心理问题和妨碍个人发展的学生进行辅导。中小学的个别心理辅导，以发展性辅导和预防性辅导为主，一般来说不提倡治疗性辅导。

个别心理辅导在中小学心理健康教育中有其独特的功用。一是能够帮助个案学生综合考察、深入分析和准确确定其心理问题的成因、了解问题的症结和关键所在，帮助其克服和改善；二是协助个案学生了解出现问题行为的真切的心理动机，从根本上寻找原因和解决问题；三是帮助学生了解和认识其个案问题的特殊性质，并协助其改善行为和心理问题；四是通过辅导研究的进行，帮助学生了解其问题的发生发展过程，有利于问题的解决和心理的改善。中小学的个别心理辅导，其根本目的是促进学生更好地认识自我、悦纳自我、发展自我和完善自我，最终提升学生的心理素质和开发学生的心理潜能。

个别心理辅导是一门专业性很强的心理辅导技术，要有理论作为指导。莫雷、张卫等教授在《青少年心理健康教育》一书中，列举了个别心理辅导的主要理论有：①

（1）压力—支持强度理论；

（2）认知—情绪—行为理论；

（3）BASIC ID 模式；

（4）CAB 模式；

（5）统整取向的诊断模式。

2. 个别心理辅导咨询的主要方法

（1）行为辅导疗法；

（2）迁移辅导疗法；

（3）替代辅导疗法；

（4）完形辅导疗法；

（5）脱敏辅导疗法；

（6）理性情绪疗法；

（7）现实疗法；

……

（二）团体心理辅导

1. 什么是团体心理辅导

团体心理辅导又称为“团体心理咨询”，是相对于个别心理辅导而言的咨询活动。它是由咨询教师根据来咨询学生的问题相近性编成的或学生自发组成的问题小组，在特定的团体情境下，通过商讨、训练和引导的方式，对小组成员提供心理帮助、指导和解决其共同发展需要或共有心理问题的一种辅导方式。

团体心理辅导专家、华南师范大学心理学系的刘勇认为，与个别心理辅导相比，团体心理辅导具有四个优势特点：①团体心理辅导的适应范围广、感染力强，具有广泛的影响力，受学生的欢迎；②团体心理辅导的效率高、省时省力，是一种最经济、最有效的辅导方法；③团体心理辅导的辅导效果容易迁移与巩固；④团体心理辅导特别适用于人际关系

---

① 莫雷等. 青少年心理健康教育. 上海：华东师范大学出版社，2003

适应不良的学生。

一个人要认识自己、改变自己和实现自我，最好是从团体中去了解、改善和实现。这是因为团体目标具有导向性、聚焦性、激励性和评估性的性质功能。因此，团体心理辅导具有教育、发展、预防与治疗四大功能。

（1）教育性功能。

团体心理辅导是一种借助团体目标的功能、团体成员互动的动力和教师有效的训练、引导方式，使学生得到自我体验、自我评估、自我改善和自我教育的过程。这对学生的社会规范、适应、交往、交流的学习和体验，以及成长过程具有极大的教育意义。

（2）发展性功能。

学校通过团体心理辅导活动方式，能改变学生的各种认知、行为偏差，改进学习、交往态度和方式，促进学生健全人格和心理品质的发展。

（3）预防性功能。

团体心理辅导能提高学生的心理素质、心理免疫力和抗挫折能力，增进学生分析认识问题、处理解决问题的能力，增强学生克服困难、应对挫折、面对厄运和抵御危机的正常心态和应变策略，从而有效地预防心理问题的发生。

（4）治疗性功能。

团体心理辅导对学生的学习、生活和人际交往等的心理问题，对学生的情绪困扰、心理障碍和行为偏差具有矫治作用。团体心理辅导的理论，主要有：

精神分析法团体辅导理论；

行为主义团体辅导理论；

存在主义团体辅导理论；

现实行为团体辅导理论；

理性情绪团体辅导理论；

个人中心式团体辅导理论；

沟通分析式团体辅导理论；

……

2. 团体心理辅导的主要方法

团体心理辅导的方法有很多，它们主要是在团体心理辅导的主要学派理论指导下，经过实验、实践、提炼和总结而产生的，以及由此派生演变出来的各种各样的辅导方法。这些方法各有所长、各有所用。主要有：

自我精神分析团体辅导方法；

行为主义团体辅导方法；

阿德勒式团体辅导方法；

认知行为团体辅导方法；

存在主义团体辅导方法；

格式塔团体辅导方法；

理性情绪团体辅导方法；

个人中心式团体辅导方法；

沟通分析式团体辅导方法；

……

（三）心理训练辅导

心理训练辅导是指在设计的特定情境下，心理教师运用放松、暗示、表象、心理剧、角色扮演等心理学的技术、方法和有关辅助手段、设施，通过教育、辅导、演讲、辩论、游戏、实践、情景模拟和社会调查等活动形式，对学生进行训练，使其改善心理品质、行为习惯，提高心理素质和健全人格。

1. 心理训练类型

专业性的心理训练类型方法很多，大体有四个类型。如图 10 所示。

- 心理训练类型
  - 生理心理训练
    - 生物反馈训练
    - 宣泄放松训练
    - 气功瑜伽训练等
  - 心理机能训练
    - 耐挫能力训练
    - 注意力训练
    - 潜能开发训练
    - 意志力磨炼训练
    - 压力免疫训练等
  - 人格健全训练
    - 自我意识训练
    - 情感调节训练
    - 自我认知训练
    - 自信心训练
    - 自我控制能力训练等
  - 能力训练
    - 社会活动能力训练
    - 观察能力训练
    - 组织能力训练
    - 人际交往能力训练
    - 创造能力训练等

图 10　心理训练类型

2. 心理训练的设计方案和主要程序

（1）训练活动名称。

（2）训练主题、目的和任务。

（3）训练预期目标。

（4）训练基本策略。

（5）训练形式和方法。

(6) 训练环境创设。

(7) 活动器材准备。

(8) 训练时机和时间。

(9) 训练实施程序。

①宣布活动开始；

②说明训练主题目标；

③说明活动规则方法；

④实施训练活动；

……

小结。

(10) 训练注意事项。

三、多渠道全面渗透教育模式

多渠道全面渗透教育模式是中小学心理健康教育的主要方式，也是中小学心理健康教育的教育特点。全面渗透教育模式是指除了心理教育课堂教学、心理教育课外活动和咨询室的心理辅导等主渠道，还包括校园心理环境渗透、学科教学渗透、班团（队）教育渗透、社团活动渗透、社区教育渗透和家庭教育渗透等其他渠道。心理教育课堂教学、校园心理环境渗透和家庭教育渗透在其他章节中会单独论述，这里着重论述班团（队）教育渗透、社团活动渗透、社区教育渗透等。

（一）班团（队）教育渗透

班团（队）教育渗透也叫“班级教育渗透”，是学校心理教育的非常重要的渠道。班团（队）教育渗透主要是在班主任的主持下，通过班团（队）活动全面进行渗透教育。班主任在班团（队）教育渗透中起着举足轻重的作用，班主任的教育意识、心理学知识、心理教育的能力和技能由此显得十分关键，直接影响班团（队）教育的质量。因此，在台湾、香港地区，在班主任的任命和班主任的工作考评中，都要进行心理教育方面的考核；广东省深圳市和珠海市等珠三角地区，也对班主任开展心理教育的有关培训，以提高班主任的业务素质。

班团（队）活动内容有很多，主要有：主题班会、团队组织生活、班团干部培养与选拔、学习兴趣小组活动、学习评讲和交流会、校纪班风建设会、体育活动训练、文娱比赛排练、组织郊游活动、家长会、各种演讲竞赛活动等。班团（队）教育的内容、形式多种多样，如何有机结合、有效渗透，值得我们深入研究。

班团（队）教育渗透主要把握以下四点：

(1) 班团（队）教育渗透要依据学生的三个特点开展教育，即针对不同年级学生的年龄特点、本地区学生的普遍性心理特点和本班级学生的心理特点进行教育，不能仅依靠教材的教学内容和顺序安排教育内容。

(2) 班团（队）教育渗透主要靠班主任。班主任的教育计划就显得非常重要。首先，班主任要将心理教育纳入班主任工作内容和计划；其次，现代教育意识非常重视班级教育，强调班团（队）心理教育是班主任的一门课程，一门比其他学科更重要且又难以上好的课程，因此，不能随意上课或放任自流，要认真研究、认真备课，要注重教育内容、教育方法和教育效果。

（3）班团（队）心理教育渗透是心理辅导室的教育辅导的外延和补充；或者说，班团（队）心理教育渗透和心理辅导室的教育辅导是学校心理教育活动的两条腿，它们只有互相配合、互相支持，才能一起前进。它们各自有所侧重，班团（队）心理教育侧重于团体辅导教育，侧重于学生良好个性、行为的培养和心理辅导，而不是心理咨询、心理治疗。

（4）班团（队）心理教育渗透方式，要做到两个根据、两个结合：根据学生年龄特点、根据学生的心理特点；结合学生的班团（队）活动、结合学生的心理行为实际开展教育。要讲究渗透方式：

第一，它不能像政治运动、政治教育那样，靠动员、靠灌输、我灌你受、我打你通，靠狂风暴雨式的教育方式。

第二，它也不能完全像德育课那样，以课堂授课形式、为完成课堂教学任务而进行单纯的教学活动。

第三，它将教育的内容、形式有机地与班级活动相结合，将教育的目的、意图隐藏在活动之中，寓教于乐，寓教于活动之中。这种教育方式是和风细雨式的，有“细雨润无声，直入到心田”的效果，教育效果在学生活动中体现，让学生在快乐中体验到教育，体会到收益，得到寓意、觉悟和顿悟。

第四，如果教育活动没有渗透教育思想内容，活动则成为纯粹的娱乐活动，如果教育活动开展后，学生不能有所得益和教育，则说明了活动设计的失败。

（二）社团活动渗透

本书第六章第二节中的校园局部的心理环境建设，将陈述学生“社团心理环境”的建设。这里只讲述社团活动渗透心理教育的重要性。

学生社团活动的特点：

首先，它是相对自由和松散的组织，所谓自由是学生凭爱好、特长、兴趣参加；所谓松散是指成员之间相互不存在责任，成员自由进出，人数不固定，有成员有组织，无成员则组织就不存在，不是固定组织。

其次，它的性质属于非正式群体，存在着非正式群体的特质。

最后，由于参加社团的学生具有某方面的爱好特长，往往存在个性倔强、性格傲慢的特点。

学生社团往往也是学校各方面教育的盲区，或者说，学校对社团学生的教育存在某种倾向：

一是学校对社团学生的思想教育、品质教育和心理教育等，没有一个完整的、系统的教育目标和任务、教育计划和措施，社团成员的教育主要依赖主管教师的主观自觉性，因此，依赖班主任的现象十分普遍，教育管理存在缺陷。

二是社团的各种教育往往被学生的特长所掩盖、被比赛任务所排斥。因此，思想品质教育、心理教育和纪律教育得不到足够的重视，因此一些社团的学生存在严重的心理行为问题。如运动员普遍存在临场心理障碍、学习动力不足、学习成绩不佳的现象；文艺队员普遍存在妒忌心理、高傲个性、缺乏协作精神的现象；其他队员往往存在性格孤僻、学业偏科的现象。这些现象的出现，影响着人才的整体素质构成，要引起学校教育的高度重视，要将心理教育渗透到社团活动之中。

心理教育如何渗透到社团活动之中，主要应做到：

第一，校长和社团主管教师要对心理教育有足够的认识。社团是素质教育的重要途径，是为了培养某方面有特长的学生，加强心理教育，对提高学生的总体素质和培养某方面特长均有帮助。

第二，社团活动的宗旨首先是培养学生的素质，其次才是培养学生的特长。因此，社团的首要任务是教育学生“学会做人”，社团必须有目的、有计划地开展育人活动，心理教育是社团育人活动的有效手段之一。

第三，社团主管教师要掌握心理教育的知识和技能，善于结合社团的特点开展学生的心理教育。

第四，要明确规定，社团活动具有教育的任务。心理健康教育要渗透到社团活动的全过程，要成为社团活动的教育内容，在活动中培养学生的个性和特长。

（三）社区教育渗透

社区教育渗透是指通过组织学生参与社区教育活动，对学生渗透心理健康教育。社区教育渗透的目的是通过参与社区的各类教育活动，提高学生的社会意识、责任意识、参与意识和团队意识，锻炼学生的社会活动能力、组织能力和适应能力，培养学生良好的思想品格和心理行为，使学生尽早地了解社会和适应社会。

社区教育活动包括参观社区发展展览会、高科技展览会、美术作品展览会、学术交流会、社区表彰大会、节日庆典活动、文化庆典活动、学习竞赛活动、演讲与辩论会、社区体育活动、社区文艺会演、国防教育活动、家庭教育交流、教育基地活动、军训活动、慰问活动、夏令营活动、公益活动和义务劳动，等等。学校有选择地组织学生参加某些社区教育活动，对学生的成长和培养无疑是很有好处的。

在社区教育活动中渗透心理教育，必须做到以下三点：

1. 善于有选择地、有计划地适当参加社区教育活动

所谓“有选择地、有计划地适当参加”就是根据学生的心理年龄特点，有教育目的意义地、有教育内容和措施地，而不是盲目地、应付式地、完成任务式地参加社区活动。参加社区活动前，要提出参加活动的心理教育的目标和任务。

2. 善于在活动组织过程中对学生开展心理教育

一般来说，参加活动之前，教师会对学生进行活动目的和纪律行为方面的要求。但这还不够，教师要根据活动的内容和过程，引导和提示学生，通过本次活动，要在思想上、

身心上和个性上得到什么教育，得到什么锻炼，思想和心灵要有什么收获。

3. 善于对活动进行归纳总结

参加社区活动后要善于总结，特别是要从思想和心理的收获和受教育锻炼方面进行总结，不能就事论事地一般化地总结。切忌活动一结束，任务一完成，教育就中断的做法，要着重帮助学生进行思想收获、心灵得益的归纳总结，使之起到“活动虽然结束，教育终身收获”的效果。

第六章 心本教育的实践

第一节　心本教育：途径与方式方法

心本教育既强调世界观，又强调方法论；心本教育十分注重教育的途径，注重教育过程的方式方法。

一、心本教育的途径

中小学心本教育的目标是培养学生良好的心品，或者说对学生进行积极心品的教育。为达到此目标，中小学在心品教育实践中通过各种途径开展教育活动。归纳起来，目前的中小学心品教育大体有以下六种途径。①

（一）班级教学的途径

这是一种以班级为单位的课堂教育教学活动。课堂教学活动是心品教育的重要途径。随着中小学心本教育的不断发展，心品教育逐步进入课堂，形成了心品教育“课程化”教学。这种“课程化”教学，与其他学科的课程化教学有许多不同：

1. 与其他学科教学的不同点

（1）课程教学的目的不同。

学校许多学科的教学目的，主要是传授该学科的知识，从而提升学生的学科知识素质。心品教育目的不是传授心理学科知识，而是依据心理学的知识和原理，通过课堂教学活动，促使学生健全人格的形成和良好心品素质的提升。因而，它是加上引号的“课程化”。

（2）课程内容的结构不同。

相对而言，其他学科的课程教学内容比较系统，课程内容的纵向结构明显，即学科教学的知识由浅入深，形成循序渐进的纵向结构。心品教育的课程教学内容，主要是根据学生身心发展规律、成长的需要来选择、组织和设计，教学内容的结构较为松散，因而教学的内容在各年级、各班级都不固定，有明显的不确定性。如同一年级的同一学期，甲班可能教“人际交往”的内容，乙班可能教“情感调节”的内容。由于教学内容的不确定性，因而心品教育更具灵活性和针对性。故此，心品教育的课程教学是套上引号的“课程化”教学。

---

① 广东省教育厅思教处. 关于引发《中小学心理健康教育工作规范（试行）》等四个工作规范文件的通知〔2008〕83号

（3）课堂教学的形式不同。

到目前为止，其他学科课堂教学的形式主要是以传统的课堂授课形式为主。心品教育课堂教学的形式多种多样、生动活泼，主要以“活动、体验”为教学特色，让学生在教学活动中得到体验和感悟，并得到心灵上的升华。故许多中小学心理教师将心品教育课定性为“教学活动课”。

课程教学的目的不同，课程内容的结构和课堂教学的形式不同就形成了心品教育的课堂教学的特色。

2. 课堂教学的内容目标和要解决的问题

一般来说，班级课堂教学具有时间性（受时间限制）、集体性（面对全班学生）和相近性（教学对象的年龄、经历、知识和心理特点接近）的特点，教学内容的选择上既要考虑有针对性，又要注意带有普遍性（教学内容是只针对班级个别学生）。因此，班级课堂教学更适合选择发展性心品教育的内容。这就要求心理教师在课堂教学目标的确定、教学内容的选材和课程教学的设计上下工夫。

作为心品教育主要途径的班级“课程化”教学，必须注重教学目标的确定、教学内容的选择以及教学方式方法的运用。广东省中小学经过十多年的教学实践活动，形成了心品教育的课堂教学目标、教学内容和教学方法。这是对中小学心品教育整体教育目标、内容和方法的具体化。下面予以具体介绍。①

（1）课堂教学的内容目标。

①学习积极心理的教学目标：帮助学生分析学习动力不足、成绩差的原因；激发学习动机、兴趣，树立正确的学习态度；排除厌学、焦虑、自卑、注意力分散等学习心理障碍，形成适合自己的、行之有效的学习方法，提高学习积极性、自觉性和学习能力。

②自我意识的教学目标：帮助学生正确了解自我、认识自我；帮助学生对自己的形象、心态、性格、气质、兴趣、爱好、能力和特长等形成全面的认识，使其在学习、生活和社交中准确把握好自我意识；帮助学生悦纳自我、接受自我，但又不太过自视和自负。

③自信、情绪和意志的教学目标：帮助学生了解自信、情绪和意志的意义，了解自信、情绪和意志产生和形成的原因；帮助学生正确认识失败和挫折，排除自卑和树立自信，提高学生的自信感、心理弹性、耐挫力和意志力；帮助学生学会情绪调节方法和行为控制能力，从而培养学生的和谐心态、磨炼学生的坚韧意志。

④人际交往的教学目标：帮助学生认识人际交往的社会需要和积极作用；帮助学生了解乐群、合群对人际关系的重要性，了解孤僻、封闭、自卑、羞怯等社交障碍的特点与坏处；帮助学生学会人际交往的礼仪、技巧与方法，把握诚挚、诚信、礼貌、大方的交往态度；帮助学生懂得人际交往的社会责任和基本道德。

⑤青春期性心理的教学目标：帮助学生了解青春期的生理、心理变化、特征和发育类型，懂得青春期心理卫生与保健；帮助学生正确看待青春期的心理变化和情绪变化，适当把握青春期的情感和人际交往，尤其是异性之间的交往；帮助学生悦纳自己的青春期，珍

① 吴发科等. 心理健康主题教学. 广州：广东省语言音像电子出版社，2008

惜生命，珍惜青春的美好时光。

⑥亲子关系的教学目标：帮助学生（家长）全面地、客观地、正确地理解、认识亲子关系的类型，认识亲子关系对他们的成长、学习、工作和生活的重要意义；让学生（家长）学会换位思考，促进学生与家长的感情沟通和交流，学会建立积极的亲子关系；帮助学生学会与父母沟通的正确方式，降低他们的失落感，增进他们的感情，使家庭和睦幸福，使他们顺利健康地成长。

⑦升学与择业心理的教学目标：帮助学生客观分析自己的学习、生活、工作和组织等能力，了解自己的爱好、专长和个性倾向，全面评价自己的条件，从而作出升学与择业的合理选择；帮助学生获得升学复习的方法，消除考试焦虑，鼓励学生努力进取，以积极心态参加升学考试；帮助学生分析所能适应的未来职业，并掌握面试技巧和注意事项，同时以积极心态应对面试，相信自己的实力，为择业做好充分的心理准备。

⑧社会适应的教学目标：帮助学生了解适应社会的意义和作用，做好社会适应的心理准备；注重协助、合作精神的培养教育；培养独立生活能力、适应环境和工作的能力；培养社会适应的能力。

（2）课堂教学要解决的问题。

①学业心理方面的常见问题。

缺乏学习动机和积极性；缺乏学习兴趣；学习成绩差；凭喜好学习、偏科；缺乏良好的学习习惯；听课注意力不集中；不能按时按量完成作业；考试难以适应、考试焦虑等。

②自我认识、自我意识的问题。

自我认识出现偏差；自信心不足、自卑感强烈；存在自恃、自负、自傲的心态和行为；以自我为中心等。

③自信、情感、意志、品质方面的常见问题。

自卑感较强、自信心不足；情绪易波动、情感不稳定，不能自我调节情感；意志薄弱，有怕苦、怕累、怕困难的心态；被失败和挫折所困扰，产生消极、懦弱的心态；失去理智、个性倔强等。

④人际关系与社交方面的常见问题。

个性孤僻、不乐群、不合群；怕见生人、怕大场合、人际交往存在障碍；对异性交往存在心理障碍；讲江湖义气，只讲朋友交情，不讲原则和道理；好聚众、广结交、不理智处理同学间的纠纷；与父母的关系不和、交往紧张等。

⑤青春期性心理方面的常见问题。

青春期生理变化而出现心理烦躁；青春期睡眠障碍；性早熟、性延迟、性侵犯问题；早恋、苦恋、单恋所带来的烦恼；异性交往方式方法问题；青春期心理行为障碍等。

⑥家庭亲子关系的常见问题。

如何感恩父母、报答父母，体验爱的价值与真谛；怎样进行亲子沟通，架起代沟的桥梁；如何应对父母的唠叨，建立和谐的亲子关系；吃喝玩乐、游手好闲、无所事事；铺张浪费、无节制的花费；不尊重父母、不珍惜生命等。

⑦升学与择业方面的常见问题。

竞争压力，学习压力，升学与择业压力；考前失眠，身体消瘦，呆板木然；考试焦虑，心情沉重、郁闷；担忧找不到理想职业、职位和理想的单位；担心不能适应环境、胜任工作、适应竞争等。

⑧社会适应方面的常见问题。

独立生活能力差；人际交往能力差；认真诚信、责任感、协作精神较差；表达、应变、工作能力和适应能力弱。

（二）学科渗透的途径

学科教学渗透心品教育，简称“学科渗透”或叫“学科渗透教育”，学科渗透教育是培养学生良好心品的一种重要途径。学科渗透教育是一个新生事物，许多中小学教师在学科教学中做了很多尝试，也取得了一些经验和效果。但从整体效果来看，教育效果不是十分理想。其原因是多方面的，主要有：

1. 心品教育学科渗透什么

学科教学渗透心品教育，究竟渗透什么？这里指的是在学科教学过程中渗透心品教育的内容是什么。

广东省中小学心理健康教育指导中心对中小学学科教学渗透心品教育的内容作了指导性的规定：首先，将学科教学课程分为社会学科类课程、自然学科类课程和艺术与体育类课程三类不同的课程。其次，将心品教育的内容分为个性品质、自我认识和自信心理等15个方面的内容。最后，按学科知识、特点相近的原则，将心品教育15个方面的内容逐一归类、配搭到三类不同的课程之中（具体见第五章第一节“心本教育广东模式”）。这样的规定和内容配搭，从学科渗透的总体来看，是合理的、可行的，但在具体的教学实践中，还存在许多问题。例如，语文学科从小学到高三共十多个年级，其学科教学过程究竟渗透了什么？是如何渗透的？还有很多问题需要探索、研究和实践。

学科教学渗透心品教育究竟渗透了什么？必须考虑以下四个问题。

（1）学科性质特点与渗透教育目的相匹配。

中小学各学科有自身的性质特点，而学科渗透有其目的性，因而学科渗透要做到性质特点与渗透教育目的相互匹配。例如，语文学科意识、思维特点较强，可以选择个性修养、自我意识、自我完善培养为目的的渗透教育；数学学科逻辑性较强，可以选择潜力开发、创造力培养为目的的渗透教育；英语学科语言交往的特点较明显，可以选择人际交往、人际沟通能力培养为目的的渗透教育；音乐学科情感抒发特点鲜明，可以选择情绪调节、情绪管理、陶冶心情为目的的渗透教育等。

（2）学科教学目标任务与渗透教育内容任务相融合。

学科渗透必须做到学科教学目标任务与渗透教育内容任务相融合，这样才会产生更好的渗透教育效果。例如，初二“政治品德”课程中的“意志修养”内容章节，其学科教学目标任务与渗透心品教育的自信感、意志力的内容任务相匹配、相融合，如果将两者结合起来教学，可能会更加融合、更加自然，教育效果可能也会更好。

常常有任课教师在学科教学中的渗透融合上处理得不是很合理，渗透教育显得生硬，有“拉郎配”的感觉，这样的教育效果肯定欠佳。

（3）学生心理特点实际与渗透教育内容相统一。

这主要是指教师必须注意将渗透教育的内容符合学生的心理特点实际。学生心理特点的实际包含两层意思，一层是学生的心理年龄特点，另一层是学生存在什么心理问题需要教育或培养学生什么。这就要求任课教师掌握好渗透教育的内容和渗透教育的程度。

（4）学科教学渗透心品教育究竟渗透了什么？还必须考虑教育效果的问题。

从近年来广东省中小学各学科教学渗透心品教育的形式来看，大体有两种模式：“课程内容”渗透模式和“心品目标”渗透模式。

①“课程内容”渗透模式。

所谓“课程内容”渗透模式，也叫“适合课程内容”渗透模式，是指学科教学内容适合什么样的心品教育，就渗透什么方面的心品教育的方式。一句话，渗透教育内容跟随着学科课程教学内容走。例如，初二语文课程（上册）中[①]，《芦花荡》可渗透“自信、自尊”教育；《亲爱的爸爸妈妈》可渗透“感恩、亲子关系”教育；《信客》可渗透“个性、品格”教育；第四单元的《大自然的语言》和《奇妙的克隆》可渗透“观察力、创造力”培养，《阿西莫夫短文两篇》可渗透“思维能力”培养，《走上辩论台》可渗透“自信心、思辨能力”的培养；第五单元的《桃花源记》、《核舟记》可渗透“情怀、想象力”教育；《钢铁是怎样炼成的》可渗透“个性、意志”教育。（这里指的是渗透心理教育，当然还可以渗透道德教育）。这些渗透教育内容与课文内容相近，容易渗透融合，渗透显得自然顺畅。

“课程内容”渗透模式的特点是渗透教育面广，心品教育十几个方面的教育内容面面俱到，是“打一枪换一个地方”的游击战术，有凌乱的感觉；且教育难以见效，因为学生的心品塑造不是一朝一夕、一节课就能见效的，它需要一段时间的连续坚持的教育才有效果；另外，学科任课教师不是心理学专业毕业，要做到“换一个地方打一枪”，且“每一枪都要打准”，毕竟专业知识跟不上，就不可能胜任。显然，“课程内容”渗透模式——“打一枪换一个地方”的教育方式不符合心理教育的规律。因此，近两年来，广东省中小学心理健康教育指导中心提倡“心品目标”渗透模式。

②“心品目标”渗透模式。

所谓“心品目标”渗透模式，也叫“依据心品目标”渗透模式，是指依据心品教育目标的学科渗透方式。也就是说，学科从自身性质特点出发，依据心品教育目标，选择相对固定的某一心品教育的内容，坚持一段时间的渗透教育的方式。例如，音乐学科自身性质特点，依据心品教育目标，首先，可确立和选择以培养学生的个性修养、情绪调节和情怀陶冶为心品教育的目标内容；其次，分析小学、初中、高中学生的心理特点，再进一步确定教育目标内容，如初中可选择“情绪调节”作为目标内容，全校音乐教师组成“情绪调节”专题渗透教育教研组，共同研究如何渗透教学，并且从初一到初三，坚持三年的专题渗透，确保渗透教育的效果。

---

① 课程教材研究所．语文（初中二年级）．北京：人民教育出版社，2008

“心品目标”渗透模式还要求全校一盘棋，统筹安排政、语、英、数、理、化、图、音、体等的学科渗透目标内容，做到全员参与、全面渗透。

“心品目标”渗透模式的特点是学科单一的渗透目标内容，坚持专题渗透，全校学科统筹协作，既有利于学生的培养效果，又有利于教师教学的提升。教师经过几年的专题研究和教学渗透后，逐步成为某一专题的教学专家。

2. 心品教育如何进行学科渗透

如何做到学科教学有机渗透心品教育，这是方法论的问题。这里强调的是“有机渗透”而不是生硬渗透或为了渗透而渗透。这就要求学科教师在教学设计时渗透意识，在教学过程中要有渗透技巧，做到合理、自然、有机地结合与渗透。

（1）不能冲淡学科教学任务。

学科渗透要求在完成本学科教学任务的前提下进行，不能因为学科渗透而影响学科自身教学、冲淡学科教学内容任务。

在教学内容安排上，学科教育目标与心育教育目标要合理融合，学科教学内容与心育教学内容要有机渗透，不能截然分开、不能生搬硬套、不能给人有“两张皮”的感觉。

在教学时间安排上，心育内容比重不能太大，不能有侵占主课时间和冲淡主课内容的感觉，不能使主课成了“夹生饭”，半生不熟。

（2）努力做到有机渗透教育。

心品教育的学科渗透很讲究有机的、细腻的、自然的渗透，很讲究渗透方式，要做到既不太多占用主课时间、不冲淡主课内容，又要达到心育目的。一句话，学科渗透要在完成学科教学任务的前提下，努力做到有机渗透心品教育。

3. 学科教师的心理学知识怎样？

心品教育学科渗透，不仅仅是渗透什么、如何渗透的问题，还有学科教师的心理学原理知识的掌握程度的问题。可以说，学科教师如果没有足够的心理学原理知识作基础，是根本无法应用到学科渗透的。因此，加强对中小学教师的心理学知识培训就显得尤为重要。

然而作为学科教师，教学任务十分繁重，又要全面、深入地掌握心理学知识，还要学会渗透，显得压力很大。这是一对矛盾。如何解决这一矛盾，广东省的经验值得推广：在心品教育十多个方面的教学内容中，任课教师只选择其中一个与自己学科有关的方面作为渗透内容，如排除自卑，或亲子教育，长期地、单一地坚持渗透尝试，就能积累心理学知识和渗透经验，就能获得成功。

（三）主题班会的途径

主题班会是中小学心品教育的重要途径。心品教育主题班会是以班级为单位，利用班会活动时间开展心品教育活动。主题班会的组织者主要是班主任负责，它主要是依据学生的心理与行为表现，有目的性地组织教育活动。

1. 心品教育主题班会的目的

主题班会心品教育的目的是结合学生的心理与行为实际开展积极心理教育和良好个性心理的培养，以及“和谐心理、和谐班级、和谐校园”建设等活动。

2. 心品教育主题班会的内容①

总的来说，心品教育主题班会的内容是发展性心品教育内容，也就是广东省中小学心理健康教育指导中心制定的发展性心理教育15个方面的内容。具体来说，心品教育主题班会内容的选择要做到：主题内容更加具体、更有针对性，要符合学生的实际，即学生有什么心理需要、心理问题就选择什么样的教育内容。例如，学生有青春期心理问题就选择与青春期有关的教育内容；新生入学，可选择“人际交往、熟悉环境”的内容；期末考试前，可设计“克服考试焦虑”的主题等。心品教育主题的设计，题目和内容不宜太大，要短小精悍，也不太讲究教育内容的系统性，只注重教育的针对性和有效性。

3. 心品教育主题班会的形式

心品教育主题班会的形式多种多样，可以是室内教育活动，也可以是室外教育活动；可以是班级同学集体活动，也可以邀请家长参与；可以班主任亲自开展教育，也可以请专家、专任心理教师或其他任课教师协助教育。至于具体的教育形式，后面将作具体介绍。

4. 心品教育主题班会的特点

心品教育主题班会的特点：第一，灵活性强。这主要表现在内容选择、活动形式和时间安排上均具有灵活性。如时间安排上，没有要求固定安排在某节课，也没有要求每周或每学期举办几次教育活动，而是根据学生教育需要，一般每学期安排4～6次教育活动。第二，针对性强。主题班会形式，学生有什么心理问题或行为表现就开展什么样的主题教育，针对性明显，且学生乐意参与主题班会，因而主题班会的渗透教育效果也较明显。

（四）社团活动的途径

社团活动是学校心品教育很好的渗透途径，如何利用社团活动开展心品教育，进行学生心品塑造，是一条值得探索的教育途径。许多中小学校往往忽略了这一教育途径。

目前，中小学校的学生社团组织（包括体育运动队、文艺表演队）很多，如文艺社、诗歌社、棋艺社、摄影社、美工社、书法小组、鼓乐队、歌咏队、武术队、篮球队、排球队、游泳队、航模队等。学校社团活动也很普遍、活跃。

学生社团活动的特点是：第一，社团是学生组织，特殊群体，学生自愿报名参加，有共同爱好、兴趣和特长，且乐意参加，这就是“共同愿景”。第二，社团活动是第二课堂，课外活动，它对第一课堂的知识学习是一个很好的补充，也是培养学生某些爱好、特长的渠道，对提高学生的综合素质具有重要意义。第三，学生社团的活动、实践、动手、合作、体验等特点很明显，很多知识和能力都在实践活动中得到体验和提升，因此，它对培养学生的实践能力、创造能力、协作精神、团队精神和集体意识是一条很好的途径。第四，社团活动具有约束性，许多学生通过社团活动，纪律性得到加强，坏习惯逐渐改变，进步比较明显。

如何利用社团活动渗透心品教育，培养学生的良好个性修养、提高学生的综合素能和团队意识，是值得我们不断探索的问题。

---

① 广东省教育厅思教处. 关于引发《中小学心理健康教育工作规范（试行）》等四个工作规范文件的通知〔2008〕83号

1. 教师要转变教育观念

如何利用社团活动渗透心品教育，首先，教师需要转变教育观念，要全面理解社团活动究竟要培养学生的是什么。学校是育人的场所，学校的任何活动都有育人的目标任务。作为学校社团活动无疑也有育人的根本任务，而社团育人任务不仅仅局限于培养学生某一方面的技能素质，或取得某一方面的比赛成绩，更重要的是通过社团活动培养学生的人文精神和整体素质，包括道德素质、心理素质等。例如，学校篮球队不仅仅是为了培养学生的篮球技能、锻炼身体，或为学校取得什么篮球比赛的成绩，或学校体育运动的特色等，更重要的是培养学生坚强的意志品质、协作的团队意识和刻苦的精神境界等；学校合唱团不仅仅是培养学生的合唱技能素质，或达到什么演唱水平，取得比赛名次，更重要的是陶冶学生的情怀，调节、舒缓学生的心理情绪，培养学生自觉遵守演唱团队的规则和集体主义精神等；学生摄影社不仅仅培养学生的摄影技术、美育素质，还应该培养学生的社会责任感、观察能力和洞察社会现象的能力；航模队不仅要培养学生懂得制作航模的原理和技术，还要培养学生的创造能力、动手能力以及认真细致的精神等。因此，作为社团活动的指导教师，要转变教育观念，要对学生社团活动赋予更高、更深刻的教育内涵。

2. 认识社团育人的职能和功能

如何利用社团活动渗透心品教育，教师转变教育观念是前提，其次是要正确认识社团的育人职能和功能，即社团活动能否渗透心品教育，渗透什么，如何渗透。这就涉及社团活动如何发挥育人职能、功能作用，如何选择渗透心品教育的切入点，如何有效地开展渗透心品教育，如何有效地培养学生心理素质等问题，涉及心品教育在社团活动过程中有机渗透、具体操作的问题。

3. 确定社团心育目标内容

如何利用社团活动渗透心品教育，其重要的问题是如何确定社团心品教育的目标、内容，如何选择教育的切入点。确定社团心品教育的目标、内容至少需要遵循三个原则：

第一，遵循特点性原则。社团活动渗透心品教育，要依据学生的身心特点，尤其是在目标和内容的选择上，更要充分考虑学生的身心特点。例如，在合唱队的心品教育中，由于小学生年龄小，心理单纯，可选择以“个性培养”为教育目标内容；高中生年龄大，情感问题多，可选择以“情绪调节”或“团队精神”为教育目标内容。

第二，遵循相近性原则。社团活动渗透心品教育的目标内容的确立，不是随意确定，而是要根据社团活动内容与心品教育内容相接近的原则来确定。例如，文艺社、诗歌社选择“情绪调节”作为渗透教育内容会更加合适，若选择“人际关系、沟通能力”内容就显得有些牵强；学生运动队选择“自信心、意志力”作为渗透教育内容更合理，若选择“亲子教育”或“学习心理”内容就很难结合、渗透了。

第三，遵循一贯性原则。跟学科渗透教育同理，社团活动渗透心品教育要坚持一贯性原则，即选择一个关于渗透教育的目标内容，坚持进行渗透教育，才能取得更好的教育效果。既要防止今天渗透“自信教育”内容、明天渗透“品德心理”内容的做法，也要防止“打一枪换一个地方”的教育方法。因为，这种麻雀战术对渗透教育来说，是难见成效的。

4. 把握社团渗透教育方法

利用社团活动渗透心品教育，要注意把握好渗透教育的方法。首先，社团指导教师要懂得心品教育的基本原理、知识和方法，否则难以渗透、难有效果。其次，要讲究渗透教育的方式方法。后面将对方式方法作专门介绍。

（五）个别辅导、咨询的途径

个别辅导、咨询是学校心品教育的重要途径，也是有效化解学生心理危机、预防学校出现突发性危机事件的相当重要的途径。个别辅导、咨询主要是针对个别有心理障碍、心理困惑、心理忧郁、情感危机、冲动型人格与偏激行为等问题的学生实施专门的心理教育、辅导和咨询。

个别辅导大多数属于补救性心品教育，辅导过程中对专业性、技术性和保密性的要求较高。因此，它往往由学校的专职心理教师负责，而且常常是在个别咨询室进行单独的辅导咨询，学校的一般学科教师和班主任，是不要求参与个别辅导的。

严重的心理患者，要借助药物和其他方法进行心理治疗，要采取转借的措施，送到医院的心理科进行治疗。

（六）全校性大型心品教育活动的途径

1. 全校性大型活动的形式过程

全校性大型活动是室外教育活动，是学校推进心品教育的一条途径。一般来说，一年进行一两次。从活动的时间和规模来看，主要有：如佛山市南海区狮山中学每年举办一次“心品教育活动月”；中山一中每年举办一次“心品教育活动周”；顺德一中、惠州一中等许多学校每学期举办一次“心品教育活动日”。从活动形式上来看也各具特色：有专题项目活动，如心理剧表演活动或心理小品表演活动，各班选派一个节目参加活动比赛；有综合性活动，全校各班均设计活动内容并参与活动，如心理游戏、拓展活动、人际交往训练、心理小测试、心理常识问题竞赛等；有开放式大型活动，家长参与学校教育活动，如亲子活动、家庭角色互换活动、家长观摩主题班会活动等；还有专家讲座、考前心理辅导活动等。

例如，广东省深圳市育新学校，就经常性地组织大型心品教育活动，其活动内容形式：心理拓展活动、攀岩活动、飞碟射击、“孤岛逃生”游戏、越过铁索桥、野战心理训练、“防火逃生”体验、高桥传圆球比赛、高墙背卧、盲人走迷宫、小品角色扮演等。育新学校的大型心理训练活动开展得独具特色，学生很喜欢参与，并得到很好的体验教育。

全校性大型活动是一种很好的教育形式。大型活动参与人数多，学生选择自己喜欢的项目参与，具有形式多样，活动体验、教育面广，影响面大等特点。但全校性大型活动往往受到人力、物力、财力的限制。因此，全校性大型活动要精心设计、认真组织才有教育效果。

2. 全校性大型教育活动的注意事项

全校性大型教育活动的难度比较大，主要原因是教育活动受外界影响，易出现难以预料的因素、难以控制学生的状态；同时，教育活动的形式设计难度大，花费的设计时间也比较多。因此，全校性大型教育活动要注意做到：

（1）重视教育设计与组织。

全校性大型室外教育活动，首先，要求组织者要设计好活动内容形式，要求设计要达到两个目的，一是广大学生乐意参与；二是活动要有教育效果。其次，要求组织者要精心策划、细致组织，包括对参与对象、活动人数、场地分布、设备教具、人员分工等的安排组织。

（2）充分创设室外情境。

全校性大型室外教育活动就是在充分利用课堂所无法营造的情景和环境等客观条件，因此，在教育形式设计和教育活动时，要注意充分利用和创设客观环境，注意做到教育活动内容形式与情景密切融合，使室外环境为教育活动服务。全校性大型室外教育活动的特点是“室外、人多、活动”，如何做到人多的活动与室外环境有机结合，如何创设情境体验就成为组织者应考虑的问题。

（3）注意活动的教育面。

全校性大型室外教育活动由于空间大、人数多，学生容易分散精神，而且一些活动，如“小品表演”和“角色扮演”又不可能全部学生都参与，往往造成一小部分学生“游离”于活动之外，得不到教育，因此，教育设计要注意活动的覆盖面，活动项目设计要考虑有尽可能多的学生参加，力求做到全体学生共同参与。

（4）注意教育效果。

进行室外教育活动的目的是提高学生心品素质，达到一定的教育效果。活动过程要注意学生的心理反映，要做到“教育活动”与“教育效果”形成必然联系，要防止“教学活动热热闹闹，而教育效果微不足道，参与活动开开心心，活动过后一无所得”的现象出现。目前，有些学校的心育活动出现“只注重活动形式的多样性和活跃性，不注重教育的针对性和实效性”的现象，要引起足够的重视。

（5）注意学生安全。

大型室外教育活动要特别注意安全性，防止危险的出现，特别是某些体验和训练活动，更要引起注意。大型室外教学活动有许多一时难以预测的危险因素，因此，教师在项目设计选择时要有安全意识，要实地考察，要确保室外活动场地具有极高的安全系数，设计时不能有高难动作和危险行为；同时，要有防护措施，确保学生的人身安全。

二、心本教育的方式方法

（一）心本教育的方式

中小学心本教育的方式多种多样，归纳起来，大体有以下八种方式①：

（1）课堂活动方式。

这是指将课堂教学、教学互动、课堂活动等形式综合在一起的教学方式，它包括教育活动课、班会课、专题训练课等。心品教育活动课是目前学校心品教育的主要方式，它的主要任务是对学生开展普遍性的心理素质教育。

---

① 吴发科等．中小学心理健康教育实作与管理．广州：广东高等教育出版社，2004

（2）游戏体验方式。

这是以某一教育内容为主题，以游戏活动作载体，让学生在游戏活动中获得身心的体验，从而得到心理感悟的教育方式。游戏体验方式寓教育于活动之中，适合儿童学生特点，它要求游戏活动的设计要有针对性、可教育性。

（3）学科渗透方式。

这是指通过学科课堂教学进行心品教育渗透的教育方式，即以学科教学内容为教学主体，有目的、有针对性、适当、有机地对学生渗透心品教育的方式。

（4）团体辅导方式。

这是指以团体心理辅导活动为主要形式的教育方式。团体辅导是在团体情境中，提供心理帮助与指导的一种助人形式，它是通过团体内人际之间的交互作用，促进个体在情境中认识自我、接纳自我，以调整和转变自己的态度和行为方式，来达到发展良好的生活适应的助人过程。团体辅导根据学生出现的心理与行为的相近性，有目的地将学生组织在一起，进行专题的团体心理辅导。

（5）个别辅导方式。

这是指对有轻微心理问题的学生进行发展性的个别辅导，以及对个别心理问题与行为较为严重的学生进行补救性心理咨询活动的方式。个别辅导是对被辅导者施以针对性的心理调适、心理辅导，使之改变认知方式和行为，达到正常的心理和行为状态。

（6）大型活动方式。

这是指面对全体学生，通过课外大型活动的形式，开展发展性的专题性心品教育活动，如游戏活动、集体训练活动、团体辅导活动等。

（7）专题讲座方式。

这是指根据学生出现的某一心理问题或心理健康教育需要而开展的有目的性、有针对性的专题性教育，如考前心理压力疏导等。

（8）校外体验方式。

这是指以营造校外环境、情境和提供活动体验过程的教育方式，如参观活动、野外训练活动、拓展训练活动、野外磨炼活动和心理夏令营活动等。

（二）心本教育的方法

心本教育的方式与方法，既有联系又有区别，许多人往往将其混淆在一起。方式是指解决问题所采取的主要形式，方法主要是指解决问题的思路、程序和办法等，而心本教育的方法是指教育或辅导活动的程序办法。

心本教育课堂教学和课外活动的主要方法有：

（1）讲授法。

讲授法也叫讲解法，这种方法是指通过教师对某一事物或问题的讲述，使学生明白一些道理，从而获得教育启示。

（2）游戏法。

游戏法是指通过游戏活动，让学生得到体验教育。游戏有多种分类，它既可分为竞赛性游戏和非竞赛性游戏，也可分为角色游戏、表演游戏、结构游戏、音乐游戏、智力游戏等。不同种类的游戏可起到不同的心理教育作用。

（3）讨论法。

讨论法是指利用集体思考和讨论的方式，使学生心理相互沟通、思想相互激荡，发生连锁反应，以产生更多的意见或想法。讨论法可以是全班讨论，也可以是小组讨论。此法可应用于创造力训练、解决问题能力训练等课程之中。运用此法时，严禁批评，让学生自由畅想，想得越多越好，可以对他人的想法加以改进和组合。

（4）表演法。

表演法包括角色扮演、小品表演、心理剧表演等。表演法是一种通过扮演角色、表演活动、行为模仿或行为替代来影响个体心理过程的方法。它是让学生以一种短剧、节目、游戏的方式，表演出角色、自己的心理或行为问题，进而起到增进自我认识、减轻或消除心理问题、提高心理素质的作用。

（5）辅导法。

辅导法包括个别辅导和团体辅导。它是一种专业性较强，利用心理学原理和方法技能进行心理辅导的方法。如个别辅导有行为辅导法、迁移辅导法、脱敏辅导法和替代辅导法等。

（6）宣泄法。

宣泄法是指利用各种有效的形式来宣泄、消除心理烦恼的方法。如打沙包、呼喊、朗诵、运动、唱歌、哭泣、撕纸、摔枕头或被子、捶墙、逛街等都是较为有效的宣泄方法。宣泄往往是一种活动，应做到不影响他人。

（7）谈心法。

谈心法一是指学生主动找朋友、教师、家长或其他可以信赖的人进行交谈，“发发牢骚”，通过交谈倾诉“心里郁闷”。二是指心理教师找问题学生进行心理沟通和交流，以缓解心理问题。谈心要注意场合与方式。

（8）运动法。

运动法是宣泄的一种特殊方法。它是利用运动形式来排除、减轻心中郁闷的方法，如打球、跑步、登山、踩气球等。运动要有强度，达到消耗能量的目的，同时尽量不要影响他人。

（9）训练法。

训练法是一种在教师的指导下有目的、有计划、有专业指导的以训练为主要形式的活动，如自信训练、意志训练、挫折训练和行为训练等。这种训练活动对提高学生的心理素质或改变学生某种不良行为习惯很有作用，是一种有效的方法。

（10）问卷测试法。

问卷测试法是指利用问卷回答方式来测试心理问题的方法。问卷测试有两种作用：一是教师通过问卷测试，调查了解学生的心理问题；二是学生通过问卷自测的过程，一方面了解自身的心理状况，另一方面通过测试作自我教育。

第二节 心本教育：课程设计与教学设计

一、课程设计与教学设计要把握的问题

（一）课程与教学

1. 课程概念

“课程”是教育领域中使用最广泛的概念之一，但是对课程的定义纷繁复杂，歧义最多。“课程”可以说是一个具有多层面、多重含义的复杂概念。西方课程论专家奥利瓦（Peter F. Oliva）根据各种课程提出了13种本质定义①：①课程是在学校中所传授的东西；②课程是一系列的学科；③课程是教材内容；④课程是学习计划；⑤课程是一系列的材料；⑥课程是科目顺序；⑦课程是一系列的行为目标；⑧课程是学习进程；⑨课程是在学校中进行的各种活动；⑩课程是在学校指导下，在校内外所传授的东西；⑪课程是学校全体职工所设计的任何事情；⑫课程是学习者在学校所经历的经验；⑬课程是个体学习者在学校教育中所获得的一系列经验。我国学者有四种定义：①课程是列入教学计划的学科科目；②课程是具有结构性的、预期的教学目标和结果；③课程是有计划的教学活动；④课程即学校教学计划，等等。

我国对学科制定了课程标准。课程标准是对某一学科的课程性质、课程目标、内容目标、实施建议等的标准化规定，也是学校教育和教学工作的指导性文件。它确保国家、地方和学校具有一定的教育水准。与教学大纲相比，课程标准在课程的基本理念、课程目标、课程实施建议等部分的规定更加详细、具体、明确，特别是提出了教与学的基本要求。

课程有广义和狭义之分。广义的课程是指为了实现学校培养目标而规定的所有学科（即教学科目）的总和，或指学生在教师指导下进行各种活动的总和。狭义的课程是指一门“学科”②。

2. 教学概念

教学是为实现教学目标和完成任务的一项有计划、有目的、有组织的实践活动，是教师对学生进行教育，传授精神、文明、文化、知识、技能的过程，是教师的教与学生的学的双向互动过程。

教学包含着教学对象、教学目的、教学计划、教学内容、教学形式、教学组织、教学手段、教学活动、教学过程等要素。

3. 课程与教学的关系

课程与教学既密切联系又有所区别。课程与教学的关系相当复杂，就我国现行的课程与教学实际来看，可简单地理解为“大课程、小教学”：课程内涵概念比较宏观、广泛、丰富，它包含了教学。而教学内涵比较微观、具体，是一种活动过程。例如，普通中学要

① 郝德永．课程研制方法论．北京：教育科学出版社，2000

② 王道俊，王汉澜．教育学．北京：人民教育出版社，1989

设置什么课程，职业中学要设置什么课程；教学是对某一门课程的具体的施教和演绎。

认识课程、教学的目的，不是为了认识而认识；在这里，是为了区分下面即将介绍的“课程设计”和“教学设计”的不同。认识课程与教学的区别和联系，意义就在于此。

（二）心本教育的常见课型

目前，中小学心本教育常见课型大多是复合课型。

1. 课堂教学课

课堂教学课是依据学生成长的需要和存在的普遍心理问题，有目的、有针对性地选择教育内容，设计教育过程，并采用课堂教育的方式进行教育活动。课堂教学课的系统性较强，其教学目的和任务一定要明确，对于要培养什么、辅导什么、解决什么的问题不能含糊。

2. 团体辅导课

团体辅导课是心理教育常用的课型。团体辅导课是运用心理学的知识和辅导技巧，对部分存在某些共同心理问题和行为问题的学生进行专业的辅导和矫正。

3. 教学活动课

教学活动课的教学目的、教学任务和教学内容与课堂教学课基本相同。只是教学形式、方法以活动、游戏、体验为主要形式，且教学地点大多选在室外。

教育活动课的关键是把握好教育内容与活动的有机结合，不能只注重形式而削弱教育内容效果。

4. 心理训练课

心理训练课也叫行为训练课，它以“行为训练”为主要形式，目的是让学生在训练过程中得到亲身体验、心理体验，从而达到培训心理素质、规范行为或改变不良行为习惯的作用。常见的心理行为训练课有“注意力训练”、“意志力磨炼”、“情绪调节训练”、“自信心培训”、“接待礼仪演练”、“合作互助体验”和“人际交往训练”等。

5. 专题讲座课

专题讲座课是针对学生中存在的带有普遍性、共同性、一般性的心理行为问题进行专题的调节和辅导。专题讲座课的内容一般是讲授发展性心品教育的内容比较多，如考前心理辅导、学习动机与学习方式、真诚交友方法等。

二、心本教育课程设计

（一）什么是课程设计

课程与教学论专家，华南师范大学的黄甫全教授在他主编的《现代课程与教学论学程》一书中对课程设计是这样论述的：目前，课程设计作为特定概念有两个指称，一是指称设计课程的活动，此时，“设计”为动词，课程设计也就是课程规划；二是指称这种设计活动的产品，此时，“设计”为名词，相当于我们常说的“课程方案”。因此，课程设计是包含过程与产品于一体的概念。所以，课程设计既等于课程规划，指研制课程实施计划的过程，又指课程规划过程的产品，是独立存在的实体和课程决策过程的结果。

课程设计，实质上是人们根据一定的价值取向，按照一定的课程理念，以特定的方式组织安排课程的各种要素或各种成分，从而形成特殊课程结构的过程及其产物。这就是说，课程设计是基于对课程资源的选择及对课程要素的优化组合，是对目标和内容或学习经验的选择确定，课程设计旨在确定课程的组织形式和组织结构。课程设计形成的产品，是课程方案。

设计对课程与教学来说，具有中介、平衡和总摄等三方面的作用。

中介作用。课程设计的根本任务，就是要把课程目标和经过选择的内容或学习经验转化为具体的课程计划（教学计划）、课程标准（教学大纲）和教学材料等。缺少课程设计这个中介环节，就不能把理论上设想的目标与基于某种理念选择的内容转化成具体可行的课程，也就无法实现教育目标或课程目标。正是从这一意义上说，课程设计是课程从理念到实现、从目标到实施的中介与桥梁。

平衡作用。课程研制过程中必然涉及课程素材的取舍，课程诸要素或成分如理念、目标、内容、学习活动、评价程序、学习材料、时间、空间和环境、课程实施形式及教学策略等相互关系的综合处理。如何取舍、如何优化诸要素或成分及其相互关系，据此产生均衡的课程，是课程设计的主要作用。

总摄作用。课程设计是设计者深思熟虑的决策结果。所选择的设计应与课程目标及其功能相吻合。课程设计一旦确定下来，对课程要素的处理就要与这种设计保持一致，对目标和评价的决策要与对材料和活动的决策相一致。否则课程功效就会降低，进而影响育人的质量。从这一意义上说，课程设计就是寻找“总摄多样性之纲的同一性”的活动。

课程设计的重点在于课程要素或成分（components）的组织方式。那么，课程设计究竟有哪些构成要素或成分呢？在我国，事实上课程设计的要素或成分有课程哲学、课程目标、课程内容、方法与组织、课程评价以及课程管理等方面。①

笔者力求将课程设计和教学设计区分开来，并试图对课程设计作这样的注解：

课程设计是将依据对学生教育的价值取向和课程理念，以特定方式，有目的、有计划、有系统地确立和设置课程的各种要素，形成特定课程的结构体系的过程及其产物（诸如教材）。课程设计是设计者对课程要素或成分的一种组织方式，是一种预先制订，是对教学课程目标、课程内容的人为的整合。

从这一定义来看，课程设计就是课程设置计划，也即课程设计与教学设计处于不同的层面，课程设计是大目标、大计划、大体系、大框架的设计（主要指“国家”层面、“省级”层面、“市（县）”层面），教学设计是具体目标、具体内容、具体形式过程的设计（如“学校”层面、“课堂”层面）。

也可以这样理解，课程是根据一定的价值取向，按照一定的课程理念，以特定的方式进行（如将教育的目标、内容予以科学、系统的整合）整合后所形成的产品（如教材体例）。那么，从某一角度看，课程设计就是整合教育的目标和内容的过程，并最终使之成为课程内容。

如果可以这样简单地理解，课程是教育目标、内容的确立和整合的结果，那么课程就存在着目标和内容体系，就存在着课程结构。

---

① 黄甫全等. 现代课程与教学论学程. 北京：人民教育出版社，2006

（二）心本教育课程设计

1. 心本教育课程设计的概念

心本教育课程设计是将依据心本教育的目的价值取向和心本教育课程设计理念，针对学生心理特点，以特定方式，有目的、有计划、有系统地确立和设置课程的各种要素，形成心本教育课程的过程及其产物（诸如教材）。心本教育课程设计是设计者对心本教育课程要素或成分的一种组织方式。

简单地理解，心本教育课程设计是根据心本教育的目的要求和将要对学生开展教育的目标、内容予以科学、系统的计划和设计，使之形成心本教育课程。

从这一概念来看，心本教育课程设计涉及心本教育价值取向和课程设计理念、学生心理特点状况、教育目标和教育内容的科学的整合。

2. 心本教育课程设计的原则

心本教育课程设计要遵循的基本原则是：

（1）发展性原则。

心本教育课程内容的选择和设计，要依据不同年级的心本教育的目的要求，要做到符合学生身心发展的规律，要做到有利于学生良好的个性形成、良好的心品塑造、积极的心理发展。因此，在设计时要对学生进行心理状况的基本评估，要根据课程内容对学生心品素质发展和提高的影响作基本预测。

（2）针对性原则。

心本教育课程内容的选择和设计，要针对学生良好个性形成过程的心理特点，要针对学生良好个性培养的心本教育的核心内容，要针对学生存在的心理问题和行为表现问题，努力做到有的放矢。

（3）有效性原则。

心本教育课程内容的选择和设计，要充分考虑教育的实效性，在教育课程内容的选择上要有针对性，在具体的教学方法步骤的设计上和教学活动中要注重有效性。教师在教学过程中，要经常反思和评价自己的教学有效性，防止低能无效的重复教育活动，要提高专业能力。

3. 心本教育课程设计的目标、任务

一般而言，课程设计的目标、任务是构建适合于学生个体发展和适应社会发展的课程内容体系。那么，心本教育课程设计的目标、任务是构建培养学生良好心品的课程内容体系；具体而言，心本教育课程设计的目标和任务是：

（1）学生发展的目标、任务。

通过课程设计，构建符合学生心理特点，适合学生身心成长和发展需要的心本教育课程计划。

（2）课程体系的目标、任务。

通过课程设计，构建适合心本教育的课程体系、设计合理的课程结构、构筑心品教育的课程基本框架。

（3）课程内容的目标、任务。

通过课程设计，确立合理的心本教育课程基本目标任务、内容体例和课程设置，使教学过程遵循课程目标和内容的计划。

（三）如何进行心本教育课程设计

如果说上面主要是陈述课程设计和教学设计的不同侧重点和目标任务的问题，那么接下来将陈述的是心本教育如何进行课程设计的问题。笔者认为可以这样理解，课程设计是第一次创作，它好比是“剧本”的创作（即以“课程教材创作”为主），教学设计第二次创作，就好比是“导演”的创作演绎（即以“教学过程创作”为主）。

1．心本教育课程设计的模式

目前，有各种各样的课程设计模式。一般的课程设计，分为“学科中心”设计、“学习者中心”设计和“问题中心”设计三大类。① 这三类设计同时也体现三种价值取向。第一种强调知识体系，以学科为课程设计的中心；第二种强调学习者的需要、兴趣和能力，即学习者中心取向；第三种强调学习者与社会之间的互动关系，以解决或训练解决个体在社会化过程中面临的共同问题为取向。

心本教育特点不是传授学科知识，而是培养学生的心品素质，促进其心理发展。因此，心本教育课程设计模式是“学习者中心”设计和“问题中心”设计相结合的模式，是强调学习者的需要问题和解决学习者心理行为问题的价值取向，这完全体现了教育“以心为本”的价值取向。

2．心本教育课程设计的程序

心本教育课程设计——第一次创作，主要任务是课程目标和课程内容的设计，至于课程的教学目的、教学形式和教学过程，那是教学设计的主要任务。

心本教育如何进行课程设计，首先要考虑两个问题：第一，中小学心本教育课程是什么？这主要是要把握好中小学生的心理特点是什么，中小学心本教育的目标是什么，中小学生心理特点与心本教育目标的关系是什么。第二，中小学心本教育课程怎样设计？这主要是把握好中小学心本教育目标与课程内容的关系，如何设计中小学心本教育课程内容；还要考虑课程设计的主要维度，包括课程范围（深度和广度）、顺序性、重复性、整合性、关联性和平衡性。

那么，心本教育课程设计的程序是：教育理念澄清→培养目标选择→课程目标确定→课程内容设置（选择）。前面章节已经阐述了教育理念澄清和培养目标选择，这里重点是要阐述课程目标的确定以及课程内容的设置。

（1）心本教育课程目标的确定。

①课程目标定位。

课程目标的确定是课程目标定位。心理教育课程目标的定位依据，实际上是课程目标要考虑的要素：

学生心理年龄特点是什么，课程目标应如何针对学生的心理年龄特点；

培养中小学生什么样的心品素质或心理特征，并解决学生什么样的心理和行为问题；

要使中小学生达到什么样的心品素质目标；

教育者能够教育学生什么问题，即当前的心本教育者的专业能力水平怎样。

---

① 瞿葆奎．教育学文集·课程与教材（上册）．北京：人民教育出版社，1988

②课程目标的确定。

在充分考虑课程目标要素、充分做好学生心理状况调查的前提下，认真确定课程目标。课程目标的确定分为不同层面。

首先，“省级”层面或“国家”层面的课程目标的确定。

就目前心本教育能力水平来考虑，广东省确定中小学生心理教育的总体目标是：培养学生良好心品素质，包括健全人格、和谐心态和良好素能，它包含了广东省制定的 15 个方面的教育内容目标。

其次，“学校”层面的课程目标的确定。

作为“学校”层面的课程目标，要结合学校学生实际，重新确定课程目标（包括课程内容）。也就是对“剧本”的修订，不能完全按照教材规定的目标和内容进行教育。

（2）心本教育课程内容的设置。

课程内容与课程目标是紧密结合的，课程目标决定课程内容的选择和设置，而课程内容必须充分体现和反映课程目标。

由于课程目标分为“国家”层面、“省级”层面、“市（县）级”层面、“学校”层面等。各目标层面的课程内容的设置就有差别。因此，作为学校，要在国家级或省级的整体课程计划的基础上，做好学校层面的、全校各年级的教学课程内容计划。

由于在课程内容设置上“省级”层面难免存在缺陷，故学校重新设置心本教育课程内容很有必要。课程内容重新设置要求做到：一是要具有针对性。课程内容要更贴近学生的实际。二是要具有可操作性。由于心理教育不是传授心理学知识，故课程内容要能够转化成活动体验，要有可操作性。三是课程目标与课程内容的整合。要求整合后的课程目标与课程内容更加吻合、更加适合中小学生的实际需要。

珠海市第七中学是广东省中小学心理健康教育示范学校，心理教育开展得有声有色，教育颇有成效。其原因之一就是学校根据该校学生的实际，对“省级”课程进行了重新设置，教育的针对性、有效性较好。下面是“珠海市第七中学各年级心品教育专题内容安排表”和“珠海市第七中学各学科渗透心育内容”。

表 2　珠海市第七中学各年级心品教育专题内容安排表

课题	初一课时	初二课时	初三课时	合计
中小学衔接教育	4	0	0	4
生命教育	8	0	0	8
学习辅导	4	6	6	16
人格辅导	8	4	2	14
意志力养成	4	2	6	12
人际关系辅导	4	2	2	8
青春期心理教育	4	6	2	12
升学与择业心理教育	0	2	4	6
考试心理辅导	2	4	4	10
应激突发事件辅导	2	2	2	6
合计	40	28	28	96

表3 珠海市第七中学各学科渗透心育内容

各学科	学科渗透内容		
	初一年级	初二年级	初三年级
语文课	学习心理 自我认识	学习心理 自信培养	学习心理 人格修养
数学课	智力开发	潜能开发	创造力培养
英语课	自信培养 表达能力	交往技能 表达能力	交往技能 表达能力
政治课	品德教育	亲子教育	社会适应
历史课	品德教育	品德教育	品德教育
体育课	合作与协助	团队合作	意志力养成
音乐课	情绪调节	情绪调节	人格修养
美术课	审美情趣	审美情趣	创造性培养
生物课	生命教育	青春期心理	—
地理课	自我认识	社会适应	—
物理课	—	探究能力	创造性培养
化学课	—	—	探究能力

3. 心本教育课程结构

心本教育课程结构不是一般意义上的课程结构，这里主要是借用课程结构的原理，来论述心本教育课程设计上的内部结构性问题。

2006年，广东省中小学心理健康教育指导中心邀请有关专家、经过充分论证和认真设计，将中小学心本教育课程目标内容整合成为3大方面15个主题内容（见第四章第三节），并在此基础上制定了《中小学心理健康教育·课程指南》（以下简称《课程指南》）。《课程指南》中就体现了课程结构设计问题。

（1）心本教育课程纵向结构。

在15个主题内容中，个性品质、自我意识、自信心理、情绪心理、意志品质、品德心理、学习心理、积极心理、沟通能力、生命教育等10个主题内容，在小学、初中、高中都会设计有这些主题内容。而且这些主题内容随着学生年龄、年级增高，内容的深度、难度必然是逐渐增大。如“生命教育”主题内容，小学和高中教育的程度就不一样；又如“自我意识”主题内容，小学生侧重于“自我认识”教育，中学生侧重于“自我意识”教育。

但是，到目前为止，还没有对这些主题内容进行课程标准的确立，全凭任课教师自行把握课程深度。这是因为，第一，心本教育不是传授知识，而是依据学生的心理特点开展教育，针对性强，难以制定统一标准；第二，心本教育尚处于教育探索阶段，且教育主题内容又多，要制定课程标准有一定难度。

（2）心本教育课程横向结构。

这里表述的课程横向结构不是一般意义上的课程横向结构，即不是论述它与其他学科的课程横向构成问题，而是论述心本教育15个主题内容的横向结构问题。

从课程横向结构看，15个主题内容在课程横向结构设计上，随着学生年龄增高和心理问题的变化，横向主题数量逐渐增大。初中开始逐渐增加了青春期心理、智力开发、升学就业、社会适应能力等主题内容。从心本教育三大方面的课程内容来看，“健全人格”和“和谐心态”两方面内容几乎贯穿小学至中学各个年级，而“良好素能”方面的内容则主要体现在中学阶段。

三、心本教育教学设计

教学设计也叫教学系统设计，它是运用系统方法分析研究教学过程中相互联系的各部分的问题和需求，确立解决它们的方法步骤，然后评价教学成果的系统计划过程。

（一）心本教育教学设计的目的

心本教育教学设计是对原有的课程目标和内容的第二次创作，因而教学设计具有自身的目的。

（1）重新设计教学目标，重新修订教材内容，使教学目标和内容更具体、更贴近学生的需要和实际。

（2）教学形式、教学程序设计的目的，是如何演绎课程内容、组织课堂教学，使课程目标能够实现，课程内容能够被学生理解、接受。

（3）教学设计是创设一个教学过程、教学氛围，让学生在这个过程和氛围中得到体验、领悟和教育，达到教学目的。

（4）教学设计最终形成教案，教案使教师做好课前的各项教学准备，如教具、器材和场地选择及如何分组讨论、组织活动或组织教学，教案使教师在教学过程中能做到心中有数，运作自如。

（二）如何进行心本教育教学设计

1. 教学“基本项”的设计

教学“基本项”的设计是指对教学目的、教学重点、教学难点、教学形式、教学年级、教学时间、教学准备和教学过程等项的设计。不同教学内容，不同教学对象，其教学目的、教学重点、教学难点的确定也不同。教学形式、教学准备和教学过程也不同。

“教学目的”的设计：不同教学内容，不同教学对象，其教学目的也不同。例如，情绪心理教学目的的设计，它既要体现情绪心理课程总目标和教学内容的目标，还要结合学生实际来设计教学目的。

“教学重点”的确定：就是确定教学的重要内容，即要教育学生什么，哪些原理、精神学生必须领会，这就是重点。重点内容要花更多教学时间，教学要“突出重点”。

“教学难点”的确定：既要考虑教材内容的难度，又要考虑学生接受的程度。教学要“攻破难点”。有时重点、难点可以重叠，重点就是难点。

“教学形式”的选择：教学形式是教学内容的演绎方式和过程。首先要确定教学的“基本课型”，然后才设计具体的教学活动形式。

“教学年级、教学时间”的确定：这是对课堂教学对象的确定和教学时间的交代。

“教学准备”的设计：这是对课堂教学要准备的教具、附件和场地、环境等的选择和设计。

“教学过程”的设计：教学过程是教学目的实现、教学内容演绎的过程。教学过程设计是教学程序、步骤的设计，它是整个教学设计的重要环节，必须认真、详细地设计。关于“教学过程”的设计，下面作专门介绍。

2. 教学过程的设计①

教学过程设计就是教学步骤、环节的设计。从教学的角度来看，教学过程设计实际上是“教案”设计，而“教案”是课堂教学的蓝本和教学的依据，因此，教学过程和教学步骤设计是否科学、合理，对教学效果有着很大的影响。

如何进行教学过程方案（教案）设计，没有统一标准的范例，也很难作统一的规定。一般来说，心本教育的“教案”包含如下教学环节：创设情境氛围，导入新课；主题教学（教学内容与概念）；教学活动体验（游戏活动、心理测试、角色扮演、小品表演、训练活动、行为训练、团体辅导等）；课堂互动（提问、讨论、交流等）；教育升华（分享体会和感悟）；课堂小结或点评等。这些教学环节的演绎运用就形成教学过程，这些教学环节是为教育目的和内容服务的。故此，教学设计时，这些教学环节不能死搬硬套，而要根据教学内容的需要，合理地、恰当地选择和灵活运用这些教学环节。

下面以“情绪心理”第一个单元——“认识情绪”为例，进行教学设计：

认识情绪（教案）

【教学目的】

1. 通过教学与活动体验，让学生初步了解什么是情绪，情绪的多样性特质，人有情绪时表现为什么状态。

2. 通过教学与活动体验，让学生认识情绪是如何产生、变化及其产生的原因，并让学生初步了解自己的情绪状况，如积极情绪和消极情绪等。

3. 让学生初步认识喜怒哀惧的情绪对学习、生活、工作和交往的影响，为下一个单元“情绪管理”的教学作铺垫。

4. 通过教学活动，让学生体验、感受快乐时的心情，激发学生学会快乐、留住快乐的动机，培养正确的生活态度。

【教学重点、难点】

教学重点：认识情绪的产生和变化，为何面对同一事物，不同的人有不同的情绪反应；认识情绪对学习、生活、工作和交往的影响，甚至对个性形成的影响。

教学难点：如何让学生真正了解自己的情绪状况。

【教学形式】

辅导活动课，穿插讨论、体验、互动。

---

① 吴发科等. 心理健康教案集锦. 广州：广东省语言音像电子出版社，2008

【教学准备】

多媒体课件、纸质小表格、角色扮演道具。

【教学时间、地点】

教学时间：100 分钟；

教学地点：学校心理辅导室。

【教学年级】

初二年级。（分班辅导活动）

【教学过程】

教学过程基本思路：什么是情绪→情绪产生的过程→影响情绪的原因→情绪的类型→情绪的表现。

【教学步骤】

（一）创设氛围，导入新课

1. 听故事（课件：动画、画外音、字幕）

古代某一天，两个学识相当的秀才一起去赴考。路上遇到出殡队伍，抬着一口黑乎乎的棺材。其中一个秀才心里“咯噔”一下，心想：这下完了，不是好兆头，赴考的大喜日子居然遇到这个倒霉的棺材，情绪一落千丈。于是考试时，“黑乎乎的棺材”总是挥之不去，心情沉闷，文思枯竭，结果名落孙山。另一个秀才见了“黑乎乎的棺材”后，心想：棺材是有“官”有“财”，好兆头，“官”和“财”都来迎接，看来鸿运当头，一定高中。于是考试时，心情兴奋、情绪高涨，文思如泉涌，果然一举高中。回到家里，两人都对亲人说：“那‘棺材’真灵啊。”

2. 提问

①面对同一事物——棺材，两个秀才有什么不同的情绪感受？

②两个秀才带着不同的心情去应考，出现什么样的结果？

3. 导入新课：认识情绪

（二）情绪是什么

1. 定义与概念（略）

2. 情绪的产生与原因

情绪产生与过程的 ABC 理论。其中：

A（Activating event）：情绪的诱发事件，简称“事件”。任何人的情绪产生，必定有诱发事件，且由事件诱发而产生情绪。

B（Beliefs）：对“事件”的看法、解释和评价，简称“看法（或信念）”，即个体对事件的看法。

C（Consequences）：情绪的反应、行为、结果，简称“结果”，即个体对“事件”看法之后，其情绪反应结果。

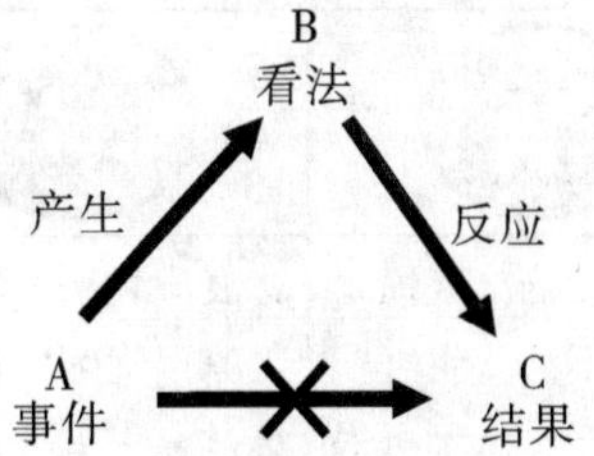

图 11　情绪 ABC 理论

情绪 ABC 理论认为，某一“事件”（A）诱发引起了个体对它的“看法”（B），从而个体产生了情绪反应“结果”（C）。可用该式表示：A→ B→ C。

该示意图说明：

第一，“事件”（A）不能直接产生情绪“结果”（C）。

第二，“事件”（A）通过诱发，引起了个体的“看法”（B），才反应而产生情绪“结果”（C），这说明情绪是由个体的看法、反应之后所产生的。

第三，由于看法不同，引起的反应就不同，则情绪表现也就不同。

第四，对事情正确的、积极的看法，就会引起良好的情绪；对事情不正确的、消极的看法，就会引起不良的情绪。ABC 理论将这些“对事情不正确的、消极的看法”称为“非理性看法或非理性信念”。

3. 小结

情绪是伴随着人们的思维而产生的。同样一个事件 A，由于人们对该事件的认识、理解不同，就出现了不同的情绪反应 C。事件 A 与情绪 C 并非直接相关，而是有一个非常重要的中介因素在起作用，就是当事人对事件 A 的认识和看法 B。因此，认识和看法 B 是情绪产生的原因。

一个人对事物的看法其思维方式可以是理性的，也可以是非理性的。人们按照理性去思维、去行动时，就会产生积极情绪，否则就会产生消极的情绪，即不合理、不正确的信念、认识和看法，就会产生消极的情绪；合理正确的信念、认识和看法，就产生积极的情绪。

（三）情绪的类型

1. 看一看情绪感受

情绪词语接力赛：将全班同学分为喜、怒、哀、惧四个小组，每个小组轮流讲出一个反映本组情绪的词语，表演出来并写在纸上，看哪个组讲得又多又好。

欣喜　欢乐　愉悦 开心　喜悦　满意 狂喜　会心　自在 心旷神怡　眉开眼笑 欢欣鼓舞　春风满面 兴高采烈　扬眉吐气 手舞足蹈	愤怒　气恼　气愤 大怒　不满　生气 恼羞成怒　怒不可遏 暴跳如雷　七窍生烟 怒发冲冠　怒目而视 咬牙切齿　愤愤不平 拍案而起	悲哀　哀伤　心痛 凄凉　忧郁　伤感 难过　失望　哀痛 悲伤　遗憾 悲痛欲绝　伤心不已 泪流满面	害怕　心悸　退避 仓皇　紧张　担心 大惊失色　草木皆兵 不寒而栗　惴惴不安 手足无措　面如土色 慌张不安　提心吊胆

图 12　情绪类型

2. 情绪的类型

情绪具有多样性特质，也有轻重缓急之分。

情绪大体可分为：喜、怒、哀、惧四大类型；

情绪也可分为：积极情绪、消极情绪两大类型。

上面这些词语代表不同情绪。哪些是积极情绪，哪些是消极情绪，请分出来。

积极情绪：＿＿＿＿＿＿＿＿（词语略）

消极情绪：＿＿＿＿＿＿＿＿（词语略）

（四）情绪的表现

1. 测一测情绪反应

体验对事件的情绪反应。（每位同学一张纸片，回答纸上的问题，多媒体显示）

表 4　情绪测试表

事件（情境）	当时的情绪表现	产生情绪的原因
爸爸将我正看得入迷的电视节目关了		
我考试得 65 分，全班最低，教师当众宣布		
我考试得 95 分，全班最高，教师当众表扬		
三位同学一起迟到，教师当着全班只批评我		
体育课 100 米赛跑，我被同学撞倒了		
接力跑比赛，我摔倒，导致全班成绩最后		
班主任说，有同学抄袭作业，大家看着我		
今天我生日，上课时老师建议大家为我祝贺		
刚买几天的新单车，就被同学丢了		
刚买几天的新手机，就摔坏了		
我原来当班长，这次改选班委，落选了		
今天，我第一次被同学们选为班委		

（备注：以上测试题目，每位同学挑选与自己有关的 5 道题，测一测）

2. 谈一谈情绪反应

按原来四个小组进行讨论，每个同学谈一谈对上述事件的感受，有何情绪反应；

每个小组选派两位同学发言，总结本组同学对上述事件的感受。

3. 小品：情绪体验（事先排练好小品）

小品一：小品名称《爸爸不让我看电视节目》，由两位同学分别扮演爸爸和我；

（情绪激动、愤怒，表演过程省略）

小品二：小品名称《爸爸不让我看电视节目》，由两位同学分别扮演爸爸和我；

（情绪平和、温和，表演过程省略）

4. 总结

同学们，今天我们初步认识了情绪，了解了什么是情绪→情绪产生的过程→影响情绪的原因→情绪的类型→情绪的表现。

大家知道，人是有意识、有思维的，那么就会产生情绪。人有时出现一些情绪是很自然的现象。但是情绪不能时时出现，也不能太激烈，否则会失去理智，影响学习、工作、生活和人际关系等。因此，人要学会理智地对待事物，要学会控制情绪、调节情绪、管理情绪。下一节课，我们将重点学习管理情绪。

四、心本教育课活动模块设计

心本教育课的“活动模块”有很多，其设计方式方法也多种多样。下面介绍八种有代表性的“活动模块”[①] 设计。

（一）“师生互动”模块设计

教学活动过程中的师生互动，教师参与学生的活动和交流。“师生互动”主要是根据教学内容的需要，设计出教师与学生能够相互交流、共同参与的上课形式，教师在上课时有目的地进行引导，使教学活动过程在“共同参与和相互交流”中进行，以完成教学内容并达到教学目的与教学效果。

（二）“游戏活动”模块设计

设计精简、短小的游戏进行教学活动，教学目的的内容通过游戏活动来实现，寓教育于游戏之中，让学生在活动中得到快乐、得到教育和心灵的启示。如“猜心理谜语”、“击鼓传球话自己”、“喜怒哀乐表情雕塑”、“协作过木桥”、“让她笑一笑”、“盲人过河”、“龟兔合作越野跑”和“双人单脚跨绳赛”，等等。

“游戏活动”的设计，关键要把握两点：一是游戏要与教育内容相吻合、赋予教育内容；二是游戏活动要适合学生年龄特点，形式要精心设计。

（三）“小品表演”模块设计（包括心理剧）

“小品表演”是心本教育课堂教学的一种常见的表现形式。“小品表演”设计是如何将教育目的的内容赋予“小品表演”之中，让学生在“小品表演”中得到设计的教育。如“小淘气回家”、“成绩优等”、“50 分的心情”、“笼中小鸟自白”、“小草的怨声”、“垃圾与

---

① 吴发科. 中小学心理健康教育实作与管理. 广州：广东高等教育出版社，2004

地板对话”、“小白兔与大灰狼”、“分歧之后”、“欢乐一瞬”、“三个好朋友”、“他与她”和“爷爷·爸爸·我”，等等。

“小品表演”的内容选择和形式设计非常重要，表演形式要符合小品的特点，否则达不到演出和教育效果。因此，“小品表演”要做到主题突出、内涵明确、情节简短、语言精练、对白真切、人物具个性、人数不宜过多、时间不宜过长等。要挑选表演能力强、幽默滑稽的学生来表演，才能达到教育目的的效果。

（四）“角色扮演”模块设计

设计特定的角色、特定的情节，将教育内容赋予表演形式之中，让学生扮演某一角色，通过“角色扮演”达到教育目的。“角色扮演”有多种形式，主要有：

1. “角色互换”形式

如“师生对话”，让学生扮演教师、教师扮演学生，然后对某一问题进行交流对话，达到相互沟通、相互理解的教育目的。又如“母亲教育孩子”，让一位学生扮演“母亲”，另一位学生扮演“孩子”，通过真诚的对话，达到解决问题、教育孩子的目的。

2. “特定角色扮演”形式

如“帮助情绪低落的某学生”，全班学生分成4～5组，每组让一名学生戴上“假面具”，扮演“犯严重错误”或“考试作弊”或“父母离异”而心情不好的学生，然后同组同学给予帮助教育，以调节情绪，达到共同受教育的目的。

3. “木偶角色扮演”形式

教师根据教育内容意图，设计“木偶角色”和“拟人对话”，然后让学生扮演。“木偶角色”可以是动物角色（小公鸡、小刺猬、大笨象等）、植物角色（小草姐姐、老树爷爷等）或卡通人物。

（五）“情绪宣泄”模块设计

主要是利用室外情景、环境来设计情绪宣泄的环节，让学生在特定的情景环境中宣泄心中的郁闷，以充分获得内心的放松，从而达到调节情绪的教育形式。如在河边沙滩狂跑呐喊，然后深呼吸，并慢慢地躺在河堤上放松、养神、静心，让心情逐渐轻松愉快；又如面对大海或高山大声呼喊，将内心的郁闷宣泄出来；还可以借助“打沙包”、“踢皮球”、“击破木板”等方式进行充分的宣泄。学生在宣泄呐喊时，教师要根据教育意图，设计出呐喊的话语（如“我一定能够成功！”“我真窝囊，我受委屈，我能经受！”“气死我啦，我受不了啦，不！不！我一定能承受得住！”等），有目的地对学生进行指导，不能放任自流、放纵宣泄。

（六）“体验感受”模块设计

“体验感受”是教师依据教育内容而设计某些教学体验活动环境、形式和活动环节，让学生在活动过程中得到体验感受，从而使学生身心获益的教育方法。“体验感受”活动如果设计得好，往往能起到课堂教学无法达到的教育效果。如培养学生的“意志力”，课堂教学很难培养，但若设计成跨越河岸、跳过山坎障碍等野外教学活动，让学生去实践体验、锻炼意志，教学效果将会更好。

（七）“心理故事”模块设计

心本教育课堂教学有许多现成的“心理故事”，如《子舆的故事》、《听的故事》、《两只青蛙》、《乌鸦喝水》和《小马过河》等，也可以设计身边的故事。“心理故事”是通过“故事”来教育学生，达到教学目的。“心理故事”设计：一是选择适合课堂教学内容、有教育意义的故事；二是教师可以依据教学需要，自行设计故事。“心理故事”能否达到教育目的，关键在于“故事”自身教育意义的大小、选择“故事”恰当与否以及“故事”的演绎水平等。“心理故事”设计得好，既可以活跃课堂教学气氛，又能起到教育作用。

（八）“行为训练”模块设计

“行为训练”活动一般是室外教学活动。“行为训练”设计是通过设计某种行为活动来培养学生良好的行为习惯，它是一种较好的教育方法。设计时要抓住行为、训练、体验的特点，如教育学生不要“践踏草地”，最好是设计“种草活动训练”，让学生每人找一小块地种草，并配合以下教育措施：①看谁种的小草长得最好，无人践踏；②带领学生绕着草坪周围走几圈，并进行教育。

“活动模块”是心品教育活动课的一种独特的教学形式，若设计和运用恰当，就会有很好的教育效果。否则将适得其反。因此，在设计和教学安排上要认真对待，不能为了活跃课堂教学气氛，随意运用“活动模块”。

第三节　心本教育：团体心理训练

一、团体心理训练的概念与意义

团体心理训练是团体心理辅导的一种特殊方式，它是以训练为主、配合其他辅导活动的团体训练方式。团体心理训练旨在培养学生良好的个性、调节学生和谐心态、训练学生心理素能、提高学生心品素质。

（一）团体心理训练的概念

1. 团体的概念①

什么是团体？团体是一群人的集合，是一个有组织、有秩序，彼此依存，有自尊感、归属感和认同感的集合体。

团体的特性和形成条件：团体内部存在一定的组织形式和组织规范，每个成员在团体中扮演着一定角色，并遵守组织规范；团队成员间彼此依存、彼此认同，具有团队意识、集体意识，有共同目标和共同理想；由于团体内部存在一定组织形式、组织规范、集体意识和共同目标，因而团队成员间存在着互动关系和彼此相近的行为方式。

团体的这些特性和条件，成为团队形成、存在、发展和运行的动力，同时也构成团体的吸引力、约束力、感染力和影响力。团体的这些特性和条件，是能够建立团体心理训练的基础前提。反过来说，为何心理训练要建立在团队的基础上，其原因就是利用团体的吸

① 罗品超等. 学生团体心理训练. 广州：广东省语言音像电子出版社，2007

引力、约束力、感染力和影响力可以有效地激励和影响每个成员。

根据不同的分类标准，团体一般可以分为：正式团体和非正式团体；同质团体和异质团体；开放式团体和封闭式团体；结构式团体和非结构式团体；大团体和小团体等。根据团体活动的目标，还可以分为：教育团体、任务团体、讨论团体、成长团体、支持团体、自助团体、咨询与治疗团体等。①

2. 团体心理训练的概念与特性

心理训练（mental training or psychological skill training）是指有目的、有计划地对受训者的心理过程和个性心理特征施加影响的训练活动过程和形式，是采用特殊手段和方法使受训者学会调节和控制自己的心理状态和行为方式的活动过程，也是调适和塑造受训者良好心品素质的训练过程。团体心理训练（group mental training or psychological skill training）是一种相对于一对一个别心理训练的、在团体情景下的、多人一起参与心理训练的活动过程；是通过指导、训练、情景模拟等形式，运用放松、暗示、宣泄、角色扮演等心理技术方法，结合其他的辅助手段和设施，设计特定的情境，以使受训者在其中积极活动，改善心理品质，提高心理素质的活动。中小学生心理训练是指创设特定情境、运用一定的心理学原理和放松、暗示、宣泄、角色扮演等心理学方法，使学生在团队中得以形成健全人格、培养积极心理，改善和提高心品素质的活动过程。

团体心理训练的优越性，在于将团体作为一个具有“共同愿景”的微型社会，受训学生在一个共同理解和认同、彼此激励和帮助、相互信任和支持的充满和谐的团体环境氛围中训练，能得到良好的心理调适和心理感受，从而得到良好的心品磨炼。

一般来说，团体心理训练可分为发展性团体心理训练和矫正性团体心理训练两大方面。前者包括认知训练、自我意识训练、自信训练、情感训练和意志训练等；后者包括成瘾行为戒除训练、进食障碍消除训练和强迫症矫正训练等。

团体心理训练充分重视和利用人类的乐群性本质特征，应用范围广泛，是一种最为经济、有效的方法。团体心理训练的特点有以下五点：

（1）针对性强。

团体心理训练的设计依据是受训对象的共同心理需求，因而每个训练团体都有针对性极强的焦点主题，在训练过程中就能够围绕主题、针对受训者的心理状况实际来开展。

（2）感染力大。

团体心理训练的对象有共同心理需求因而团体成员乐意接纳、参与程度高；团体具有极大的吸引力、影响力和凝聚力，团体内部人际关系良好，团体气氛融洽，因而团体心理训练具有感染力强的优势。

（3）实效性高。

团体心理训练一般时间较短，几天或几周时间就能完成训练任务，且团体心理训练目的性和计划性较强，实效性比较高。

① 王玲等．心理健康教育B证教程．广州：广东省语言音像电子出版社，2008

（4）适应面广。

团体心理训练一是训练内容广泛，有几十种训练项目；二是训练对象范围广泛，适用性好、适应面广，如意志力训练，人人都可以参与。

（5）保持性好。

团体心理训练是一种体验性训练，受训者在训练中得到体验、感悟，并容易进入心扉、得到巩固，训练效果明显且持续性好。

3．团体心理训练的功能和目标

（1）团体心理训练的功能。

有心理学家认为，一个人要了解自己，最好从团体中去了解；要改变自己，最好也从团体中去改善；要实现自我，最好还从团体中去实现。这是心本教育理念的体现，也是其理念下的教育观和价值观。团体心理训练的实质是一种特殊的教育方式，是完善人格、发挥潜能、缓解心理冲突、消除心理隐患、改变不良行为、提高人的整体心品素质的一种特殊的心本教育方法。就中小学心本教育来说，团体心理训练具有教育、发展、预防和治疗四大功能。

①教育的功能。

团体心理训练具有教育的功能。团体心理训练的过程是一个彼此互动、相互学习、相互交流而又自我体验、自我完善、自我发展、自我规范的学习过程。学生在团体心理训练的过程中，能够习得良好的心品素质，获得良好的心本教育。

②发展的功能。

团体心理训练具有发展的功能。因为团体心理训练活动能够改变学生不成熟的偏差认知和偏激行为，能够提高学生的个性修养，促进学生积极心理、良好品质的养成，有助于学生的心理发展。团体心理训练体现了发展性心本教育的理念。

③预防的功能。

首先，团体心理训练是预防心理问题出现的最佳途径。通过团体心理训练，提高学生的心品素质就能预防学生心理问题出现的几率。其次，人一旦具备了积极的、良好的心品，就能预防心理问题，即发展性心本教育起着预防性作用。

④治疗的功能。

团体心理训练能缓解心理冲突、消除心理隐患、改变不良行为，就意味着心品教育具有治疗的功能。有心理问题的学生，借助团体心理训练能缓解心理矛盾、调节情绪困扰、勇敢面对困难和挫折，最终达到治疗的目的。

（2）团体心理训练的目标。

就中小学生团体心理训练的目标定位而言，中小学生团体心理训练的目标可分为总体目标和具体目标。中小学团体心理训练的总体目标：全面提升全体学生的心品素质，充分开发学生的潜能，培养他们积极的、阳光的、和谐的个性心态和乐观向上的行为表现，促进其健全人格的发展。中小学团体心理训练的具体目标，可概括为以下六个方面：

①通过团体心理训练过程，使学生认识自己、了解自己、接纳自己，提高自我意识，更正确、全面、恰当地看待自己。

②通过团体心理训练过程，培养学生的归属感、责任感、安全感和被接纳感，提高学生的自信心、意志力、耐挫力和自控能力，养成良好的个性和行为习惯。

③通过团体心理训练过程，使学生善于理解他人，能敏锐察觉他人的感受和需要，正确认识自己，能够自我控制情感和调整情绪，时常保持平和心态。

④通过团体心理训练，学会信任、沟通和交流，学会必要的社会交往技巧，与同学、朋友、教师和家长保持正常的人际关系。

⑤通过团体心理训练过程，学会独立自主，学会适应学习压力、生活挑战、作息规律，提高独立认识问题、分析问题、处理问题和抉择的能力。

⑥通过团体心理训练过程，帮助学生树立个人价值观，修正认识和行为，不断培养坚强的意志，全面提高学生的能力素质。

4. 心理训练团体的规模

团体规模的大小直接影响团体的动力和训练效果。一般来说，中小学生团体心理训练的人数在15~30人之间为宜。因为学生非常在意教师的关注，规模大会分散教师的注意力，学生会因得不到关注而影响训练情绪，并影响团体动力，从而影响训练效果。

通常决定团体心理训练的规模要考虑的因素有：团体性质、团体目标（训练目标）、团体聚会次数和每次聚会时间、团体训练场地状况和可利用程度、训练组织者（心理教师）的精力和经验。

（二）团体心理训练的意义和作用

为何采用“团体”形式来进行教育，就是借助团体的氛围、感染、互动、交流等因素和力量来教育学生；为何采用“训练”的形式来进行培养，就是利用训练的特性、强度、体验、形式等因素来强化教育效果。所以说，个体在活动中既能得到强化教育训练，又会受到氛围的感染，不会觉得苦闷、枯燥、厌烦。具体来说，团体心理训练的作用有以下四点：

1. 建立起“共同愿景”

团体的积极作用就在于建立起“共同愿景”，发挥了“共同愿景”的目标一致性、意愿相近性、心际相融性、氛围感召性、彼此影响性、行为统一性等的教育作用。

2. 形成了“团队意识”

现代社会无论是学习、工作、生活，还是人际交往，更注重配合、协作的团队精神。团体心理训练的作用在于给个体在心理上增强“团队意识”，使个体发展既具备自身的优良素质，又具备集体观念，不凌驾于团队法则之上。

3. 培养了“积极心理”

积极心理更符合现代社会的人才需要，更能适应现代社会的发展。团体心理训练的作用在于培养了团体成员的积极心理、和谐心态和良好个性，使成员更好地自我发展和更好地适应社会。

4. 提升了“心品素质”

心态决定发展，个性决定命运，人的“心品素质”是自身发展的重要基础。团体心理训练的作用在于全面提升个体的“心品素质”，为个体发展提供了前提条件。

二、心理训练团体的形成

（一）心理训练团体形成的条件

1. 有明确目标的团体

所谓“有明确目标的团体”，是指心理训练团体有明确的训练目标，训练什么，达到怎样的训练效果。那么，如果团体没有明确的训练目标，将会是什么情况？第一，很难招募到目的一致的成员；第二，难以构成“共同愿景”，从而难以发挥团体的作用。一般来说，训练目标是依据团体心理训练的项目来确定的，如“自信心训练”项目，促进和提高个体在人际关系中自我肯定的心理素质和行为表现，培养个体自我肯定的意识和行为，提高个体的自信水平。

因此，团体形成的条件首先是有明确目标的团体，反过来说，团体必须要有明确的训练目标。

2. 有团体训练的规则

团体训练的规则是团体心理训练的规范，是每个成员必须遵守的行为准则，是团体心理训练得以实施的基本保证。规则是对某种行为状态的规定或禁止，它使每个成员认识到某种行为应该或不应该表现出来，是约束团体行为的隐含标准，是经过友好协商而达成的心理和行为的约定。

规则内容包括：设立团体训练的目的是什么，依据什么而设定；个体目标与团体目标要相一致；团体内部运作的方式；团体聚会的时间、地点、次数，要求每个成员有投入感，要准时出席、认真参与，不能无故缺席，要遵守规定、相互尊重帮助等；团体成员的义务和权利；保密原则与保密措施。

设计团体规则要遵循的基本原则有：

（1）一致性原则。团体规则的目标要与团体的心理训练目标相一致。

（2）灵活性原则。团体规则面向全体成员，要考虑每个成员的感受，要有一定的弹性和灵活性。

（3）协商性原则。团体规则是共同约定的规则，要坚持讨论协商的原则，要在充分听取成员意见的基础上制定规则。

（4）平等性原则。团体规则要平等、公平，不能带有歧视性的条规，要充分尊重每个成员的隐私、人格、个性和尊严。

（5）积极性原则。团体规则要有利于调动每个成员的参与积极性，有利于合作训练，共同完成训练任务。

（6）明了性原则。团体规则要简明、清晰、明确、易懂、易行。

3. 有目的一致的成员

团体由每个成员组成，每个进入团体的成员要目的一致，只有每个成员的目的一致，才有项目的训练目标和团体目标可言，否则，难以建立起“共同愿景”，难以形成团体，难以达到训练效果。例如，“自我意识训练”项目，团体成员参团训练的目的是对自己存在的觉察，认识自我的一切，故不能有“学习人际交往、提高沟通能力”的目的。因此，团体的构建要做到：

（1）团体成员的参团目的性一致，应是自愿参加。

（2）团体成员的目的与团体目标相一致，团体容易形成“共同愿景”。

（3）团体内部成员平等，人际和谐，具有团体的凝聚力。

（4）团体内部成员结构合理。

（二）心理训练团体形成的过程

1. 团体创建的准备

心理训练团体创建需要一个准备阶段。准备阶段相当重要，往往影响后面的团体训练。团体创建的准备是：

（1）团体计划方案的准备。

团体计划方案内容：团体性质、名称，适用对象、规模大小；团体训练目标、训练理论依据；团体训练内容、方式；成员招募方式，训练时间频率等的计划，并形成书面方案。

（2）场地环境条件的准备。

场地环境条件是团体训练的基本保证，它要符合训练的舒适性、隐秘性、功能性和互动性等要求。训练场地选择、布置和训练场地环境等的准备，如空间大小、隐私程度、噪音程度、通风透光、温度湿度、训练器材和器材摆设等。

（3）心理训练的方案设计。

团体心理训练的方案是整个团体心理训练过程的基本方案，是团体心理训练的核心内容，关系到团体心理训练的成效。团体心理训练的方案设计，专业性很强，后面将作专门介绍。

（4）团体训练成员的招募。

依据团体性质，对应成员准入条件，开始招募队员：自愿报名、筛选成员。

2. 团体心理训练的过程

团体心理训练的过程是实质性的团体心理训练过程，包括训练实施操作过程和训练总结评价过程两方面。

训练实施操作过程基本上是按照训练方案来进行实际操作。实际操作组织要做好两件事：一是训练的有效控制；二是搜集训练信息、意见、建议等资料。

训练总结评价过程是总结评价团体训练目标达到的程度、团体特征是否凸显、训练效果如何、成员行为的表现以及成员对团体活动的满意度，等等。

三、团体心理训练的方案设计

团体心理训练的方案设计，主要包括训练目的设计、训练内容设计、训练方法设计和训练过程设计。下面以“考试焦虑排除训练”项目为例，介绍训练方案设计。

（一）训练目的设计

团体心理训练的目的设计要符合训练项目的性质和目标。如“考试焦虑排除训练”的训练目的设计要符合“考试焦虑排除”的项目性质，设计要针对“考试焦虑”，以“排除焦虑”为训练目的。那么，“考试焦虑排除”的训练目的为：

(1) 正确认识考试和了解考试焦虑。

(2) 增强自信，消除对考试的过分担忧。

(3) 学习、掌握放松技术，减轻焦虑症状。

(二) 训练内容设计

训练内容是团体心理训练的核心部分，训练内容设计就是选择什么内容来作为心理训练的内容。训练内容的选择设计直接影响训练效果。训练内容选择设计一是要体现训练目的；二是内容要具有可操作性、可训练性。

“考试焦虑排除”的训练内容一般有以下四点：

(1) 认知考试焦虑的训练内容。建立起正确认识考试的心态，认知考试焦虑的各种表现——紧张、烦躁、发呆、发脾气、失眠、做噩梦、健忘等；认知考试焦虑为何产生——自己的情绪感受、自我压力、自我担忧；要设计转变自我认识的训练内容，如哼歌训练、逗乐训练、入眠训练和暗示训练等。

(2) 排除考试担忧的训练内容。建立起对待考试的平和心态，将“担心自己考不好、担心别人比我强”转变为“别人也有压力、别人更加紧张”；将“我怕考试”转变为“别人也怕考试”；将“我考试中遇到难题”转变为“别人一定比我做得更差”，要设计排除担忧的训练内容，如意念排忧训练、宣泄排忧训练、运动排忧训练和冷静心态训练等。

(3) 建立考试自信的训练内容。建立乐于展示自己、善于表现自己的积极心态，排除考试自卑感，建立起考试自信心；要设计考试自信的训练内容，如压力免疫训练、自我欣赏训练和意志力训练等。

(4) 各种放松的训练内容，主要是紧张情绪放松训练、内心压力缓解训练，如静坐意境训练、深呼吸训练、想象放松训练、肌肉紧张—放松训练（全身放松）和行走—甩手训练等。

这些训练内容，应根据训练目的需要，有所选择，灵活应用。

(三) 训练方法设计

训练方法是手段，最终是为目的服务，训练方法与训练内容联系紧密，可一起设计。团体心理训练的训练方法设计，主要考虑两个问题：一是方法要适用于团体训练；二是方法如何做到有效训练，即采用什么方法使训练能够达到目的。

(四) 训练过程设计

训练过程设计是训练程序、步骤和环节的设计，是将训练内容和训练方法按一定程序和步骤，有机地融合在一起的设计，是训练演绎过程的综合设计。

训练过程设计往往分为两部分：一是“基本项”设计，如训练题目、训练目的、训练对象、训练形式、训练时间、训练准备与要求、训练要点等的设计，“基本项”设计与心本教育活动课教案的“基本项”设计大体相同。二是具体训练过程的设计，这一部分是重点，是训练内容、方法、程序和步骤的综合设计。

下面是一个将训练目的、内容、方法和过程的设计糅合在一起的范例：“考试焦虑排除训练”①：

---

① 罗品超等. 学生团体心理训练. 广州：广东省语言音像电子出版社，2007

排除焦虑　笑迎考试

【训练题目】

考试焦虑排除训练。

【训练对象】

考试焦虑程度较高的高中生，15 ~ 16 人。

成员筛选：

1. 用《考试焦虑自查表》测试，焦虑指标较高者。

2. 学生自愿参加。

【训练目的】

1. 通过心理训练，使成员正确认识考试和了解考试焦虑。

2. 通过心理训练，增强成员自信，消除对考试的过分担忧。

3. 通过心理训练，使成员学习、掌握放松技术，减轻焦虑症状。

【训练时间】

两课时（90 分钟）。

【训练形式与方法】

团体、各种训练。

【训练要求】

1. 环境要求：学校心理辅导室，有足够空间，能躺在地上；安静、保密、光亮。

2. 设备要求：多媒体设备、放松音乐碟（舒缓和轻柔的）、根据需要事先配“画外音”。

3. 教具要求：纸笔、单人无靠背凳子（每人一张）。

【训练要点】

1. 重点难点：排除担忧、建立自信训练；成员掌握训练有关技术的要领。

2. 关键环节：使学生学会放松、排忧的训练技能。

【训练过程】

1. 热身活动：自我介绍（5 分钟）

（1）将凳子摆成一个圆圈，全体同学围圈而坐，面向内圈，教师也坐在同学之间。

（2）教师指导语。

同学们，我们很快就要面临高考了，面对高考，许多人，包括我自己，都会紧张，有压力，甚至是焦虑。有人说“没有参与高考的人生是不完整的人生”，我还要说“高考是自我挑战、自我实现的好机会”。因此，今天我们一起来参加“排除焦虑　笑迎考试”的心理训练吧！

首先，从我开始，自左向右作自我介绍。（字幕：“我叫某某某，我一定会要参加高考/我笑迎高考/参加高考、实现自我/我一定会实现目标。”要求：每人一句，大声呼喊、坚定有力、自信响亮，将自我介绍变成自我鼓励）

(3) 同学们作自我介绍(略)。

2. 认识考试焦虑(15 分钟)

(1) 教师指导语。

为何会产生考试焦虑?“怕自己考不好”,“担心别人考试比我强”,其实这种担心毫无必要,有些知识别人比我强,有些知识我比别人强。这种不必要的担心只能影响复习、影响考试,助长自卑和焦虑情绪。其实担忧、紧张、焦虑是因为自己认知错误而产生的,是自己给自己的精神上安了一副枷锁,是消极的自我意识。这个时候,最好的态度是排除杂念,不要想得太多,将全部精力转移到复习中,才是明智的选择。下面,请每位同学在纸上写下一句自己考试担忧、焦虑的反应,如经常头痛/心跳加快/胃部不舒服/经常失眠、做噩梦等。

(2) 同学写产生考试担忧、焦虑反应的话。

(3) 现在,请同学们站起来,闭上眼睛,认真倾听,随着声音做动作。

[字幕、画外音(男声录音)]

高考,大家都要参与,压力,你我都要面对;

担忧,是自己心中产生的消极认知,

焦虑,是你我头上的精神枷锁;

我要砸碎头上的枷锁,

我要将担忧的话撕得粉碎!撕得粉碎!(教师提醒同学撕手上的纸)

我要将影响学习的担忧想法撕得粉碎!撕得粉碎!然后将它狠狠得抛到九霄云外去!

我要将焦虑转化为专心,将压力化为动力,

参加高考、挑战自我!

笑迎考试、实现自我!

(4) 现在,请同学们睁开眼睛,看着字幕,跟着画外音,大声朗读。

3. 情绪放松(8 分钟)

(1) 教师:刚才,相信大家都对“高考”和“焦虑”有了新的认识和感受。现在,请大家坐下,双手轻轻按在头上,两耳倾听音乐,心情放松,随着音乐自我按摩。

(2) 学生自我按摩。

放轻音乐,伴着清脆的女声按摩指导语,可重复两遍。

先按摩头部、颈部,再按摩手臂、手肢、手掌,然后按摩腰部、臀部、大腿,最后按摩小腿。

[备注:①按摩指导语,可长可短,根据需要自编,事先录制好;②团体心理训练,讲究一紧一松,张弛结合,前面“认识考试焦虑”环节是紧,现在“情绪放松”,下面自信训练环节是趋紧,最后放松]

4. 排除忧虑训练(17 分钟)

(1) 教师指导语。

人是有意识的,有意识就有忧虑,这是很自然的事情。面对高考,出现担忧、紧张、焦虑心理,这是普遍存在的。关键是如何将忧虑、紧张、焦虑清除掉,如果你清除得比别人彻底,你就少了负担,就比别人优越,就多了几分胜算。

（2）入睡自我训练（6~8分钟）。

同学们躺在地上，身体向上平躺，手脚自然伸直。

［轻音乐、音量极低，出现轻轻的、缓慢的指导语］

现在，我轻轻躺下、闭上眼睛、手脚自然伸开，全身松弛、吸气呼气、心情放松、心无杂念、安心入睡，心里慢慢地默数，一直数下去，“1—2—3— 4……”［指导语逐渐小声，直至听不到，让同学自己数下去］

教师：今天只是一次入睡自我演练。回去后，每天入睡时，自行默念指导语和默数。

（3）意念排忧训练。

教师：接下来，让我们来排除忧虑、清除焦虑。

同学们坐在凳子上，低头凝思、意念想象，每人想出一个“排除忧虑”的句子。如“我考前紧张，别人比我更紧张!”“我难你难大家难!”“担忧是多余的，焦虑离我而去”等。［句子要具有哲理性、口号式；要给足时间，写出有质量的句子；教师可先作示范］

同学们轮流，每人高声朗读自己想出来的句子。

每位同学读出自己的句子之后，其他同学就跟着重复地高声朗读句子1遍。［教师可及时帮忙修改、润色句子，然后大家跟着一起朗读］

全体同学轮流1~2遍。［然后教师选出6~8句有代表性的句子输入电脑，打成字幕，为下一个环节做准备。教师可事先准备一些句子］

5. 自信训练（18分钟）

（1）自信训练：宣泄排忧训练。

教师指导：现在，请大家站起来，面对银幕，站成两排，双手握拳，向前伸直，双脚自然撑开，半下蹲，成马步，看字幕，跟着老师大声朗读。每读完一个句子，要喊出“呵！呵！呵!”，并双手作打拳状。

［字幕：句子、例句］

担忧是多余的，焦虑是毫无必要的，呵！呵！呵!

我考前紧张，别人比我更紧张，呵！呵！呵!

我怕考试，别人更怕考试，呵！呵！呵!

我遇到难题，别人照样遇到难题，呵！呵！呵!

我难你难大家难！呵！呵！呵!

冷静应对，沉着应考！呵！呵！呵!

排除担忧，轻装上阵！呵！呵！呵!

清除焦虑，笑迎高考！呵！呵！呵!

（2）自信训练：自我暗示训练。

［字幕：句子］

我从小就很聪明____________。(例如，比很多人学习好等)

我有能力，我做过____________。

我曾受过很多表扬____________。

我曾获过许多奖励____________。

我一向很自信、很勇敢，曾遇到____________困难，都能渡过。

我从来都很乐观，曾有____________忧伤，我都很快忘记。

高考人人都要面对，有什么好忧虑的，无所谓。

高考检查的是能力，我要将它变成展示自信的机会。

我有自信，高考我能行。

我来啦，看我的！

同学们关注字幕，不出声，找优点，自我意念，自我暗示。

6. 放松训练①（22 分钟）

（1）深呼吸。

椅子排成两至三排，不必十分整齐，成员可随意落座。

教师：现在我们来学习和掌握几种放松的方法，包括深呼吸、想象放松和全身放松。深呼吸是最基本也是最容易掌握的一种方法，它简便易行，而且立竿见影。现在，我们就来试着做一下。

指导语：请大家以一个让自己感到舒服的姿势坐好，双手自然地放在身体两侧，或是双腿上，最好闭上眼睛。深深地吸一口气，尽量吸到腹部，想象着腹部像一只气球在慢慢地充气。屏住呼吸几秒钟，心里默数“1—2—3—4—5”。好，慢慢地把气呼出来，想象着气球在漏气，尽量把腹腔和胸腔的气全部吐出来。我们再做几次，吸……呼……，吸……呼……，吸……呼……

简单分享感受：你是否感到身体在逐渐放松，心境渐趋平和？

（2）想象放松。

教师：想象放松是比较直接、有效的缓解紧张情绪的一种方法，想象的情景可以是沙滩、草地、森林、高原，或是曾经去过的一个给自己留下深刻印象的美丽地方。想象自己正置身于其中，感受那里的阳光、空气和风，嗅到那里花草的清香，倾听着鸟鸣、树叶的沙沙声，等等。例如：

放背景音乐，教师指导语（轻柔、富有想象力和感染力）：请大家闭上眼睛，跟随我一起来到大草原。在这个美丽宽阔的大草原上，我们静静地坐在一个蒙古包前，眼前的草原像一张绿色的地毯一直铺到天边，与蔚蓝色的天空连成一片，四周是这样的寂静，只是偶尔随风送来几声牛羊的叫声，呼吸着草原上清新的空气，感觉放松、放松，从未有过的放松……

重复一次指导语，指导语结束后，留一些时间让学生继续想象与体味。

进行想象放松时，应注意：

①在整个放松过程中，要配合做深呼吸，即始终保持深沉、缓慢而均匀的呼吸；

②要设法体验随着想象有股暖流流遍全身；

③坚持练习，形成条件反射。即一想到“草原”、“森林”、“大海”等词语，马上就

① 罗品超等. 学生团体心理训练. 广州：广东省语言音像电子出版社，2007

能够进入想象的意境，进入放松状态。

（3）全身放松。

教师："全身放松"也叫"肌肉放松"，是通过放松身体的每一块肌肉，来达到心理上的放松；放松顺序是从头到脚，或从脚到头；肌肉先紧张，再放松，注意体会紧张与放松的不同感受；配合深呼吸进行，肌肉紧张时，配合吸气及屏气；肌肉放松时，配合慢慢地呼气。

播放"放松训练"磁带，学生跟随指导语，按照上肢—头部—颈部—肩部、胸部、背部—腹部—臀部—下肢的顺序，依次放松全身的每一块肌肉，每个动作做两遍。指导语如下：

请按要求做好准备，好，我们开始了。请闭上双眼，认真跟着我的指令去做。

请做一次深且慢的呼吸，听我的指令，吸口气，屏住，慢慢地呼出，体会全身放松的感受，吸……屏气……呼……，再做一遍，吸……屏气……呼……，再做一遍，吸……屏气……呼……。在以下的指令中，凡要求肌肉紧张时，必须配合以深深地吸气及屏气；凡要求肌肉放松时，必须配合以慢慢地呼气，请掌握这个规律。

请把注意力集中在右上肢，用力握紧右手，握紧，再握紧；迅速放松右手，体会放松后的感受。再来一遍……

弯曲右臂，使右上臂紧张，再紧张；迅速放松右臂，体会放松后的温暖感受。再来一遍……

请把注意力集中在左上肢，用力握紧左手，握紧，再握紧；迅速放松左手，体会放松后的感受。再来一遍……

弯曲左臂，使左上臂紧张，再紧张；迅速放松左臂，体会放松后的温暖感受。再来一遍……

现在，你的两臂已经完全松弛了，你会觉得双手和两臂很温暖。两臂松弛地垂在身体两侧，不想动了。做几次深呼吸，去感受双臂的松弛，享受放松后的乐趣，你会觉得非常舒适。

请把注意力集中在面部，尽量睁大眼睛，扬起眉毛，使额头肌肉紧张，再紧张；迅速放松，注意放松后的感觉。再来一遍……

用力闭紧双眼，使眼皮紧张，再紧张，迅速睁眼，放松眼皮，体会放松后的感受。再来一遍……你会觉得眼皮很松弛、很温暖、很沉重。

绷紧下颌肌肉，尽量咧开嘴巴，使下颌和面部肌肉紧张，再紧张；迅速放松下颌和面部肌肉，体会放松后的愉快感受。再来一遍……

用力咬紧上下牙齿，咬紧，再咬紧；迅速放松，体会放松后的感受。再来一遍……

现在你的头部已经放松了，头部很沉重、很温暖。做几次深呼吸，去感受头部放松后的乐趣，你会觉得非常舒适。

请把注意力集中在颈部，下巴尽量用力抵住胸口，再用力，同时，用一股相反的力量阻止这个动作；迅速放松，体会紧张与放松时的不同感受。再来一遍……

绷紧颈部肌肉，头尽量向后仰，再向后仰，同时以一股相反的力量阻止这个动作；迅速放松，体会紧张与放松时的不同感受。再来一遍……

现在，你的颈部肌肉已经放松了，你能够体会到由紧张到放松后的愉快感觉，以及肌肉放松后的舒适。

请将注意力集中在肩部和胸部，两肩用力向后张开，向后，再向后，用力使整个肩膀、胸部紧张；然后两肩迅速放松，自然下垂，比较一下紧张与放松的不同感受。再来一遍……

两肩用力向内收缩，缩紧，再缩紧；两肩迅速放松，自然下垂，比较一下紧张与放松的不同感受。再来一遍……

向上耸起双肩，用力使双肩接近耳朵，迅速放松，两肩下垂，体会放松后的舒适感觉。再来一遍……

现在体会一下，你的颈部、肩部、胸部、背部的肌肉都放松了，会不会觉得很沉重、很温暖？请再做几次深呼吸，充分享受放松后舒适的感受。

请将注意力集中在腹部，收缩腹肌，用力收缩，迅速放松腹肌，体会腹部的松弛感。再来一遍……

请将注意力集中在臀部，绷紧臀部肌肉，再绷紧；放松臀部肌肉，体会放松后的感受。再来一遍……

请将注意力集中在下肢，绷紧大腿、小腿肌肉，用力，再用力；迅速放松双腿肌肉，再放松，体会肌肉松弛后的舒适。再来一遍……

将脚趾尖用力向下压，使脚背肌肉紧张，再紧张，迅速放松，体会放松后的感受。再来一遍……

将脚趾尖用力向上抬，用力，再用力，迅速放松，体会放松后的感受。再来一遍……

请做一次深呼吸，注意体会你的全身都放松了，全身沉浸在松弛带来的沉重、温暖的感受之中，你享受到无比的舒适带来的乐趣。你的全身继续处于放松状态，全身处于放松带来的平静的愉快之中。深呼吸一次，慢慢地睁开双眼，你现在感到精力充满了全身，心情轻松而愉快，头脑清醒，心旷神怡。活动一下四肢，慢慢地站起来，好，现在结束了。

7. 训练总结（5 分钟）

全体同学站着，围成圆圈，面向内，每个人伸出双臂，勾住左右两人的肩膀。每人说一句自己想说的话，可以是活动的收获，可以是自我的鼓励，也可以是今后的决心……

教师：今天，团队活动很顺利，基本上达到了训练的目标。回去以后，每天睡觉前，同学们可以自己进行“入睡自我训练”，坚持一段时间，就会有效果。现在，大家一起说：“笑迎高考！哪!”（活动结束）

四、发展性团体心理训练

发展性团体心理训练的目的是培养学生的积极的心品素质，促进学生人格和心理的正常发展。

全国中小学发展性团体心理训练的教案有很多，内容和方式大同小异。下面从“意志力训练、人际沟通训练、情绪管理训练”等不同的角度，选择了罗品超主编的《学生团体心理训练》一书中的三个训练教案，予以介绍。虽然这三个教案的“训练”成分还不很明显，但也不乏参考价值。①

[教案一]

意志力训练

【训练题目】

顽强的意志力。

【训练对象】

小学高年级学生。

【训练目的】

1. 掌握意志力的概念。

2. 经过训练掌握增强意志力的方法。

【理论依据】

意志就是指个体自觉地确定目的并支配其行动以实现其预定目的的心理过程。意志是人类特有的高层次动机。意志力是一种坚持不懈的能力。人的意志力强弱是不同的，构成人的意志的某些比较稳定的方面就是意志品质，主要包括独立性、果断性、坚定性和自制力。意志力并非是生来就有或者不可能改变的特性，它是一种能够培养和发展的技能。意志力的训练有助于提高学生的心理承受能力、应变能力、决策能力和判断能力等综合素质；有助于培养学生解决学习生活问题的能力，激发学生迎接挑战、克服困难的积极态度。

角色扮演教学法是一种由学生扮演某一职务从而获得处理这一职务中的某些工作所需的能力，以此体验不同类型人物的心理，使自己和其他学习者从“表演”中得到启示，从而改进自己行为的一种教学方法。角色扮演法不需要特别的设备和场所，可以根据不同的环境和内容要求呈现出不同的方式，尤其适用于中小学心理健康教育课程。同时，角色扮演法不仅可以使扮演者体会到特定人物的心理活动，而且还可以使其他同学置身于情境之中并受到启发。

【训练形式】

团体训练。

【训练时间】

两课时（90 分钟）。

【训练方法】

角色扮演、测验法和讨论法。

① 罗品超等. 学生团体心理训练. 广州：广东省语言音像电子出版社，2007

【训练要求】

1. 环境要求：有较大空间的课室或团体辅导室。

2. 设备要求：电脑（或者投影仪）。

3. 教具要求：测验题目、计时器（或者时钟、手表）。

【训练要点】

1. 重点难点：重点是使学生理解意志力的概念，难点是引导学生掌握增强意志力的方法。

2. 关键环节：通过角色扮演和讨论等引导学生进行自我体会。

3. 注意事项：

（1）进行活动过程中，掌握好训练的进度。

（2）引导学生正确认识自己现在的意志力强弱水平。

（3）教师要注重对训练结果的评价。

【训练过程】

1. 举手仪式（15 分钟）——导入

（1）学生起立，把手向前平举着，坚持 5 分钟。教师计时。在这 5 分钟的过程中，教师观察学生的表现，坚持不了的同学可以先把手放下。时间到（5 分钟），活动结束，请学生就座。

（2）请学生畅所欲言谈感受：

①在刚才的活动中，你想放弃吗？

②你放弃了没有？为什么？

③由这个活动，你想到了什么？

（3）教师总结发言，导入本次训练的主题——意志力，讲解意志力的概念。

2. 角色扮演（25 分钟）

（1）表演小品，剧本如下：

人物：老师、张强、王宇。

旁白：英语考试成绩发下来后，张强被老师叫到了办公室。

老师（指着一张 65 分的试卷，惋惜而略带责备地对张强说）："你原来成绩一直很好的，可最近几次考试都远远落在其他同学后面。你自己看看……最近把心思都用到哪儿去了？"

张强：（低着头，不说话）

老师："你最近是不是发生了什么事情啊？"

张强（看了看卷子，羞愧地低下了头）："我最近特别喜欢玩电脑。我也知道这样不好，可是脑子里的游戏总是挥之不去，总是想着玩游戏的情景。如果一天没玩电脑，我就像丢了魂似的。只要有机会，我就会上网啊、打游戏啊，根本没心思好好学习。"

老师："玩电脑要适可而止，如果荒废了学业，以后你怎么办？希望你从今天起不要再进网吧了！"

张强："老师，我保证以后再也不贪玩了！"

旁白：放学了，张强一个人走在回家的路上。

王宇（兴冲冲地过来对张强说）："听说网上又有了个新游戏，特好玩，我们快去吧！去晚了就没有位置了！"

张强犹豫一下，支吾地说："我不去了……老师找我了……"

王宇："真的不去？玩玩也无所谓的啦，你不说，我不说，老师也不会知道。去吧，去吧！"

张强（沉默了片刻）还是在半推半就中跟着王宇朝着网吧的方向走去。

（2）教师组织学生进行讨论：

①你在生活中有类似的经历吗？你是怎么办的？

②在实际的生活中，怎样能做到果断地对不良的诱惑说"不"？

（3）教师总结发言，将学生提出的合理方法归类并写在黑板上。

3. 意志力自我测验（15 分钟）

（1）进行自我测验，见表 5 "意志力自我测验"。

表 5　意志力自我测验

下面 15 道题是关于意志力的自我测验，1 代表是，2 代表否，请在符合您实际情况的选项上划"○"

1. 当我决定做一件事时，就马上动手，决不拖延。	是	否
2. 我给自己订的计划常常不能如期完成。	是	否
3. 我能长时间地做一件枯燥却很重要的事情。	是	否
4. 在练习长跑时，我常常不能坚持跑到终点。	是	否
5. 我没有睡懒觉的不良习惯，即使冬天也能按时起床。	是	否
6. 我喜欢长跑、登山等可以考验自己毅力的运动。	是	否
7. 在遇到困难时，只要有可能，我就立即请求别人帮我。	是	否
8. 没做完功课，我就不会去玩。	是	否
9. 面对复杂的情况，我常常优柔寡断、举棋不定。	是	否
10. 我有时决心从第二天开始就做某件事，但到第二天我的劲头就消失了。	是	否
11. 如果我借到一本引人入胜的小说，我会忍不住在上课时拿出来偷看。	是	否
12. 在我遇到问题举棋不定时，希望别人来帮助我做决定。	是	否
13. 我感到订计划应有一定余地，免得完成不了时太被动。	是	否
14. 在与人争吵时，尽管明知自己不对，我也会忍不住说一些使对方感到难受的话。	是	否
15. 我决不拖延应交的作业。	是	否

说明：10 题以上选择"否"，表明意志力相对薄弱，需要进一步加强训练；有 6 ~ 10 题选择"否"，说明意志力摇摆不定，在一些情况下很难坚持到底；选择"否"的数目在 6 题以下，表明意志力相对较强，能够克服某些困难。

（2）讨论：从这个测验中，你得到了什么启发？你的意志力水平是强还是弱？

4. 帮帮忙——增强意志力的训练（30 分钟）

（1）有的同学遇到了下面的困难，请大家给他们想想办法。

①我在遇到困难的时候，总是想逃避，怎么办啊？

②英语是我的弱项，很想把它学好。但每当上课听不懂或者不会做作业时，我就泄气了。

③本来计划周末好好复习功课，可是同学一叫我出去玩，我就怎么也坐不住了。

④我对父母的唠叨很反感，想和父母好好沟通一下，但总是忍不住和他们发火。

⑤每学期开始的时候，计划我想得都很好，可最后总是实现不了目标，我很苦恼。

（2）教师小结增强意志力的方法。

①从小事做起。要养成良好的学习习惯，从一点一滴的小事做起。

②时刻提醒自己。当遇到困难和挫折的时候，应该提醒自己“千万别松懈”，“咬咬牙，坚持下去”，“决不能半途而废”；或者写一句名人警句放在手边经常阅读。

③自我激励。如果按计划完成任务，可以进行自我奖励。

④告诉家长、教师、同学自己的计划，请他们进行监督、提醒。

【效果评价】

1. 请同学们根据自己的实际情况，分阶段制定长期目标和短期目标。目标要实际可行，做制订计划的主人，做执行计划的奴隶。执行情况要详细具体，包括积极行为和消极行为。（如表6所示）

表6　计划表

阶 段	短期目标	长期目标	执行情况
第一阶段			
第二阶段			
第三阶段			
第……阶段			

2. 将执行结果在期末时汇总，看看目标是否达到以及执行情况如何，评价一下自己的意志力是否有所增强。

［教案二］

人际沟通训练

【训练题目】

沟通从心开始。

【训练对象】

初中学生。

【训练目的】

1. 帮助学生认识到沟通对建立良好人际关系的重要性。

2. 帮助学生了解良好人际交往中所需的个性品质。

3．帮助学生掌握和运用一些必要的沟通方法或技巧。

【理论依据】

人际沟通的过程应该是一个完整沟通的过程：发送者把他想表达的信息、思想和情感，通过语言和表情动作等发送给接受者。当接受者接收到信息、思想和情感以后，会作出一定的行为反应，这就形成了一个完整沟通的过程。人们根据他人表达信息以及对信息分析而作出反应，从而实现对自己行为的调节，所以说人际沟通是一个互动的过程。在这个过程中，人们要恰当地表达自己，合理地理解他人，才能与他人形成良好的人际关系。人际沟通的训练一般采用互动的活动方式，通过单向沟通与双向沟通的对比和活动体验的分享，让学生明白沟通的重要性和方法。

【训练时间】

两课时（90 分钟）。

【训练形式】

在教师带领下进行的团体心理训练。

【训练方法】

游戏、讨论法。

【训练要求】

1．环境要求：环境幽雅、宽敞明亮、安静舒适的专业团体心理辅导活动室，容易营造轻松愉快的氛围。

2．设备要求：多媒体教学设施齐备，活动桌椅可以根据活动需要进行移动和调整。

3．教具要求：眼罩、指示卡、笔、报纸和活动卡片等。

【训练要点】

1．重点难点：体验和掌握双向沟通等沟通技巧，与他人建立信任关系，形成团队合作意识；在现实生活中运用所学知识，积极适应新的学习和生活环境。

2．关键环节：人际交往与沟通技巧训练活动、合作训练。

3．注意事项：

（1）在信任活动——“一路有你”的过程中要注意安全，可适当缩短行走路线。

（2）活动开始前应先设计并摆放好学生座位。

【训练过程】

1．热身活动——“打状元”（10 分钟）

在训练的开始通过“打状元”的活动来营造活跃的团体气氛。

（1）学生围成一圈，坐在地上或者椅子上，教师按自愿原则请其中一位学生站在圆心，让他拿着纸棒。

（2）拿着纸棒的同学说：“我现在要打状元某人（如小明）。”接着他便走到小明面前，用纸棒轻拍他的头部。小明要在纸棒拍到其头部之前及时说：“不要打我，打某人（如小山）。”于是那位同学要转向打小山。小山也要像小明一样，在纸棒拍打自己的头部之前及时喊出另一个在场的同学名字。如果喊了重复的名字，则要到圈中用同一方法继续打状元。

（3）手拿纸棒的学生在圈中跑来跑去，直至其中一位学生来不及叫出另一位学生的名字而被纸棒打中为止。被打中的学生接过纸棒，到圈中用同一方法继续打状元。

2．沟通训练（35 分钟）

此环节的目的是让学生亲自体验双向沟通比单向沟通能更有效地理解他人，同时在活动中掌握双向沟通的技巧。本环节的活动材料包括：每一位学生准备一把小剪刀和两张正方形的草稿纸，教师准备与学生人数相等的“指示卡”。

把这张纸上下对折； 再把它左右对折； 在对折好的纸的左上角剪掉一个直角边长为 2 厘米的直角等腰三角形； 然后把这张纸左右对折； 再上下对折； 在右上角剪掉一个半径为 2 厘米的扇形。

指示卡

（1）活动一：单向沟通体验。

两人（A 和 B）一组背靠背而坐，教师给其中一位学生指示卡（A），双方按指示卡的提示折纸。另一人（B）只能根据自己组员（A）根据指示卡上的描述折纸，不能提问也不能看。最后将折纸展开来看一下，对比双方折纸的形状的相似程度。

小组分享：①当对方在讲步骤时，自己想到了什么？是否对他所说的觉得不确定或怀疑？②双方所展开的纸相似程度有多大，为什么？③这次沟通欠缺的是什么？

（2）活动二：双向沟通体验。

两人（A 和 B）一组背靠背而坐，教师给其中一位学生指示卡（A），双方按指示卡的提示折纸，但是这次两者之间可以相互提问和回答对方的问题，折纸完后双方来看看彼此纸张形状的相似程度。

小组分享：①当对方在讲步骤时，自己想到了什么？是否对他所说的觉得不确定或怀疑？②双方所展开的纸张相似程度有多大，为什么？③这次沟通的优点是什么？④活动中你学到了什么？

（3）教师组织讨论以下的问题，引导学生将所学的“沟通需要双向进行”的思想运用到日常生活中。

①回想自己与同学的一次不愉快的沟通，当时自己是如何与同学沟通的，结果如何？

②今后你如果面对同样的情况，你会如何处理？

3．信任体验——“一路有你”（20 分钟）

让学生体验与人合作过程中彼此信任的重要性以及掌握非言语沟通的技巧。

（1）两人一组，两人分别使用不同的道具扮演盲人和哑巴。

（2）教师在团体培训室的一端到另一端设计一条路线，路程当中用一些桌椅来设置障碍，并在路程当中安排一些任务。

(3) 每一组学生从起点开始相互协作走到终点，然后，两者交换角色后再走回起点才算完成任务。

(4) 行走过程中，引导者不能通过口头语言来引导盲人，必须以口头语言之外的方式来引导盲人。

(5) 旅途中间会有“障碍”，两人要互相搀扶防止摔倒。

(6) 教师引导学生讨论以下问题，引出活动主题——信任和非言语沟通。

① 当扮演盲人的你什么都看不见时，有什么感受？

② 扮演哑巴的你是如何引导你的同伴的，你用了什么办法？

③ 在整个活动过程中，你们遇到的最大的困难是什么？你们是如何解决的？

④ 你们认为要完成整个活动的关键因素是什么？

4. 团队合作训练——“集体登陆”（25 分钟）

请团体成员参与下述活动：

(1) 6 ~ 10 人一组一起站在由四张报纸拼成的大报纸上，任务完成后，将大报纸对折，这组同学再一起站在上面。然后把报纸再对折，所有同学需同一时间站稳在报纸上，而身体任何部分均不能触地，需持续站在报纸上约 10 秒，同时身体任何部分不触地的一组才算成功。

(2) 分组比赛，看哪一组能把报纸越站越小。教师从旁提示：想想办法报纸还能变小吗？给学生足够时间充分讨论和思考解决的办法。

(3) 教师引导学生讨论以下问题，掌握在团体活动中的沟通技巧——互相合作。

① 在活动过程中，你们在哪个环节合作得比较好，哪些环节的合作还需改进？

② 当你们的意见与团里其他成员意见不一致时，你是如何处理的？

③ 通过这次活动，给你在与他人合作时带来什么启发？

［教案三］

情绪管理训练

【训练题目】

做愤怒的主人。

【训练对象】

初中学生。

【训练目的】

1. 增进学生对愤怒情绪的认识，让学生了解到愤怒情绪是一种正常的情绪反应。

2. 增进学生对愤怒情绪反应及其影响的发现。

3. 通过小组讨论，分享与学习，学会疏解愤怒情绪，增强对愤怒情绪的控制，并且学习有效且合适的表达愤怒的方法。

【理论依据】

情绪是人对客观事物的态度体验以及相应的行为反映。人的情绪总是和一定的刺激情景相联系的。情绪是主观体验，是个体对不同的情绪状态产生的积极或者消极的自我感受。情绪会影响人的行为，当人们处于积极乐观的情绪时容易注意到事物美好的方面；而处于消极情绪时，容易悲观、失望，甚至产生攻击性行为。

愤怒情绪是由于外界干扰使个体的愿望实现受到压抑，目的受到阻碍，从而逐渐积累紧张性而产生的情绪体验。它是一种比较激烈的情绪表现，其大小取决于外界干扰对愿望实现的压抑程度、干扰的次数、挫折感的大小以及个体对外界干扰的认识。当个体觉得这种干扰是不合理的、人为的，甚至是故意的时候，就很容易引起强烈的愤怒表现。在愤怒的情绪状态驱使下，人有可能会失去理智而有不恰当的行为表现。对于愤怒的情绪应该以合理的方式发泄，促进心理健康。

【训练时间】

两课时（90 分钟）。

【训练形式】

团体训练。

【训练方法】

短剧表演、播放录像、“头脑风暴”法、放松和讨论等。

【训练要求】

1. 环境要求：有足够活动空间的团体辅导室或教室。

2. 设备要求：有多媒体设备。

3. 教具要求：情绪卡片、画笔、气球、橡皮和桌椅等。

【训练要点】

1. 重点难点：引导学生合理地发泄自己的愤怒情绪，掌握处理愤怒情绪的方法。

2. 关键环节：让学生了解愤怒情绪的心理体验和外在行为表现，并认识到愤怒情绪对人的负面影响。

3. 注意事项：注意活动的安全并防止学生在表达愤怒情绪时有过激的行为，对同学在活动过程中出现不恰当的表达愤怒情绪的情况时，教师既要及时予以纠正，也同时要考虑学生的感受，避免伤害其自尊心。

【训练过程】

1. 引入主题——愤怒自画像（15 分钟）

目的：认识愤怒情绪下自己的各种反应。

（1）教师准备好一些有关愤怒的面部表情和身体动作方面的图片，请一些成员自愿表演图片上的内容，让其他成员去猜他们的表演反映了一种什么样的心情。通过此次活动让成员识别他人愤怒的情绪。

（2）接着，教师要求小组内成员都闭上眼睛，回想这几天令自己感到愤怒的事情，同时，让学生再次体验当时自己的身体反应。这时候，教师可以用语言加以提示，帮助学生回忆。这时教师给每位成员发放一张白纸，要求每个小组成员都将自己愤怒时的表情以及身体姿势画出来。

（3）小组内展示自己的作品，讨论愤怒时自己的表情以及身体反应，增进团体成员对自我愤怒情绪的认识。然后，教师引导每一个小组成员讨论愤怒对他人的伤害以及对自己的伤害，让学生了解到愤怒情绪不加以控制的危害。这时候，教师要鼓励学生大胆发言，积极讨论。

2. 短剧表演（20 分钟）

目的：认识愤怒对他人和自己的伤害，合理表达自己的愤怒情绪。

情景：周末的早上，小明正给一位快要过生日的同学制作卡片。

小明：祝你生日快乐……

旁白：正在这时候，母亲走了进来。

母亲：小明、小明！（脚步慢慢靠近）

（小明慌忙用书桌上的书本压住卡片）

母亲：我叫你怎么不答应？在干什么？

小明：（吞吞吐吐）没，没干什么，我在写作业呢。

母亲：（怀疑地）哦？（抽出压在书下的卡片）这是什么？这也是作业吗？

小明：（起身解释）同学的生日快到了，我给他做张卡片。

母亲：（生气地）你的作业没有写完，还有心思弄这些东西？不准弄！

小明：把卡还我（夺卡片），你懂什么？

母亲：我不懂？（猛地扯住那张卡片，卡片被撕破了）

小明：（气急败坏地）你……，你怎么把卡片撕破了？

母亲：我撕，我撕了又怎么样！（索性把卡片撕得更碎）现在给我做作业。我出去买东西，你在家好好学习，要是回来让我看见你还在弄卡片，我接着撕！（下）

表演结束后，教师将同学分成若干组，讨论以下的问题：

（1）如果你是小明，你的心情如何？

（2）此时你会如何做？

（3）如果小明不能控制自己的愤怒情绪，结果会怎么样？如果控制了自己的愤怒，结果又会怎么样？

根据同学们的讨论，组织同学表演合理控制自己愤怒和不合理控制自己愤怒的结局，参考结局如下：

［**结局一**］

小明：（猛撞桌子）气死我了！她怎么能这么做！（把桌子上的纸都扒到地上，气急败坏地站起来时，又碰到了桌腿，痛得他连声大叫）敢弄痛我，我踢，（抬脚向桌子踢去，随后便在房间里见什么踢什么，边踢边说）我踢，我踢！

旁白：忽然，“砰”的一声，随即传来一声“哎哟”，原来小明踢到了玻璃茶几，把脚弄破了。（这时母亲回来了，见此状，焦急地跑上前）

母亲：小明！怎么了？啊？

小明：我不要你管。（母亲呆立）

［结局二］

小明：（撞桌子）气死我了！托着脑袋想了一会，说了声“算了”，慢慢地走向录音机，按下按键，优美的歌声响起。重新回到桌子前，伴随着音乐沉思很久，下定决心地从抽屉又拿出一张贺卡，慎重地写了起来……（母亲回来）

母亲：小明！小明！（关掉录音机）又到哪里去了？（坐到桌子旁，看到桌子上放着一张贺卡，打开）

旁白：妈妈，早上的事对不起了，我不该和你顶嘴，但也请妈妈理解我想为同学祝贺的心情。

小明：妈！我回来了，早上真对不起！

母亲反思：我也有不对的地方，走，我陪你再买几张卡片。（母子俩在欢声笑语中一起走到台下）

教师总结：自己的愤怒造成对自己和他人的伤害，我们必须学会控制自己的愤怒，才可以解决好事情，才可以和周围的人和睦相处。

3．我的制怒妙方（25 分钟）

目的：分析自己不合理的愤怒发泄方式，掌握合理表达愤怒情绪的方法。

（1）气球爆破。

教师发给每人一个气球、一条橡皮筋和一张白纸；要求成员在白纸上写出自己生气时会以什么方式来发泄；成员自己吹气球，并将纸条用橡皮筋绑在气球上；收集成员做好的气球。

教师逐一抽出气球并念出白纸上的文字，并让成员发表意见，共同决定是否恰当，并说明理由。好的方式，则将纸条保留，将气球上的橡皮筋松开，让气球消气；不好的方式，则将气球刺破代表气炸了。

教师小结：生气是正常现象，但不讨人喜欢，应该以适当的方式来表达自己的情绪。我们来看看还有没有更好的表达愤怒的方式，接着进入下一个环节。

（2）头脑风暴法。

将学生进行分组，8～10 人为宜，每组一个小组长或主持人。教师要求学生讨论控制愤怒情绪的方法，教师向学生讲明必须遵守的规则，即头脑风暴法有名的四条规则：

第一，不要批评别人的意见；

第二，观点意见越多越好；

第三，自由思考，允许异想天开；

第四，可以将别人的观点意见组合或改进；

小组长主持小组讨论，鼓励大家发表意见，并作记录。教师巡回指导各组的讨论。教师将各组讨论的结果写在黑板上。组织大家进行评论各种方法和控制方式的效果，最后找到最好的方式。

注意：有些同学控制愤怒情绪的方法如果是自我伤害或者伤害他人等不合理的方法的话，教师应及时纠正，对一些有益的和有新颖性的方法可以重点强调。

4．治怒妙招（20 分钟）

目的：掌握用放松方法来缓解愤怒情绪。

教师：控制愤怒的方法很多，现在教给大家当自己感到愤怒时，可以有效控制自己愤怒情绪的有效方法。教师在讲授时，让同学跟着提示进行训练：

（1）“哈哈笑”活动。

两位同学一组，先让其中一位同学模拟愤怒的样子，握紧拳头，咬紧牙关，半分钟后，放松拳头和面部表情，开始哈哈大笑（可以让同学相互逗乐），直到感到十分高兴为止。然后另一位同学重复同样的操作。

（2）数数缓解愤怒情绪。

首先由一数到十，再慢慢增加。当你数到一百时，你就知道已学会控制自己的反应——你将能控制愤怒。如你觉得有人使你生气，或以他们的愤怒控制你，那就说：“等一下！”这句话给你时间想想正在发生什么事。切记，你有权利要求更多时间考虑。

（3）放松训练。

教师指导学生跟随教师的指导语进行放松训练。

①深深吸进一口气，保持一会儿，再保持一会儿，再慢慢地把气呼出来；再深深地吸进一口气，保持一会儿，再慢慢地把气呼出。

②臂部放松：伸出你的前臂，握紧拳头，用力握紧，注意你手上的紧张感觉，再彻底地放松你的双手，体验放松后的感觉。现在弯曲你的双臂，用力弯曲绷紧双臂的肌肉，保持一会儿，感受双臂肌肉的紧张，再彻底地放松你的双臂，体会放松后的感觉，你可能感到沉重、轻松或者温暖，这些都是放松的标志，请注意这些感受。（重复一次）

③躯干部放松：向后用力舒展双肩，再用力注意感受肩部的紧张，坚持一下……再坚持一下……，现在放松双肩，仔细体会放松的感觉，再向上提起双肩，尽量使之接近耳朵，注意感受肩部的紧张，坚持一下……再坚持一下……，现在放松双肩，仔细体会放松的感觉，停一会儿，现在挺起胸部，深吸一口气，让胸部鼓起，再鼓气，屏住呼吸，注意感受胸部的紧张，坚持一下……再坚持一下……，现在慢慢呼气，放松胸部，仔细体会放松的感觉，停一会儿，向内收紧腹部，再收紧，注意感受腹部的紧张，坚持一下……再坚持一下……，现在放松腹部，仔细体会放松的感觉。

④腿部放松：双脚的脚趾并拢，向脚心方向收紧，再收紧，注意感受腿部的紧张，坚持一下……再坚持一下……，放松腿部，仔细体会放松的感觉；双腿伸直，双脚的脚尖向脸部方向跷起，用力跷，再跷，注意感受小腿的紧张，坚持一下……再坚持一下……，现在放松小腿和脚，仔细体会放松的感觉。

⑤头部放松：向上皱起额部的肌肉，皱紧，坚持一下……再坚持一下……，放松额头，觉得前额很平很平；皱起眉头，注意感受眉头的紧张，坚持一下……再坚持一下……，放松眉头；把眼睛闭起来，闭紧，坚持一下……再坚持一下……，再放松眼睛，使它舒服地闭着；把舌头紧紧顶住口腔的上部，用力向上顶，再用力，感受舌头的紧张，坚持一下……再坚持一下……，放松舌头，让它回到舒适的位置；咬紧牙齿，用力咬紧，再咬紧，坚持一下……再坚持一下……，放松牙齿，仔细体会紧张和放松的感觉；闭紧嘴唇，使嘴角向两边尽量延伸，鼓起两腮，上下唇用力压紧，再压紧，坚持一下……再坚持一下……，放松唇部，使它自然地微微张开，仔细体会放松的感觉；把头尽量后仰，再

向后仰，感受颈部的紧张，坚持一下……再坚持一下……，再把头尽量弯向左肩，再弯，坚持一下……再坚持一下……，再尽量低头，坚持一下……再坚持一下……，现在让头回到原来的位置，放松，仔细体会紧张与放松的感觉。

⑥全身放松：深深地吸气再吸气，长长地呼气再呼气，仔细感受全身每一组肌肉的放松状态，仔细体会自己的感觉，非常安详、平静、愉快，慢慢从1数到50，睁开眼睛感到愉快、平静，精神焕发。

做放松训练时，应注意肌肉由紧张到放松，要保持适当的节奏，与自己的呼吸相协调，每一组肌肉的练习之间应有一个短暂的停顿。

5. 分享感受（10分钟）

教师引导：今天的课，同学们都学到了什么？每当自己遇到不称心的事情或者受到别人的伤害时感到愤怒，你会如何做？

教师和同学们互相讨论和交流本次活动的心得与收获，并学会将在训练过程中学到的方法运用到日常生活中，教师要引导学生表达自己的内心体验，促进训练效果的内化。

第七章 心本教育的学校建设

第一节 心本教育：师资队伍建设

一、师资队伍建设的意义

（一）师资队伍建设的思考

1. 师资队伍建设的作用

百年大计，教育为本、教育大计，教师为本。教师不仅是在传授知识、教书育人，而且是在传承文化、传承文明。教师对人类社会的进步与发展，起着举足轻重的作用，连接着文明进步的历史、现在和未来。教师肩负着振兴教育、振兴民族的重要的历史使命。

学校倡导心本教育涉及教师观问题。学校教育要体现以心为本，这不仅是对学生而言，而且是对教师而言，教师的心品状况如何，直接影响学校心本教育，影响学校教育效果，影响振兴民族的大业。因此，师资队伍建设具有深远意义和重要作用。

2. 师资队伍建设的理念

（1）“教育母机”理念。

江泽民同志曾在全国教育工作会议上指出：“振兴民族的希望在教育，振兴教育的希望在教师。”师资队伍建设要树立“教育母机”理念：学校教育是人才培养的“母机”，教师是“教育母机”的重要组成部分。《中华人民共和国教师法》规定：“各级人民政府应当采取措施，加强教师的思想政治教育和业务培训，改善教师的工作条件和生活条件，保障教师的合法权益，提高教师的社会地位。全社会应当尊重教师。”因此，中小学师资队伍建设必须树立“教育母机”的理念。

树立“教育母机”理念不是一句空话，必须做到：提升教师社会地位，以及尊重教师劳动与尊严。根据《中华人民共和国教师法》规定，要提高教师的社会地位，必须改善教师的工作条件和生活待遇，保障教师的合法权益。同时要尊重教师的劳动（教育、教学和班主任工作），尊重教师的人格尊严（包括学生对教师的尊敬）。

（2）“素质提升”理念。

“素质提升”理念是指个体教师和教师队伍的全面素质提升和整体素质提升的理念。素质提升包括三个方面：教师学科专业知识的提升；教师的教育、教学和班主任工作能力的提升；教师心品素质的提升。

心本教育认为，教师心品素质提升是基础，直接影响教师专业知识的提升、教育教学和班主任工作能力的提升。教师心品素质提升有三个层次：一是教师必须心理健康，否则无法从事教育工作；二是教师有健全人格和和谐心态，能自觉调节工作压力和情绪，克服工作倦怠现象；三是要具有积极心理，以良好心理状态投入教育教学工作。

（3）“赋权增能”理念。

心本教育认为，教育是人类灵魂的工程，“教师是人类灵魂的工程师”。但是，如果工程师的自身心理健康、心品素质存在问题，则难以担任教育工作，更难以胜任灵魂工程；如若教师处于教育从属地位（人本教育认为：学生是教育教学的主体、教师是教育教学的主导），则从属地位的教师怎能主导处于主体地位的学生的教育，怎能体现“教育大计，教师为本”的精神。教师要成为“人类灵魂的工程师”，必须具备三个前提：一是自身心理健康，有良好心品素质；二是有丰富文化知识，有教育能力；三是教育观念的转变，师生的教与学地位相对平等。

所谓“赋权增能”，就是要给予教师应有的社会地位和权力——教育决策权、参与权和自身发展权；应赋予教师教育力和影响力——对学生的教育权力和影响力；应增强教师的自我效能感——提升教师的内在动机、积极心理、自我价值感、工作满足感和自我权能感。对教师“赋权增能”，有利于提高教师的地位和作用，有利于增强教师的自身素质和工作积极性，有利于促进教育教学工作和推进学校教育事业的发展。

（二）师资队伍建设的紧迫性

中小学教师的心理健康、心品素质状况对自身的学习、生活和工作，无疑是相当重要的。然而，目前，我国中小学教师的心理健康状况不容乐观。下面是近十年来全国各地对中小学教师心理健康状况的调查。①

2001 年，一项全国范围的教师心理调查显示，30% ~40% 的教师经常处于情绪波动之中，15% 的教师有心理问题，70% 的教师有心理障碍。

2001 年，杭州市教科所对 28 所中小学教师进行了问卷调查，结果显示：在杭州市的中小学教师中，有 13% 的教师有各种心理问题，其中小学占其总体的 9%、初中占其总体的 15.6%、高中占其总体的 13.4%。

2002 年，采用 SCL－90 调查闽东地区宁德市、福安市、古田县、屏南县等四县市的部分乡镇共 185 名中学教师，结果显示：闽东地区乡镇中学教师心理症状中表现最严重的是强迫症和人际关系冲突，分别占 50.27% 和 45.95%；其次由大到小分别为：抑郁、偏执、焦虑、躯体化、敌对、精神病性、恐怖及其他，分别占 39.46%、37.30%、29.73%、27.03%、25.95%、25.95%、21.62%。

2003 年，来自山东省潍坊、日照、德州地区等部分高中的 SCL－90 调查结果显示：418 名高中教师的自评总分，超过 180 分以上的有 220 人；从总症状指数（总均分）来看，即有 220 名教师的自我感觉介于 2 ~5 分的范围内，占总数的 52.6%；此外，有 52.6% 的教师存在着各种不同程度的不良心理反应，有 4.9% 的高中教师存在着明显的心理健康问题，而有 0.9% 的教师已构成“心理疾病”；418 名高中教师的各因子均分都高于国内常模，且差异均十分显著，其中躯体化、强迫症状、人际关系敏感、忧郁、敌对及其

① 许思安等. 中小学心理健康教育实验专题指导. 广州：广东高等教育出版社，2007

他六个因子的均分大于或等于2分，表明这几个方面的症状为高中教师存在的心理健康主要问题。

2005年，唐山市教科所的调查报告：一份对326名大中小学教师心理健康的调查结果表明，大中小学教师的心理健康状况比全国普通人差，中学教师比小学、大学教师的心理健康状况差，高中教师的心理压力尤其严重；女教师比男教师差；学历高的教师比学历低的教师差；未担任班主任的教师比担任班主任的教师差；36～45岁的中年教师心理健康问题最严重。

2005年，九江市区162名小学教师的心理健康状况的调查报告显示：九江市区小学教师心理问题的检出率与上海、广州等大城市相当，但中、重度心理问题的比例较高；小学教师心理问题集中于躯体化、焦虑和抑郁等项目上，且市区重点小学教师心理问题的比例高于普通小学。

2006年，来自江苏953名农村教师心理健康状况的调查报告显示：近半数教师存在心理健康问题，教师呈焦虑症状检出率为43.3%，呈阴郁症状检出率为28.7%，比全国正常人群心理障碍发生率（20%）高出一倍多；考试压力特别是高考升学压力，对教师情绪影响大。

2008年，对濮阳市华龙区、高新区、濮阳县、清丰县、南乐县、范县和台前县40所学校（其中高中8所、初中16所、小学16所）的1 200名中小学教师进行的心理健康（SCL－90量表）测评结果显示：中小学教师心理健康的总体水平低于正常成人水平。中小学教师心理障碍的检出率高达45.44%，其中30.09%的教师属于轻度心理障碍，12.63%的教师属于中度心理障碍，2.72%的教师患有心理疾病。这个结果已远远超出正常人群的指标（20%左右）①。

2009年，对贵州省三个少数民族自治州的542名中小学教师进行问卷调查（SCL－90量表）。结果显示：贵州民族地区中小学教师心理卫生问题的总检出率为16.6%。②

从上述调查情况来看：中小学教师心理健康状况一直以来都不容乐观，其心理健康总体水平低于正常成人水平。教师如果处于这样的心理健康状态，怎么能对学生开展心品教育呢？因此，教师队伍的心理健康水平的提升以及对学生开展心品教育的能力水平的提升，就显得十分迫切了。

二、师资队伍建设的内容

（一）建设的主要内容

1. 教师心理健康与心品素质的建设

学校要开展心本教育，教师心理健康与心品素质的建设相当重要。

（1）教师心理健康的标准。

美国斯坦福大学芬顿教授提出教师心理健康的四条标准：一是对教学能否胜任；二是

① 李朝军．濮阳市中小学教师心理健康状况调查研究．现代经济信息，2008（8）

② 张翔．贵州省民族地区中小学教师心理健康状况的调查研究．黔西南民族师范高等专科学校学报，2009（3）

与学生、家长、同事之间的关系是否良好；三是在学校行政上能否合作；四是对专业进修有无兴趣。①

我国的心理学工作者提出教师心理健康的六项指标：一是有正确的角色认知，即能恰当地认识自己，并能愉快地接受教师角色；二是具有健康的教育心理环境，即在教育中教师的情绪稳定，心情愉快，反应适度，情绪自控，积极进取；三是教育的独创性，不人云亦云，能创造性地工作；四是抗教育焦虑程度高，能经受困难和挫折的考验；五是良好的教育人际关系，能正确处理学生、家长、同事和领导的关系；六是能适应与改造教育环境，善于接受新事物和新理念，不断适应改革与发展的教育环境。②

(2) 教师心理品质建设的内容。

积极的自我意识与角色意识；

健康人格、个性修养与良好心理弹力；

情绪自我控制、调适与和谐心态的保持；

工作压力的自我调适与应对；

职业倦怠的克服与生涯发展；

良好人际关系（师生、同事、家庭）的培植；

积极心理与乐观心理的建立；

心理障碍的辅导与治疗等。

2. 教师心本教育观念的确立

人的心理认知决定人的观念的转变与更新，而心理认知很大程度上又依赖于自觉学习和接受新观念的教育。学校要倡导和开展心本教育，教师的心本教育观念的确立就显得非常重要。教师要确立心本教育观念，首先要善于接受新事物、新理念，要转变过时的教育观念；其次要善于自觉学习新观念，要学习和了解心本教育的定义、概念、思想内涵和精神实质，要善于在教育改革中实践心本教育。同时，要在教育改革的实践中检验心本教育。

学校要倡导和开展心本教育，教师对心本教育的了解、认识、接受、实践以致心本教育观念的确立，是一个不可忽视的因素。因此，教师心本教育观念的确立是学校推进心本教育、教师队伍建设的重要内容。

3. 教师心品教育能力的培养

学校要以心为本，对学生开展心品教育，教师的心品教育能力是关键因素。因此必须对全体教师进行心理学原理、知识和心品教育技能、方法的培养，全面地提升教师心品教育能力水平。有学者认为，教师对学生开展心品教育，要有“十个方面的能力”：善于自我控制情绪；善于调查了解学生；善于进行原因分析；善于进行过程性分析；善于开展心理诱导；善于建立情感沟通；善于设计活动形式；善于创设良好氛围；善于教育转化学生；善于指导家庭教育。

---

① 许思安等. 中小学心理健康教育实验专题指导. 广州：广东高等教育出版社，2007

② 许延礼. 高中教师工作压力·心理健康及其关系的研究. 山东师范大学教育硕士论文，2003 (4)

总之，学校心本教育的师资队伍建设要把握好这些关系：教师心理健康与心品素质是基础因素，如果没有教师的心理健康作基础，学校心本教育就无从做起。教师心本教育观念确立更是前提因素，教师观念未更新，学校心本教育也就无法实施。教师心品教育能力是关键因素，教师心品教育能力对学校心本教育成效起关键作用。

（二）建设好三支队伍

学校心本教育的师资队伍建设，要着重建设好三支队伍。

1. 主职教师

所谓主职教师是指学校心品教育的骨干教师，它主要包括专职心理教师和能够胜任学校心理辅导室值班的兼职心理教师。一般来说，一个学校的心品教育骨干教师需要 4～5 人，即每周每天有一位教师在辅导室值班。主职教师主要由心理学、教育学专业毕业的教师担任，也有部分由其他专业毕业的教师担任。其主要工作职责是负责学校心品教育工作的全面规划、学生个别心理咨询和团体辅导、指导其他教师开展心品教育的教学和活动、学校心品教育的科研工作等。根据广东省心理健康教育指导中心的要求，主职教师要接受严格专业技能的培训，必须持有“B 证”或“A 证”上岗。

主职教师必须具备的人格特质有：良好的个性修养；积极的自我认识；正确的外界知觉；良好的敬业品格；真诚地对待学生；良好的工作心态。

主职教师必须具备三方面专业能力：心理学知识的学习能力；心品教育的管理协调和运作能力；心育的科研能力。

主职教师必须掌握的八项专业技能①：

（1）掌握心理学课程和学科基本体系与基本结构的学习技能。

①掌握“倒金字塔”式的学习技能。

②搜集和整理相关资料的能力；

③自学能力。

（2）量化的、实证性的研究学生的心理与行为的研究技能。

①掌握 SPSS 软件应用技能；

②能运用数学统计的方法与技能；

③量化分析和运用数据，解释与论证心理问题的能力。

（3）进行心理调查、心理测评与建立心理档案的应用技能。

①各种心理调查的方法与设计技能；

②掌握各种心理量表的操作使用方法；

③学生心理档案的建立和使用技能。

（4）设计与实施心理活动课程的应用技能。

①设计和撰写心理教育活动的教案；

②实施教育活动的组织能力；

③课件、录像、相关教具的制作技能。

---

① 莫雷等．面向 21 世纪培养心理学应用型人才．广州：广东高等教育出版社，2004

（5）对学生进行心理诊断、辅导、咨询的应用技能。

①心理诊断的面谈技能；

②团体与个别心理咨询技能；

③制订心理咨询辅导方案的能力。

（6）对学生进行心理治疗的基本应用技能。

①掌握若干种心理治疗方法与技术；

②指导和矫正学生的不良心理行为的能力；

③制订心理治疗方案和程序的能力。

（7）建立并实施学生发展性个案与补救性个案的应用技能。

①制订和实施学生心理品质的教育方案；

②制订和实施心理问题学生的教育方案。

（8）掌握与心理应用有关的计算机应用技能。

①利用计算机进行数理统计的技能；

②心理应用与计算机结合的技能。

2. 班主任

班主任是学校班级建设和管理的中坚力量，也是学校心品教育的生力军。班主任主要通过班级日常教育管理、主题班会等形式对学生开展思想教育、道德教育、集体教育、心品教育和班级活动管理等。就心品教育来说，主要是开展心品教育主题班会、班级心本管理和班级团队建设等教育活动。

班主任必须具备的心理品质：

（1）良好的智力品质。

班主任应具备良好的智力品质，即他们在认知方面的心理品质，包括教师的自我意识，注意力，敏锐的观察力，灵活的思维能力，丰富的想象力，准确、清晰的记忆力，简明、扼要、准确的语言表达能力和全面的组织能力等。

（2）良好的情感品质。

班主任应具备良好的情感品质，即他们在情感方面的心理品质，包括教师自我情绪的调节和性情的修养，对同事的尊重，对学生的热爱，对教学的热爱，对教育工作的热爱；还包括教师对学生的期待，期待每一位学生在德智体方面的不断进步，尽快成长成才；同时还包括教师的工作责任心等。

（3）良好的意志品质。

班主任应具备良好的意志品质，即他们在意志方面的心理品质，包括教师对自身从事教育事业的坚定性，对教育目标的执著性，对教学态度的恒久性；包括教师对日常工作决策的果断性，在特殊场合下的自制力；还包括教师面对学习、工作困难和挫折时的忍受力、耐挫折力的反应程度，等等。

（4）良好的人格特征。

人格是一个人的性格、气质、能力等各种特征的总和。可以分为品格特征（如诚实、勤劳、可亲、负责等），思想特征（如认真、严谨、协作，富有创造能力等），态度特征

（如谦虚和蔼、乐观愉快、活泼大方等），体格特征（如健康体魄、端庄仪表、态度大方等）。这些特征就是人格特征的表现。班主任应具备良好的品格特征、思想特征、态度特征和体格特征，具有高尚的人格魅力、优良的气质内涵、精湛的专业能力和良好的人际关系，等等。

此外，班主任还必须加强自我心品修养，必须掌握一定进行心理学知识和一般心品教育的技能方法，必须学会对学生进行心品教育和心本班级管理。根据广东省心理健康教育指导中心的要求，班主任一般要接受比较系统的心理教育培训，必须持“B证”上岗。

3. 学科教师

学科教师参与学校的心品教育，主要是通过学科课堂教学的渗透教育、学生社团活动的渗透教育、团队活动的渗透教育等途径。根据广东省心理健康教育指导中心的要求，有条件的学校，全体教师均要接受心理学基础知识和心理教育基本技能的培训，必须持“C证”上岗。

三、师资队伍建设的方法

（一）培训提升

培训提升是教师队伍建设的重要方式和有效方法。广东省中小学心理健康教育指导中心设计了中小学教师队伍的心品教育的培训模式，即“A级证书”、“B级证书”和“C级证书”的三级培训模式。“A级证书”的授课教师面向全国聘任；“B级证书”的授课教师主要由华南师范大学心理系教师担任（目前约有40人）；“C级证书”的授课教师由全省各市的专职心理教师担任（经过华南师范大学的培训和认证，目前全省有180人）。10年来，全省受过“三级培训”的中小学教师约20万人次。

“A级证书”培训主要面对中小学心本教育的主职教师、骨干教师的培训，且要求这些参加培训的教师必须取得“B级证书”和有两年以上的心品教育工作经验。“A级证书”培训时间10天，自学80～100个小时，培训课程内容有：

心理实验设计；

固定角色疗法·催眠与暗示；

投射技术原理与应用；

焦点解决短期心理咨询/家庭治疗；

沙盘游戏治疗技术与学校心理教育；

中小学生行为与情绪障碍的识别与干预策略；

变态心理学与心理疾病诊断；

精神分析术；

NLP简快疗法；

团体心理辅导。

“B级证书”培训主要面对中小学班主任和学校中层以上领导。“B级证书”培训时间10天，自学60～80个小时，培训课程内容有：

青少年发展心理学；

心理学基本原理与研究方法；
学生常见心理疾病与诊断；
心理卫生学；
中小学生心理健康教育课程设计；
心理咨询概论；
学生心理问题处理方法与技术；
团体疗法与团体训练；
问题学生个别辅导与个案设计；
学生学习心理与辅导；
心理测评与心理档案建立；
教师心理问题及其对策；
班级管理心理学专题。

“C级证书”培训主要是面对中小学学科教师和部分教辅人员。“C级证书”培训时间6天，自学30~60个小时，培训课程内容有：

心理健康教育基本原理与要求；
学生心理问题处理方法与技术介绍；
心理测评技术与心理档案的建立与应用；
学生心理健康教育课程设计；
问题学生个别辅导与个案设计；
青少年心理特点与教育。

实践证明，对中小学教师进行心理学、心品教育的培训是学校教师队伍建设提升的有效方法，促进了学校心品教育工作的开展。

（二）科研锤炼

通过心品教育课题研究，能够锤炼教师的科研能力，提升教师的学术理论水平、科研水平和教育水平，从而促进学校的学术水平、教育质量和教育效果的总体提升，达到科研锤炼教师的目的。

学校心本教育的科研内容广泛，主要有：

学校心本教育的模式研究；
学生心品教育与班级心本管理研究；
心品教育课程体系与教学内容研究；
心本教育校园文化氛围建设研究；
学科教学如何渗透心品教育探索；
……

（三）工作锻炼

学校开展心品教育工作，让教师在心品教育实践中得到锻炼，是教师队伍教育能力提高的有效办法。尤其是年轻教师，要让其担任班主任、参与课题研究等工作，促使其尽快成长。

那么，工作锻炼的最佳途径是：学校要广泛开展心品教育工作；班集体心本管理活动；学校团队建设活动；心品教育主题班会活动；学科教学渗透心品教育；学生社团渗透心本教育；心品教育科研活动等。通过这些教育活动途径，让教师在心本教育工作实践中得到学习、锻炼和提高。

（四）心理保健

学校心本教育的师资队伍建设，不能忽略教师的心理保健。教师工作是一种创造性的、长期性的、紧张性的精神劳动。教育工作是培养人、塑造人的工作，然而教师普遍反映，现在的学生，其思想、知识、行为受社会、媒体影响大，心理与行为问题多。教学活动往往是个体劳动，需要教师高度的自觉性、积极性、责任心和使命感，然而富有责任感的教师，其工作更忙，承受的精神压力更大。

由于教育体制、高考制度、教学改革、社会要求、家长期望、学生状况和工作压力等因素，教师的心理压力大，普遍感到心理疲惫，心态经常处于不平衡之中，不良情绪、心理焦虑、心理障碍时常出现，甚至出现人格障碍。教师的心理健康问题关系到学生的教育问题，如果教师心理问题得不到及时、有效的心理保健，教师心理健康就会受到损伤，进而影响教学工作和教育质量。

学校心本教育的师资队伍建设，教师的心理保健非常重要。近两年来，广东省中小学心理健康教育指导中心对中小学教师的“A 级证书”培训、“B 级证书”培训就增设了“教师心理保健”课程。教师心理保健的两条途径：一是心理健康自我保健。通过培训，加强教师对压力与情绪的自我管理，对心理困惑与人际心态的自我调节，加强教师的自我心理修养和自我意志锤炼，从根本上提高教师的心理健康程度和心品素质水平，增强工作适应能力、应对社会压力和挫折的能力；二是进行心理问题辅导。对心理问题较严重或严重的教师，学校要采取措施，进行个别心理辅导、团体心理辅导，或到医院心理科进行心理治疗。

鉴于目前中小学教师队伍的心理健康状况，各级教育行政部门和中小学校的领导要引起足够的重视。

第二节　心本教育：心品辅导室建设

一、心品辅导室建设的概述

学校心品辅导室是心本教育的场所。学校心品辅导室的建设，要体现教育“以心为本”、“从心开始”的心本教育思想理念，无论是心理辅导室的目标定位、育人功能、服务职能、教育特点还是条件建设，都必须从学生学习、成长的心理需要出发，考虑学生良好心品素质形成的需要，体现学校的育人作用。

学校心品辅导室的建设包括硬件建设和软件建设。学校心品辅导室建设的重点：心品辅导室的育人功能、服务职能、教育特点和条件建设等。

（一）心品辅导室的功能

从学校心品辅导室的定位与作用看，它具有育人功能。心品辅导室必须体现心本教育的思想，发挥育人的功能：对学生开展发展性心品教育，包括健全人格、和谐心态、良好心理素能以及行为表现的教育和塑造。因此，学校心品辅导室在设计、建设、师资配备和日常使用时，都不能忽略育人功能。

那么，学校心品辅导室的建设和评估，除了看它的设备、设施、资料等基础条件外，更重要的是看它的功能是否齐备以及功能发挥情况。如果心品辅导室没有育人功能，则心品辅导室的建设就是失败的。

除了育人功能外，它还要有心本教育的教研功能、科研功能、决策功能和管理功能。因此，广东省中小学心理健康教育指导中心在“示范学校”评估体系指标中，对心品辅导室的建设提出了功能要求：具备个别辅导功能、团体辅导功能、情绪放松功能、学生娱乐功能和教研功能、科研功能、决策功能、管理功能等。

（二）心品辅导室的职能

学校心品辅导室的职能是指辅导室主职教师日常教育工作的职能。主职教师的职能与辅导室的功能既有概念上的区别，又有工作上的联系。那么，主职教师的职能包括教育教学职能、咨询辅导职能和教育服务职能。

1. 教育教学职能

教育教学职能是指对学生进行心品教育和教学的职能，包括课内外心品教育的职能、学生心理健康调查的职能、教育规划的职能、指导全校开展心理教育活动的职能等。

2. 咨询辅导职能

咨询辅导职能是指对个别有心理问题的学生进行心理咨询辅导的职能。它与社会上心理咨询机构的辅导职能的性质相近。

3. 教育服务职能

教育服务职能是指心品辅导室的工作要为学生的心理健康、心理发展、心理成长和良好心品的形成服务。

（三）心品辅导室的性质特点

学校心理教育工作方针是以教育为主，以辅导和咨询为辅，不提倡心理治疗。中小学的心品辅导室的职能与社会上的心理咨询机构、医院心理科的职能相比，其性质截然不同；心理问题解决的方式方法也有所不同；中小学的心理教师与社会上的心理辅导人员、医院里的心理医生的知识结构、技能要求和工作重心等也有明显的不同。

心品辅导室的性质特点有：

1. 教育功能特点

学校心品辅导室的教育性质特点明显，它具有教育职能，是学校内部的一个教育机构。其教育目标任务是帮助学生消除学习、生活、交往、适应和行为上的各种压力、情绪、适应性问题，培养学生良好的心品素质，培养学生积极的心理，促进学生学习、生活和行为的全面发展，从而全面推进素质教育。同时，它具有教育行政管理特点，如教育课程体系建设、教学计划修订和教育过程管理。

2. 工作重心特点

学校心品辅导室的工作侧重点，或叫教育工作重心，主要是推行“发展性心品教育”，教育内容是发展性心理教育内容，目的是培养学生的健全人格、和谐心态和良好的心理素能，从而起到预防心理障碍、心理问题和心理疾病的发生。而医院里的心理科，其工作侧重点是心理疾病治疗，具有“补救性医疗”的特点。

3. 教育模式特点

目前，心理学界存在两种模式：一种是以心理教育、辅导和咨询为主的学校模式；另一种是以心理咨询、治疗（药物治疗）为主的医学模式。学校心品辅导室实行的是心理教育模式，即学校模式。学校的教育对象是学生，主要采取认识教育和行为教育的方式，并辅助一些辅导活动，如个别心理辅导和团体心理辅导等。而社会上的心理咨询机构实行的是心理咨询模式。医院心理科实行的是心理医学模式。

4. 教育关系特点

心理教师与来访学生具有“多重关系”，且关系密切，既有师生关系、教育关系，又有心理辅导与被辅导的关系，其辅导活动是义务的，不收费的。而心理咨询机构和心理科，咨询者与来访者之间、医生和心理病人之间，存在着明显的医患关系，存在着“交钱—咨询或交钱—治疗”关系。

二、心品辅导室的条件建设①

（一）心品辅导室的选址

1. 安静而不偏僻

安静的环境有利于咨询交谈，不受外界干扰；有利于教师集中精神，思考、解答和辅导学生的问题；有利于对学生的隐私保密。但不宜偏僻，以免晚上学生不敢来、不愿来。

2. 远离行政区

一般来说，不愿意同学、教师、班主任、领导知道的事（话），才来辅导室与心理教师倾诉交谈。为了保护学生的隐私，辅导室要远离宿舍和教师、领导办公的行政区。

3. 靠近风景区

辅导室宜靠近风景区，室外环境优美，令人心情舒畅、胸怀广阔。而室内环境安静，容易敞开心扉，利于个别辅导谈话，提高辅导效果。

（二）心品辅导室的布局

1. 功能室的要求

中小学的心品辅导室内部要有若干个功能室。究竟要建多少个功能室？这要视需要和可能而定。一般可分为“必建”项目和“选建”项目两类。

(1)“必建”功能室有：

辅导人员办公室（15～25平方米）；

个别心品辅导室（8～10平方米）；

① 吴发科．中小学心理健康教育实作与管理．广州：广东高等教育出版社，2004

团体心品辅导室（50～120 平方米）。

（2）视需要和可能，“选建”项目有：

心理测试工作室（15～25 平方米）；

心理图书阅览室（20～50 平方米）；

心理松弛宣泄室（20～50 平方米）；

音乐欣赏治疗室（15～25 平方米）；

资料档案室（8～20 平方米）；

游戏活动辅导室（50～120 平方米）；

咨客接待室（20～30 平方米）；

器材储藏室（10～15 平方米）。

2. 辅导室的布局

室内布局是指各功能室的位置。布局要考虑隐、现、动、静的因素。辅导人员办公室对外接触多，要靠近门口；个别心理辅导室要在比较隐蔽的地方，学生“多、动”的团体辅导室、宣泄室、游戏活动室要靠近走廊或出入方便的地方。

下面介绍三种布局模式（单位：米）：

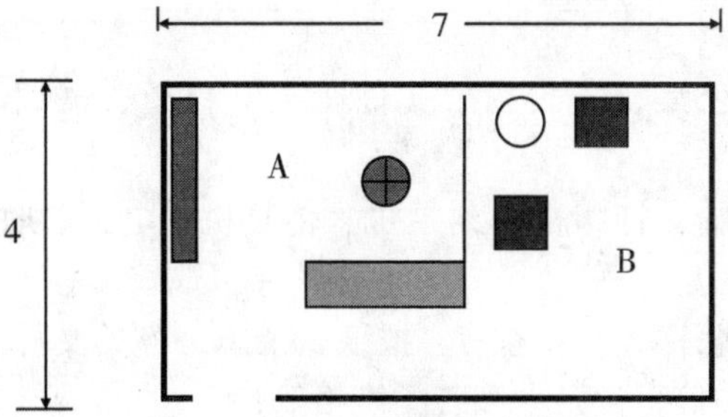

图 13　第一种布局模式示意图

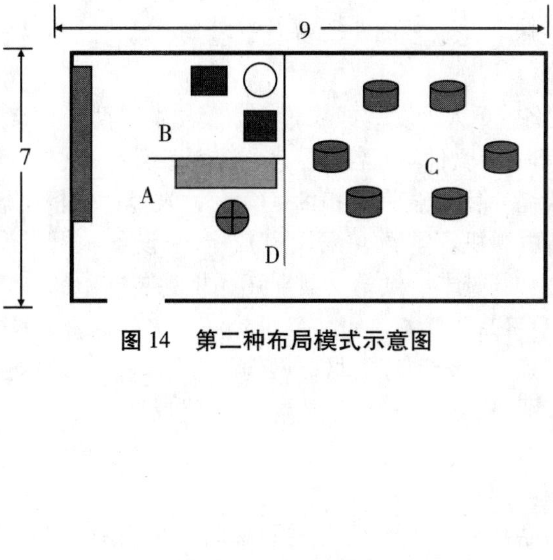

图 14　第二种布局模式示意图

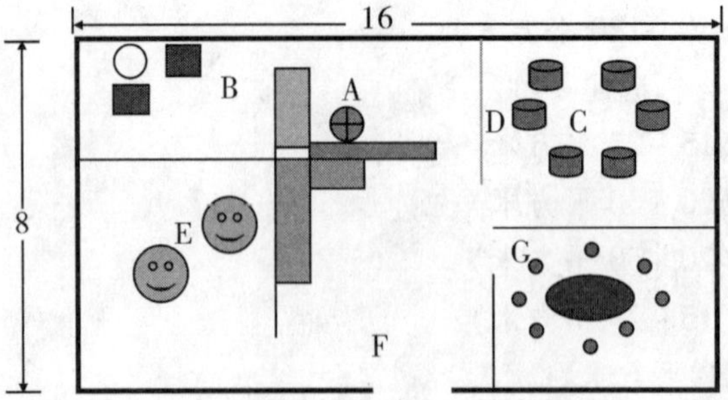

图 15　第三种布局模式示意图

以上示意图图例：

A 办公室　B 个别咨询室　C 团体咨询室　D 单向玻璃

E 宣泄放松室　F 接待大厅　G 阅览室

■办公桌　⊕凳子　■文件柜　■沙发

○茶几　■活动椅子　☺宣泄器材　●阅览桌椅

（三）心品辅导室的设备

1. 办公设备和用品

（1）办公器材：办公桌、办公椅、文件柜、资料柜、书架、杂志架、花瓶架和衣架等；

（2）办公电器：电脑、打印机、刻录机、传真机、电话、收录机、照相机、照明设备、饮水机和空调（或风扇）等；

（3）办公资料：专业书籍、参考书、报纸、杂志、各类文件、来往公文、各类报表、学生档案袋、学生个案、值班记录卡和各类表格等；

（4）办公文具：文件夹、卷宗、资料箱、影碟架、笔墨、台砚、办公用品和各类文具等；

（5）办公饰物：花瓶、花盘、饰花、鲜花、盆景、雕像、图片、字画和小工艺品等。

2. 辅导设备和用品

（1）个别辅导室设备：单人沙发（或靠背椅、藤沙发）两张、茶几一张、收录机一部和风扇（或空调机）一部等；小文件箱、各类量表、咨询记录本、文具、饮水机和装饰品等。

（2）团体辅导室设备：团体咨询桌椅 8 ~ 10 套，衣柜、鞋柜，灯光照明设备，有条件的学校，可视需要配备电视机、空调（或风扇）、音响设备、摄影设备和录音设备等；相关资料、各类所需量表、调查卡、纸笔文具、用品柜和装饰用品等。

3. 训练活动设备和用品

沙盘训练、感应训练、统合训练器材、网缆、大圆球、羊角球、旋转盘、摇摆椅、平衡板、滑板、独脚椅、圆筒、脚步梯、趴地推球、袋鼠跳、左右手协调训练、视觉训练、错觉图和两可图等。

4. 宣泄放松设备和用品

宣泄放松设备和用品种类繁多，视需要而配备，主要有音响设备、健身器材（跑步机、跳舞机、按摩椅）、拳击沙袋、拳击手套、不倒翁、哈哈镜、面壁和跳绳等。室内四周可摆设布艺沙发。

5. 图书与资料

学生、教师需要的，与心理教育相关的各类图书、工具书、杂志和报刊；与心理调查、心理辅导有关的各类心理量表；心理教育有关文件、各类心理咨询的表格、报表、心理学挂图、画册、咨询来往信件、咨询室人员守则、行政管理资料、工作计划和工作总结等资料。

（四）心品辅导室的环境

1. 环境要整洁、优雅

学校心品辅导室的环境要整洁、优雅，要有温馨、宜人的感觉，室内陈设不能杂乱无章。墙壁色彩选择要考究，可以是淡米黄色或淡天蓝色，不宜大红大紫或深沉灰暗；墙壁布置要大方、整洁；室内饰物的布置和摆设要讲究与室内环境相协调，要能起到点缀、衬托和装饰的作用，不可多也不可无；窗帘的选择很重要，合适的搭配往往会起到意想不到的效果，窗帘的色彩要接近墙壁的颜色，要淡雅一些，不宜花哨，最好是整幅落地窗帘，能使室内气氛更加温柔和谐；灯光要明亮，光线要柔和，不能太过强烈、刺激，也不能过于昏暗，最好能调节亮度。

2. 环境要具专业性氛围

学校心品辅导室不能完全变为娱乐场所，它要具有教育性，就必须有专业性。因此，专业性氛围很重要。如墙壁可张贴《工作守则》、心理学小挂图，也可贴壁画并配上格言，如“心灵在蓝天上放飞”，“和谐心态、温馨心灵”，并配上射灯；室内要有足够的心理学图书和必要的仪器；可开辟心理角等。下面提供几幅心理学挂图，以作参照。

图 16　错觉图

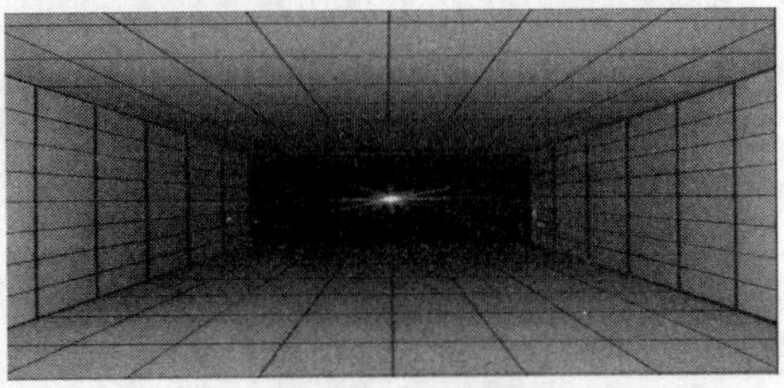

图 17　立视图

图 18　不可能图形

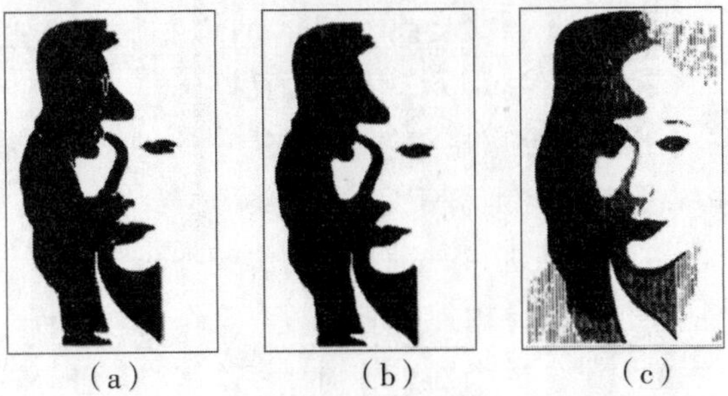

（a）　（b）　（c）

图 19　双视图

三、心品辅导室的管理

心品辅导室的管理要彰显心本教育理念，要发挥辅导室的育人功能，要有助于学生心品发展。心品辅导室的管理主要是工作人员的管理、心品教育的业务管理和相关资料的管理。

（一）工作人员的管理

1. 辅导教师的《工作守则10条》

（1）辅导人员要保持高尚的职业道德并严格遵循专业操行，要具备优良的个性修养和保持良好的行为规范；

（2）应尊重来访学生人格的完整，爱护和关心来访学生，不得摆教师架子；

（3）热情接待来访学生，消除其畏惧心理，增进其亲切感和信任感；

（4）建立正常的咨询关系，在无法提供专业帮助时，应拒绝建立或终止咨询关系；

（5）耐心聆听来访学生的谈话，不得嘲笑学生并显示出厌烦神态；

（6）认真做好辅导谈话记录，多次谈话要建立咨询个案档案；

（7）以积极的态度、科学的方法进行答疑、解惑和辅导学生；

（8）对特殊的来访学生，要进行家访和个案追踪；

（9）保护学生隐私，咨询资料必须保密，教学科研用其资料时必须绝对保护当事人身份；

（10）若当事人可能伤害他人的人身安全，或自身处境紧急、危险时，应及时报知有关当局。

2. 心理辅导室值班工作制度

（1）坚持轮值制度，准时上下班；

（2）每天上班时，要做好辅导室的内务整理工作；

（3）对来往文件、信息要及时做好上传下达的工作；

（4）值班期间要接待来访者、接听咨询电话、做好记录；

（5）认真做好个别心理辅导工作；

（6）认真做好本职工作；

（7）不得随意请假和关、停辅导室；

（8）值班期间不得擅自离开辅导室；

（9）不得在辅导室聊天、大声说话；

（10）不得在辅导室接待外来人员。

（二）心品教育的业务管理

（1）学生学习动机、态度、倾向的调查和鉴别；

（2）协助全校、课内外的心品教育工作的开展；

（3）实施对学生的个别心理辅导和团体心理辅导；

（4）对特殊的学生建立个案资料，追踪教育；

（5）对学生进行心品专项训练；

(6) 建立与特殊学生的家庭联系；
(7) 指导有关教师撰写心品教育教案，辅导授课；
(8) 指导班主任教师进行班级心本教育；
(9) 指导教师研究和评价各项心品教育工作；
(10) 管理心品辅导室，创造心品教育的良好环境；
(11) 参与心品教育课的课堂授课；
(12) 开展心品教育科研活动等。

第三节　心本教育：校园环境建设

心本教育思想很注重校园环境氛围的建设，很注重环境的育人作用。校园环境建设包括硬件建设和软件建设：硬件建设包括楼房管所、宿舍食堂的建设，操场道路的建设，景点绿化的建设等；软件建设包括校园文化环境建设、校园各类管理制度的建设、校内各类文化和文体活动的建设、校园人际氛围的建设、学校 CI 现象的设计和建设等。本节将从心本教育角度、从心理环境的视角对此予以论述。

一、校园心理环境建设的意义

心理环境是由德国心理学家勒温提出来的。心理环境是指对个体的一切心理活动、心理行为发生实际影响的环境事实——实际上，这是环境事实对个体的心境影响的结果。所谓校园心理环境通常是指学校内部形成的独特的校园空间环境和人文氛围，是校园硬件环境和软件环境的总和。校园心理环境的影响包括两个方面：

（一）学校自然环境的影响

学校的自然环境，是指学校的主体建筑和布局、文化设施和景观、校园美化和绿化等环境，又称“物化形态环境”。校园各种物质景观，积淀着学校历史、文化、传统和价值，蕴涵着巨大的潜在教育意义，学生通过对它的赏识和解读，去领悟其丰富、深刻的内涵。如校舍建筑的庄重、教学课室的肃穆、体育场馆的朝气、雕塑景点的寓意等形成了隐性的教育功能，对学生的心理和行为产生不可估量的影响，具有重要的教育意义。

（二）学校人文环境的影响

学校的人文环境，是指学校的校园精神、教风学风、校纪校规、传统风格和人际关系等环境，又称“非物化形态环境”。校园的人文景观，显示出学校的办学理念、特色、风貌和质量，包含着深刻的潜移默化的育人作用，学生经过它的熏陶，感悟其人生的价值与真谛。如教学质量的优化、校风学风的严谨、人际关系的和谐、校园环境的温馨等对学生的自信、情感和意志的培养，具有重大的心育意义。

一个环境氛围好的校园，学生一进校园就置身于文化环境的熏陶之中，受到宽松和谐的学习、文化和人际氛围的感染，产生一种心情舒畅、肃然起敬的感觉，引发奋发、向上的共鸣，言行举止和行为表现就自然而然地受到环境的影响和约束，自己的思想、心情、精神和行为也就自觉不自觉地融入环境之中，得到一定程度的同化。作为中小学的校园心理环境建设，就是要着力将学校的整个环境营造成这样一个氛围。它有助于学生的学习、生活和成长，对学生的培养具有着重大的意义，起着“环境创造人”的效果。

有一位教育学家曾作过这样一个比喻，他将校园比喻成“泡菜缸”，将校园的心理环境氛围（包括自然环境和人文环境）比作缸里的“泡菜汁”；则“泡菜汁”的质量、味道如何，决定了泡菜的味道，味道好的“泡菜汁”，泡出来的菜就香，这称为“泡菜效应”。一个学校的校风、学风好，文化氛围好，校园心理环境就好——“泡菜汁”的味道就好，学生在学校里“泡”上几年，文化素质、道德素质、心品素质的味道自然就会好。因此，校园心理环境建设就是要营造味道好的“泡菜汁”，就是要营造校园的“泡菜效应”，就是要让校园心理环境起到“环境创造人”的效应作用。

二、校园心理环境建设的理念

（一）校园心理环境建设的心本理念

校园心理环境建设要体现心本理念，要体现“心本教育”，提倡“以心为本、从心开始”——校园的一切建设要“以教育而存在、为学生而设计”。“以教育而存在”就是校园心理环境必须有教育成分，有德育、智育、心育、体育、美育的成分；“为学生而设计”就是要有利于学生的成长，服务于学生的发展，而学生的成长和发展，要立足于“从心开始”，从学生的心品教育入手，否则教育难以见效。

校园心理环境建设必须强调心本教育的目的观、价值观和学生观，既要重视学生的存在、生存和发展的需要，体现学生个体发展的价值，又要重视教育的存在，体现教育改造人、培养人的目的，而不是让学生任意地发展。校园心理环境建设必须重视开启学生美好的心灵、悟性，培养学生良好的个性、心品，开发学生的智力、潜能和创造力，塑造学生的心理和行为表现。这就是校园心理环境建设的基本理念。

校园心理环境建设，无论建设的内容和形式、整体与局部都必须充分显示育人的实质，显示育人的功能作用。所谓环境的育人作用，就是让环境能够熏陶学生的心灵，使学生有好的心理感受、心理体验与和谐心态、平和心怀以及积极心理。

因此，校园心理环境营造的出发点和归宿是学生德智体整体素质的全面提高，校园所有的环境建设都应围绕个体的发展、学生的成长而展开。

（二）校园心理环境建设的教育理念①

校园心理环境建设的教育理念是指校园心理环境建设要坚持自身的“教育理念”。中小学校园心理环境的建设既是教育理念的反映，又是教育特色的体现。

所谓教育理念的反映就是在教育理念下显示出教育的功能：一方面，要使校园环境呈现“活显性表象”——所有的环境硬件和软件都能够“活”起来、“露”出来，显示出教育的功能，并能在学生的大脑中产生“表象”作用。另一方面，要使环境的教育功能呈现“潜渗性表征”——教育功能迁移、潜入学生的内心，渗透、滋润学生的心，起到心理震撼、心理效能的作用并产生“表征”效应。

---

① 吴发科. 中小学心理健康教育实作与管理. 广州：广东高等教育出版社，2004

所谓教育特色的体现就是指校园硬件和软件建设要体现学校自身的办学特色：一方面，校园硬件和软件建设要体现学校自身的办学理念和办学风格，如学校的教育理念、校训、校风和学风等的特色。另一方面，校园硬件和软件建设要体现学校自身的历史、文化的传承和CI现象设计的特色，如校园的传统特色、文化特点和建筑风格、主调色彩和校徽校旗校歌等的特色。

（三）校园心理环境建设的生态理念

总的来说，校园心理环境建设的生态理念是指校园环境要成为“教育生态环境”。所谓“教育生态环境”是指学生与校园环境之间关系的总和，是学生与校园环境的有机结合、相互影响以及形成协调、和谐发展的统一体。校园心理环境建设的生态理念是人与自然、人与环境的关系在校园里的具体体现，是学生主观发展与校园客观建设的需要和统一，构成“校园建设和学生的发展”相互渗透、相互发展的生态环境系统——环境氛围影响学生的心灵，学生热爱环境氛围，自觉保护环境，学生与校园环境和谐相处、共同发展。

具体来说，“生态理念”包含以下两层内涵：

一是校园“自然生态环境”。它是育人的基础条件，若校园没有“自然生态环境”，就失却了“生态环境育人”的基础。校园“自然生态环境”本指校园的山色、水色、树木、花草，指学校的小河流水、树木如茵的自然生态，但校园不可能没有课室建筑、校园文化。因此，校园“自然生态环境”特指校园的山水、花草、树木与建筑、文化自然、和谐的融合。

二是校园“教育生态环境”。它主要强调校园生态环境具有教育功能，环境与学生深深交融，环境与学生的一切心理行为活动密切相关。学校环境能感召人的心灵、塑造人的秉性、规范人的行为、改造人的不良习性，具备育人功能。营造校园“教育生态环境”，就是要使学校的“一墙一砖都有灵魂，一草一木都能说话，每个角落都能悟人，每个场所都能育人”，使校园环境成为有教育意义的、有灵魂的、活的校园心理环境，起到“环境育人”的效果和作用。

三、校园心理环境建设的实施

校园心理环境建设的实施，主要包括校园整体心理环境的设计和校园心理环境的建设两个重要环节。

（一）校园心理环境的设计

校园心理环境的设计要把握以下六个问题：

1. 彰显办学理念

校园心理环境的设计要“坚持教育原则、遵循教育规律”，要贯彻学校的办学思想、彰显学校的办学理念。在进行环境建设设计时，要将学校的办学思想、理念与环境建设有机地结合起来，让办学思想寓于校园环境建设之中，让学生置身于校园之中就能受到学校办学思想和理念的熏陶。

2. 展示办学特色

办学特色是一所学校长期的教育理念的演绎，是对学校文化的积淀和办学实践的反映。一所办学质量好的学校，必定有其自身的办学特色和教育特色。校园心理环境的建设，要体现和展示学校自身的办学特色和教育特色。只有充分展示特色，才有育人的效能作用。

例如，某小学以“环境育人”为特色，在校园环境建设的设计中，将思想教育、品德教育、文化教育、心理教育和纪律教育等进行统筹规划、总体设计，使校园环境既体现思想文化教育特色，又体现人文心理特色，将学校办成“学园、乐园、家园、美园”，从而收到了良好的育人效果。

3. 体现历史积淀

校园心理环境建设的设计要在原有的基础上进行演绎建设，要充分体现学校的自然地理形态，充分体现学校的文化历史积淀。尤其是对那些具有一定年代、一定文化积淀的老学校的改建、扩建或新建，设计时更要体现其历史积淀，不能冲淡或破坏原有的风格、文化旧迹和历史积淀。

一所历史悠久，有深厚的文化积淀、主建筑古色古香、树木参天、小桥流水、荷塘花草的名校；一所面临大海、依山傍水、巨石古室、古藤绕树、风景独好的学校；一所田园风光、小河淌水、小路曲径、乡村气息浓郁的学校与一所建筑新颖、校舍高耸、现代风格的新校，其演绎形式、设计风格应截然不同。校园心理环境建设要与学校的历史相吻合、相映衬。

4. 注重整体规划

校园心理环境建设要注重整体规划。首先是学校整体布局上的统一规划，布局上要考虑两个问题：一是学校各功能区要分明，教学区、行政区、运动区、生活区、宿舍区和风景区等要区分和合理布局；二是硬件建设布局要合理，即将校园里的硬件环境建设（如楼宇、场馆、亭台、墙壁、长廊和黑板报等）进行整体的、全面的构思设计，做到主体建筑布局合理。

其次是校园文化等软件建设布局要合理。校园文化包括办学理念、校风校训、思想政治教育、文化教育、心理教育和纪律教育等的内容。规划时要对这些文化内容进行综合性的、布局上的规划，进行全面统筹、遴选、整合和总体设计。同时，这些文化内容要与校园自然环境协调镶嵌、和谐搭配。

最后是“表达形式”要考究。进行校园规划时，要将校园硬件建设、校园文化内容、校园自然环境三个方面有机结合起来。表达形式要统一，也即风格要统一。

5. 富有人文色彩

校园环境建设，最终的目的是为了教育人、培养人、塑造人。因此，建设过程中要充分考虑人的因素、人的接纳程度，要富有人文色彩，要考虑育人的效果。例如，“此处禁止停车”可改写为“温馨提示：此处不得停车”。

校园内部都有规章制度。一般来说，学校的管理制度是对人和事的约束，容易产生人与人之间的矛盾。因此，校园心理环境建设一方面是消除人与人的矛盾；另一方面是对管理制度本身的完善，最好不使用“禁止、扣奖金”等字眼，使制度更加尊重人的自尊和人格，使学校环境富有人文色彩。

6. 具有独特风格

独特风格是指学校的校园心理环境设计要有自己的特色。所谓特色是指校园的心理环境设计具有自身独特的象征和标志，具有“人有我特”的特点和风格。风格属于缄默性知识，是一种人们难以清晰模仿和陈述，而又能准确表现出来的特色品格。如建筑设计师都会建筑设计，但某一建筑师的楼宇设计能显示出独特的文化传统；雕塑家都会雕塑，但其作品各有其独特的风格。学校的校园心理环境的设计也要讲究独特风格，要显示学校的历史和人文积淀，反映学校的风格，要有自己的CI形象设计，以展示学校的独特形象。

（二）校园心理环境的建设

校园心理环境建设分为物质心理环境建设、文化心理环境建设和人际心理环境建设。

1. 物质心理环境建设

物质心理环境是指校园所有由“硬件建设”形成的“教育心理环境”，给学生的学习、生活、交往和成长产生心理影响的氛围。物质心理环境建设就是要将学校里的楼房、教室、图书馆、科学馆、演讲厅、文体场所，以及所有的墙壁、走廊、景点、雕塑、草坪、花圃、植物园和地理园等物质建设都寄予寓意，都让它们“会说话、能说话、有寓意”，从而变成“有生命”的育人环境。

例如，深圳市某学校，其建构校园生态环境的教育理念，就提出了“赋予硬件以生命，赋予软件以灵魂”的思想，对校园硬件寄予丰富的文化教育内涵，精心设计了学校的硬件环境，深化了“环境育人”的功能。校园里的绿化、美化是以生态概念进行设计布局，既考虑校园景观的特色，又重视校园整体的和谐及一体化；学校里的绿化带、读书园、生物园和生态园都富有教育意义；精心摆设的花盆、花坛与挂在墙上的名人名画、学生美术作品相互映衬；校园里的一草一木，都标示着生动有趣、育人心智的诗句；学校正门的两棵高大挺拔的木棉树，分别起名为“自信树”和“智慧树”；假山流水景点题上“心泉”两字；在风景石上题了“志坚”两个大字，使校园硬件赋予德育、心理教育和文化教育等多重内涵。

又如，广州市有些学校，利用校园景点，寄予寓意，塑造校园物质心理环境，在校园里设计和建设了“人生之路”、“人生转折点”、“立志走廊”、“爱国教育墙”、“净心角”、“友谊亭”、“心镜湖”、“探索与追求”、“理想之桥”、“飞跃人生”、“探索真理”、“崇尚科学”等景点，既美化了环境、构建了文化氛围，又起着教育人、启迪心灵的作用，起到良好的教育效果。

2. 文化心理环境建设

校园文化心理环境指校园所有文化建设形成一个对学生的学习、生活、交往和成长产生心理行为影响的氛围。文化心理环境建设就是要将学校的墙报、黑板报、文化墙、宣传长廊和学风、教风、校风、校训、校纪、校规，甚至是对校旗、校徽、校歌、校服等校园文化进行建设，使其形成对师生心理和行为起影响作用的文化环境。

例如，有些学校将校园原有的“警示语言”，均改成“心本化、心育化”语言，赋予“教育化、寓意化”道理。如将“禁止践踏草地”改为“小草青青、脚下留情”，“小草有生命，脚下留爱心”；将“不准摘花”改为“怜惜花容、爱护花使”，“我是你的花使、你是我的护神”；在“仪容镜”写上“注意仪表美、注重心灵美”或“仪表整齐、心灵美丽”；在楼梯旁贴上“为了我你他、举步轻慢稳”；在厕所里摆设盆景，把“注意清洁卫生、严禁乱吐乱拉”改为“良好卫生习惯，皆是行为美德”或扩展成“一急一松皆常情、一点一滴均美德”；在运动场边挂上“锻炼身体、锤炼意志”的语句；把“请讲普通话”变成“请讲普通话，人人语言美”；在垃圾桶印上“行为美”的字句；将阅览室的“保持安静、禁止喧哗”变成“喧哗影响他人，安静是你的美德”；将“不准随地吐痰、不准乱丢东西”改为“乱吐乱丢是小事，行为失范是大事”，等等，使校园文化对学生的心理和行为产生更大影响，形成良好的育人环境。

3. 人际心理环境建设

人际心理环境是指校园里教师之间、同学之间、师生之间、上下级之间形成正常的、和谐的、和睦的人际关系氛围。它包括教与学、管理与被管理、人与人之间的关系，涉及学校的所有教学制度和管理制度对个体心理行为影响的程度和所起到的作用。人际心理环境的营造，就是要使学校所有师生、员工学习、生活、工作在一个和谐的、融洽的、良好的人际氛围中，使学校所有师生员工具备团队精神、具有创新力量，形成一个团结奋发的集体。例如，学校的学生运动队、文艺团体、各种社团等的目的宗旨，除培养学生的业务能力或者是为完成某项比赛以外，更重要的是培养学生的意志力、创造力、亲和力、沟通能力、团队精神和刻苦精神。

综上所述，心本教育思想注重校园心理环境的建设和教育作用。中小学的心理环境建设就是要将校园建成教育人、培养人、塑造人、创造人的场所，充分发挥校园的育人功能和作用。

第八章 心本教育的学校管理

第一节 心本教育：学校心本管理

一、学校心本管理的概念与意义

（一）学校心本管理的概念

1. 心本管理的概念

管理是对事物、工作和组织（人、人心）的管辖——既管又理。因而管理带有“约束”的成分，无论什么理念下的管理，都必须有“约束”，否则就不是管理。不同的理念会产生不同的管理模式，也就有了不同的管理效果。

心本管理是区别于物本管理和人本管理的一种新的管理理念与模式，是指“以心为本”的管理理念和管理实践的总和。“以心为本”的管理，一方面重视人的心品素质在管理中的作用，强调对管理者和被管理者要加强心品教育；另一方面是重视人心的管理，强调管理要围绕着关心、管心和治心来进行管理的理念模式。从大范围来看，管理是一个系统工程，心本管理是一个民心工程。学校心本管理是指学校以心为本的管理理念和管理实践的总和。它是相对于学校教育而言的，侧重于学校管理。学校心本管理涉及面较广，包括全校性的心本管理、班级心本管理、学生社团心本管理和教师心本管理等。

管理学将心本管理思想作为管理学的第三次理论革命：管理从“物本”→“人本”→“心本”管理[①]。20 世纪 50 年代以前，管理是“以物为本”的管理思想；到 20 世纪 60 至 70 年代，管理是“以人为本”的管理思想；进入 21 世纪，管理是“以心为本”的管理思想——心本管理思想。

所谓“物本”管理，是指物本管理理念下的管理模式——物本管理模式。从表象上看，这种管理模式的特点，是围绕着单位或企业的事或物来进行管理（故也叫“事本”管理）；而实际上，这种模式的本质特点，是以资本家、企业主、农场主和管理者为中心、为利益主体的管理模式。这种管理模式的决策权和利益、利润，完全控制在管理者手中，管理的最终目的是提高劳动强度和效率，管理的最终得益者是管理层、资本家或企业主。而作为被管理者，劳动者的地位、尊严和利益始终得不到体现。

所谓“人本”管理，是指人本管理理念下的管理模式——人本管理模式。从表象上看，这种管理模式的特点是管理人性化，管理人本化，管理以人为本、以人为中心，尊重

---

① 吴甘霖．心本管理：管理学的第三次革命．北京：机械工业出版社，2006

人的劳动权利和尊严，考虑劳动者、工薪阶层、被管理者的权益，提高他们的社会地位，包括提高工资待遇、降低劳动强度、改善工作环境、提供劳动保险、增加社会福利等。但从根本上看，这种管理模式的本质特点是管理者与被管理者之间依然存在某种程度上的利益博弈，在一定程度上存在心际之间的隔阂。

所谓“心本”管理是指心本管理理念下的管理模式——心本管理模式。从理论上说，“物本”管理的管理重心、中心、本位在管理者一方，而“人本”管理的管理重心、中心、本位则被移到被管理者一方。这在理论上是说不过去的，管理是管理者和被管理者双方之间的作用，管理无论倚重哪一方都无法达到最佳的管理效能。因而，心本管理思想就是要改变“倚重一方”的现象，要将管理成为管理人的心灵，成为管理者和被管理者双方之间的纽带，发挥管理的最佳效能。那么，心本管理思想的本质特点，就是管理要以心为本，即以心为本位、以心为中心的管理，管理要管事、管事要管人、管人要管心，只有管好心才能管住人，才有最佳管理效能。如何实施心本管理呢？心本管理思想认为必须做到以下两点：

（1）“两元结构”与关系平等性。

首先，心本教育思想认为，在社会中人的许多关系是一个“两元结构”体系，无论是教育关系、管理关系，还是工作关系、亲子关系、人际关系，都存在着关系的“两元结构”，即施教者与受教者关系、管理者与被管理者关系、上级与下级关系、父母与子女的教育关系、人与人的关系、同事与同事关系、朋友与朋友关系，甚至是夫妻关系，都是“两元结构”，其关系是“两元结构关系”。

其次，心本教育思想强调，两元之间是平等关系，即强调两元关系之间是平等的，没有以谁为主、以谁为中心之说，也即师生之间、上下级之间、父子（母子）之间、人与人之间都是平等的——这种关系平等包含人格上的平等、心际上的平等两个方面。人格上的平等主要指管理者和被管理者相互尊重人格、相互体现劳动价值，没有人格上的高低和等级之分；心际上的平等是指管理者和被管理者没有心际、情感的距离，更没有心际上的等级，彼此具有认同感。

两元关系平等性，不仅是管理理念问题，也是管理实践问题，更是管理基础问题和实质问题，只有建立在关系平等的基础上，管理才有最佳效能。

（2）“共同愿景”与认知统一性。

管理内部只强调“两元关系平等性”还不够，还要强调“共同愿景”与认知统一性。

心本管理思想认为，企业管理围绕着劳方和资方的共同心愿和目标前景，形成一个全体职工认知统一，具认同感的“共同愿景”。

心本教育思想认为，组织内部构建“共同愿景”相当重要，它是在共同利益、共同尊重、相互平等的基础上，建立起的共同目标和共同愿景，它凝聚了全体员工的心理意象和心理意愿，形成一个全体职工（包括管理者）认知统一、有认同感的目标和前景。有了“共同愿景”，管理才能运作和快速运行，管理也才具有最佳效能。

心本管理理念和模式，可以用图例来表示，如图 20 所示：

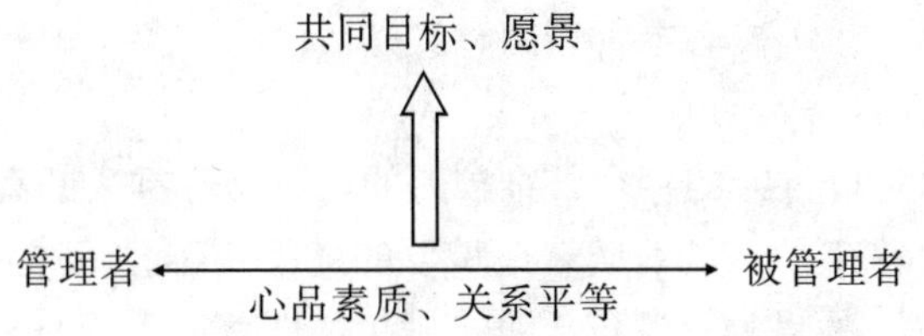

图20　心本管理模式

2．学校心本管理的概念

（1）管理就是管理心灵。

管理就是管理师生的心灵，管理心灵是学校一切教育和管理的前提。这是管理观念的转变，但是转变观念不是易事，需要管理者的心灵和观念的突破。许多人都知道“团结就是力量”，一个学校，如果领导班子不团结、教师不团结、师生不团结，则教学工作将无法开展、教育质量将无法实现。然而，团结的前提是心灵相通，没有心灵相通，团结只能成为一句空话。

（2）管理心灵，包括管理自己和他人的心灵。

管理要走出西方管理学的误区——只管他人，不管自己。学校领导首先要管理好自己的心灵，管好自己的压力、情绪，管好自己的言行，要做到修身养性，做到情绪、心态不好时不决策、不处理大事，防止事后后悔的现象出现；然后才管理他人的心灵。有的学校领导对工作鞠躬尽瘁、劳心劳力，但工作效率不高，教师积极性提不起来，学生学风没有好转，学习动机不明显，教育质量上不去，这是没有管好师生心灵的结果。

（3）学校心本管理的指向。

学校心本管理要从“师本”→“生本”→“心本”①。“师本”管理的管理重心、中心、本位在教师一方，而“生本”管理的管理重心、中心、本位移到学生一方。“心本”管理就是以心为本、以心为轴，即以教师和学生共同的心愿为轴——建立起全校（或全班）师生的共同目标、“共同愿景”，使师生对教学具有认知统一性。而共同目标、“共同愿景”与师生发展目标、学校发展目标和心本管理目标是一致的。

（4）管理要体现师生关系的平等。

学校管理不是以师为本，也不是以生为本，而是以心为本。这个“心”指的是师生共同心愿。学校管理要做到共同心愿和目标相一致，必须有两个前提条件：一是师生心品素质良好，有和谐的心态和良好的人际关系；二是师生关系平等，师生之间是平等的，没有以谁为主、以谁为中心的问题。只有做到这两个基础前提，才有可能做到管理以心为本。因此，学校要注重师生的心品教育。

（二）学校心本管理的意义

学校的心本管理是学校管理新理念。管理是对事、对人的管理，事是由人来完成的，因此，管理是对人的管理，而对人管理的实质是对人心的管理。心本管理理念就是管人要

---

① 吴发科，任旭明．学校要倡导“心本教育”．中小学心理健康教育，2010（6）

管心，育人先育心。那么，学校心本管理的意义是：

1. 尊重人的存在，维护人的自尊

学校心本管理理念是尊重人的存在，维护人的自尊。尊重人的存在就是管理要尊重师生的存在，而尊重师生的存在，最本质、最重要的就是要维护师生的人格尊严和自尊心，即达到心本管理“约束”的目的，不仅要维护师生的自尊心，而且要调动师生积极的心理因素，达到管理的最佳效能，实现管理目标。这一理念，与“人性化管理”有质的区别。学校心本管理的意义就在于维护师生的自尊心，调动师生的积极因素。

2. 尊重共同利益，构建共同目标

学校心本管理理念是尊重共同利益，构建共同目标。心本管理不是忽视个人利益，相反是要重视个人利益，只是个人利益要建立在共同利益的基础上。只有在尊重共同利益的基础上，才有可能构建共同目标，实现共同的管理目标。这就是管理学第三次理论革命提出的心本管理的核心理论——构建“共同愿景”的理论实质。学校心本管理的意义就在于尊重共同利益，构建共同目标。

3. 提高管理效应，实现最佳管理

管理的目标是提高管理效应，实现最佳管理效果。倡导学校心本管理有利于融合师生的心志，有利于调动师生积极的心理因素，有利于构建学校管理的“共同愿景”，有利于实现学校管理目标。

二、管理“四要素”与心本管理

（一）管理“四要素”①

管理是现代社会人们活动的重要组成部分，也是现代社会人们从事社会活动的规范和约束。所谓管理，是指一个单位或部门通过决策计划、组织制度、监控执行、奖惩措施等来调配人力、物力和财力，使之形成管理效能，达到组织目标和完成任务的过程。所谓管理效能，是指管理过程产生的能量作用和管理效果。管理要产生管理效能，否则就难以达到组织目标和完成工作任务。

研究认为，管理过程中存在着管理的基本要素，它对管理系统和过程起作用。

管理是一个系统工程，也是一个过程。在这个系统工程中存在着四个管理基本要素，叫做管理的“四要素”：管理者要素——领导层、决策层；管理对象要素——被管理的“人”和“事物”（本文讨论的对象主要是人）；管理介体要素——管理目标、方案、政策、法规、制度和措施等；管理关系要素——管理体制、管理机制、管理模式，即管理者、管理对象、管理介体之间的关系。“四要素”在管理系统过程中既相互联系又相对独立，既相互依存又各自发挥效能，它们之间有着内在的联系，并通过不同形式、途径作用于管理系统过程之中。一旦管理开始，“四要素”就始终制约和作用于管理系统过程，并影响管理效能。只要“四要素”中一个要素出现偏差，管理就难以达到预定目标和效果，只有四个要素协调作用和发展，管理才能顺利进行并达到最好效能。

---

① 吴发科. 管理“四要素”对管理效能的影响及控制. 广东行政学院学报，2002（1）

"四要素"对管理效能的影响：

1. "管理者要素"对管理效能的影响

管理学产生于19世纪末，泰勒（Fredrick W. Taylor）和法纳尔（Henri Fayol）等首先将传统、经验的管理上升为雏形的管理科学，继而梅奥（Elton Mayo）和巴纳德（Chester L. Barnard）等对管理科学不断改进完善，而今的管理学已经发展成为一门管理科学。然而不论管理学发展如何完善，它都离不开"人→对人、对事物"管理的过程。这就是说，离不开"人——管理者"的作用。"管理者要素"对管理效能起着重要的影响作用：

一是管理者对客观事物的认识水平的局限及管理手段科学性的局限，使管理在决策阶段就已潜伏着管理效能的隐性缺陷——决策性错误。例如，管理目标是预期性的，时间越长，预见性越差，管理者对管理目标预见性的认识，直接影响管理者对决策方案的选择。又如，"风险性投资"，不管论证方案如何科学，都存在"投资风险系数"，都面临投资、风险、利润大小的两难选择，其选择取决于投资者的经验、胆略、财力及对客观事物的认识水平，其选择不仅仅是纯粹的"科学选择"，而且还夹杂着投资者主观意向的"价值判断"，其选择受管理者人为因素的影响。

二是管理者自身的管理水平差异，使管理在执行阶段中存在着管理效能的显性缺陷——管理不善。如管理者的能力魄力、主观意志、人格力量和方式方法等因素均能影响管理的效能。因此，不论论证过程如何严谨、决策过程如何科学、管理程序如何缜密，管理者的人为主观因素自始至终都渗透在管理之中，管理者的主观局限性造成管理过程中对目标的偏离，影响了目标的管理效能。这就是管理者要素对管理目标的影响。

2. "管理对象要素"对管理效能的影响

管理对象的复杂性造成对管理目标和过程的偏差。管理学产生于近现代，是在社会生产活动中产生、发展和形成起来的学科，必定受社会生产的影响和制约。"任何社会生产都是在一定的生产方式和生产关系下进行的，生产过程具有两重性，既是物质资料的再生产，又是生产关系的再生产。因此，对生产过程进行管理也存在两重性，一种是与生产力相联系的管理的自然属性；另一种是与生产关系相联系的管理的社会属性"。管理的自然属性是指人对"事物"的管理；管理的社会属性是指人对"人"的管理。

然而，"管理对象要素"在管理中是十分活跃和不稳定的。"管理对象要素"包含事物和人两个方面：一方面管理对象——对事物的管理，事物随着时间空间的变化、科学技术的进步、社会客观环境的改变而不断地变化，并影响着管理目标、过程和效能；另一方面管理对象——对人的管理，也是一项极为复杂的管理工程。

由于"管理对象"——人存在着社会文化背景、人生观和世界观、价值趋向、心品素质，以及看待事物角度和态度等差异，这些差异会导致人的思想行为习惯、团结协作、对管理目标的认同感等程度均有不同，故任何一项管理决策、管理措施都有可能存在两种以上的不同看法和意见，不同的群体对同一事物管理制度的反映和评价不同，同一群体对同一事物管理制度的反映和评价也不同。

可以说，管理对象——人的认同感、心理因素及管理对象的整体素质对管理效能起着重要的影响作用，这恰好印证了那句俗语："人心齐、泰山移"；"管理对象因素"自始至终在管理过程中起着重要的作用，影响着管理的效能。

3.“管理介体要素”对管理效能的影响

首先，“管理介体”自身的技术局限性影响着管理效能。管理介体本身受科学技术条件的限制，介体本身未能达到管理目标方案的要求，影响管理者的决策和管理效能。例如，某一工程的管理决策方案，由于受工程技术性条件能力的限制，科学技术手段不够先进，造成论证过程和管理方案本身存在着技术性缺陷，不完善的决策方案制约了管理的质量和效果。

其次，“管理介体”自身的缺陷影响着管理效能。管理介体是人为制订的，法规、制度和管理措施是人为的，由于人的主观因素的制约，法规、制度本身有可能存在着不尽科学、完善、合理的方面，“管理介体”就不可能绝对正确，只能是相对正确和合理，这就给管理效能造成了一定的影响。

再次，“管理介体”的时效性影响管理效能。任何一种管理介体都受时间因素的影响，具有管理的时效性，因而对管理效能也产生影响。如在实际管理执行过程中，往往由于法规制度过时，未能适应新形势的需要，使之出现管理的“效能递减”。

最后，“管理介体”的合理性与认同感的矛盾对管理效能的影响。尽管管理者主观努力上要让“管理介体”正确合理，但是任何一种管理介体，都难以让全体群众认同和满意。例如，任何一个单位的“工作奖金分配制度”都难以做到完全公平合理，让全部职工认同和满意，这种合理性与认同感的矛盾间接地影响管理的效能。

总而言之，“管理介体要素”本身的科学性和技术性、自身的强度和监控的力度、管理的恒久性、政策的连续性、介体的合理性以及被管理者的认同程度等因素，均对管理效能产生一定的影响。

4.“管理关系要素”对管理效能的影响

“管理关系要素”是指管理各要素在管理系统过程中的联系。这种联系归根结底是管理体制、管理机制在各部门内部管理中的体现，即“管理者要素”、“管理介体要素”、“管理对象要素”三者之间的职能、权力、权利、义务的关系及其相互间的作用。这种关系与作用直接影响着管理效能。

在实际管理过程中，往往容易把“管理关系要素”混同于“管理介体要素”。事实上两者截然不同，“管理介体要素”是指法律、政策、法规、条例、措施、制度和规定等条文；“管理关系要素”是谁有权力和职责制定这些政策和制度条文——谁是立法者，谁有资格执行这些政策制度，谁是执法者。从理论上说，显性的权力在“管理介体”，即外显权力在政策、法规、制度的条文之中；隐性的权力在“管理关系”，即实际权力在管理体制、机制之中，也即谁具有立法权力、执法权力。政策、法规、制度等“管理介体”仅仅是“管理关系”体制、机制的工具，真正的权力在“管理关系”。从职能权限上看，管理体制大于管理机制，管理机制大于管理制度，管理制度大于任何一个管理者，管理者行使权力，在立法时必须置于体制、机制（管理关系）之下，在执法时必须受制于法律法规（管理介体）之内。

由于管理科学是一门新兴学科，其理论还不够完善，各要素之间的联系容易被混淆，人们容易将“管理介体要素”替代“管理关系要素”；由于受传统管理的影响，管理者往往把“各要素”的权力集于一身，把“管理介体要素”与“管理关系要素”的联系混为一体，使整个管理的理念与目标脱离、权力与职能相混淆。管理关系理顺与否影响着管理效能。现代管理理论应将“管理介体要素”与“管理关系要素”相区分，“管理介体要素”与“管理关系要素”的职能应分开，“管理关系”应该是立法、司法、监法权力的分离。

（二）如何体现心本管理

“管理者”是人，“管理对象”也是人，“管理介体”的判定（管理法规的制定）是人，“管理关系”（管理的执行）也是人，管理实际就是——“人”通过“人制定的法规”来“管人”。人在管理中是最活跃、最不稳定的因素，人在管理中起着十分重要的作用，同样的“管理者”，同样的法规制度，同样的体制、机制，面对不同的“管理对象”群体，管理效能可能截然不同；同样的“管理对象”，同样的法规制度，同样的体制、机制，面对不同的“管理者”，管理效能也截然不同。

从上述管理系统中得知，人的因素是最重要的，影响人的因素有主、客观两种原因。主观原因包括传统观念、习惯势力、文化素质、实践能力、协作精神和心理品质等；客观原因包括管理目标的预期性、自然因素的影响性、管理手段和技术的局限性等。心本管理就是要解决人的主观因素的问题，内因决定外因，通过人的内因来影响外因，来促进人对管理目标的认同感的程度，来提高管理效能。管理要以心为本，就是一切管理要符合心的需要，管理的一切要依赖心的认同。

如何体现心本管理，就是要把握人对管理效能的影响，最根本的问题是要提高人的素质，尤其是人的心品素质。因为人的心品素质在管理中是最基础，也是最根本的元素，它影响着人的道德、文化、能力和行为等方面，也影响着管理的执行和效能。

以心为本的管理，要做到：

一是提高管理者、管理对象的综合素质。主要是提高管理者、管理对象的观念习俗、文化知识、能力技术和行为规范，尤其是品德心理和个性修养等综合素质。只有高素质的人，才能谈得上高效能的管理；只有具备良好心品素质的人，才能构建和维护管理的“共同愿景”，才谈得上实现管理目标。

二是提高领导层的管理能力水平。领导层是管理的关键，“管理对象”的素质提升、“管理介体”的制定（管理法规的制定）、“管理关系”的处理，均要依赖领导层。因此，领导层要加强管理知识和理论的学习，要更新管理观念，引进先进的管理理念，不断提高自身的管理素质和管理能力水平，努力实践以心为本的管理，提高管理效能。

三是实施以心为本的管理。首先，组织内部要实践以心为本的管理，即管理要体现以心为本的管理理念，这是前提。其次，要处理好管理“四要素”与心本管理之间的关系，即要改善管理“四要素”，使管理“四要素”体现以心为本的管理理念，尤其是“管理者”、“管理介体”和“管理关系”要素更要反映以心为本的管理。再次，最根本的问题是提高人的心品素质，它是实施心本管理的基础。最后，努力构建组织内部的“共同愿景”、共同目标，努力提高管理效能，实现管理目标。

三、学校心本管理的内容与方法

（一）学校心本管理的内容

学校管理是一个系统工程，学校心本管理的内容涉及面较广。从“人”和“事”的管理内容看，主要涉及学校心本管理、教师心本管理、班级心本管理和学生社团心本管理等（下面将单独论述）。从管理内部要素来看，主要涉及学校管理“四要素”如何体现“以心为本”为内容的管理。下面，着重从管理内部要素来阐述学校心本管理的内容。

第一，学校心本管理的理念和管理内容，往往体现在学校管理的“管理介体要素”和“管理关系要素”之中。

例如，学校“管理介体要素”（各项规章制度、校纪校规）问题，它彰显了学校管理的基本理念，显示了学校管理或严明，或宽松的管理风格，凸显了学校管理的执行力和奖惩力度等，同时，它也反映了学校的人心所向、管理认同感和人际和谐关系等的程度。

又如，学校“管理关系要素”（内部管理体制、管理机制）问题，它隐藏着学校中各种权力的分配、使用、责任和监督；隐藏着学校事务的管理决策、管理执行的渠道和力度；隐藏着学校各部门之间、人际关系之间的沟通状况和融洽程度。

第二，学校要实施心本管理，其中的重中之重是人心问题。要使学校师生心往一处想，劲往一处使，就要有师生认同的管理规章制度，有深得人心的管理体制和机制。因此，体现以心为本的各项规章制度，建立起以心为本的管理体制、机制是心本管理的重要内容。

例如，近年来，学校内部管理大力推行民主管理制度，建立教代会制度，管理公开化制度等，其目的就是让师生参与学校管理，让师生对学校管理的各项规章制度，管理体制、机制产生认同感，让全校师生逐步形成学校管理的共同愿景，这是学校心本管理的初始。

（二）学校心本管理的方法

1. 管理从“心”开始

学校管理从“心”开始，即管理要从心品教育开始，从最基础抓起。学校管理要加强对师生的心品教育。

首先，要加强对教职员工的心品教育。学校教职员工的心品素质直接影响学校的管理，这在某种程度上决定着学校事业的发展和教育质量的提升。广东省教育厅为了推进中小学心理健康教育，做到师资先行，对教师进行了心品教育的A证、B证和C证资格的培训，其目的有两方面：一是提高教师自身的心品素质，使教师具备良好心品和积极心态，有利于教师的自身发展；二是提高教师对学生的心品教育的能力，使教师具备一定的心品教育技能，协助教师的教育工作。

其次，要加强对全体学生的心品教育。学生心品素质是学生整体素质的重要组成部分，也是重要的基础素质。自20世纪末以来，广东省在中小学校中全面推进心品教育，目的是全面推进素质教育，逐步提升学生心品素质。

2. 改良学校管理制度

学校心本管理的重要方法之一是改良学校管理制度，力求做到管理体现心本、管理赢得人心。那么，如何改良学校的管理制度？

第一，学校所有管理制度（包括管理体制、机制和规章制度）都要以心为本。师生乐意接受，具有心理认同感，才能使学校管理变成师生的自觉行为。

第二，学校管理制度，既要符合师生发展的需要，又要适合学校发展的需要，努力使"两个需要"相统一。

第三，勇于废除落后的管理制度。对那些"阻碍师生发展、师生不愿意接受"的制度，对那些"只为自我实现，片面强调个性发展，不利于学校发展"的制度，要坚决予以修改和废除。同时，要建立适合学校心理氛围营造、适合学校心本管理的规章制度，使学校的管理体现心本、管理赢得人心，以利于"两个需要"的发展。

3. 改善心本管理氛围

学校心本管理的重要方法之一是努力改善学校心本管理的氛围。那么，如何改善学校的心本管理氛围？

首先，氛围的改善要立足于发展。学校管理的重心不只是化解矛盾，解决不团结、钩心斗角、团队松散等现象（这些现象，许多单位都存在），而是要通过发展目标、和谐的氛围、积极的心态和协作精神等因素，将管理重心引导到发展的方向上来。

其次，营造心本管理氛围。学校管理要依靠"顶层设计"，如单位的发展目标、共同愿景、制度建设、民主管理等"顶层设计"，也要通过"基础建设"，如师生的心品塑造、对师生的关心、团队意识、和谐的氛围、良好的人际关系等"基础建设"的方法渠道，来营造心本管理氛围，努力营造"目标聚心、发展励心、情感留心、环境育心"和"内部同心、人际热心、上下一心、左右连心"的心本管理氛围。

第二节　心本教育：班级心本管理

班级心本管理是一种管理实践活动，它是对心本教育思想的体现与尝试。一些学校班级管理出现了学生"集体观念淡薄、团队意识弱化"的现象。引入班级心本管理的理念，可能有助于改变这种状况。

一、班级管理的取向

（一）关于班级和班级管理

"班级"是一个统称，实际上包含"班"和"级"两个不同的管理层级，"班"是指教学班，"级"是指年级。但人们在使用"班级"这个概念时，并没有严格区分，常将"班级"概念等同于"教学班"概念。下面讨论的"班级"，指的是"教学班"概念。

班级是学校进行教育教学活动的基本单位。[①] 就管理来说，班级是学校教育和管理活动中最基层的单位。班级是一种统称，指的是学校对教育教学工作进行组织、管理，以一定的人数和规模构成的组织管理单位。[②]

班级是特定的学生群体。所谓学生群体是指以一定方式的共同活动为基础而结合起来的学生联合体。根据群体构成的原则和方式，群体可分为正式群体和非正式群体。正式群体是指由有关行政部门明文规定的，有固定的成员编制、明确的职责权限和确定的组织地位的群体。非正式群体是指人们在相互交往的基础上，自然形成的结构松散，没有明确职责权限而又有强烈情感色彩的群体。诚然，班级是学校管理中的正式群体。之所以说班级是特定的学生群体，是因为班级具有如下特点。

班级的特点：第一，班级是由一定数量的学生所构成的正式群体，也是学校实施教育、教学的组织单位。第二，班级成员（学生）的年龄阶段、学习进程相近，知识广度、深度接近，相对有共同语言。第三，班级成员处于未成年期、童年期或青春期、知识学习期、社会化时期、个性形成关键期。第四，班级是一个时段内的“临时”组织，一旦学生毕业，班级就会自然解散。

班级管理是指学校对班级（学生）的教育、教学的管理。受学校派遣，负责一个班级组织管理的教师，称为“班主任”。班主任工作是班级管理工作的一个构成部分，班级管理是一个包容着班主任管理工作在内的更大的概念。[③] 鉴于班主任工作是班级管理工作中的基本部分，故班级管理问题往往被看成班主任管理工作，但在逻辑上班主任工作不等同于班级管理工作。

（二）班主任在班级中的定位

班主任是教师的一员，享有教师的权利：教育教学权；科学研究权；学生管理权；获取待遇权；民主管理权和进修培训权。同时承担着教师的义务：遵纪守法和为人师表；完成教育教学工作；对学生开展教育；关心学生全面发展；尊重和保护学生；自我提升。[④] 依据教师的权利与义务，班主任在班级教育和管理中的定位是：

1. 班主任的职责定位

班主任的职责定位是指班主任的工作职责的定位。班主任即学校中全面负责班集体工作的教师[⑤]。原国家教委曾经分别在《小学班主任工作的暂行规定》和《中学班主任工作的暂行规定》文件中，对中小学校班主任的地位和作用、任务和职责等作了明确规定：班主任肩负着“组织者、教育者和指导者”的职能，并“在学生全面健康的成长中，起着导师的作用”；是“协调本班各科的教育工作”的协调组织者；是“学校贯彻国家的教育

---

① 国家教委．中学班主任工作的暂行规定．杭州教育城域网，1988－08－20

② 扈中平等．现代教育理论．北京：高等教育出版社，2000

③ 扈中平等．现代教育理论．北京：高等教育出版社，2000

④ 全国人民代表大会常务委员会．中华人民共和国教师法（第七条、第八条）．法律图书馆，1993－10－31

⑤ 顾明远．教育大辞典（增订合编本）．上海：上海教育出版社，1998

方针”，“实施教育、教学工作计划的得力助手”；又担负着“沟通学校与家庭、社会教育之间联系”的责任。

2. 班主任的角色定位

如果说职责定位主要是工作职责方面的定位，那么角色定位主要是个体角色方面的定位，两者各有所侧重。

从上述班主任的职责定位看，也有角色定位的含义。“组织者”是班级管理者（管理角色），“教育者”是教师角色，“指导者”是导师角色。班主任扮演着多重角色。在不同教育思想的背景下，班主任的角色定位有所不同。

传统教育思想背景下，学校的教育、教学以教师为主体、为中心，学生跟着教师、课堂和教材内容转，处于跟随、被教育、被管理的地位。结果造成师道尊严，学生尊、怕、敬、畏教师。这一时期，班主任处于班级教育、管理的顶层，班主任工作绝对权威，班主任更多是在扮演着管理者角色、尊者角色和权威者角色。

人本教育思想背景下，学校的教育、教学以学生为主体、为中心，教师处于“主导”地位，处于尴尬地位：学生是主体、中心，教师就是附属、辅助，那么，作为“附属者”怎能去主导“主体者”，作为“辅助者”又该如何去教育“中心者”，因此，教师不敢去严格管理学生，尤其是青春叛逆期的学生。在教育过程中，教师的主导性和学生的主体性在逻辑上是很难成立的。结果造成学生不尊重教师，学生越来越难管，教师的教育工作压力大，越来越难当。这一时期，班主任的角色定位也就不明确，班主任不知如何管理学生，处于无所适从的角色定位，故班主任工作越来越难，教师越来越不愿意当班主任。

心本教育思想倡导，教者与学者心态和谐、地位平等、关系融洽，师生围绕着教学共同目标，处于教学相长的良性运行状态。实践证明，广东省中小学校的一些班主任，在班级教育和管理中，积极尝试开展心品教育和心本管理，结果学生听话了，班级管理容易一些了，班主任工作也轻松一些了。那么，心本教育思想指导下，教师在班级管理中的角色定位应该是：首先是班集体中的成员（班集体中的一个成员，师生地位平等）；其次是班集体中的长者（年龄、阅历、知识等大于/多于学生）；最后是学生学习与行为表现的导师（既是指导者，又是楷模）。

（三）班主任的心品修养

无论班主任角色如何定位，班主任始终是班级的长者、导师。从管理的角度来说，他/她应该是班级的管理者，或者说与班干部一起，是班级的管理者。作为管理者，首先要“管理自己”，要有心品修养，然后才有资格、资本管理和影响学生。班主任如何“管理自己”，如何提高自身的心品修养？

——一个优秀的班主任，要经常反思自己的不足，不断修养自己的性格，时刻保持清醒的态度，及时改正自己的缺点。

——一个优秀的班主任，要学会管理自己的情感，调节、调整自己的情绪，不要让烦恼影响学生、迁移给学生，更不要在心情不好的时候处理事情和教育学生，要做到“先理心情，再理事情”。

——一个优秀的班主任，要控制自己盲目的冲动，要懂得“坚硬往往容易折断”的道理，要分清“坚韧的心态与坚硬的冲动”的区别。

——一个优秀的班主任，要善于约束自己，管理好自己的言行，尤其是管理好自己的欲望，不能利用班主任的权力去换取学生的尊重。

——一个优秀的班主任，要正确认识自尊、自负，要妥善管理好自己内心的师道尊严，切忌身居高位、自以为是、固执自恋，防止“听不进学生的意见建议、容不得半句冒犯的话”的心态，也要防止只爱“听奉承话、听尊敬话”的心态。

——一个优秀的班主任，要时刻防止自己“职业倦怠”的工作态度，要时刻防止无所作为的懒惰的“老油条”心态。

——一个优秀的班主任，要勇于面对“差班”，敢于接受并胜任落后、散漫班级的班主任工作，要敢于担当，勇于挑战，有所作为，要有“不怕起点低，就怕境界低”。

——一个优秀的班主任，从不轻易批评学生，更不斥责学生、怒骂学生、诋毁学生、惩罚学生，他/她懂得发怒是无能的表现，总是用微笑，用认真、严肃、期待或激励的言行来对待学生。

（四）班级管理的取向

随着管理学的第三次理论革命，随着学校心本教育的倡导，班级管理的取向，要沿着“‘师本’管理→‘人本’管理→‘心本’管理”的取向发展。这就是说，班级管理要倡导心本管理理念，要最终走向“班级心本管理”。

什么是班级心本管理？班级心本管理是指班级管理“以心为本”的管理理念和管理模式的总和。众所周知，管理中最活跃和最不稳定的因素是人，班级管理中最活跃和最不稳定的因素是班主任和学生。班级心本管理是通过以心为本的管理方式来控制最活跃和最不稳定的师生因素，以达到最佳管理效应。那么，班级心本管理的控制就是以良好的心品、积极的心理和平等师生的关系的心理因素为前提，构建一个师生心理认同的共同愿景来进行班级管理和控制，从而发挥师生的内动力和合力，达到班级管理的最佳管理效应。

1. *新型管理模式*

班级心本管理是学校心本管理的具体体现，它既是一种教育管理理念，也是一种教育管理实践，同时也是一种新型管理模式。班级心本管理模式中教师与学生的内在关系如图21所示。

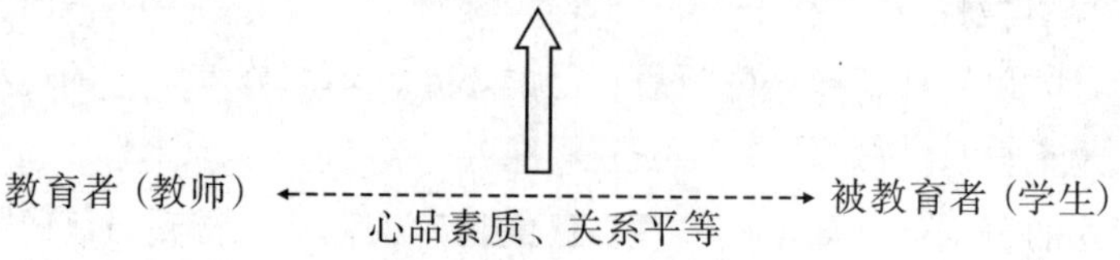

图21　班级心本管理模式

这种管理模式必须构筑两个前提基础：一是师生有良好的心品素质（因此，必须在班级中开展心品教育）和积极心理；二是师生关系平等（师生地位平等，融为一体，没有主体之分）。有了这两个前提基础，班级内部师生心态和谐，心际距离拉近，地位平等，班级内部关系融洽，班级氛围良好。

这种管理模式必须有一个“共同愿景”，即完成教育任务、努力营造有利于学生成长和发展（全班一致的意愿，不是谁强加于谁的目标）的氛围；共同怀有美好的、发展的、可实现的前景（全班一起设想，班主任可引导）；全班成员共同拥护，并愿意为实现共同目标而自觉行动。

2. 新型师生关系

新型师生关系是一种良好、平等的关系。是师生共同努力的结果。新型师生关系的基本内容有：

（1）平等关系。

平等关系是指在教育、教学和班务管理活动中，全班成员（同学之间、师生之间）之间关系平等、相互尊重、相互关心、相互帮助。成员间有时可以有不同看法、不同意见，但要在相互尊重的基础上进行沟通，寻求共识。教师作为长者，要起到引导和组织作用。这种新型的师生平等关系，是班级心本管理的基础。

（2）目标关系。

目标关系是指在教育、教学和班务管理活动中，全班成员之间以共同愿景、共同目标为关系纽带，建立起一种以目标实现为动力而共同奋斗的关系。无疑，目标关系具有共同利益、共同发展的关系。例如，在教学活动过程中，教师得到教学的成就感，学生得到教育的受益感，使师生在教学活动过程中共同得到满足。由此可见，班级心本管理的目标之一是完成教学任务；而目标关系是一种新型师生关系——目标动力关系。

（3）业务关系。①

业务关系是指在完成教学任务的过程中，教师和学生分别充当一定的活动角色，组成师生双边的活动共同体，形成分工合作的角色关系。师生之间的业务关系，就是教师和学生之间的教与学的工作关系，即在教育活动中，教师的角色主要是设计者、组织者、引导者、授业者和研究者，对教育工作负责。学生的角色主要是受业者、参与者和活动者。例如，在教学中，教师的角色是知识信息的传播者，学生则是知识信息的接受者和听讲者，师生之间是讲课和听课的关系。

（4）伦理关系。

伦理关系是指在班级心本管理活动中，教师和全体学生组成了一个特殊的道德共同体，各成员要遵循一定的伦理原则，承担一定的伦理责任，也享有一定的道义权利。伦理关系是班级教育、管理活动中师生关系的重要方面，是班级心本管理的基本原则，它既是

① 扈中平等. 现代教育理论. 北京：高等教育出版社，2000

文明教育、民主管理的重要标志，又是班级心本管理的重要前提。这种师生伦理关系，既保证了班级管理的正常运行，又在一定程度上防止了师生关系的庸俗化。

（5）情感关系。

情感关系是指在班级心本管理活动中，教师和全体学生心际之间因信息交流、互相了解、互相共识而形成的一致态度和情感关系。班级教育管理过程是一种特殊的人际交往过程，存在着群体交流、社会认知、社会情感和社会态度等社会心理过程。班级心本管理就是要注重师生的情感关系，利用这种认知一致、态度一致的友谊情感来进行管理。师生良好的情感关系是班级心本管理的师生人际基础，也是班级心本管理所要营造的师生情感氛围。

（6）相长关系。

相长关系是指教师和全体学生在班级心本管理活动中共同进步、相互成长的关系。这与师生在教学过程中"教学相长"的教育原则同理。在班级心本管理活动中，师生通过心本管理也能实现相互成长的目标。相长关系是班级心本管理要达到的最终结果（相互受到教育、教学相长、心品相长等），也是教育者所追寻的最高境界。

二、班级心本管理的运作

班级心本管理的运作，关键是建立班级心本管理的目标和开展班级心本管理的尝试。

（一）建立班级心本管理的目标

如何建立班级心本管理的目标，这要视班级的实际情况而定。一般来说，班级心本管理的目标应包括：

1. 个体目标

个体目标是指班级心本管理的基本目标，只有重视个体目标，班级心本管理的集体目标才能明确，班级心本管理的氛围才能形成，班级心本管理的目标才能实现。

班级心本管理的个体目标主要有以下三点：

一是在班级心本管理的氛围中，学生得到良好心品的塑造。通过心本管理，学生人格健全、心态和谐、积极向上；通过心本管理，学生感到班集体的温暖，具有幸福感、归宿感和责任感；通过心本管理，学生自信心、心理承受能力增强，能自觉调节情绪，具有自我控制力，行为表现不断进步。

二是在班级心本管理的氛围中，学生能够完成学习任务。通过心本管理，学生的学习动机增强、学习态度端正，能够完成学习任务，学习成绩不断提高。

三是在班级心本管理的氛围中，学生的爱好、特长和各种能力得到培养和发展，形成班级管理的特色。

班级心本管理要防止一种倾向，即防止学生的个性过分张扬、过分追求自我实现、自我发展，无视集体、团队的存在，全不顾及他人的感受。因强调"个性发展"而影响相互尊重的人际关系；因"追求自我"而缺乏协作意识和团队精神。这种过度强调自我的个性特征，既不利于学生今后人格的塑造，也不符合和谐社会的需求。

2. 集体目标

集体目标即共同目标，它虽然建立在个体目标基础之上，但必须是个体目标经过协商后的汇集，必须是集体目标与个体目标的统一。

班级心本管理的集体目标，主要体现在以下两点：

一是建立“共同愿景”。在班级心本管理中，建立一个美好的、发展的、可实现的、全班成员共同拥戴的前景相当重要。这个共同愿景必须体现师生身心和教学的共同发展。就学生而言，必须使其心品有所提升发展，学业有所提升发展，行为表现有所提升发展，即共同愿景是“为了每个学生的发展”。

二是培养团队精神。团队精神是现代管理的一个重要概念，它与共同愿景一起，构成管理中相互联系、相互作用、相互影响的两个组成部分。没有共同愿景，团队精神就没有目标方向，团队就无从建起；没有团队精神，共同愿景就成为空中楼阁，无法实现。团队精神包含认知统一、相互理解、相互谅解、协作意识、团队意识、奉献意识等丰富内涵。团队精神是共同愿景的最高境界，是班级心本管理的最高目标，也是个体目标实现所不可或缺的精神因素。

相对来说，共同愿景是班级心本管理中“比较显性”的集体目标，而团队精神是班级心本管理中“相对隐性”的集体目标。在班级心本管理中要防止这种倾向，即为了集体目标，牺牲个体目标；只求集体发展或利益，不顾个体发展或利益；要求个体具有奉献精神，不管个体目标是否能实现。如果这样，共同愿景就无法持久，集体目标也无法实现。作为班级的长者、引导者的教师，更要防止这种倾向。

（三）开展班级心本管理的尝试

班级心本管理是一种全新的管理模式，也是管理的新生事物。如何开展班级心本管理，要敢于大胆地实验和探索。尤其在管理的初始阶段，班主任要发挥长者和引导者的作用。

1. 班级心本管理的理念

新的管理模式就要有新的管理理念。首先，班主任要转变管理理念，要学习和了解心本教育、心本管理的理念实质，要树立“以心为本”的管理思想，要有管理从心开始、管人先管心、育人先育心的意识，要有尊重学生、师生关系平等的意识，要有将自身置于班集体中普通一员的意识。

其次，班主任要认识到传统班级管理理念下的师道尊严、教师的权威和神圣地位的管理效应局限，要认识到人本管理理念下的以学生为中心、为主体，个性自由、自我发展的某些管理效应局限，要敢于废弃以往管理中的某些弊端，将班级管理从“师本”或“生本”地位上拉回来，建立起师生共同的“心本”管理地位，建立起师生关系融洽、心际友善的管理关系，建立起以“心本”为指向的班级管理新模式。

2. 引导集体目标的建立

班级心本管理的集体目标，就是上面所论述的建立共同愿景和培养团队精神。如何引导集体目标的建立？必须做到以下四点：

首先，发挥班主任的引导作用。班级心本管理的初期，旧的管理模式尚未废除，新的管理模式还未建立，这就需要依赖班主任的观念转变，要发挥班主任的引导作用。此时，主要应做好两件事：一是摸清学生的心理状况、实际想法和个体发展目标设想；二是加强学生的心品素质教育，培养学生的良好个性，提高学生的积极心理，打好心本管理的基础。

其次，寻求学生发展的共同点。这是建立集体目标、共同愿景的必由之路，是一个不可忽视的必要环节。寻求学生发展的共同点的过程，实际上就是认知统一的过程、师生心际共融的过程、个体目标趋同的过程，也是班集体意识建立的过程。这个过程，要有足够的时间保证，不可仓促，要有充足的内心沟通、反复的讨论，要联系学生的年龄实际、心理实际、学习现状、能力表现、爱好特长和原有班风等情况；这个过程，要做到“寻求”与“引导”相结合，逐步发现共同点，达成共识点，形成认同感。

再次，描绘班集体的共同愿景。班集体共同愿景的描绘过程是集体目标建立的重要过程，也是共同愿景的形成过程，因而也要有足够的时间来酝酿、讨论和描绘班集体的共同愿景。这个过程的后期，要将共同愿景描绘出来，形成共同愿景方案。共同愿景方案要做到：一是要有多个可供选择的愿景方案；二是每个方案要有不同时期（如两年、三年、五年）的发展蓝图，要有最终蓝图，学生毕业前要达到的班集体的共同愿景（包括班集体需要实现的发展目标，个体要实现的目标）；三是方案要集中体现学生的意愿，要求不宜过高，要经过共同努力就可以实现；四是方案要体现以心为本理念，有助于学生的身心健康和发展，有助于学生的学业完成和学会做人，有助于学生的共同进步和共同发展。

最后，变成班集体的共同目标。经过描绘班集体的共同愿景，经过选择班集体的共同愿景，最终使共同愿景变成班集体的共同奋斗目标。

3. 开展班级心本管理

首先要培植积极的群体动力。群体动力是社会心理学概念，它是指群体内部成员之间的相互作用及对个体所产生的影响作用，即群体成员间的相互作用和群体对个体的影响作用，具体体现为群体凝聚力、群体心理氛围和风气、群体成员间的吸引与排斥以及合作与竞争等。群体动力有积极和消极之分。积极的群体动力，必须以建立美好的、有利于成员发展的共同愿景为基础。

开展班级心本管理，要围绕班集体的共同愿景，要培植积极的群体动力，发挥共同愿景的内动力作用和群体动力的积极作用。有经验的班主任都知道，优良的班风、风气和心理氛围一旦建立，班集体就有了吸引力、凝聚力、合作力和内动力，这就是群体动力效应。共同愿景与群体动力的关系是：共同愿景的共同点、共识点和认同感是群体动力发挥的基础；而培植积极的群体动力又对共同愿景的实现有着积极意义。班主任要利用好这个关系。

然后要发挥个体的积极作用。由于共同愿景联结了每个学生的个体意愿和个体目标，有了共同愿景，学生个体就有内动力，就能发挥个体的积极作用。这时的班级心本管理，可以让学生进行自我管理，班主任则作为集体中的一员，起着引导作用。这时的班级心本管理，师生融为一体，共同成为管理的主体。

4. 管理中允许个性存在

班级心本管理是一种认知、态度和目标一致的管理模式。但是，班集体由几十位学生组成，每个学生都是完整、独特，有差别的个体，因此，不管是心本教育还是心本管理，都必须立足于这一客观事实，在管理理念上要尊重学生的独特性和差别性，允许个性存在（注意，是尊重和允许其独特性、差别性、个性存在，而不是提倡学生的个性发展），只要班集体的友谊、情感不受影响，就要尊重和允许其存在。

综上所述，班级心本管理是在心本教育理念下的一个全新的管理概念，也是一种管理的新生事物，同时，班级心本管理是学校班级管理的一种倡导和尝试。它需要广大中小学教育者不断地进行理论和实践探索。倡导班级心本管理，对于解决当前“学生难管、班主任难当”的班级管理现象，具有重要意义。

第三节　心本教育：社团心本管理

一、学生社团和社团活动

（一）学生社团的性质、类型与作用

随着素质教育的深入发展，学校的学生社团（包括学生篮球队、足球队、羽毛球队和乒乓球队等）越来越多，有的学校多达五十多个学生社团。参加社团活动的学生也很普遍，有的学校85%以上的学生均参加了社团活动，学校参加社团活动的学生数量多达数百，甚至是一千多人。各个社团的学生人数也有多有少，不尽相同，少的十几人，多的则上百人。

1. 学生社团的性质

学生社团是特殊的学生组织，是特殊的非正式群体。说它特殊，是因为它是由学校批准成立、有明文规定的，一般由学校团委或学生会主管、有业务教师指导、不是自然形成的组织，但它没有固定的成员编制，也没有严格的职责权限和确定的组织地位，也没有很严格的活动规定，是学生在爱好、特长、自愿参加的基础上组成的结构松散的群体。学生社团是现代教育和素质教育的体现和产物，社团活动是学生的第二课堂活动，是对第一课堂的补充。它既是一种课余实践活动，又是一种书本知识的扩展和应用活动。

2. 学生社团的类型①

按照社团活动内容性质分类，学生社团大体可以分为：

（1）文学艺术类。

这类学生社团主要有：历史瞭望社、文学社、新诗学社、英语俱乐部、青桐文学社、枫林辩论社、读书社、合唱团、舞蹈团、曲艺团、弦乐团、管乐团和戏剧团等。

（2）体育运动类。

这类学生社团主要有：足球队、排球队、乒乓球队、羽毛球队、田径队、体操队、游泳队、健美操队、航模队、武术队、溜冰队、舞狮队和风筝队等。

（3）科技创新类。

这类学生社团主要有：天文社、地理学社、数学社、化学社、环境保护学社、电子光学社、计算机学社、机器人协会、无线电协会、水科技社、生物科技社、JA 经济学社和科普协会等。

（4）志愿者服务类。

这类学生社团主要有：青年志愿者协会、心理援助协会、红十字医疗社、爱心协会、图书协会、绿诺社、礼仪队、广播电视台和老年之家服务队等。

（5）爱好、特长类。

这类学生社团主要有：书画学社、动物协会、摄影协会、集邮协会、动漫学社、影评学社、街舞社、口技社、魔方社、陶艺社、烹调学会、吉他协会和越野俱乐部等。

3. 学生社团的作用

学生社团活动能够发挥和培养学生的爱好和特长，巩固和扩展第一课堂的知识；学生社团活动能够帮助学生学习知识、技能和生活自理，培养学生的动手能力、实践能力、沟通能力、协作能力、自我管理能力、应用能力和创造能力；学生社团活动能够培养学生的钻研精神、创新精神、团队精神和刻苦精神，能够帮助学生锤炼思想、陶冶情怀、规范行为。总之，学生社团活动在提高学生的综合素质，培养学生“学会学习、学会做人”等方面发挥着重要作用。

（二）如何发挥学生社团活动的育人作用

心本教育十分重视学生社团活动的育人作用。心本教育思想认为，学生社团活动不仅是对第一课堂的补充，而且是育人的重要课堂和场所，从心品教育和素质教育的角度看，它的育人作用甚至比第一课堂的作用还要大。许多有经验的校长、教师都很重视学生社团活动的育人作用。

那么，如何发挥学生社团活动的育人作用？就心品教育来说，就是要加强对社团的心品教育渗透，培养学生良好的心理素质。

---

① 李夏萍．广东实验中学校本课程开发与研究．广州：广东教育出版社，2009

1. 要扩展学生社团的功能

社团能否发挥育人作用，关键是如何扩展和发挥社团的育人功能。社团不仅具有培养学生业务能力的单一功能，而且具有培养学生思想道德、心品素质、遵纪意识、协作意识、集体观念和团队精神等多种育人功能。例如，学生篮球队不仅要锻炼学生的身体，培养篮球技能、竞技能力，或取得篮球比赛的成绩和名次，而且要扩展学生社团的育人功能，要培养学生的意志力、合作能力和团队精神等。又如，学生航模队不仅要培养学生的航模知识，设计、制作和操作能力及技术，而且要扩展学生社团的功能，要开发学生的潜能，培养学生的创造力等。这就是要扩展学生社团的育人功能。

2. 在社团活动中培养学生

学校处处是教育。学生社团活动是锻炼学生、培养学生的过程，它是第一课堂，即书本知识所无法比拟的教育过程，因此，要充分利用社团活动过程的机会，培养学生各方面的素质能力。学校教育不仅要重视第一课堂的教育作用，而且要重视社团第二课堂的教育作用，要重视在社团活动中培养学生，发挥学生社团活动的育人作用。

3. 要保证社团活动的运行

学校要重视学生社团活动，要发挥学生社团活动的育人作用，就必须保证社团活动的正常运行：第一，增加学生社团活动的人力、物力和财力的投入，尤其是活动场所、指导教师和必要的仪器设备的投入；第二，增加社团活动的时间投入，安排更多的活动时间，让学生得到学习和锻炼，真正将社团作为培养人的场所而不是摆设；第三，社团活动要能学到东西，能吸引学生。

4. 要转变观念和加强管理

要真正发挥学生社团活动的育人作用，还要积极转变教育观念，真正认识到社团的育人作用，将它纳入学校的教学计划之中，成为学校教育的重要内容和教师的教学任务。同时，要加强制度建设和管理建设，要改变学校教育、教学的评价标准，要将指导学生社团活动的工作列入教师工作量和教学工作评价中，以保证教师的精力投入；要将在学生社团活动中学到的知识、能力、技能和表现列入学业成绩和学习评价，以保证学生的学习投入。

二、心品教育的社团渗透

随着学校学生社团的增加，参加社团活动的学生也越来越多，学生社团成为学校教育、人才培养和学生管理的基本单位（群体）。许多学校越来越重视学生社团的育人作用，尤其是重视学生社团的专业培养和心品教育。

社团渗透是指利用学生社团活动的过程来进行渗透教育。心品教育的社团渗透是学校心品教育的重要途径，是指利用学生社团活动的过程对学生渗透心品教育。那么，这就存在认识、实践在内容和方法上的问题，即是否渗透、渗透什么、如何渗透的问题。

学生社团活动如何渗透心品教育？中小学校有许多渗透教育的方式、方法，但渗透教育的效果怎样，关键在于学生社团的指导教师心品教育能力水平。广东省中小学心理健康教育指导中心专家，经过几年对学校学生社团渗透心品教育的调查、探索和指导，认为社团活动渗透心品教育的关键是教育效果的问题，由此他们摸索出了一些方法，积累了一定经验。

就广东省中小学来看，学生社团渗透心品教育有两种方式：一种是“活动主题”渗透法；另一种是“社团性质”渗透法。

（一）“活动主题”渗透法

所谓“活动主题”渗透法，是指社团渗透心品教育的内容跟着社团“活动主题”的内容来进行，社团“活动主题”决定了渗透心品教育的内容。

例如，文学社和英语俱乐部，今天的社团“活动主题”符合情感教育就渗透相应的“情感心理”教育内容；明天的社团“活动主题”符合人际沟通交往就渗透相应的“人际心理”教育内容；后天的社团“活动主题”符合道德教育就渗透“品德心理”教育内容。又如，学生田径运动队，有时渗透“自信心理”教育，有时渗透“意志心理”教育，有时渗透“积极心理”教育，有时渗透“品德心理”教育，有时渗透“人际心理”教育，有时渗透“协作心理、团队精神”的教育，以不同的方式培养学生各方面的素质。

“活动主题”渗透法的特点：一是经常变换心品教育的内容，心品教育的内容随着社团“活动主题”时常变换；二是社团指导教师要较全面、系统、专业地掌握心理学的原理和方法，否则渗透不到位、管理不得法、影响不深刻，效果就难以显现。

实践证明，这种渗透法的教育效果不是很好，主要原因是：第一，教师很难熟悉心品教育 15 个方面的全部内容，教师渗透教育的心理学专业知识不足；第二，经常变换心品教育的内容，等于“打一枪换一个地方”，恰如蜻蜓点水，对学生的教育效果不佳。

（二）“社团性质”渗透法

所谓“社团性质”渗透法是指以社团的性质来确定渗透心品教育的 1～2 项内容，然后予以相对固定，坚持单项教育渗透，即“社团性质”决定渗透心品教育的内容。例如：

文学艺术类社团，主要渗透自我意识、个性心理和情绪心理等的心品教育内容（每个社团选择其中 1 项，最多 2 项的内容）。

体育运动类社团，主要渗透品德心理、意志心理和团队精神等的心品教育内容（每个社团选择其中 1 项，最多 2 项的内容）。

科技创新类社团，主要渗透自信心理、潜力开发和创造力培养等的心品教育内容（每个社团选择其中 1 项，最多 2 项的内容）。

志愿者服务类社团，主要渗透品德心理、人际交往和适应社会等的心品教育内容（每个社团选择其中 1 项，最多 2 项的内容）。

爱好、特长类社团，主要渗透个性心理、潜力开发和积极心理等的心品教育内容（每个社团选择其中 1 项，最多 2 项的内容）。

“社团性质”渗透法的特点：一是每个社团相对固定心品教育的一项内容，坚持两三年，能保证教育效果；二是作为非心理学专业毕业的社团指导教师，较容易掌握某一项心品教育内容的知识和方法，也容易与教师本专业的知识和方法相结合，从而做到有机渗透、有效渗透。

实践证明，这种渗透法的教育效果比较好，其主要原因是：第一，教师可以较快熟悉心品教育1～2项内容的专业知识和教育方法；第二，相对固定的心品教育内容，坚持一段时间，就会有教育效果。

三、学生社团心本管理

（一）什么是学生社团心本管理

学生社团心本管理是指学生社团以心为本的管理，它包含两重意思：一是管理从心开始，社团活动管理的首要任务是培养学生良好的个性特征（因为“心育是教育之母”，只有学生个性修养得到提升，才能在社团中学到更多东西）；二是管理以心为本，在管理学生、教育学生的过程中，使学生感受到关爱，使学生信服、自觉和自为。

1．学生社团的管理特点与管理意识

由于学生社团是特殊的学生组织，是学生在爱好、特长、自愿参加和带有一定情感色彩的基础上组成的结构松散的群体，是对第一课堂教育的重要补充。由于学生社团的成员主要是学生和个别指导教师。因此，学生社团管理的一般特点是：

（1）教育性特点。

学校的一切组织和活动的目的都是为了教育人，学生社团活动过程的所有管理，也是为了教育人。从这一意义上说，社团管理就是“教育”。社团离开或者失去了“教育”这一目标，社团管理就失去了意义，学生社团也就没有成立或存在的必要。关于这一点，学校和指导教师要非常明确，这也是学生社团的教育管理特点。

其中最重要的问题在于，学生社团教育学生什么？一句话，学生社团除了培养学生的爱好和特长之外，更重要的是教育和培养学生“做人的道理”和“高尚的精神”，如自信、自尊、诚信、尊重、利他的做人道理以及刻苦、创新、团结和协作精神。

（2）团队性特点。

学生社团是带有团队性质的组织，因而社团管理也带有团队、组织的管理特点，即社团管理具有学习要求、纪律要求、行为要求、团队意识要求和创造意识要求等管理特点。

作为社团指导教师要十分明确这一点，学生在进入社团一段时间后，经过教育和管理，不仅爱好、特长、能力方面有所进步，而且纪律行为、个性修养和精神面貌等综合素质都要有明显提高。总而言之，受过社团锻炼和没受过社团锻炼是不一样的。

（3）塑造性特点。

学生社团是一个大熔炉，要让学生在熔炉中百炼成钢，学生社团就要成为改变人、塑造人的场所。因此，学生社团的管理带有塑造性特点。

作为社团指导教师要有这样的意识，社团活动不仅仅是为了培养学生的爱好、特长，而且是要改正学生的不良习气、不良作风和不良行为。因此，社团管理要注意两点：一是不应该将有不良习气、不良作风和不良行为的学生拒于社团门外，不予招纳；二是不应该将有不良习气、不良作风和不良行为的社团学生轻易除名。

2. 学生社团心本管理的策略和意义

（1）把握管理的最高境界。

心本管理认为，管理的最高境界不是管事、管物、管“学到什么”、管“做到怎样”，也不是管人、管效率。管理的最高境界是管心、治心，只有管到心、治了心，才能管到人、管到效率，才能管好事、管好物，才能使被管理者“学到什么”、“做到什么”。

学校学生社团管理也是同样的道理。因此，学生社团心本管理的策略和意义之一就是“管人要管心”、“管理要治心”，只有管好学生的心，才有可能实现社团活动的目标、达到社团管理的目的。

（2）把握管理的最基础因素。

心本管理认为，管理的最基础因素不是事、物、人，而是人的“心”，得人心者得天下，得人心者得效益，得人心者得胜利。要得人心就要学会关心。

“管理要关心”是心本管理的理念①，如果不会关心下属成员，不会关心社团学生，那么就得不到学生的心。“管理要关心”包含两点内容：一是关心学生的学习、生活、爱好、行为和表现等；二是关心学生的心情、心态、心性、心志、心力和感受等。只有关心学生，才有可能实现培养学生爱好、特长和心品、行为的目的。

（3）把握管理的力量源泉。

心本管理认为，管理的力量源泉来自被管理者之中，人力资源管理的灵魂在于凝聚被管理者的心灵力量（包括积极性、拼搏精神和奋发精神），在于挖掘被管理者潜藏于心中的活力源泉，在于激发被管理者为本企业（或为本单位）的共同愿景奋斗的献身精神。心本管理认为，管理力量源泉激发的必要条件是“两元结构”的关系平等性及“以心为轴”的彼此向心性。也就是说，管理者与被管理者之间“两元结构”的关系必须是平等的，被管理者的劳动必须得到尊重，得到“物心需要”——这是管理的前提条件；同时，在心本管理中，管理者与被管理者“以心为轴”，形成彼此的向心性——这是管理的过程条件。

那么，在社团活动管理中，教师与学生的平等关系是心本管理的基础，彼此向心是社团管理的策略和意义的体现。只有做到这样，才能实现社团心本管理，才能实现社团管理育人、服务育人的目标，才能达到社团教育人、培养人和塑造人的目的。

（二）如何进行学生社团心本管理

1. 对社团学生渗透心品教育

心育是教育之母，心育是学生社团管理和育人的前提，社团学生的心品素质是社团管理和育人的关键，因为没有良好心品素质作基础，就很难有良好的育人效果。因此，学生社团要发挥育人功能和具有育人效果，就必须对社团学生进行心品教育。

对社团学生渗透心品教育，要做到以下三点：

（1）能力目标与心育目标的有机结合。

各类社团原本有自己的育人目标，叫做“能力目标”。要对社团学生进行心品教育，

---

① 吴甘霖. 心本管理：管理学的第三次革命. 北京：机械工业出版社，2006

就要有“心育目标”。要使社团具有心育功能，要使社团发挥心品教育的作用，首先就要做到能力目标与心育目标的有机结合，努力培养学生的心品素质，也就是上面所讲的“加强心品教育的社团渗透”。

如何做到两者的有机结合，这就要求社团指导教师要认真制订每学期的“社团活动计划”，计划内容包括培养目标、培养内容、培养方法和时间安排等；培养目标必须包含能力目标与心育目标，并认真落实培养目标，而不只是写在计划里。

（2）活动内容与心育内容的有机渗透。

各类社团原本有自己的活动内容。例如，学生合唱团，活动内容主要是大合唱练习。对社团学生进行心品教育，就要做到活动内容与心育内容的有机渗透，也就是上面所讲的“社团性质”渗透法。

如何做到有机渗透，这就要求社团指导教师要认真备课，每一次活动都要认真备课，努力做到每一次活动都有专业或特长的教育内容、心品教育内容以及教育方式，使教育有机渗透，达到育人的效果。有部分学校的社团活动，指导教师既没有全面、系统的活动计划和培养目标，又没有具体、系列的活动内容和备课计划，活动指导完全随心所欲，随意性较强；社团活动处于业余学习、课余娱乐或放任、休闲的状态。这种社团管理、教育的方式不利于育人。

（3）业务指导与心育指导的有机统一。

业务指导与心育指导的有机统一是对社团指导教师而言的。要对社团学生渗透心品教育，关键是社团指导教师要有“育人意识、使命感和指导能力”——这是教育者必须具备的基本素质。就指导能力来说，指导教师不仅要有社团活动的业务指导能力，要有某一方面的心育指导能力，而且还要有将两者有机统一的能力，即具备良好的管理方式和教育方法的能力。衡量一个社团指导教师能力的高低，就看他将两者有机地统一在一起的能力。

2. 对学生社团进行心本管理

对学生社团进行心本管理是一种尝试。为何强调社团心本管理，因为社团活动在学校教育中，无论是参与人数还是所起的教育作用都越来越大，因而必须加强管理，尤其是心本管理。一个质量好的学校，必定重视社团第二课堂的教育作用，必定重视心本管理。

对学生社团进行心本管理，必须做到：

（1）教育理念、目标、内容和方法的统一。

心本管理强调教育理念、目标、内容和方法的统一，也就是要做到以心为本的教育理念、目标、内容和方法的统一。进行社团心本管理，关键是社团指导教师，因而教师要全面理解心本教育、心本管理的内涵和理念，只有转变教育观念，才能够将心本教育和管理的目标、内容、方法统一起来，才能够沿着“以心为本”的方向进行尝试，才能够进行有效的管理。因此，各个学生社团在实践心本管理时，要时常检查活动过程中是否做到了管理上的理念、目标、内容和方法的统一。

（2）关爱、激发、教育和管理的统一。

心本管理强调关爱、激发、教育和管理的统一，这是一组辩证关系。关爱是强调教育者、管理者对学生、下属的理解、关心和信任、支持。激发是强调教育者、管理者对学生、下属心灵上的勉励、激励和疏导、引发，使之发挥积极作用。教育、管理是强调要有一定的“规范性、纪律性和约束性”，强调教育者、管理者对学生、下属要有一定的严格要求和教育引导，让学生任意地自我发展、任其个性发展，而不是不敢教育和管理学生。因此，在对学生社团活动的心本管理过程中，指导教师既要关爱、激发学生，使学生乐于参与社团活动，使学生既能够学到知识和做人的道理，又能够严格地教育引导学生，管理约束学生，使之形成良好的品质行为。

参考文献

[1]［德］弗洛姆．为自己的人．孙依依译．北京：三联书店，1998

[2]［德］康德．论教育学．赵鹏，何兆武译．上海：上海世纪出版集团，2005

[3]［法］贝斯特．"教育学"一词的演变．高建慧，沈剑平译．见瞿葆奎．教育与教育学．北京：人民教育出版社，1993

[4]［法］卢梭．爱弥儿（上卷）．北京：商务印书馆，1978

[5]［美］杜·舒尔茨．现代心理学史．杨立能等译．北京：人民教育出版社，1981

[6]［美］加德纳·墨菲，约瑟夫·柯瓦奇．近代心理学历史导引．林方，王景和译．北京：商务印书馆，1987

[7]［美］约翰·杜威．民主主义与教育．北京：人民教育出版社，1990

[8]［苏］列宁．哲学笔记．北京：人民出版社，1974

[9]［英］波特·马金，凯瑞·库帕，查尔斯·考克斯．组织和心理契约．王新超译．北京：北京大学出版社，2000

[10]［英］斯宾塞．教育论．胡毅译．北京：人民教育出版社，1962

[11] 郝德永．课程研制方法论．北京：教育科学出版社，2000

[12] 扈中平等．现代教育理论．北京：高等教育出版社，2000

[13] 黄甫全等．现代课程与教学论学程．北京：人民教育出版社，2006

[14] 瞿葆奎．教育学文集·课程与教材（上册）．北京：人民教育出版社，1988

[15] 瞿葆奎．教育与教育学．北京：人民教育出版社，1993

[16] 课程教材研究所．语文（初中二年级）．北京：人民教育出版社，2008

[17] 李航．我国转型期弱势群体社会风险管理探析．成都：西南财经大学出版社，2007

[18] 李夏萍．广东实验中学校本课程开发与研究，广州：广东教育出版社，2009

[19] 莫雷等．面向21世纪培养心理学应用型人才．广州：广东高等教育出版社，2004

[20] 莫雷等．青少年心理健康教育．上海：华东师范大学出版社，2003

[21] 皮亚杰．教育科学与儿童心理学．北京：文化教育出版社，1981

[22] 陶行知．陶行知文集（修订本）．南京：江苏教育出版社，1997

[23] 王道俊，王汉澜．教育学．北京：人民教育出版社，1989

[24] 王海明．人性论．北京：商务印书馆，2005

[25] 吴发科．心理健康主题教学．广州：广东省语言音像电子出版社，2008

[26] 吴发科．中小学心理健康教育实作与管理．广州：广东高等教育出版社，2004

［27］吴发科等．心理健康教案集锦．广州：广东省语言音像电子出版社，2008
［28］吴甘霖．心本管理：管理学的第三次革命．北京：机械工业出版社，2006
［29］许思安等．心理健康教育实验专题指导．广州：广东高等教育出版社，2007
［30］杨丽珠，吴文菊．幼儿社会性发展．大连：辽宁师范大学出版社，2000
［31］叶澜．教育概论．北京：人民教育出版社，1991
［32］俞国良．心理健康．北京：高等教育出版社，2009
［33］袁振国．当代教育学．北京：教育科学出版社，1999
［34］曾仕强．中国式领导：以人为本的管理艺术．北京：北京大学出版社，2006
［35］张应杭．管理伦理．杭州：浙江大学出版社，2006
［36］郑希付．健康心理学．上海：华东师范大学出版社，2003
［37］中共中央马克思恩格斯列宁斯大林著作编译局．马克思恩格斯全集（第 3 卷）．北京：人民出版社，2008
［38］腾大春．卢梭教育思想述评．北京：人民教育出版社，1984
［39］邹泓等．心理健康．北京：人民教育出版社，2009
［40］顾明远等．教育大辞典（增订合编本）．上海：上海教育出版社，1998
［41］别业舫．创新地理解全面实施素质教育．财经政法资讯，2007（2）
［42］蔡定国．更新观念积极推进素质教育．教改聚焦，2009（11）
［43］蔡仁赐．素质教育的困境和考试评价制度改革的展望．巴音郭楞职业技术学院学报，2009（2）
［44］戴孝悌．现代校长要学会“心本管理”．科学教育，2006（5）
［45］邓小英．建构主义教学观与外语教学．科技信息，2009（32）
［46］段莎莎．论西方人本主义教育思想对我国人性教育的启示．中国教育学会基本理论专业委员会第 12 届年会论文集，2009（11）
［47］方展画．当代西方人本主义教育理论评述．河北教育学院学报，1999（1）
［48］高凯．心本德育：高校人本德育的主体性诉求．文化学刊，2009（4）
［49］谷桂华．教育价值观的理性思考．黑龙江教育学院学报，2009（4）
［50］广东省教育厅思教处．关于颁发《中小学心理健康教育工作规范（试行）》等四个工作规范文件的通知〔2008〕83 号
［51］广东省中小学心理健康教育指导中心．广东省中小学心理健康教育教学目标与内容．2003
［52］郝文斌．多视角人性论对教育促进人发展的意义和要求．中国教育学会基本理论专业委员会第 12 届年会论文集，2009（11）
［53］胡锦涛．中共中央关于加强党的执政能力建设的决定．在党的十六届四中全会上的报告，2004（9）
［54］华南师范大学心理学系．全国心理咨询师职业技能训练教程（复习资料）．2007
［55］姜俊和．杜威的教育目的论及其启示．外国教育研究，2005（2）
［56］教育部．中小学心理健康教育若干意见．1999

[57] 教育部. 中小学心理健康教育指导纲要. 2002

[58] 李春桥. 制造性的教育与探索性的教育——对现行教育目的论的反思与改造. 齐鲁学刊, 2006 (5)

[59] 刘晨. 论素质教育推进过程中的两难问题. 青岛大学硕士学位论文, 2009

[60] 刘旭东. 预设与建构——教育价值观演进的思考. 教育理论与实践, 2007 (11)

[61] 龙长青, 李琴, 徐锋. 心本管理——管理学前沿的新方向. 法制与社会, 2007 (9)

[62] 马俊霞. 卢梭的双重教育目的论及其启示. 辽宁教育学院学报, 2003 (1)

[63] 莫雷. 创造良好的学生心理环境, 真正提高中小学心理健康教育的实效性. 中小学心理健康教育, 2009 (11)

[64] 彭泽平, 姚琳. 社会使命: 教育存在的永恒之基——对一种浪漫主义教育价值观的反思与批判. 当代教育科学, 2008 (13)

[65] 苏君阳. 素质教育认识论的误区及其超越. 北京师范大学学报 (社会科学版), 2008 (6)

[66] 孙克俭. 实施素质教育的几点思考. 淮阴师范学院教育科学论坛, 2006 (4)

[67] 万作芳. 浅谈教育异化. 上海教育科研, 2001 (1)

[68] 王根顺, 郝路军. 关于两种教育价值观的代价探讨. 教育导刊, 2006 (7)

[69] 王海福, 李军强. 素质教育应摆脱"知识中心主义"的羁绊——对《认真对待"轻视知识"的教育思潮》的回应. 湖北恩施职业技术学院学报, 2006 (3)

[70] 王全宾. 教育功能、教育价值、教育目的论. 山东师范大学学报, 2001 (5)

[71] 王心强. 我们的教育价值观为什么难以与时俱进. 教学与管理, 2009 (7)

[72] 王琰. 人性的内涵、特征及其教育学思考. 中国教育学会基本理论专业委员会第 12 届年会论文集, 2009 (11)

[73] 王振存. 论人性内涵、特征及其教育学意蕴. 中国教育学会基本理论专业委员会第 12 届年会论文集, 2009 (11)

[74] 吴发科, 任旭明. 学校要倡导"心本教育". 中小学心理健康教育, 2010 (6)

[75] 吴发科. 管理"四要素"对管理效能的影响及控制. 广东行政学院学报, 2002 (1)

[76] 吴舒蔓, 吴发科. "叛逆期现象"剖析及其教育对策. 现代教育论丛, 2009 (11)

[77] 吴舒蔓, 吴发科. 心理问题起因与"两极无痛"原理的探索. 中小学心理健康教育, 2008 (8)

[78] 席春玲. 杜威教育目的论的二重性辨析. 陕西教育, 2009 (5)

[79] 项慧芳. 论校长如何引领学校教育价值观的转变. 新课程研究, 2009 (8)

[80] 项贤明. 论创造性教育的三个阶段. 中国教育学刊, 2000 (3)

[81] 许延礼. 高中教师工作压力·心理健康及其关系的研究. 山东师范大学教育硕士学位论文, 2003 (4)

[82] 燕国材. 教育人本论刍议. 云梦学刊, 1995 (2)

[83] 杨喜忠. 如何把握素质教育的导向. 考试周刊, 2009 (49)

[84] 叶澜. 关于"素质教育是什么"的"三思". 青年教师, 2007 (5)

[85] 张洪高. 终极与存在之矛盾——谈教育过程论与教育目的论. 当代教育论坛, 2006 (12)

[86] 张翔. 贵州省民族地区中小学教师心理健康状况的调查研究. 黔西南民族师范高等专科学校学报, 2009 (3)

[87] 张晓燕. 论教育人性化——兼谈以人为本教育观与人本主义教育观的区别. 中国教育学会基本理论专业委员会第12届年会论文集, 2009 (11)

[88] 张艳红, 胡修银. 主观幸福感研究综述. 长春师范学院学报 (人文社会科学版), 2009 (1)

[89] 赵兵. 教育价值及教育价值观的探析. 中国科教创新导刊, 2009 (9)

[90] 周丽娜. 素质教育条件下的隐形德育课程开发. 广州大学硕士学位论文, 2007